Tolstoi · Erzählungen

Leo Tolstoi

Erzählungen

Übersetzung von
Barbara Heitkam

Nachwort von
Christine Müller-Scholle

Philipp Reclam jun. Stuttgart

Umschlagabbildung: Leo Tolstoi.
Bleistiftzeichnung von Pawel Trubezkoj (1899)

Universal-Bibliothek Nr. 2557

Gesamtherstellung: Reclam, Ditzingen. Printed in Germany 2002
RECLAM und UNIVERSAL-BIBLIOTHEK sind eingetragene Marken
der Philipp Reclam jun. GmbH & Co., Stuttgart
ISBN 3-15-002557-5

www.reclam.de

Sewastopol im Dezember

Die Morgenröte beginnt eben erst den Horizont über dem Sapunberg zu färben; das dunkelblaue Meer hat das dunkle Gewand der Nacht bereits abgestreift und wartet auf den ersten Sonnenstrahl, um in heiterem Glanz zu erstrahlen; von der Bucht her werden Kälte und Nebel herübergetrieben; Schnee liegt nicht – alles ist schwarz, aber der scharfe Morgenfrost schneidet ins Gesicht und läßt die Erde unter den Füßen krachen, und nur das ferne, nie verstummende Tosen des Meeres, das hin und wieder von den in Sewastopol abgefeuerten weithin schallenden Schüssen übertönt wird, stört die morgendliche Stille. Auf den Schiffen schlägt es dumpf acht Glasen.

Auf der Nordseite wird die Ruhe der Nacht allmählich vom regen Leben und Treiben des Tages verdrängt: Hier zieht, mit den Gewehren klirrend, eine Wachablösung vorüber, dort eilt ein Arzt bereits zum Lazarett; hier wäscht sich ein Soldat, der eben aus dem Unterstand gekrochen ist, das sonnengebräunte Gesicht mit eiskaltem Wasser, wendet sich gen Osten, wo sich der Himmel eben zu röten beginnt, und verrichtet, sich geschwind bekreuzigend, sein Morgengebet; dort fährt ein hoher schwerer, mit zwei Kamelen bespannter Wagen gemächlich und knarrend zum Friedhof, auf daß die blutüberströmten Leichname, mit denen er fast bis zum Rand beladen ist, daselbst beerdigt werden ... Sie nähern sich dem Hafen, und schon sticht Ihnen ein ganz besonderer Geruch nach Steinkohle, Mist, Feuchtigkeit und Rindfleisch in die Nase; Tausende der verschiedenartigsten Dinge – Holz, Fleisch, Schanzkörbe, Mehl, Eisen und dergleichen mehr – türmen sich neben dem Landungsplatz; Soldaten verschiedener Regimenter, mit Säcken und Gewehren oder ohne Säcke und Gewehre, drängen sich hier, rauchen, fluchen und schleppen Lasten auf den Dampfer, der, aus allen Schloten qualmend, an der Anlegestelle liegt; gemietete Jollen, angefüllt mit Leuten aller Art – Soldaten, Seeleuten, Händlern, Frauen –, vertäuen am Landungsplatz oder legen ab.

»Zur Grafskaja, Euer Wohlgeboren? Bitte einzusteigen!« Mit diesen Worten bieten Ihnen zwei oder drei abgemusterte Matrosen ihre Dienste an und erheben sich dabei aus ihren Jollen.

Sie wählen die Ihnen zunächst liegende, schreiten über den schon halb vermoderten Kadaver eines braunen Pferdes hinweg, der hier, gleich neben dem Boot, im Schmutz liegt, und gehen ans Steuer. Nun sind Sie vom Ufer abgestoßen. Um sich her haben Sie das schon in der Morgensonne glänzende Meer, vor sich einen alten Matrosen im Kamelhaarmantel und einen blonden jungen Burschen, die, ohne ein Wort zu sprechen, eifrig mit den Rudern hantieren. Sie schauen auf die gestreiften Kolosse der Schiffe, die nah und fern über die Bucht verstreut sind, auf die kleinen schwarzen Punkte der Schaluppen, die durch das leuchtende Azurblau des Meeres ihre Bahn ziehen, auf die am gegenüberliegenden Ufer sichtbaren schönen hellen Gebäude der Stadt, die von den Strahlen der Morgensonne in ein rosa Licht getaucht werden, auf die schaumbedeckte weiße Linie der Mole und der versenkten Schiffe, von denen hier und da noch traurig die schwarzen Mastspitzen emporragen, auf die ferne feindliche Flotte, die sich am kristallklaren Horizont, dort, wo Himmel und Meer zusammenstoßen, deutlich abhebt, und auf die von den Rudern aufgewirbelten Schaumspritzer mit den salzigen Bläschen darin. Sie lauschen den gleichmäßigen klatschenden Geräuschen der Ruderschläge, dem Klang der Stimmen, die über das Wasser an Ihr Ohr dringen, und dem majestätischen Geschützdonner aus Sewastopol, der, wie es Ihnen scheint, wieder heftiger wird.

Es ist unmöglich, daß Sie bei dem Gedanken, nun auch in Sewastopol zu sein, nicht von einem Gefühl des Mutes und des Stolzes beseelt würden und daß das Blut dabei nicht schneller in Ihren Adern kreiste . . .

»Euer Wohlgeboren! Halten Sie direkt auf die ›Kistentin‹ zu«, sagt zu Ihnen der alte Matrose, der sich umgedreht hat, um die Richtung zu prüfen, die Sie dem Boot geben. »Steuern Sie mehr nach rechts!«

»Sind ja noch alle Kanonen drauf«, läßt sich der blonde Bursche vernehmen, während er das Schiff, an dem Ihr Boot vorübergleitet, eingehend mustert.

»Kann auch gar nicht anders sein, ist ja noch neu, Kornilow hat drauf gewohnt«, entgegnet der Alte, der sich das Schiff gleichfalls anschaut.

»Sieh mal einer an, wo die explodiert ist!« ruft der junge Bursche nach langem Schweigen aus und starrt auf ein weißes Wölkchen auseinanderkriechenden Rauchs, das plötzlich hoch über der Südbucht aufgetaucht ist und von dem scharfen Knall einer detonierenden Bombe begleitet wird.

»Das ist *er*, feuert heute von der neuen Batterie aus«, fügt der Alte hinzu und spuckt sich gleichmütig in die Hände. »Na, Mischka, nun leg dich mal ins Zeug! Wollen die Barkasse da überholen.« Und schon gleitet Ihre Jolle merklich schneller über die breite Bucht, in der nur geringer Wellengang herrscht, überholt auch wirklich die schwer beladene Barkasse, auf der sich irgendwelche Säcke türmen und die von unbeholfenen Soldaten ungleichmäßig gerudert wird, und legt an der Grafskaja an, zwischen einer Vielzahl dort vertäuter Boote aller Art.

Am Kai tummeln sich geräuschvoll Scharen von grauen Soldaten, schwarzen Matrosen und bunten Frauen. Weiber verkaufen Semmeln, russische Bauern preisen unter lauten Rufen heiße Sbiten aus ihren Samowaren an, und gleich auf den ersten Stufen liegen hier verrostete Kanonenkugeln, Bomben, Kartätschen und gußeiserne Kanonen unterschiedlichen Kalibers herum. Etwas weiter weg erblicken Sie einen großen Platz, der angefüllt ist mit gewaltigen Balken, Lafetten und schlafenden Soldaten; hier stehen auch Pferde, Fuhrwerke, grüne Geschütze, Munitionskisten und Pyramiden von Infanteriegewehren; Soldaten, Matrosen, Offiziere,

Frauen, Kinder und Händler entfalten auf dem Platz ein geschäftiges Treiben; Fuhrwerke mit Heu, Säcken und Tonnen holpern vorüber; dann und wann überquert ein Kosak oder ein Offizier zu Pferde oder ein General im leichten Kutschwagen den Platz. Zur Rechten ist die Straße durch eine Barrikade versperrt, auf der – in Schießscharten – kleine Kanonen aufgestellt sind, neben ihnen sitzt ein Matrose und raucht seine Pfeife. Linker Hand sieht man ein pompöses Haus mit römischen Ziffern am Giebel, unter dem Soldaten und blutbefleckte Tragbahren stehen – überall gewahren Sie die unerfreulichen Spuren eines Heerlagers. Ihr erster Eindruck ist gewiß alles andere als günstig: Die seltsame Vermischung des städtischen Treibens mit dem Lagerleben, der hübschen Stadt mit dem Biwak ist nicht nur unschön, sondern dünkt Sie eine abstoßende Unordnung; es will Ihnen sogar scheinen, als seien alle sehr verschüchtert, eilten kopflos hin und her und wüßten nicht, was tun. Doch sehen Sie sich die Gesichter dieser Menschen, die sich da um Sie herum bewegen, näher an, dann werden Sie zu einer völlig anderen Auffassung gelangen. Werfen Sie zum Beispiel einen Blick auf jenen Trainsoldaten, der drei braune Pferde zur Tränke führt und so gelassen etwas vor sich hinsummt, daß Sie die Gewißheit haben, er werde sich nicht in dieser bunt zusammengewürfelten Menschenmenge verirren, die für ihn gar nicht existiert, sondern seine Aufgabe, wie immer diese auch geartet sein mag – Pferde zu tränken oder Geschütze zu schleppen –, ebenso gelassen, selbstsicher und gleichmütig erfüllen, als geschehe das alles in Tula oder in Saransk. Die gleiche innere Haltung können Sie auch in dem Gesicht dieses Offiziers da lesen, der in tadellos weißen Handschuhen vorübergeht, im Gesicht des Matrosen, der auf der Barrikade sitzt und raucht, in den Gesichtern der Arbeitssoldaten, die auf der Außentreppe der ehemaligen Adelsversammlung mit Tragbahren warten, und im Gesicht jenes jungen Mädchens dort, das, aus Furcht, ihr rosa Kleid zu bespritzen, vorsichtig von einem Stein zum anderen über die Straße hüpft.

Ja, wenn Sie zum erstenmal nach Sewastopol kommen, steht Ihnen ganz sicher eine Enttäuschung bevor. Vergebens werden Sie auch nur in einem einzigen Gesicht Anzeichen von Unruhe, Verwirrung oder gar Enthusiasmus, Todesbereitschaft und Entschlossenheit suchen – nichts von alledem werden Sie finden. Sie sehen ganz gewöhnliche Menschen, die in aller Ruhe ihrem Tagewerk nachgehen, so daß Sie sich selbst vielleicht unnötiger Euphorie zeihen und ein wenig die Richtigkeit der Vorstellung bezweifeln werden, die Sie sich aufgrund von Erzählungen und Schilderungen sowie dem Anblick der Nordseite und den von dort an Ihr Ohr dringenden Detonationen über das Heldentum der Verteidiger von Sewastopol gebildet haben. Doch bevor Sie derartige Zweifel hegen, gehen Sie auf die Bastionen und schauen Sie sich die Verteidiger von Sewastopol am Ort der Verteidigung an oder, noch besser, begeben Sie sich schnurstracks in das gegenüberliegende Haus, ehedem Adelsversammlung der Stadt, auf dessen Außentreppe die Soldaten mit den Tragbahren stehen – dort werden Sie die Verteidiger Sewastopols sehen, dort werden Sie grauenhafte und traurig stimmende, erhabene und komische, in jedem Fall aber erstaunliche, die Seele erhebende Szenen erleben.

Sie betreten den großen Saal der Adelsversammlung. Eben erst haben Sie die Tür geöffnet, und schon machen der Anblick und der Geruch von vierzig oder fünfzig amputierten und schwerverwundeten Kranken, die in ihrer Minderzahl in Betten, größtenteils jedoch auf dem Fußboden liegen, Sie betroffen. Folgen Sie nicht jener Gefühlsregung, die Ihren Fuß auf der Schwelle des Saales stocken läßt – es ist eine schlechte Regung –, gehen Sie getrost weiter, machen Sie sich kein Gewissen daraus, daß Sie gleichsam gekommen sind, die Dulder *in Augenschein zu nehmen*, genieren Sie sich nicht, an sie heranzutreten und mit ihnen zu sprechen: Jene Unglücklichen sehen gern das mitfühlende Gesicht eines Menschen, lieben es, von ihren Leiden zu erzählen und Worte der Liebe und Anteilnahme zu hören. Sie gehen zwischen den Betten einher und lassen suchend Ihre Blicke schweifen, um einen nicht gar so streng und leidend aussehenden Kranken zu entdecken, an den Sie herantreten könnten, um ein Gespräch mit ihm zu führen.

»Wo bist du verwundet?« fragen Sie zögernd und zaghaft einen alten ausgemergelten Soldaten, der, auf seinem Bett sitzend, Sie mit gutmütigem Blick beobachtet und gleichsam auffordert, näher zu treten. Ich sage: »Sie fragen zaghaft«, weil Leiden dem, der sie zu Gesicht bekommt, außer tiefem Mitgefühl auch Hochachtung für denjenigen, der sie erduldet, und die Furcht, ihn in seinen Gefühlen zu verletzen, einflößen.

»Am Bein«, gibt der Soldat zur Antwort; doch im gleichen Augenblick bemerken Sie an den Falten der Bettdecke schon selbst, daß ihm das Bein bis über das Knie hinauf abgenommen worden ist. »Gott sei Dank«, fügt er hinzu, »werde ich jetzt bald entlassen.«

»Und ist es schon lange her, daß du verwundet wurdest?«

»An die sechs Wochen schon, Euer Wohlgeboren!«

»Hast du auch jetzt noch Schmerzen?«

»Nein, jetzt tut mir nichts mehr weh; nur in der Wade – manchmal, wenn schlechtes Wetter ist, dann kommt's mir so vor, als ob's dort sticht und bohrt, sonst geht's so leidlich.«

»Wie kam es denn dazu, daß du verwundet wurdest?«

»Auf der fünften Bastion war's, Euer Wohlgeboren, beim ersten Bombardement. Ich hatte die Kanone gerichtet und war schon auf dem Weg zur anderen Schießscharte, da kriegte ich plötzlich einen Schlag gegen das Bein, so, als sei ich gestolpert und in eine Grube reingefallen. Ich hingeschaut, aber da war kein Bein mehr.«

»Hat es im ersten Augenblick denn gar nicht weh getan?«

»Bloß ein bißchen; ich hatte nur das Gefühl, man habe mir mit etwas Heißem gegen das Bein gestoßen.«

»Nun, und später?«

»Auch später war es auszuhalten; bloß als sie dann die Haut zusammenzogen, da hat es etwas gejuckt. Das Allerwichtigste, Euer Wohlgeboren, ist: *man darf nicht viel denken*; wenn man nicht denkt, ist alles nur halb so schlimm. Alles Übel kommt davon, daß der Mensch denkt.«

In diesem Augenblick tritt eine Frau im graugestreiften Kleid, ein schwarzes Tuch um den Kopf, zu Ihnen; sie mischt sich in Ihr Gespräch mit dem Matrosen ein. Und schon beginnt sie zu erzählen, von ihm, von seinen Qualen und dem hoffnungslosen Zustand, in dem er sich vier Wochen lang befunden habe, davon, wie er, eben erst verwundet, die Tragbahre angehalten habe, um eine Salve unserer Batterie nicht zu verpassen, wie sich die Großfürsten mit ihm unterhalten und ihm fünfundzwanzig Rubel geschenkt hätten und wie er ihnen gesagt habe, er wolle wieder auf die Bastion, um die jungen Matrosen zu unterweisen, wenn er denn schon selbst nicht mehr mitkämpfen könne. Während die Frau dies alles in einem Atemzug hervorsprudelt und dabei bald Sie, bald den Matrosen ansieht, der sich abgewandt hat und, sich den Anschein gebend, ihr gar nicht zuzuhören, auf seinem Kissen Scharpie zupft, leuchten ihre Augen vor lauter Begeisterung.

»Das ist meine Alte, Euer Wohlgeboren!« erklärt Ihnen der Matrose mit einem Ausdruck, als wollte er sagen: Sie müssen schon entschuldigen, daß sie so viel schwatzt. Weiber reden nun mal gern dummes Zeug zusammen, das weiß man ja.

Sie bekommen allmählich eine Vorstellung davon, wie die Verteidiger Sewastopols wirklich sind, und empfinden auf einmal etwas wie Scham diesem Mann gegenüber. Sie möchten ihm so vieles sagen, um ihm Ihr Mitgefühl und Ihre Bewunderung auszudrücken; aber Sie finden keine Worte oder sind unzufrieden mit denen, die Ihnen in den Sinn kommen – und so verneigen Sie sich nur stumm vor dieser wortkargen, unbewußten Größe und Seelenstärke, dieser Verschämtheit angesichts der eigenen Würde.

»Nun, gebe Gott, daß du bald wieder gesund wirst«, sagen Sie zu ihm und bleiben vor einem anderen Kranken stehen, der auf dem Fußboden liegt und, wie es den Anschein hat, unter unerträglichen Qualen den Tod erwartet.

Es ist dies ein blonder Mann mit bleichem, aufgedunsenem Gesicht. Er liegt auf dem Rücken, den linken Arm zurückgeworfen, in einer Stellung da, die von unsagbaren Qualen zeugt. Durch den weit geöffneten, ausgedörrten Mund stößt er unter heiserem Röcheln mühsam den Atem aus; die blauen bleiernen Augen starren nach oben, und unter der herabgerutschten Bettdecke ragt der mit Binden umwickelte Stumpf des rechten Arms hervor. Der dumpfe Geruch des leblosen Körpers macht Sie noch mehr betroffen, und die verzehrende innere Glut, die alle Glieder des Dulders durchdringt, ergreift gleichsam auch von Ihnen Besitz.

»Ist er ohne Besinnung?« fragen Sie die Frau, die hinter Ihnen her geht und Sie freundlich ansieht, so, als wären Sie ein Verwandter von ihr.

»Nein, er hört noch, wenn man etwas zu ihm sagt, aber es steht sehr schlecht um ihn«, fügt sie im Flüsterton hinzu. »Ich habe ihm vorhin Tee zu trinken gegeben – wenn er mir auch fremd ist, so muß man doch Mitleid mit ihm haben; aber er hat so gut wie nichts getrunken.«

»Wie fühlst du dich?« fragen Sie ihn.

Der Verwundete verdreht die Pupillen in die Richtung, aus der Ihre Stimme kommt, sieht Sie aber nicht und begreift nicht, was Sie zu ihm sagen.

»Am Herzen brennt's.«

Etwas weiter weg erblicken Sie einen alten Soldaten, der dabei ist, seine Wäsche zu wechseln. Sein Gesicht und sein Körper sind von bräunlicher Farbe und so mager, als gehörten sie zu einem Skelett. Der eine Arm fehlt ihm ganz: Er ist am Schultergelenk amputiert worden. Der Soldat sitzt aufrecht da, er ist auf dem Wege der Genesung; doch an dem leblosen, matten Blick seiner Augen, an seiner entsetzlichen Magerkeit und den Furchen in seinem Gesicht erkennen Sie, daß dies ein menschliches Wesen ist, das den besten Teil des Lebens schon hinter sich hat.

Auf der anderen Seite gewahren Sie auf einem Bett das

gequälte, bleiche, zarte Gesicht einer Frau, auf deren Wangen eine fieberhafte Röte spielt.

»Das ist unsere Matrosenfrau«, erläutert Ihre Begleiterin. »Am Fünften ist sie von Bombensplittern am Bein verletzt worden – sie hatte ihrem Mann das Mittagessen auf die Bastion gebracht.«

»Hat man ihr etwa das Bein amputiert?«

»Ja, bis übers Knie hat man es ihr abgenommen.«

Haben Sie starke Nerven, dann gehen Sie jetzt links durch die Tür: In jenem Raum werden Verbände angelegt und Operationen vorgenommen. Sie werden dort die Ärzte mit bis zu den Ellbogen blutbespritzten Armen und bleichen finsteren Gesichtern erblicken, die sich an einem Bett zu schaffen machen, auf dem mit offenen Augen ein Verwundeter liegt und, unter der Einwirkung des Chloroforms, wie im Fieberwahn sinnlose, mitunter jedoch ganz gewöhnliche und anrührende Worte stammelt. Die Ärzte sind mit dem abscheulichen, aber wohltätigen Werk des Amputierens beschäftigt. Sie werden sehen, wie das scharfe gebogene Messer in den gesunden weißen Körper eindringt; sehen, wie der Verwundete mit einem furchtbaren, herzzerreißenden Schrei und unter Verwünschungen plötzlich wieder zu sich kommt; sehen, wie der Feldscher die abgetrennte Hand in eine Ecke wirft; sehen, wie ein anderer Verwundeter, der im selben Raum auf einer Tragbahre liegt und der Operation seines Kameraden zusieht, sich krümmt und stöhnt, nicht so sehr vor körperlichem Schmerz als vielmehr infolge der durch das Warten verursachten Qualen. Erschreckende, die Seele erschütternde Bilder werden Sie hier zu Gesicht bekommen, den Krieg nicht in seiner wohlgeordneten, schönen und glänzenden Form, mit Musik und Trommelwirbel, mit wehenden Bannern und stolz zu Pferde sitzenden Generälen sehen, sondern in seiner wirklichen Gestalt – in Blut, Qualen und Tod ...

Wenn Sie dieses Haus der Leiden wieder verlassen, werden Sie ganz sicher ein befreiendes Gefühl empfinden, die frische

Luft in vollen Zügen einatmen und im Bewußtsein Ihrer Gesundheit Wohlbehagen verspüren, doch zugleich werden Sie sich angesichts dieser Leiden Ihrer eigenen Nichtigkeit bewußt werden und sich nun ruhig und ohne Zaudern auf den Weg zu den Bastionen machen ...

Was bedeuten die Leiden und der Tod eines so nichtigen Wurms, wie ich es bin, im Vergleich mit soviel Leid und Tod? denken Sie. Doch der Anblick des klaren Himmels, der strahlenden Sonne, der schönen Stadt, der offenstehenden Kirche und des in verschiedenen Richtungen vorbeimarschierenden Militärs wird Ihren Geist bald wieder in den normalen Zustand des Leichtsinns, der kleinen Sorgen und der Begeisterung allein an der Gegenwart versetzen.

Von der Kirche her wird Ihnen vielleicht ein Leichenzug mit rosarotem Sarg – ein Offizier wird da zu Grabe getragen –, Musik und wehenden Kirchenfahnen entgegenkommen; von den Bastionen wird vielleicht Geschützdonner an Ihr Ohr dringen, doch das führt Sie nicht zu den Gedankengängen von vorhin zurück; der Leichenzug erscheint Ihnen als ein hehres militärisches Schauspiel, der Geschützdonner als sehr schöne kriegerische Klänge, und Sie bringen den klaren, auf sich selbst bezogenen Gedanken an Leiden und Tod weder mit diesem Schauspiel noch mit diesen Klängen in Verbindung, wie Sie das im Lazarett getan haben.

Sind Sie an der Kirche und an der Barrikade vorübergegangen, kommen Sie in den belebtesten Teil der Stadt mit seinem bunten Treiben. Zu beiden Seiten erblicken Sie Schilder von Läden und Wirtshäusern. Händler, Frauen mit Hüten oder Kopftüchern, elegante Offiziere – alles ist Ihnen ein Beweis für die Seelenstärke, das Selbstvertrauen und die Sicherheit der Einwohner.

Kehren Sie dort zur Rechten ins Wirtshaus ein, wenn Sie es gelüstet, sich die Gespräche von Matrosen und Offizieren anzuhören: Dort sind sicher schon Erzählungen im Gange über die Geschehnisse der letzten Nacht, über Fenka, über das Gefecht vom Vierundzwanzigsten, über den hohen Preis und die schlechte Qualität der verabfolgten Koteletts und darüber, wie der und der Kamerad ums Leben gekommen sei.

»Hol's der Teufel, bei uns ist's heute ganz arg!« sagt mit Baßstimme ein weißblonder, bartloser junger Marineoffizier, der einen gestrickten grünen Schal um den Hals trägt.

»Wo ist das ›bei uns‹?« fragt ihn ein anderer.

»Auf der vierten Bastion«, gibt der blutjunge Offizier zur Antwort, und bei den Worten »auf der vierten Bastion« blikken Sie ganz gewiß mit größerer Aufmerksamkeit als bisher und sogar mit einer gewissen Hochachtung auf den weißblonden Offizier. Sein allzu freies Benehmen, das Herumfuchteln mit den Händen, sein lautes Lachen und seine kecke Stimme, die Ihnen bis jetzt als Dreistigkeit erschienen, sind in Ihren Augen nun jenes besondere Renommiergehabe, das manche sehr junge Menschen nach glücklich überstandener Gefahr an den Tag legen; dennoch glauben Sie, er werde Ihnen jetzt gewiß erzählen, wie schlimm es auf der vierten Bastion wegen der vielen dort einschlagenden Bomben und der umherschwirrenden Kugeln stehe. Doch kein Gedanke daran! Schlecht sei es dort deshalb, weil der Schmutz zu hoch liege. »Man kommt einfach nicht zur Batterie durch«, sagt er und deutet auf seine Stiefel, die bis über die Waden hinaus mit Schmutz bedeckt sind. »Und bei mir ist heute der beste Konstabelsmaat gefallen. Mitten in die Stirn hat's ihn getroffen«, sagt ein anderer. »Wer denn? Mitjuchin?« – »Nein ... Was ist, bekomm ich endlich meinen Kalbsbraten?! Kanaillen seid ihr!« fügt er, an den Schankdiener gewandt, hinzu. »Nicht Mitjuchin, sondern Abrossimow. Hat sich immer tapfer gehalten – war bei sechs Ausfällen mit dabei.«

Am anderen Ende des Tisches sitzen, vor ihren Tellern mit Koteletts und Erbsen und bei einer Flasche sauren Krimweines, der »Bordeaux« genannt wird, zwei Infanterieoffiziere. Der eine, ein junger Mann mit rotem Kragen und zwei Sternchen am Uniformmantel, erzählt dem anderen, einem Alten mit schwarzem Kragen und ohne Sternchen, von dem Gefecht an der Alma. Der Jüngere ist schon etwas angeheitert, und an seiner stockenden Erzählweise, an seinem unsicheren Blick, der Zweifel ausdrückt, ob man ihm auch glaubt, vor allem aber daran, daß er bei alledem eine allzu große Rolle gespielt haben will und das Ganze gar zu martialisch klingt, merkt man, daß er es bei der Schilderung des Geschehens mit der Wahrheit nicht allzu genau nimmt. Aber Ihnen ist nicht nach solchen Erzählungen zumute, die Sie noch lange an allen Enden Rußlands hören werden; Sie möchten so schnell wie möglich zu den Bastionen kommen, namentlich zur vierten, über die man Ihnen so viel und in unterschiedlicher Weise erzählt hat. Wenn jemand sagt, er sei auf der vierten Bastion gewesen, dann sagt er das stets mit besonderer Befriedigung und besonderem Stolz. Erklärt jemand: »Ich bin auf dem Wege zur vierten Bastion«, dann merkt man ihm gewiß eine leichte Erregung an, oder er gibt sich allzu gleichgültig. Will man jemanden frotzeln, sagt man: »Dich sollte man auf die vierte Bastion stellen«. Begegnet man einer Tragbahre und fragt die Sanitäter, woher sie kommen, erhält man meist zur Antwort: »Von der vierten Bastion«. Überhaupt gibt es zwei grundverschiedene Meinungen über diese schreckeneinflößende Bastion: die Meinung derjenigen, die noch nie dort waren und der Überzeugung sind, die vierte Bastion bedeute für jeden, der sich dort blicken läßt, den sicheren Tod, und die Meinung derjenigen, die dort leben, wie der weißblonde junge Marineleutnant, und die, wenn sie von der vierten Bastion sprechen, Ihnen lediglich sagen werden, ob es dort trocken oder schmutzig, ob es im Unterstand warm oder kalt ist und dergleichen mehr.

In der halben Stunde, die Sie im Wirtshaus zubrachten, hat sich das Wetter geändert: Der Nebel, der sich über dem Meer ausbreitete, hat sich zu tristen grauen Wolken zusammengeballt und die Sonne verdeckt; von oben geht ein kalter, unfreundlicher Nieselregen nieder und macht Dächer, Bürgersteige und Uniformmäntel der Soldaten naß ...

Sie kommen noch an einer weiteren Barrikade vorüber, passieren rechter Hand ein Tor und gehen dann eine sanft ansteigende lange Straße hinauf. Hinter dieser Barrikade sind die Häuser zu beiden Seiten der Straße unbewohnt, sind keine Schilder zu sehen, die Türen mit Brettern vernagelt und die Fensterscheiben eingeschlagen; hier ist die Ecke eines Hauses weggerissen, dort ein Dach von Kanonenkugeln durchschlagen. Die Gebäude muten an wie alte Veteranen, die alle möglichen Kümmernisse und Nöte erlebt haben und Sie stolz und ein wenig verachtungsvoll anzusehen scheinen. Unterwegs stolpern Sie über umherliegende Kanonenkugeln und wassergefüllte Trichter, von Bomben in den steinigen Boden gegraben. Auf der Straße treffen oder überholen Sie Soldatentrupps, Fußkosaken, Offiziere; hin und wieder kommt Ihnen auch ein Kind oder eine Frau entgegen, die aber keine Dame mit Hut ist, sondern eine Matrosenfrau in einem alten Pelz und in Soldatenstiefeln. Wenn Sie Ihren Weg fortsetzen und einen kleinen Abhang hinuntersteigen, gewahren Sie rings um sich her keine Häuser mehr, sondern seltsame Trümmerhaufen aus Steinen, Brettern, Lehm und Balken; vor sich, auf einem steilen Berg, erblicken Sie ein schwarzes, schmutziges, von Gräben durchfurchtes Terrain, und das ist denn auch schon die vierte Bastion ... Hier begegnen Ihnen noch weniger Menschen, Frauen sind überhaupt nicht darunter, Soldaten eilen rasch vorüber, auf dem Weg sind Blutstropfen zu bemerken, und ganz sicher kommen Ihnen hier vier Soldaten mit einer Tragbahre entgegen, auf der im blutbefleckten Uniformmantel ein Verwundeter mit gelblich-bleichem Gesicht liegt. Wenn Sie fragen: »Wo ist er verwundet?«, geben Ihnen die Träger ein wenig ärgerlich und, ohne sich zu Ihnen umzudrehen, zur Antwort: »Am Arm« oder »Am Bein«, sofern es sich um eine leichte Verwundung handelt; oder sie schweigen düster, wenn auf der Tragbahre kein Kopf zu sehen ist und der, den sie tragen, bereits tot oder schwer verwundet ist.

Das Pfeifen einer Kanonenkugel oder Bombe, das just in dem Augenblick, da Sie den Berg hinaufsteigen wollen, ganz in Ihrer Nähe ertönt, stellt eine unangenehme Überraschung für Sie dar. Sie begreifen auf einmal, und in völlig anderer

Weise als früher, die Bedeutung jener Detonationen, die Sie vorhin von der Stadt aus gehört haben. Eine stille, tröstliche Erinnerung leuchtet plötzlich tief in Ihnen auf; Ihre eigene Person nimmt Sie nun mehr in Anspruch als irgendwelche Beobachtungen; Ihre Umgebung findet dafür weniger Ihre Beachtung, und ein unangenehmes Gefühl der Unentschlossenheit ergreift von Ihnen Besitz. Unerachtet dieser kleinmütigen Stimme, die sich angesichts der Gefahr plötzlich in Ihrem Inneren meldet, bringen Sie, besonders nach einem Blick auf den Soldaten, der, mit den Armen fuchtelnd und in dem flüssigen Schmutz immer wieder ausgleitend, lachend an Ihnen vorüber bergab läuft, diese Stimme zum Schweigen, drücken unwillkürlich die Brust heraus, heben den Kopf und klimmen den glitschigen, lehmigen Berg weiter nach oben. Gerade haben Sie sich ein Stückchen hinaufgearbeitet, da beginnen rechts und links von Ihnen Gewehrkugeln vorüberzuschwirren, und Sie überlegen vielleicht, ob Sie nicht besser daran täten, durch den Laufgraben zu gehen, der parallel zum Weg verläuft; doch der Laufgraben ist kniehoch mit gelbem, flüssigem Schmutz gefüllt, der noch dazu derart stinkt, daß Sie ganz sicher den über den Berg führenden Weg wählen werden, erst recht, wenn Sie sehen, *daß alle anderen ihn gleichfalls benutzen.* Haben Sie an die zweihundert Schritt zurückgelegt, gelangen Sie zu einem aufgewühlten, schmutzigen Terrain, das auf allen Seiten von Schanzkörben, Wällen, Bunkern, Plattformen und Erdhütten umgeben ist; hier stehen große gußeiserne Geschütze, liegen Kanonenkugeln, fein säuberlich zu Stapeln geschichtet. All das scheint Ihnen völlig ziellos, ohne Sinn und Verstand aufgetürmt zu sein. Hier sitzt ein Häuflein Matrosen auf einer Batterie, dort liegt mitten auf dem Geschützstand, halb im Schmutz versunken, eine zerschossene Kanone, und etwas weiter weg sieht man einen Infanteristen mit Gewehr die Batterien überqueren und dabei mühsam die Füße aus dem klebrigen Morast ziehen. Und überall, soweit das Auge reicht, gewahren Sie Granatsplitter, nicht detonierte Bomben, Kanonenkugeln, Spuren des Lagers – und all das im flüssigen, klebrigen Schlamm versunken. Ganz in Ihrer Nähe, so scheint es Ihnen, hören Sie den Einschlag einer Kanonenkugel, von allen Seiten, scheint es, hören Sie die verschiedenen Töne, die Kugeln von sich geben – summend wie eine Biene, pfeifend, schnell und wimmernd wie eine Saite –, hören Sie das entsetzliche Getöse eines Schusses, das Ihnen durch Mark und Bein geht und Sie in Angst und Schrecken versetzt.

Das ist sie also, die vierte Bastion, dieser furchtbare, wahrhaft grauenvolle Ort! denken Sie bei sich und empfinden ein wenig Stolz und eine ungeheure Genugtuung darüber, daß Sie Ihre Furcht unterdrückt haben. Doch eine Enttäuschung harrt Ihrer: Das ist noch nicht die vierte Bastion. Es ist die Jasonowsche Redoute – ein verhältnismäßig sicherer und keineswegs schrecklicher Ort. Um zur vierten Bastion zu kommen, wenden Sie sich nach rechts und gehen durch jenen schmalen Laufgraben, durch den in gebückter Haltung gerade ein Infanterist davongetrottet ist. In diesem Laufgraben werden Sie vielleicht wieder Sanitätern mit einer Tragbahre, Matrosen oder Soldaten mit Spaten begegnen, Minenleger sehen und, mitten in all dem Schmutz, Erdhütten, in die nur zwei Mann hineinkriechen können, und auch bloß, wenn sie sich bücken. Dort werden Sie die Vorposten der Schwarzmeer-Bataillone erblicken, die hier ihr Schuhwerk wechseln, essen, Pfeife rauchen, wohnen, und überall werden Sie wieder denselben stinkenden Schmutz, Lagerspuren und weggeworfene Eisenteile in allen möglichen Formen vorfinden. Haben Sie weitere dreihundert Schritt zurückgelegt, stoßen Sie von neuem auf eine Batterie – auf einen Platz voller Trichter und Löcher, der von Erdwällen, mit Erde gefüllten Schanzkörben und auf Plattformen postierten Geschützen umgeben ist. Hier werden Sie vielleicht vier oder fünf Matrosen erblicken, die unterhalb der Brustwehr Karten spielen, und einen Marineoffizier, der Ihnen, hat er Sie einmal als wißbegierigen Neuling erkannt, bereitwillig seinen Bereich und alles, was für Sie von Interesse sein könnte, zeigen wird.

Dieser Offizier dreht sich, auf einem Geschütz sitzend, so seelenruhig eine Zigarette aus gelbem Papier, schlendert so gelassen von einer Schießscharte zur anderen und spricht so gleichmütig, ohne auch nur im mindesten erregt zu sein, mit Ihnen, daß Sie, unerachtet der Kugeln, die jetzt häufiger als vorher über Sie hinwegschwirren, nun selbst kaltblütig werden und den Erzählungen des Offiziers aufmerksam lauschen und ihn ausfragen. Dieser Offizier wird Ihnen – doch nur, wenn Sie sich danach erkundigen – von der Bombardierung am Fünften berichten, davon, daß in seiner Batterie lediglich ein einziges Geschütz zum Einsatz kommen konnte und von der gesamten Bedienungsmannschaft nur noch acht Mann übriggeblieben waren, und wie er trotzdem am nächsten Morgen, am Sechsten also, das Feuer aus sämtlichen Geschützen eröffnet habe; er wird Ihnen erzählen, wie am Fünften eine Bombe einen Matrosenunterstand getroffen und elf Mann getötet habe; und er wird Ihnen von einer Schießscharte aus die feindlichen Batterien und Laufgräben zeigen, die von hier nicht mehr als dreißig, vierzig Sashen entfernt liegen. Ich befürchte jedoch, daß Sie, wenn Sie sich zur Schießscharte hinauslehnen, um einen Blick auf den Gegner zu werfen, ob der vielen umherschwirrenden Kugeln nichts sehen oder, falls doch, sehr erstaunt sein werden, daß dieser weiße Steinwall, der so zum Greifen nahe scheint und auf dem weiße Rauchwölkchen aufsteigen, daß eben dieser weiße Wall der Feind ist – *er*, wie die Soldaten und Matrosen zu sagen pflegen.

Es ist durchaus möglich, daß der Marineoffizier, aus Ehrgeiz oder einfach nur so, um sich einen kleinen Spaß zu gönnen, in Ihrer Gegenwart ein wenig feuern lassen will. »Der Konstabelsmaat und die Bedienungsmannschaft ans Geschütz!« – und dreizehn oder vierzehn Matrosen, der eine noch schnell seine Pfeife in die Tasche steckend, der andere rasch seinen Zwieback zu Ende kauend, gehen, mit ihren eisenbeschlagenen Stiefeln über die Plattform polternd, hurtig und gut aufgelegt ans Geschütz und laden es. Sehen Sie sich die Gesichter, die Haltung und die Bewegungen dieser

Männer gut an: In jeder Falte dieser sonnengebräunten Gesichter mit den hervorstehenden Backenknochen, in jedem Muskel, in der Breite dieser Schultern, in der Wuchtigkeit dieser in riesigen Stiefeln steckenden Beine, in jeder ihrer Bewegungen, die ruhig, sicher und bedächtig sind, erkennt man die Züge, die die Stärke der Russen vor allem ausmachen – Natürlichkeit, Bescheidenheit und Hartnäckigkeit; doch in jedem dieser Gesichter hier haben, wie es Ihnen scheint, abgesehen von jenen Hauptmerkmalen, Gefahr, Erbitterung und die Leiden des Krieges ihre Spuren hinterlassen und ihnen den Stempel des Bewußtseins der eigenen Würde und hochsinnigen Denkens und Fühlens aufgedrückt.

Plötzlich macht ein schier unerträgliches, nicht nur Ihr Ohr, sondern Ihr gesamtes Wesen erschütterndes dumpfes Getöse Sie derart betroffen, daß Sie am ganzen Leibe zu zittern beginnen. Gleich danach vernehmen Sie das sich entfernende Pfeifen eines Geschosses, und dichter Pulverrauch hüllt Sie, die Plattform und die schwarzen Gestalten der darauf hin und her hastenden Matrosen ein. Angesichts dieses von unseren Leuten abgefeuerten Schusses bekommen Sie von den Matrosen alle möglichen Meinungen zu hören. Sie sehen, wie begeistert jene sind und wie sie ein Gefühl erkennen lassen, das Sie vielleicht nicht erwartet haben – es ist dies eine Mischung aus Wut auf den Feind und dem Wunsch, sich an ihm zu rächen, die jeder im Grunde seines Herzens verspürt. »Die Schießscharte hat es erwischt; zwei Mann sind, glaub ich, getötet worden ... da schafft man sie fort!« hören Sie die Matrosen erfreut ausrufen. »Jetzt ist *er* wütend, gleich wird *er* uns unter Beschuß nehmen«, sagt jemand. Und in der Tat sehen Sie es bald darauf vor sich aufblitzen und Rauch aufsteigen; der Posten, der auf der Brustwehr steht, schreit: »Ka-a-noone!« Unmittelbar danach saust eine Kanonenkugel an Ihnen vorüber und schlägt klatschend auf dem Boden auf, um sich im nächsten Moment trichterförmig hineinzubohren und Schlammspritzer und Steine ringsherum zu schleudern. Der Batteriekommandeur befiehlt, erbost über dieses

Geschoß, ein zweites und drittes Geschütz zu laden; der Feind bleibt auch nicht untätig und erwidert das Feuer, und Sie haben interessante Empfindungen, bekommen interessante Dinge zu sehen und zu hören. Der Posten ruft wieder: »Kanone!«, und abermals vernehmen Sie den gleichen Laut und Einschlag, abermals sehen Sie Steine und Schlamm aufspritzen; oder er ruft: »Mörser!«, und Sie hören das gleichmäßige, gar nicht so unangenehme Vorüberpfeifen einer Bombe, das kaum an etwas Schreckliches denken läßt. Sie hören, wie dieses Pfeifen schneller und schneller wird und immer näher kommt, dann gewahren Sie eine schwarze Kugel, ein Aufschlagen auf die Erde und die ohrenbetäubende, Ihnen durch Mark und Bein gehende Detonation der Bombe. Pfeifend und klirrend fliegen dann Splitter umher, Steine werden durch die Luft gewirbelt und Sie mit Schmutzspritzern bedeckt. Bei diesen Geräuschen empfinden Sie ein seltsames Gefühl von Genuß und zugleich Furcht. In jenem Augenblick, da das Geschoß, wie Sie wohl wissen, auf Sie zufliegt, geht Ihnen ganz gewiß der Gedanke durch den Kopf, daß es Sie töten wird; doch ein Gefühl des Stolzes hält Sie aufrecht, und niemand bemerkt das Messer, das Ihnen ins Herz schneidet. Ist das Geschoß dann aber vorübergeflogen, ohne Sie verletzt zu haben, dann leben Sie auf, und eine tröstliche, unbeschreiblich angenehme Empfindung ergreift, wenn auch nur für einen Moment, von Ihnen Besitz, so daß Sie in der Gefahr, in diesem Spiel mit Leben und Tod einen besonderen Reiz finden; Sie wünschen sich nun sogar, daß noch mehr Kanonenkugeln oder Bomben niedergehen möchten, und in noch größerer Nähe. Doch da ruft der Posten mit seiner lauten, tiefen Stimme schon wieder: »Mörser!«, und abermals ist ein Pfeifen, ein Aufschlag und die Detonation einer Bombe zu hören; und im gleichen Augenblick läßt das Stöhnen eines Menschen Sie erschrocken zusammenfahren. Sie treten an den Verwundeten heran, der, inmitten von Blut und Schmutz, ein seltsames Aussehen hat, das nicht mehr das eines Menschen zu sein scheint, zugleich mit den Sanitätern, die die Tragbahre herbeischaffen. Dem Matrosen ist ein Stück aus der Brust herausgerissen. In den ersten Augenblicken zeigen sich in seinem schmutzbespritzten Gesicht nur der Schreck und ein gespielter, vorgreifender Ausdruck des Leidens, wie er für Menschen in solcher Lage bezeichnend ist. Doch als die Tragbahre vor ihm abgesetzt wird und er sich ohne fremde Hilfe mit der gesunden Seite darauf legt, stellen Sie fest, daß dieser Ausdruck einem Ausdruck der Verzükkung und erhabener, unausgesprochener Gedanken weicht: Die Augen des Verwundeten glänzen nun stärker, er preßt die Zähne zusammen und reckt mit sichtlicher Anstrengung den Kopf höher. Als die Träger dann die Bahre mit ihm aufheben, heißt er sie stehenbleiben und sagt mühsam, mit bebender Stimme zu seinen Kameraden: »Lebt wohl, Brüder!« Er will noch etwas hinzufügen, und wie es scheint, etwas Anrührendes, wiederholt dann aber nur noch einmal: »Lebt wohl, Brüder!« In diesem Augenblick tritt ein Matrose, einer seiner Kameraden, zu ihm, setzt ihm die Mütze, die der Verwundete ihm hinhält, auf den Kopf und geht, ruhig und gleichmütig, mit den Armen schlenkernd, zu seinem Geschütz zurück. »Das passiert tagtäglich mit sieben oder acht Mann«, sagt der Marineoffizier zu Ihnen, gleichsam als Antwort auf das sich in Ihrem Gesicht spiegelnde Entsetzen, um sich dann gähnend eine Zigarette aus gelbem Papier zu drehen ...

. . . .

Da hätten Sie also die Verteidiger Sewastopols unmittelbar am Ort der Verteidigung gesehen und machen sich nun auf den Rückweg. Dabei schenken Sie den Kanonen- und Gewehrkugeln, die Ihnen auf dem ganzen Weg bis zum zerstörten Theater nach wie vor um die Ohren pfeifen, seltsamerweise nicht die geringste Beachtung – Sie kehren ruhig und gehobenen Mutes zurück. Die wichtigste und erfreulichste Überzeugung, die Sie gewonnen haben, ist die, daß es unmöglich ist, Sewastopol einzunehmen, wie es auch unmöglich ist, die Kraft des russischen Volkes, wo auch immer, zu erschüttern. Und nicht die Vielzahl der Traversen, Brustwehren, ausgeklügelten Laufgräben, Minen und übereinander in Stellung gebrachten Geschütze – davon haben Sie nichts begriffen – hat Sie zu dieser Überzeugung kommen lassen, sondern der Ausdruck in den Augen jener Matrosen, ihre Reden und ihr Verhalten, all das, was man den Geist der Verteidiger Sewastopols nennt. Das, was sie tun, tun sie mit solcher Bescheidenheit, mit so wenig Anspannung und Anstrengung, daß Sie nunmehr überzeugt sind, sie könnten noch hundertmal mehr . . . könnten alles schaffen. Sie erkennen, daß das Gefühl, das sie so handeln läßt, nicht jenes von Kleinlichkeit, Eitelkeit und Gedankenlosigkeit diktierte Gefühl ist, das Sie selbst empfunden haben, sondern ein anderes, gebieterisches Gefühl, welches aus ihnen Menschen gemacht hat, die im Kugelhagel und angesichts Hunderter von Gelegenheiten, den Tod zu erleiden, ebenso ruhig leben wie im Angesicht des einen Todes, den alle Menschen sterben müssen, und die unter diesen Bedingungen im Schmutz kampieren und rastlos tätig und wachsam sein müssen. Um eines Kreuzes oder einer anderen Auszeichnung, um einer Beförderung willen oder durch Drohungen können Menschen wohl kaum dahin gebracht werden, derart schreckliche Bedingungen hinzunehmen; es muß einen anderen, höheren Beweggrund geben. Und dieser Beweggrund ist ein Gefühl, das ein Russe selten offen erkennen läßt, vielmehr schamhaft zu verbergen trachtet, das aber in der Tiefe der Seele eines jeden schlummert – die Liebe zur Heimat. Die Erzählungen über die erste Zeit der Belagerung Sewastopols, als es in der Stadt noch keine Befestigungen und keine Truppen gab und es eigentlich unmöglich war, sie zu halten, dennoch aber nicht der geringste Zweifel darüber bestand, daß sie dem Feind nicht überlassen werden dürfte – über die Zeit, da Kornilow, dieser des alten Griechenlands würdige Held, bei einer Truppenbesichtigung sagte: »Wir wollen eher sterben, Brüder, als Sewastopol zu opfern!« und unsere Russen, denen jede Phrasendrescherei fremd ist, ihm antworteten: »Wir wollen eher sterben! Hurra!« – die Erzählungen über jene

Zeit haben erst jetzt aufgehört, für Sie nur eine schöne historische Überlieferung zu sein, und sind in Ihren Augen nun glaubwürdig, sind eine Tatsache geworden. Sie haben jetzt Verständnis für die Menschen, die Sie gerade gesehen haben, und stellen sie sich deutlich als jene Helden vor, die in schwerer Zeit nicht den Mut sinken ließen, sondern mit Freuden in den Tod gingen – nicht für die Stadt, nein für das Vaterland. Auf lange Zeit noch wird diese Epopöe Sewastopols, deren Held das russische Volk war, in Rußland ihre erhabenen Spuren hinterlassen ...

Schon senkt sich der Abend hernieder. Die Sonne ist, so kurz vor dem Untergehen, aus den grauen Wolken hervorgekommen, die den Himmel verhüllen, und hat die nunmehr lila Wolken, das grünliche Meer, mit Schiffen und Booten bedeckt, von gleichmäßigen, breiten Wellen bewegt, die weißen Gebäude der Stadt und die Menschen, die sich auf den Straßen hin und her bewegen, unvermittelt in ein purpurrotes Licht getaucht. Über das Wasser dringen die Klänge eines altmodischen Walzers, der von einer Regimentskapelle auf dem Boulevard gespielt wird, und die knallenden Geräusche der von den Bastionen abgefeuerten Schüsse, die jene gleichsam in absonderlicher Weise akkompagnieren.

Zwei Husaren

Gewidmet der Gräfin M. N. Tolstaja

... Jomini, nur Jomini,
doch von Branntwein kein Sterbenswörtchen ...
. D. Dawydow

In den ersten Jahren des 19. Jahrhunderts, als es weder Eisenbahnen noch Chausseen, weder Gaslicht noch Stearinkerzen, weder mit Sprungfedern versehene niedrige Sofas noch unlackierte Möbel gab; als man von enttäuschten Jünglingen mit Monokel und von philosophierenden Frauen mit liberalen Anschauungen noch nichts wußte und auch jene entzückenden Kameliendamen nicht kannte, denen man heutzutage allerorts begegnen kann – zu jener naiven Zeit, als man bei einer Reise von Moskau nach Petersburg, ob man sie nun im einfachen Kutschwagen oder in der Kalesche antrat, eine ganze Ladung hausgemachter Erzeugnisse der eigenen Küche mitnahm, acht Tage und acht Nächte über staubige oder morastige Straßen fuhr und auf Posharskij-Koteletts, auf Waldaier Glöckchen und Kringel schwor; als man an den langen Herbstabenden Talglichte entzündete, die ganzen Familienkreisen von zwanzig, ja dreißig Personen als Beleuchtung dienten, und auf Bällen Wachs- oder Spermazetkerzen in die Kandelaber steckte; als die Möbel symmetrisch aufgestellt wurden; als unsere Väter noch jung waren, was nicht allein daran zu erkennen war, daß sie noch keine Runzeln und grauen Haare hatten, sondern auch daran, daß sie sich einer Frau wegen duellierten und aus einer entfernten Zimmerecke herbeistürzten, um ein Taschentuch aufzuheben, das eine Dame versehentlich oder auch absichtlich hatte fallen lassen; als unsere Mütter kurze Taillen und riesige Ärmel trugen und Familienangelegenheiten durch das Ziehen von Lotteriebilletts entschieden; als die reizenden Kameliendamen noch das Tageslicht scheuten – in jener naiven Zeit der Freimaurerlogen, der Martinisten und des Tugendbundes, als die Miloradowitsch, Dawydow und Puschkin noch lebten, fand in der Gouvernementsstadt K. ein Kongreß der Gutsbesitzer statt, und die Wahlen zur Adelsversammlung gingen gerade ihrem Ende entgegen.

1

»Nun, es sei, meinetwegen auch ins Gesellschaftszimmer«, sagte ein junger Offizier in Pelz und Husarenmütze, der, soeben einem Reiseschlitten entstiegen, das beste Hotel der Stadt K. betrat.

»Der Kongreß hat großen Zulauf, Euer Erlaucht«, verkündete der Zimmerkellner, der von dem Burschen des Husarenoffiziers bereits in Erfahrung gebracht hatte, daß jener ein Graf Turbin war, und ihn daher »Euer Erlaucht« titulierte. »Die Gutsherrin von Afremowo hat aber zugesagt, mit ihren Töchtern gegen Abend abzureisen, so daß Sie dann, wenn es Ihnen beliebt, das Zimmer Nummer elf haben können, sobald es frei geworden ist«, sagte er, indes er auf weichen Sohlen im Korridor dem Grafen voranging und sich dabei fortwährend zu ihm umblickte.

Im Gesellschaftszimmer saßen an einem kleinen Tisch, unter dem lebensgroßen, im Laufe der Jahre dunkel gewordenen Porträt des Zaren Alexander, mehrere Herren – ortsansässige Adlige, wie es den Anschein hatte – bei einer Flasche Champagner, während einige, offenbar auf der Durchreise befindliche Kaufleute in blauen Pelzen etwas abseits Platz genommen hatten.

Beim Betreten des Raumes, wobei er Blücher, seinen Hund, einen riesigen grauen Bullenbeißer, der die Reise hierher mitgemacht hatte, zu sich rief, warf der Graf seinen am Kragen noch mit Reif bedeckten Uniformmantel ab, verlangte Branntwein, setzte sich in seinem Archaluk aus blauem Atlas zu jenen Adligen an den Tisch und knüpfte ein

Gespräch mit ihnen an. Die Herren waren von dem angenehmen Äußeren und dem freimütigen Wesen des Ankömmlings sofort angetan und boten ihm ein Glas Champagner an. Der Graf leerte zunächst ein Gläschen Branntwein und bestellte sich dann ebenfalls eine Flasche Champagner, um seine neuen Bekannten bewirten zu können. Unterdessen war der Kutscher, der sich sein Trinkgeld erbitten wollte, eingetreten.

»Saschka!« rief der Graf. »Gib es ihm!«

Der Kutscher ging mit Saschka hinaus, kehrte aber, das Geld in der Hand, gleich wieder zurück.

»Nun, Euer Gnaden, ich hab mich, denk ich, doch genug für Sie abgeplagt. Sie hatten mir einen halben Rubel versprochen, er aber hat mir bloß fünfundzwanzig Kopeken gegeben.«

»Saschka! Gib ihm einen Rubel!«

Saschka starrte mit gesenktem Kopf auf die Füße des Kutschers.

»Das langt für ihn«, knurrte er in tiefem Baß, »und mehr Geld hab ich auch gar nicht.«

Der Graf nahm aus seiner Brieftasche die beiden einzigen Fünfrubelscheine, die darin waren, und reichte einen davon dem Kutscher, der ihm daraufhin die Hand küßte und sich entfernte.

»Eine schöne Bescherung!« sagte der Graf. »Dies sind meine letzten fünf Rubel.«

»So recht nach Husarenart, Graf«, bemerkte lächelnd einer der Adligen, bei dem es sich, dem Schnurrbart, der Stimme und einer energischen Ungezwungenheit der Beine nach zu urteilen, um einen Kavallerieoffizier a. D. handeln mochte. »Gedenken Sie, sich hier länger aufzuhalten, Graf?«

»Ich muß mir Geld verschaffen, sonst würde ich nicht bleiben. Aber es sind gar keine Zimmer frei. Hol sie der Teufel, in dieser verdammten Kneipe ...«

»Erlauben Sie, Graf«, entgegnete der Kavallerist, »möchten Sie vielleicht das Zimmer mit mir teilen? Ich wohne hier in

Nummer sieben. Wenn Sie es nicht verschmähen, könnten Sie dort einstweilen übernachten. Bleiben Sie ruhig zwei-drei Tage hier bei uns! Heute findet doch der Ball beim Adelsmarschall statt. Wie er sich freuen würde!«

»Wirklich, Graf«, fiel ein anderer Gesprächspartner, ein gutaussehender junger Mann, ein, »bleiben Sie noch. Wohin wollen Sie so eilig?! So etwas wie die Wahlen kommt ja nur alle drei Jahre einmal vor! Möchten Sie sich nicht wenigstens unsere jungen Damen ansehen, Graf?«

»Saschka! Hol mir Wäsche, ich fahre ins Bad!« rief der Graf und erhob sich. »Danach sehen wir weiter, vielleicht, wenn mich der Teufel reitet, schaue ich tatsächlich beim Adelsmarschall herein.«

Nun ließ er den Kellner kommen und besprach etwas mit ihm, worauf jener spöttisch lächelnd zur Antwort gab, »alles sei das Werk von Menschenhand«, und verließ dann den Saal.

»Ich werde also meinen Koffer in Ihr Zimmer schaffen lassen, mein Lieber!« rief der Graf von der Tür aus dem Kavalleristen zu.

»Seien Sie so gut, ich werde mich glücklich schätzen«, erwiderte jener, zur Tür eilend. »Nummer sieben! Vergessen Sie es nicht!«

Erst als die Schritte des Grafen schon verhallt waren, kehrte der Kavallerist an seinen Platz zurück, setzte sich näher an den Beamten heran, und während er ihm lächelnd gerade ins Gesicht blickte, sagte er:

»Es ist doch der nämliche.«

»Wer denn?«

»Ich sage dir, das ist der Husar, von dem man sich erzählt, daß er sich ständig duelliere – nun, der berüchtigte Turbin doch. Er hat mich erkannt, ich gehe jede Wette ein, daß er mich erkannt hat, wir haben ja in Lebedjan, als ich zur Remonte dort war, auch drei Wochen lang pausenlos zusammen gezecht. Einen tollen Streich haben wir beide damals miteinander ausgeheckt – er aber tut, als könnte er sich nicht mehr daran erinnern. Ein Prachtkerl, was?«

»Ja, ein richtiger Haudegen. Und wie angenehm im Umgang er ist! Man sieht ihm das gar nicht an«, entgegnete der gutaussehende junge Mann. »Und so schnell sind wir miteinander warm geworden ... Wie alt er wohl ist? Doch nicht älter als fünfundzwanzig?«

»Nein, das scheint nur so; er ist älter. Man muß eben wissen, um wen es sich bei ihm handelt. Wer hat die Migunowa entführt? Er! Er war es, der Sablin tötete, Matnjow an den Füßen zum Fenster hinauswarf und dem Fürsten Nesterow beim Kartenspiel dreihunderttausend Rubel abgewann. Ein ganz verwegener und tollkühner Bursche ist das, muß man wissen! Ein leidenschaftlicher Kartenspieler und Duellant, ein Verführer; aber ein echter Husar und eine Seele von Mensch! Uns wird ja manch Ruhmvolles nachgesagt, aber wenn nur jemand begriffe, was das bedeutet, ein echter Husar zu sein! Ach, Zeiten waren das!«

Und der Kavallerist malte seinem Gesprächspartner nun eines dieser Zechgelage mit dem Grafen in Lebedjan aus, das in Wirklichkeit allerdings nie stattgefunden hatte, doch auch gar nicht stattgefunden haben konnte. Erstens allein schon deshalb, weil er den Grafen nie zuvor gesehen und bereits zwei Jahre, bevor dieser seinen Dienst angetreten hatte, seinen Abschied genommen hatte, und zweitens, weil der Kavallerist überhaupt nie bei der Kavallerie, sondern vier Jahre als schlichter Junker im Belewskijschen Regiment gedient und gleich nach seiner Beförderung zum Fähnrich den Dienst quittiert hatte. Immerhin war er vor zehn Jahren, nachdem er eine Erbschaft gemacht hatte, wirklich nach Lebedjan gereist, hatte dort mit den Remonteoffizieren siebenhundert Rubel verjubelt und sich eine Ulanenuniform mit orangefarbenen Aufschlägen schneidern lassen, um in ein Ulanenregiment einzutreten. Sein Wunsch, bei der Kavallerie zu dienen, und jene drei Wochen, die er mit den Remonteoffizieren in Lebedjan verbracht hatte, waren denn auch die angenehmsten und glücklichsten Momente in seinem Leben geblieben, so daß er dieses Wunschdenken zunächst in die Wirklichkeit übertrug, dann in die Erinnerung, und nun rückblickend felsenfest davon überzeugt war, daß er in der Vergangenheit bei der Kavallerie gedient habe, was ihn freilich nicht hinderte, der weichherzigste und rechtschaffenste Mensch zu sein.

»Nein, wer nicht bei der Kavallerie gedient hat, der wird unsereinen nie verstehen.« Er setzte sich rittlings auf seinen Stuhl und begann, den Unterkiefer etwas vorschiebend, mit seiner tiefen Baßstimme zu schwärmen: »Man reitet also vor der Schwadron her; unter sich hat man kein Pferd, sondern den reinsten Satan, der ständig Lançaden macht; man sitzt also auf diesem Satan, selbst wie ein rechter Teufelskerl. Bei der Parade kommt der Schwadronschef zu einem herangeritten. ›Leutnant‹, sagt er, ›bitte, wollen Sie so gut sein – ohne Sie wird es doch nichts –, führen Sie die Schwadron im Paradeschritt vorüber!‹ Na schön, denk ich, gesagt, getan! Man blickt sich um, schreit seine schnurrbärtigen Kerls an. Ach, hol's der Teufel, das waren Zeiten!«

Der Graf war, feuerrot im Gesicht und mit nassem Haar, aus der Badestube zurückgekehrt und begab sich nun schnurstracks ins Zimmer Nummer sieben, wo der Kavallerist schon, Pfeife rauchend, in seinem Schlafrock dasaß und mit wonnigem Gefühl, aber auch mit einer gewissen Bangigkeit darüber nachdachte, was für ein Glück ihm doch zuteil geworden sei – mit dem berühmten Grafen Turbin im gleichen Zimmer zu wohnen. Doch was mache ich, schoß es ihm auf einmal durch den Kopf, wenn er mich plötzlich auszieht, nackt vors Stadttor führt und mich dort in den Schnee setzt, oder ... mich mit Teer beschmiert oder einfach ... Nein, einem Kameraden wird er das nicht antun ..., tröstete er sich.

»Blücher braucht sein Futter, Saschka!« rief der Graf.

Saschka, der unterwegs ein Glas Branntwein getrunken hatte und gehörig angeheitert war, erschien.

»Hast es wohl wieder nicht erwarten können, dich vollaufen zu lassen, Kanaille! ... Gib Blücher zu fressen!«

»Er wird auch so nicht krepieren, fett wie der ist!«, gab Saschka, mit der Hand über das glatte Fell des Hundes streichend, zur Antwort.

»Rede nicht drum herum! Marsch, gib ihm zu fressen!«

»Wenn nur Ihr Hund satt ist, aber hat unsereins mal ein Gläschen getrunken, schon halten Sie einem das vor.«

»He, es setzt gleich Prügel!« schrie der Graf mit so donnernder Stimme, daß die Fensterscheiben zu zittern begannen und dem Kavalleristen sogar ein wenig bänglich zumute wurde.

»Sie hätten lieber fragen sollen, ob Saschka heute schon etwas gegessen hat. Nur zu, schlagen Sie mich, wenn Ihnen ein Hund mehr wert ist als ein Mensch«, sagte Saschka. Doch im selben Moment erhielt er einen so kräftigen Fausthieb ins Gesicht, daß er hinfiel und mit dem Kopf gegen die Wand schlug; er griff sich mit der Hand an die Nase, schoß zur Tür hinaus und ließ sich im Korridor über eine Truhe fallen.

»Er hat mir die Zähne eingeschlagen«, murrte Saschka, während er mit der einen Hand seine blutige Nase abwischte und mit der anderen dem sich leckenden Blücher den Rücken kraulte. »Er hat mir die Zähne eingeschlagen, Bljuschka, aber trotzdem ist er mein Graf, und ich würde für ihn durchs Feuer gehen – so ist das! Weil er mein Graf ist, verstehst du, Bljuschka? Na, willst du was fressen?«

Nachdem er ein Weilchen auf der Truhe gelegen hatte, erhob er sich, fütterte den Hund und ging dann, fast völlig nüchtern, ins Zimmer zurück, um seinem Grafen aufzuwarten und ihm den Tee zu servieren.

»Sie würden mich geradezu kränken«, sagte der Kavallerist zaghaft, während er vor dem Grafen stand, der, die Beine hoch auf der Bettlehne, auf seinem Bett lag. »Ich bin ja auch ein alter Soldat und Kamerad, wie ich wohl sagen darf. Wozu wollen Sie sich bei jemand anderem Geld leihen?! Ich bin mit Freuden bereit, Ihnen mit zweihundert Rubeln oder auch etwas mehr auszuhelfen. Eine solche Summe habe ich im Augenblick zwar nicht bei mir, sondern nur hundert Rubel, aber ich könnte sie heute noch beschaffen. Sie würden mich sonst wirklich kränken, Graf!«

»Vielen Dank, mein Lieber«, sagte der Graf, der sofort erraten hatte, welche Art von Beziehungen sich zwangsläufig zwischen ihnen herausbilden mußte, und klopfte dem Kavalleristen auf die Schulter. »Vielen Dank! Nun, wenn es sich so verhält, dann können wir auch zum Ball fahren. Und was werden wir jetzt unternehmen? Erzähl mal, was bei euch in der Stadt los ist! Gibt es hübsche Mädchen? Wird viel gezecht? Und wie steht es mit dem Kartenspielen?«

Der Kavallerist erklärte, hübsche junge Damen würde er auf dem Ball in Hülle und Fülle finden; im Zechen könne es niemand mit Kolkow, dem neugewählten Kreispolizeichef, aufnehmen – dieser sei ein netter Bursche, wenn auch nicht so schneidig wie ein echter Husar. Ferner wußte er zu berichten, daß hier seit Beginn der Wahlen Iljuschkas Zigeunerchor singe, mit Stjoschka als Vorsängerin, und daß man gedenke, heute vom Ball des Adelsmarschalls »mit der ganzen Truppe« dorthin zu fahren.

»Und gespielt wird auch gehörig«, erzählte er noch. »Luchnow, ein Zugereister, setzt stets eine Menge Geld, und Iljin, der Ulanenkornett, der im Zimmer Nummer acht logiert, verliert auch immer sehr viel. Bei ihm dürfte das Spiel schon wieder in vollem Gange sein. Jeden Abend spielen sie dort, und was für ein prächtiger Bursche dieser Iljin ist, lassen Sie sich das von mir gesagt sein: gar nicht knauserig – sein letztes Hemd würde er hergeben.«

»Dann gehen wir doch zu ihm. Sehen wir uns an, was das für Leute sind«, sagte der Graf.

»Ja, lassen Sie uns hingehen, gehen wir! Sie werden sich riesig freuen.«

2

Der Ulanenkornett Iljin war gerade erst aufgewacht. Tags zuvor hatte er sich um acht Uhr abends an den Spieltisch gesetzt und fünfzehn Stunden hintereinander, bis elf Uhr morgens, gespielt – mit beträchtlichem Verlust. Er hatte eine ganz erkleckliche Summe verloren, doch genau beziffern konnte er sie nicht, weil er nicht nur dreitausend Rubel an eigenem Geld, sondern auch noch fünfzehntausend Rubel Staatsgelder mit sich führte, die er jedoch schon längst mit der eigenen Barschaft vermischt hatte. Nachzuzählen aber scheute er sich, damit ihm nicht zur Gewißheit wurde, was er ohnehin ahnte, daß nämlich von den Staatsgeldern schon einiges fehlte. Eingeschlafen war er erst gegen Mittag und in einen so tiefen, traumlosen Schlaf gesunken, wie ihn nur ein sehr junger Mann nach einem hohen Spielverlust kennt. Als er um sechs Uhr abends aufwachte, zur selben Zeit, als Graf Turbin im Hotel anlangte, und um sich herum auf dem Fußboden Spielkarten und Kreide erblickte sowie mitten im Zimmer die mit Kreide befleckten Tische stehen sah, da erinnerte er sich voller Entsetzen an das gestrige Spiel und die letzte Karte, einen Buben, der ihm einen Verlust von fünfhundert Rubel eingetragen hatte; doch da er nicht so recht an die Wirklichkeit glauben mochte, holte er das Geld unter dem Kopfkissen hervor und begann es zu zählen. Er erkannte einige der Geldscheine wieder, die während des Spiels mehrmals den Besitzer gewechselt hatten, und der ganze Verlauf des Spiels fiel ihm wieder ein. Von seinen eigenen dreitausend Rubeln war nichts mehr vorhanden, und von den Staatsgeldern fehlten auch schon zweitausendfünfhundert.

Der Ulan hatte vier Nächte hintereinander gespielt.

Er war aus Moskau gekommen, wo man ihm die Staatsgelder ausgehändigt hatte. In K. hatte ihn der Stationsvorsteher unter dem Vorwand aufgehalten, keine Pferde zur Verfügung zu haben, in Wirklichkeit jedoch aufgrund einer Abmachung, die er schon vor geraumer Zeit mit dem Inhaber des

Hotels getroffen hatte – nämlich alle Durchreisenden einen Tag lang festzuhalten. Der Ulan, ein blutjunger, fröhlicher Junge, der von seinen Eltern in Moskau gerade erst dreitausend Rubel für seine Equipierung im Regiment erhalten hatte, war ganz froh, während der Wahlen ein paar Tage in K. bleiben zu können, und hoffte, sich hier prächtig zu amüsieren. In der Nähe von K. lebte ein mit ihm bekannter Gutsbesitzer mit seiner Familie, und er trug sich mit der Absicht, ihm einen Besuch abzustatten und bei dieser Gelegenheit auch dessen Töchtern den Hof zu machen. Dann aber war der Kavallerist zu ihm gekommen, um seine Bekanntschaft zu machen, und hatte ihn noch am selben Abend, ohne jede böse Absicht, mit seinen Vertrauten – Luchnow und anderen Spielern – im Gesellschaftszimmer zusammengeführt. Von jenem Abend an setzte sich der Ulan immer wieder an den Spieltisch und fuhr nicht nur nicht zu seinem Bekannten, dem Gutsbesitzer, sondern fragte auch nicht mehr nach Pferden und verließ vier Tage lang nicht sein Zimmer.

Nachdem er sich angekleidet und seinen Tee getrunken hatte, trat er ans Fenster. Ihn verlangte danach, einen Spaziergang zu unternehmen, um die lästigen Erinnerungen an das gestrige Spiel zu vertreiben. Er zog seinen Uniformmantel an und trat auf die Straße. Die Sonne verbarg sich bereits hinter den weißen Häusern mit ihren roten Dächern; es begann zu dämmern. Das Wetter war recht mild. Auf die schmutzigen Straßen fielen langsam Flocken feuchten Schnees nieder. Von dem Gedanken, daß er diesen ganzen Tag, der sich nun schon seinem Ende zuneigte, verschlafen hatte, wurde ihm unerträglich wehmütig zumute.

Dieser Tag ist unwiederbringlich dahin, dachte er.

»Ich habe meine Jugend ruiniert«, sagte er plötzlich zu sich selbst, nicht etwa, weil er wirklich des Glaubens war, seine Jugend ruiniert zu haben – er dachte überhaupt nicht daran –, sondern weil ihm diese Phrase unvermittelt durch den Kopf geschossen war.

Was soll ich jetzt bloß tun? überlegte er. Ich muß mir von jemandem Geld leihen und abreisen ... Eine Dame ging auf dem Bürgersteig an ihm vorüber. So eine dumme Person, dachte er aus irgendeinem Grund. Nein, hier gibt es niemanden, von dem ich etwas borgen könnte. Ich habe meine Jugend ruiniert. Er näherte sich der Ladenreihe. Vor der Tür eines Ladens stand ein Händler im Fuchspelz und lud ihn ein, näher zu treten. Wenn ich nicht die Acht abgehoben hätte, hätte ich das Verlorene zurückgewinnen können. Ein altes Bettelweib folgte ihm, jammernd und flennend. Nein, hier gibt es niemanden, von dem ich etwas borgen könnte. Ein Herr im Bärenpelz fuhr vorüber, der Krämer stand immer noch am selben Fleck ... Was könnte ich Ungewöhnliches tun? Auf die beiden schießen? Nein, das wäre zu langweilig! Ich habe meine Jugend ruiniert. Ach, was für schöne Kummets mit Glöckchen dort hängen! In eine Troika müßte man sich jetzt setzen. Hüh, meine Pferdchen, auf geht's! Nein, ich werde ins Hotel zurückkehren. Luchnow wird bald kommen, dann machen wir ein Spielchen ...

Er kehrte zurück, begab sich auf sein Zimmer und zählte nochmals das Geld. Nein, er hatte sich beim erstenmal nicht geirrt: Wieder fehlten von den Staatsgeldern zweitausendfünfhundert Rubel ... Auf die erste Karte werde ich fünfundzwanzig setzen, auf die zweite das Doppelte ... sieben, dann fünfzehn, dann dreißig, sechzig und so weiter ... bis auf dreitausend. Ich kaufe mir so ein Kummet und reise ab. Aber er wird mich nicht fortlassen, der Bösewicht! Ich habe meine Jugend ruiniert ... Das waren die Gedanken, die dem Ulanen durch den Kopf gingen, als Luchnow wahrhaftig zu ihm ins Zimmer trat.

»Nun, sind Sie schon lange aufgestanden, Michajlo Wassiljitsch?« erkundigte sich Luchnow, während er seine Brille mit der Goldfassung langsam von der dürren Nase nahm und ihre Gläser eifrig mit einem rotseidenen Tuch polierte.

»Nein, eben erst. Ich habe ausgezeichnet geschlafen.«

»Wie man hört, ist ein Husar angekommen und logiert jetzt bei Sawalschewskij ... Wissen Sie nichts darüber?«

»Nein, bedauere ... Warum sind denn übrigens die anderen noch nicht hier?«

»Sie sind, glaube ich, noch auf einen Sprung zu Prjachin gegangen, müssen aber jeden Augenblick hier sein.«

Und wirklich, bald traten ins Zimmer: Luchnows ständiger Begleiter – ein Offizier der hiesigen Garnison –, ein braunhäutiger Kaufmann griechischer Abstammung mit einer gewaltigen Hakennase und tiefliegenden schwarzen Augen sowie ein dicker rundlicher Guts- und Schnapsbrennereibesitzer, der nächtelang mit Einsätzen von einem halben Rubel zu spielen pflegte. Alle brannten darauf, so schnell wie möglich mit dem Spiel zu beginnen; doch die Hauptspieler machten noch keine Anstalten dazu, namentlich Luchnow erzählte ganz seelenruhig von dem Banditenunwesen in Moskau.

»Das muß man sich einmal vorstellen«, sagte er, »Moskau – die alte Residenz und Hauptstadt –, und nachts ziehen als Teufel verkleidete Banditen mit Knüppeln durch die Straßen, jagen dem dummen Pöbel Furcht ein, plündern Vorüberfahrende aus – und damit basta. Warum sieht die Polizei da tatenlos zu? Das will mir nicht in den Kopf.«

Der Ulan hörte sich die Erzählung von den Banditen aufmerksam an, doch schließlich stand er auf und gab unauffällig Befehl, die Karten zu bringen. Der dicke Gutsbesitzer bemerkte als erster:

»Nun, meine Herren, wozu kostbare Zeit verlieren! Wenn wir spielen wollen, dann lassen Sie uns doch auch spielen!«

»Ja, Sie haben gestern mit Ihren halben Rubeln einen schönen Gewinn eingestrichen, da haben Sie wohl Gefallen am Spiel gefunden«, sagte der Grieche.

»Wirklich, nun könnten wir aber bald beginnen«, sagte der Garnisonsoffizier.

Iljin sah Luchnow an, der aber, ihm dabei ruhig in die

Augen blickend, ruhig die Geschichte von den als Teufeln mit Krallen verkleideten Banditen weitererzählte.

»Werden Sie die Bank halten?« fragte der Ulan.

»Ist es nicht noch zu früh?«

»Below!« rief nun der Ulan und wurde dabei aus irgendeinem Grund ganz rot. »Bring mir das Mittagessen! ... Ich habe heute noch nichts gegessen, meine Herren ... Bring auch Champagner, und gib mir die Karten!«

In diesem Augenblick traten der Graf und Sawalschewskij ins Zimmer. Turbin und Iljin gehörten, wie sich herausstellte, derselben Division an. Sie schlossen sofort Freundschaft, stießen mit Champagner an, und fünf Minuten später waren sie schon per du. Iljin schien dem Grafen sehr zu gefallen. Immer wenn er diesen ansah, mußte er lächeln, und er neckte ihn wegen seiner Jugend.

»Was für ein Prachtkerl von einem Ulanen!« sagte er. »Und dieser Schnurrbart, so ein schöner Schnurrbart!«

Iljins Oberlippe zierten lediglich kaum sichtbare blonde Flaumhärchen.

»Nun, meine Herren, Sie haben, scheint es, die Absicht, ein Spielchen zu machen?« erkundigte sich der Graf. »Nun, da wünsche ich dir, daß du gewinnst, Iljin! Du bist, denke ich mir, ein Meister im Spiel«, fügte er lächelnd hinzu.

»Ja, wir hatten vor, ein wenig zu spielen«, gab Luchnow, ein Paket aufreißend, das ein Dutzend Kartenspiele enthielt, zur Antwort. »Und wie steht es mit Ihnen, Graf, wünschen Sie nicht mitzuspielen?«

»Nein, heute nicht. Sonst würde ich Ihnen alles abnehmen. Wenn ich erst mal zu spielen anfange, kracht jede Bank! Und ich könnte auch gar nicht mithalten. Hab gestern auf der Station in Wolotschko all mein Geld verspielt. Ich bin da an so einen verfluchten Infanteristen mit lauter Brillantringen geraten, der hat mich bis aufs Hemd ausgeplündert. Muß wohl ein Falschspieler gewesen sein.«

»Hast du denn lange auf der Station zugebracht?« fragte Iljin.

»Zweiundzwanzig Stunden habe ich dort herumgesessen. Diese verfluchte Station wird mir noch lange im Gedächtnis bleiben! Na, aber der Stationsvorsteher dürfte mich auch nicht so schnell vergessen!«

»Und warum nicht?«

»Ich komme an, weißt du, da läuft auch schon der Vorsteher mit seiner Gaunervisage, seinem Spitzbubengesicht herbei. Pferde habe er keine, behauptet er doch. Ich aber, muß ich dir sagen, halte es immer so: Sind keine Pferde da, dann ziehe ich gar nicht erst meinen Pelz aus, sondern begebe mich schnurstracks ins Zimmer des Vorstehers, nicht in sein Amtszimmer, weißt du, sondern in die Wohnstube, und befehle, sämtliche Türen und Fensterluken sperrangelweit zu öffnen, angeblich weil darin schlechte Luft ist. So hab ich's auch diesmal gemacht. Und du erinnerst dich wohl noch, was für eine Kälte hier im vorigen Monat herrschte – an die zwanzig Grad unter Null. Der Stationsvorsteher wollte Sperenzchen machen, aber ich gab ihm eins in die Visage. Das alte Weib und die Mädchen, die im Zimmer waren, begannen loszukreischen, ergriffen die Kochtöpfe und wollten ins Dorf laufen ... Ich an die Tür. Pferde her, sag ich, dann fahr ich weiter, sonst lasse ich euch nicht hinaus, und ihr könnt samt und sonders erfrieren!«

»Eine ausgezeichnete Gewohnheit!« sagte der rundliche Gutsbesitzer und begann schallend zu lachen. »Das ist gerade so, als ob man Schaben durch Frost ausrottet.«

»Aber als ich einmal nicht aufpaßte und hinausging, da entwischte mir der Vorsteher mit allen seinen Weibern doch. Nur die Alte blieb mir als Geisel; sie hockte auf dem Ofen, nieste in einem fort und betete zu Gott. Dann traten wir in Verhandlungen ein: Der Vorsteher kam zurück und wollte mich aus sicherer Entfernung dazu überreden, die Alte freizugeben. Ich aber hetzte Blücher auf ihn; Vorsteher packt der besonders gern. Doch der Schuft hat trotzdem bis zum anderen Morgen keine Pferde herausgerückt. Da kam dieser lausige Infanterist angefahren. Ich ging mit ihm in ein anderes

Zimmer, und wir begannen zu spielen. Haben Sie Blücher schon gesehen? ... Blücher, hierher!«

Blücher kam ins Zimmer gelaufen. Die Spieler gaben sich ein Weilchen mit ihm ab, obwohl ihnen anzusehen war, daß ihnen der Sinn nach ganz anderem stand.

»Dennoch, meine Herren, warum spielen Sie nicht? Lassen Sie sich durch mich, bitte, nicht stören. Ich bin nun einmal ein Schwätzer«, sagte Turbin, »und dieses ›Liebst du mich, liebst du mich nicht‹ ist ja auch ein amüsantes Spiel.«

3

Luchnow rückte zwei Kerzen zu sich heran, holte eine riesige, prall mit Geldscheinen gefüllte braune Brieftasche hervor, legte sie auf den Tisch, schlug sie langsam, als nehme er eine sakrale Handlung vor, auf, zog zwei Hundertrubelscheine heraus und schob sie unter die Karten.

»Wir halten es ebenso wie gestern – der Bankeinsatz beträgt zweihundert«, sagte er, während er seine Brille geraderückte und ein Spiel Karten entsiegelte.

»Schön«, entgegnete, ohne ihn anzusehen, Iljin, der noch mitten in einer Unterhaltung mit Turbin war.

Das Spiel nahm seinen Lauf. Luchnow gab die Karten, exakt wie eine Maschine, von Zeit zu Zeit innehaltend, um bedächtig etwas zu notieren oder jemanden über die Brillengläser hinweg streng anzusehen und mit matter Stimme zu sagen: »Machen Sie Ihren Einsatz!« Der dicke Gutsbesitzer, der mit seiner Stimme alle anderen übertönte, stellte laut verschiedene Überlegungen an und befeuchtete seine rundlichen Finger, um die Karten aufzunehmen. Der Garnisonsoffizier schrieb mit seiner schönen Handschrift irgendwelche Zeichen unten auf die Karten und bog unter dem Tisch kleine Ecken an den Karten um. Der Grieche, der neben dem Bankhalter saß, beobachtete mit seinen eingesunkenen schwarzen Augen aufmerksam das Spiel und schien auf etwas zu warten. Sawalschewskij, der am Tisch stand, geriet auf einmal in

Bewegung, holte aus der Hosentasche einen roten oder blauen Geldschein hervor, legte eine Karte darauf, schlug mit der flachen Hand darauf und sagte dabei: »Gewinne, Sieben!« Dabei nagte er unablässig an seinem Schnurrbart, trat von einem Fuß auf den anderen, lief rot an und war so lange die Unruhe in Person, bis seine Karte herauskam. Iljin aß Kalbsbraten mit Gurken – den Teller hatte man neben ihn auf das Roßhaarsofa gestellt –, wischte sich immer wieder schnell die Hände an seinem Rock ab und setzte eine Karte nach der anderen. Turbin, der von Anfang an neben ihm auf dem Sofa saß, merkte sofort, was los war. Luchnow schaute den Ulanen überhaupt nicht an und wechselte kein Wort mit ihm; nur von Zeit zu Zeit starrten seine Augen hinter den Brillengläsern sekundenlang auf die Hände des Ulanen, dessen Karten größtenteils verloren.

»Diese Karte da möchte ich schlagen«, sagte Luchnow und deutete auf eine Karte des dicken Gutsbesitzers, der wie gewöhnlich um einen halben Rubel spielte.

»Schlagen Sie lieber Iljins Karten, was bringt Ihnen meine schon ein«, bemerkte der Gutsbesitzer.

Und in der Tat, Iljins Karten wurden häufiger geschlagen als die der anderen. Die Karte, die gerade verloren hatte, zerriß er jedesmal nervös unter dem Tisch und wählte mit zitternden Händen eine neue. Turbin stand vom Sofa auf und bat den Griechen, ihn neben dem Bankhalter sitzen zu lassen. Der Grieche setzte sich auf einen anderen Platz, während sich der Graf auf dem Stuhl niederließ, auf dem jener bis dahin gesessen hatte, und begann mit durchdringendem, aufmerksamem Blick auf Luchnows Hände zu starren.

»Iljin!« sagte er plötzlich mit seiner gewöhnlichen Stimme, mit der er, völlig unbeabsichtigt, alle anderen übertönte. »Warum bleibst du immer bei dieser einen Spielweise? Du verstehst nicht zu spielen!«

»Wie ich auch spiele, es ist ja doch alles gleich.«

»So wirst du ganz bestimmt verlieren. Laß mich mal für dich pointieren.«

»Nein, entschuldige bitte, das besorge ich schon selbst. Wenn du aufs Spielen so versessen bist, dann spiele doch für dich.«

»Ich habe schon gesagt, daß ich das nicht tun werde; aber ich würde es gern für dich versuchen. Mich verdrießt es, daß du immer nur verlierst.«

»Das scheint mein Schicksal zu sein.«

Der Graf sagte nichts weiter, begann aber wieder, auf die Ellenbogen gestützt, konzentriert die Hände des Bankhalters zu beobachten.

»Das ist nicht schön!« ließ er sich plötzlich, laut und eindringlich, vernehmen.

Luchnow drehte sich zu ihm um.

»Das ist gar nicht schön!« wiederholte der Graf noch lauter und blickte Luchnow direkt in die Augen.

Das Spiel nahm seinen Fortgang.

»Das – ist – nicht – schön!« sagte Turbin abermals, nachdem Luchnow ein weiteres Mal eine Karte Iljins geschlagen hatte, bei der es um einen hohen Einsatz ging.

»Was ist es, was Ihnen mißfällt, Graf?« fragte der Bankhalter höflich in gleichmütigem Ton.

»Nun, die Tatsache, daß Sie Iljin immer dann gewinnen lassen, wenn es um den einfachen Einsatz geht, ihn aber schlagen, wenn sich der Einsatz verdoppelt. Das ist nicht schön.«

Luchnow machte eine leichte Bewegung mit Schultern und Brauen, was soviel heißen sollte, als daß man sich in sein Schicksal ergeben müsse, und spielte weiter.

»Blücher, hierher!« rief der Graf im Aufstehen. »Faß ihn!« fügte er rasch hinzu.

Blücher kam, mit dem Rücken gegen das Sofa stoßend, darunter hervorgesprungen, wobei er den Garnisonsoffizier um ein Haar zu Fall gebracht hätte, lief zu seinem Herrn und sah sich, knurrend und mit dem Schwanz wedelnd, in der Runde um. Wer ist hier der Bösewicht? schien er zu fragen.

Luchnow legte die Karten hin und rückte mit seinem Stuhl ein Stück zur Seite.

»So läßt sich nicht spielen«, sagte er. »Ich kann Hunde auf den Tod nicht ausstehen. Was ist das für ein Spiel, wenn man hier eine ganze Hundemeute anschleppt?!«

»Besonders diese Hunde, die man, glaube ich, Blutegel nennt«, pflichtete ihm der Garnisonsoffizier bei.

»Wie ist es nun, Michajlo Wassiljitsch, spielen wir oder spielen wir nicht?« erkundigte sich Luchnow beim Gastgeber.

»Stör uns bitte nicht, Turbin!« wandte sich Iljin an den Grafen.

»Komm einen Augenblick mit nach nebenan«, sagte Turbin, nahm Iljin beim Arm und ging mit ihm ins nur durch eine dünne Wand abgetrennte Nebenzimmer.

Von dort waren die Worte des Grafen deutlich zu verstehen, der gar nicht daran dachte, seine Stimme, die man stets drei Zimmer weit hören konnte, zu dämpfen.

»Bist du närrisch geworden? Merkst du denn nicht, daß dieser Herr mit der Brille ein ganz ausgekochter Falschspieler ist?«

»Hör schon auf! Was redest du da?!«

»Ich höre nicht auf, und dir rate ich: Spiele nicht weiter! Eigentlich sollte es mir ja gleich sein. Ein andermal würde ich dich vielleicht selbst besiegen; aber es tut mir leid, daß du all dein Geld verspielst. Du wirst doch nicht gar Staatsgelder bei dir haben?«

»Nein; wie kommst du bloß darauf?«

»Ich bin selbst nicht von gestern, Bruderherz, ich kenne alle Falschspielertricks, und ich sage dir, der mit der Brille ist ein Falschspieler. Laß das Spielen. Ich bitte dich, als ein Kamerad den anderen.«

»Na schön, ich will nur noch das eine Spiel mitmachen, dann höre ich auf.«

»Nur das eine Spiel – das kenne ich. Nun, wir werden ja sehen.«

Sie kehrten zu den anderen zurück. Bei jenem einen Spiel setzte Iljin auf mehrere Karten gleichzeitig, die jedoch fast alle geschlagen wurden, so daß er abermals einen hohen Verlust erlitt.

Turbin legte seine Hände mitten auf den Tisch.

»Nun ist es genug! Fahren wir!«

»Nein, ich kann jetzt nicht aufhören! Laß mich bitte!« sagte Iljin verdrießlich, während er, ohne Turbin dabei anzusehen, die eingebogenen Karten mischte.

»Zum Teufel mit dir! Dann verliere doch todsicher, wenn es dir so gefällt; für mich wird es Zeit! Sawalschewskij! Wir fahren zum Adelsmarschall!«

Und sie gingen hinaus. Alle schwiegen, und Luchnow unterbrach das Spiel so lange, bis das Geräusch von ihren Schritten und Blüchers Klauen im Korridor verhallt war.

»Das ist vielleicht ein Tollkopf!« sagte der Gutsbesitzer lachend.

»Nun, jetzt wird er uns nicht mehr stören«, fügte, immer noch im Flüsterton, der Garnisonsoffizier hastig hinzu.

Und das Spiel ging weiter.

4

Die Musiker, Leute, die zum Gesinde des Adelsmarschalls gehörten, standen, mit bereits aufgekrempelten Rockärmeln, in dem anläßlich des Balles ausgeräumten Büfettzimmer und intonierten auf ein gegebenes Zeichen hin den alten polnischen Marsch »Alexander, Elisabeth«. Und schon begannen beim hellen, milden Licht der Wachskerzen über den Parkettfußboden des großen Saales dahinzugleiten: der bereits zu Katharinas Zeiten mit diesem Amt betraute Generalgouverneur, einen Ordensstern an der Brust und am Arm die hagere Frau des Adelsmarschalls, der Adelsmarschall mit der Frau des Generalgouverneurs am Arm, und immer so fort, in verschiedenen Verbindungen und Kombinationen, die sonstigen höheren Gouvernementsbeamten nebst Frauen, als Sawalschewskij im blauen Frack mit gewaltigem Kragen und Puffärmeln, in Kniehosen, mit bestrumpften Beinen und Schnabelschuhen, um sich her den Duft des Jasminparfüms verbreitend, mit dem sein Schnurrbart, seine Frackaufschläge und sein Taschentuch reichlich besprüht waren, und an seiner Seite der stattliche Husar, in enganliegenden hellblauen Reithosen und einem roten, goldbestickten Dolman, geschmückt vom Wladimirorden und der Medaille von 1812, den Saal betraten. Der Graf war nur mittelgroß, aber sehr gut gebaut. Die klaren dunkelblauen, ungewöhnlich leuchtenden Augen und das recht lange, dichtgelockte dunkelblonde Haar verliehen seiner Schönheit ein ganz besonderes Gepräge. Das Erscheinen des Grafen auf dem Ball war erwartet worden: Jener gutaussehende junge Mann, dem er im Hotel begegnet war, hatte den Adelsmarschall schon von dessen Ankunft unterrichtet. Der Eindruck, den diese Nachricht hervorrief, war unterschiedlicher, im großen und ganzen jedoch nicht sonderlich angenehmer Art. Dieser junge Dachs wird sich womöglich noch über uns lustig machen! war die Meinung der älteren Damen und der Herren. Was, wenn er mich entführen sollte? war mehr oder weniger die Meinung der jüngeren Damen und jungen Mädchen.

Sobald der polnische Marsch beendet war, die Paare sich voreinander verbeugt und die Damen sich wieder zu den Damen, die Herren zu den Herren gesellt hatten, führte Sawalschewskij, stolz und glücklich, wie er war, den Grafen zur Gastgeberin. Die Adelsmarschallin, die innerlich ein wenig bei der Vorstellung zitterte, dieser Husar könne sie in Gegenwart aller ihrer Gäste irgendwie in eine skandalöse Lage bringen, sagte, sich hochmütig abwendend, in einem Ton voller Geringschätzung: »Sehr erfreut, mein Herr! Ich hoffe, Sie werden tanzen?« Daraufhin bedachte sie ihn mit einem mißtrauischen Blick, der zu besagen schien: Wenn du eine Frau beleidigen kannst, bist du ein ausgemachter Schurke! Der Graf besiegte diese Voreingenommenheit ihm gegenüber jedoch sehr bald durch seine ausgesuchte Liebenswürdigkeit, seine Aufmerksamkeit, seine blendende Erscheinung und sein fröhliches Wesen, so daß binnen fünf Minuten der Gesichtsausdruck der Adelsmarschallin schon ein völlig anderer war, ja die Umstehenden gleichsam daran ablesen konnten: Ich weiß, wie man diese Herren behandeln muß; er hat gleich begriffen, mit wem er da spricht, und nun wird er mir den ganzen Abend lang Liebenswürdigkeiten sagen. In diesem Augenblick trat indessen auch der Gouverneur zum Grafen, mit dessen Vater er bekannt war, nahm ihn wohlgeneigt beiseite und unterhielt sich mit ihm, was zur Folge hatte, daß sich die Gesellschaft noch mehr beruhigte und der Graf in ihrer Meinung stieg. Dann machte Sawalschewskij ihn mit seiner Schwester bekannt, einer jungen, üppigen Witwe, die den Grafen schon seit seiner Ankunft mit ihren großen schwarzen Augen förmlich verschlungen hatte. Der Graf forderte die Witwe zu dem Walzer auf, den die Musiker in diesem Augenblick zu spielen begannen, und zerstreute durch seine Tanzkunst nunmehr endgültig das allgemeine Vorurteil.

»Ein meisterhafter Tänzer!« bemerkte eine dicke Gutsbesitzersfrau, während sie mit den Blicken den durch den Saal wirbelnden Beinen in den blauen Reithosen folgte und in Gedanken zählte: Eins, zwei, drei; eins, zwei, drei ... »Ein Meister!«

»Wie der da langfegt«, ließ sich eine andere in der Umgebung ansässige Dame vernehmen, die in der Gesellschaft der Gouverneursstadt dafür bekannt war, daß sie es mit dem feinen Ton nicht so genau nahm. »Und hakt nirgends mit den Sporen an! Erstaunlich, sehr geschickt!«

Der Graf übertraf mit seiner Tanzkunst selbst die drei besten Tänzer des Gouvernements. Es waren dies der hochgewachsene weißblonde Adjutant des Gouverneurs, der sich dadurch auszeichnete, daß er schnell tanzte und seine Dame ganz dicht an sich zog; ferner ein Kavallerist, der besonders dadurch auffiel, daß er den Walzer mit graziösem Schwung tanzte und dabei ständig leicht mit den Absätzen stampfte;

schließlich noch ein Zivilist, über den man der einhelligen Meinung war, er sei zwar keine große Leuchte, dafür aber ein vorzüglicher Tänzer und die Seele sämtlicher Bälle. Und dieser Zivilist setzte denn auch wirklich seinen Stolz darein, alle Damen der Reihe nach, so, wie sie da saßen, aufzufordern, er tanzte von Anfang bis Ende des Balls, ohne sich eine Verschnaufpause zu gönnen, und hielt nur bisweilen inne, um sich mit einem schon ganz nassen Batisttüchlein das erschöpfte, aber fröhliche Gesicht abzuwischen. Der Graf indessen stellte durch seine Tanzkunst alle in den Schatten, besonders, als er mit den drei besten Tänzerinnen antrat; die erste war groß, reich, schön und dumm, die zweite mittelgroß, schlank, ja beinahe schon mager und nicht sonderlich hübsch, dafür jedoch äußerst geschmackvoll gekleidet, und die dritte war klein, häßlich, dabei aber sehr klug. Er tanzte auch mit anderen Damen, mit allen, die hübsch waren, und ihrer gab es nicht wenige. Am besten gefiel dem Grafen jedoch Sawalschewskijs Schwester, eine noch junge Witwe: Mit ihr tanzte er die Quadrille, die Ekossaise und die Mazurka. Er machte damit den Anfang, daß er ihr, als sie sich während der Quadrille niedersetzten, eine Menge Komplimente sagte und sie dabei mit Venus und Diana, mit einer Rose und noch einer anderen Blume verglich. Als Antwort auf alle diese Liebenswürdigkeiten, die er ihr sagte, beugte sie nur das weiße Hälschen, schlug die Äuglein nieder, blickte auf ihr weißes Mullkleidchen oder legte den Fächer von einer Hand in die andere. Als sie dann aber schließlich entgegnete: »Hören Sie auf, Graf, Sie scherzen«, da klang in ihrer ein wenig gutturalen Stimme eine solche naive Treuherzigkeit und Herzenseinfalt an, daß man, wenn man sie ansah, wirklich glauben konnte, es nicht mit einer Frau, sondern einer Blume zu tun zu haben, aber nicht mit einer Rose, eher mit einer wilden, üppigen weißrosa Blume, die nicht duftete und in einem sehr fernen Lande aus einer jungfräulichen Schneewehe entsprossen war.

Und diese Mischung aus Naivität und dem gänzlichen Fehlen jeder Konvention machte in Verbindung mit ihrer so frischen Schönheit auf den Grafen einen derart eigentümlichen Eindruck, daß mehrmals – immer wenn das Gespräch ins Stocken geriet und er ihr stumm in die Augen sah oder die schönen Linien ihrer Hände und ihres Halses bewunderte – das Verlangen, sie unvermittelt in die Arme zu nehmen und mit Küssen zu bedecken, übermächtig in ihm wurde und er sich nur mühsam zu beherrschen vermochte. Die junge Witwe gewahrte mit Vergnügen, welchen Eindruck sie auf den Grafen machte; doch irgend etwas an dem Verhalten des jungen Husaren begann sie zu beunruhigen und zu erschrekken, obwohl dieser von einer fast übertriebenen Liebenswürdigkeit war und sie darüber hinaus mit einer Ehrerbietung behandelte, die, nach heutigen Begriffen, schon etwas Devotes hatte. Er lief fort, um ihr eine Erfrischung zu holen – Mandelmilch mit Zucker –, hob ihr das Taschentuch auf, riß einem skrofulösen jungen Gutsbesitzer, der ihr ebenfalls gefällig sein und ihr einen Stuhl hintragen wollte, diesen aus den Händen, um ihn ihr schneller zu bringen, und dergleichen mehr.

Als der Graf merkte, daß Liebenswürdigkeiten, wie sie zur damaligen Zeit in der vornehmen Gesellschaft gang und gäbe waren, seine Dame wenig beeindruckten, versuchte er, sie dadurch zu erheitern, daß er ihr spaßige Geschichten erzählte: er versicherte, er sei, sollte sie es befehlen, bereit, sich augenblicklich auf den Kopf zu stellen, wie ein Hahn zu krähen, aus dem Fenster zu springen oder sich in ein Eisloch zu stürzen. Seine Bemühungen waren von Erfolg gekrönt: Die junge Witwe kam in Stimmung, brach in ein melodisches Lachen aus, wobei sie ihre makellosen weißen Zähne zeigte, und war mit ihrem Kavalier nunmehr vollauf zufrieden. Dem Grafen seinerseits gefiel sie mit jedem Augenblick mehr, so daß er am Ende der Quadrille aufrichtig in sie verliebt war.

Als nach der Quadrille der achtzehnjährige, weder im Militär- noch im Staatsdienst stehende Sohn des reichsten Gutsbesitzers im Gouvernement – eben jener skrofulöse junge Mann, dem Turbin den Stuhl entrissen hatte –, der die junge Witwe schon seit längerer Zeit verehrte, zu ihr trat, empfing sie ihn äußerst kühl, und ihr war auch nicht die Spur von der Schüchternheit anzumerken, die sie dem Grafen gegenüber empfunden hatte.

»Sie sind gut«, sagte sie zu ihm, während sie im selben Moment auf Turbins Rücken starrte und unbewußt überlegte, wieviel Arschin von den goldenen Tressen für den ganzen Rock nötig gewesen sein mochten. »Sie sind gut! Sie hatten versprochen, mich zu einer Spazierfahrt abzuholen und mir Konfekt zu bringen!«

»Ich bin ja auch gekommen, Anna Fjodorowna, aber Sie waren schon fort, und was das Konfekt betrifft, so habe ich das allerbeste für Sie dort gelassen«, sagte der junge Mann, der unerachtet seines hohen Wuchses ein sehr dünnes Stimmchen hatte.

»Um Ausreden sind Sie nie verlegen! Ich brauche Ihr Konfekt nicht! Glauben Sie ja nicht ...«

»Ich sehe schon, Anna Fjodorowna, wie sich Ihre Einstellung mir gegenüber gewandelt hat, und ich kenne auch den Grund. Aber es ist nicht schön ...«, fügte er hinzu, beendete den Satz indessen nicht, offensichtlich infolge einer starken inneren Erregung, die seine Lippen heftig und irgendwie seltsam zucken ließ.

Anna Fjodorowna hörte ihm nicht zu, sondern folgte mit den Augen weiterhin dem Grafen.

Der Adelsmarschall und Herr des Hauses, ein imposanter, dicker, zahnloser Greis, trat zu dem Grafen, faßte ihn unter und bat ihn ins Arbeitszimmer, um dort zu rauchen und etwas zu trinken, wenn es ihm beliebe. Sobald Turbin den Saal verlassen hatte, hatte Anna Fjodorowna das Gefühl, daß sie hier nichts mehr zu suchen habe. So nahm sie denn eine dürre alte Jungfer, ihre Freundin, beim Arm und ging mit ihr ins Ankleidezimmer.

»Nun, wie steht es? Ist er nett?« fragte das Fräulein.

»Ja, nur schrecklich aufdringlich«, entgegnete Anna Fjodorowna, während sie sich dem Spiegel näherte und sich darin betrachtete.

Ihr Gesicht strahlte, ihre Augen lachten, sie errötete sogar und drehte sich, die Ballettänzerinnen nachahmend, die sie bei deren Auftritten während der Wahlen gesehen hatte, plötzlich auf einem Bein im Kreis herum, worauf sie in ihr gutturales, aber ganz reizend klingendes Lachen ausbrach und sogar mit angezogenen Knien in die Luft hüpfte.

»Wie er ist? Er hat mich um ein Souvenir gebeten«, sagte sie zu ihrer Freundin. »Aber das wird er nicht bekom-men«, sang sie das letzte Wort und hob dabei einen Finger ihrer Hand, die in einem bis an den Ellbogen reichenden langen Glacéhandschuh steckte ...

In dem Arbeitszimmer, in das Turbin vom Adelsmarschall geführt wurde, standen auf dem Tisch verschiedene Sorten Branntwein, Liköre, Champagner und diverse Vorspeisen. Eingehüllt in Tabakrauch, saßen oder gingen hier einige Adlige auf und ab, in einer Unterhaltung über die Wahlen begriffen.

»Wenn ihm der ganze vornehme Adel unseres Kreises die Ehre erwiesen hat, ihn zu wählen«, ließ sich der neugewählte Kreispolizeichef, der schon ziemlich angeheitert war, vernehmen, »dann durfte er nicht die ganze Gesellschaft durch sein Nichterscheinen brüskieren, nie und nimmer durfte er das ...«

Das Eintreten des Grafen unterbrach das Gespräch. Alle hier anwesenden Herren machten sich mit ihm bekannt, und namentlich der Kreispolizeichef drückte mit beiden Händen lange Turbins Rechte und bat ihn mehrmals, nach dem Ball mit ihm und der ganzen Gesellschaft in ein neues Restaurant mitzukommen, wo ein Zigeunerchor auftreten werde und wo er die Adligen bewirten wolle. Der Graf versprach, ganz bestimmt mitzukommen, und trank mit ihm mehrere Gläser Champagner.

»Warum tanzen Sie denn nicht, meine Herren?« fragte er, während er sich zum Gehen wandte.

»Wir sind keine Tänzer«, gab der Kreispolizeichef lachend zur Antwort, »wir halten es mehr mit dem Branntwein, Graf ... Nebenbei gesagt, alle diese jungen Damen sind vor meinen Augen aufgewachsen, Graf! Aber manchmal lege ich auch noch eine Ekossaise aufs Parkett, Graf ..., das bringe ich schon noch fertig ...«

»Dann lassen Sie uns doch jetzt tanzen gehen«, sagte Turbin, »verschaffen wir uns ein wenig Bewegung, bevor wir zu den Zigeunern fahren.«

»Nun denn, gehen wir, meine Herren! Machen wir unserem Gastgeber das Vergnügen!«

Drei der Adligen, die seit Beginn des Balles im Arbeitszimmer des Adelsmarschalls dem Champagner zugesprochen hatten und hochrot im Gesicht dasaßen, zogen daraufhin ihre Handschuhe aus schwarzem Leder oder aus gestrickter Seide an und schickten sich schon an, dem Grafen in den Saal zu folgen, als sie von dem skrofulösen jungen Mann aufgehalten wurden, der, totenbleich und nur mit Mühe die Tränen unterdrückend, auf Turbin zutrat.

»Sie glauben wohl, weil Sie ein Graf sind, können Sie um sich stoßen, als wären Sie auf dem Markt«, sagte er, mühsam nach Atem ringend, »aber das ist flegelhaft ...«

Abermals hemmte das Zucken der Lippen gegen seinen Willen den Redestrom.

»Was?« schrie Turbin, dessen Miene sich auf einmal verfinstert hatte. »Was? Sie Grünschnabel!« schrie er, während er den jungen Mann bei den Armen packte und sie so fest zusammenpreßte, daß diesem das Blut ins Gesicht schoß, nicht so sehr vor Ärger als vor Angst. »Wollen Sie sich mit mir schießen? Stehe zu Ihren Diensten!«

Turbin hatte kaum die Arme des jungen Mannes aus seiner Umklammerung gelassen, als zwei Adlige jenen auch schon unterfaßten und ihn zur Hintertür schleiften.

»Sind Sie denn von Sinnen? Sie haben wohl zu viel getrunken. Wenn man das Ihrem Vater hinterbrächte! Was ist mit Ihnen?« redeten sie ihm ins Gewissen.

»Nein, ich bin nicht betrunken, aber er stößt um sich und entschuldigt sich nicht. Ein Flegel ist er! Jawohl!« stieß der junge Mann, nun schon völlig in Tränen aufgelöst, mit hoher, dünner Stimme hervor.

Man hörte jedoch nicht auf ihn und brachte ihn nach Hause.

Der Kreispolizeichef und Sawalschewskij suchten ihrerseits Turbin zu beschwichtigen. »Lassen Sie es dabei bewenden, Graf!« sagten sie. »Er ist ja noch ein Kind, das Hiebe bekommt, mit seinen sechzehn Jahren. Weiß der Kuckuck, was in ihn gefahren ist. Was für eine Laus ihm wohl über die Leber gelaufen sein mag? Dabei ist sein Vater ein so angesehener Mann, unser Kandidat für die Wahlen ...«

»Nun, zum Teufel mit ihm, wenn er nicht will!«

Und der Graf kehrte in den Saal zurück und tanzte genauso fröhlich wie zuvor mit der hübschen jungen Witwe eine Ekossaise; er lachte von ganzem Herzen, als er die mit ihm aus dem Arbeitszimmer des Adelsmarschalls gekommenen Herren ihre Tanzschritte vollführen sah, und brach in ein schallendes Gelächter aus, das im ganzen Saal zu hören war, als der Kreispolizeichef ausglitt und inmitten der Tanzenden längelang hinschlug.

5

Während der Graf im Arbeitszimmer des Adelsmarschalls weilte, hatte Anna Fjodorowna sich ihrem Bruder genähert, in der Absicht, ihn über den Grafen auszuforschen, doch da sie aus irgendeinem Grunde glaubte, sich den Anschein geben zu müssen, als interessiere jener sie herzlich wenig, fragte sie nun gleichsam beiläufig: »Sag mal, Bruderherz, was ist denn das für ein Husar, der da mit mir getanzt hat?« Der Kavallerist erklärte seiner Schwester, so gut er konnte, was für ein bedeutender Mann dieser Husar sei, und ließ dabei auch durchblicken, daß der Graf nur deshalb länger hier verweile, weil ihm unterwegs seine ganze Barschaft gestohlen worden sei; er selbst habe ihm bereits hundert Rubel geliehen, doch das reiche nicht aus – ob sie ihm nicht noch mit zweihundert Rubel aushelfen könne. Sawalschewskij bat sie indessen, niemandem, namentlich nicht dem Grafen gegenüber ein Wort davon verlauten zu lassen. Anna Fjodorowna hatte daraufhin denn auch Stillschweigen gelobt und versprochen, das Geld heute noch zu schicken. Als sie nun aber mit dem Grafen die Ekossaise tanzte, empfand sie aus irgendeinem Grund das unwiderstehliche Verlangen, diesem selbst ihre Hilfe anzubieten und ihn zu fragen, welche Summe er benötige. Lange konnte sie sich nicht dazu entschließen, bis sie sich, feuerrot geworden, schließlich überwand und folgendermaßen zu Werke ging.

»Mein Bruder hat mir erzählt, daß Ihnen, Graf, unterwegs ein Mißgeschick widerfahren ist und Sie nun Ihrer ganzen Barschaft beraubt sind. Wenn Sie Geld benötigen, wollen Sie es da nicht von mir annehmen? Ich würde mich sehr freuen.«

Doch Anna Fjodorowna hatte das kaum ausgesprochen, als sie auch schon erschrak und über und über errötete. Alle Heiterkeit war urplötzlich aus dem Gesicht des Grafen verschwunden.

»Ihr Bruder ist ein Dummkopf!« sagte er heftig. »Sie wissen: Hat ein Mann einen anderen beleidigt, dann duellieren sie sich. Aber wissen Sie auch, was geschieht, wenn eine Frau einen Mann beleidigt?«

Die arme Anna Fjodorowna errötete vor Verwirrung noch mehr – selbst ihr Hals und ihre Ohren liefen rot an. Beschämt senkte sie den Kopf und gab keine Antwort.

»Eine solche Frau wird in Gegenwart aller von dem geküßt, den sie beleidigt hat«, sagte der Graf, sich zu ihrem Ohr niederbeugend, leise. »Erlauben Sie mir, wenigstens Ihr Händchen zu küssen«, fügte er nach längerem Schweigen ebenso leise hinzu – er fühlte Mitleid mit seiner Dame, die so verwirrt vor ihm stand.

»Ach, aber nicht gleich«, stammelte Anna Fjodorowna und seufzte tief.

»Wann denn sonst? Ich reise morgen früh ab ... Und das sind Sie mir schon schuldig.«

»Nun, dann geht es also nicht«, sagte Anna Fjodorowna lächelnd.

»Erlauben Sie mir nur, daß ich nach einer Gelegenheit suche, Sie heute noch zu sehen, damit ich Ihnen die Hand küssen kann. Ich werde schon eine Gelegenheit finden.«

»Wie wollen Sie die denn finden?«

»Das soll nicht Ihre Sorge sein. Wenn es darum geht, Sie wiederzusehen, ist mir nichts unmöglich ... Sind Sie also einverstanden?«

»Wenn es denn sein muß.«

Die Ekossaise war zu Ende. Man tanzte noch eine Mazurka, bei der der Graf wahre Wunder vollbrachte, indem er während des Tanzens Taschentücher auffing, sich auf ein Knie niederließ und auf eine ganz besondere, Warschauer Art mit den Sporen den Takt klopfte, so daß die alten Herren samt und sonders von ihrem Bostonspiel aufstanden und zum Zusehen in den Saal kamen und der Kavallerist, der beste Tänzer weit und breit, sich geschlagen gab. Man aß zu Abend, tanzte noch einen »Großvater« und rüstete dann zur Heimfahrt. Der Graf hatte die ganze Zeit über kein Auge von der Witwe gewandt. Als er sagte, er sei bereit, sich für sie in ein Eisloch zu stürzen, hatte er keine leeren Worte gemacht. Ob es nun eine Laune von ihm war oder Liebe, vielleicht auch Starrköpfigkeit, an jenem Abend waren jedenfalls alle seine seelischen Kräfte auf den einen Wunsch konzentriert – sie wiederzusehen und sie zu lieben. Eben hatte er bemerkt, daß Anna Fjodorowna im Begriff war, sich von der Dame des Hauses zu verabschieden, und schon lief er ins Lakaienzimmer und von dort, ohne seinen Pelz überzuwerfen, auf den Hof, zu der Stelle, wo die Equipagen standen.

»Den Wagen für Anna Fjodorowna Saizewa!« rief er. Eine hohe viersitzige Equipage mit Laternen setzte sich in Bewegung und fuhr vor der Freitreppe vor. »Halt an!« rief er dem Kutscher zu und eilte, bis an die Knie im Schnee versinkend, auf den Wagen zu.

»Was wünschen Sie?« fragte der Kutscher zurück.

»Einsteigen will ich«, entgegnete der Graf, riß im Gehen schon den Wagenschlag auf und versuchte aufzuspringen. »Halte doch an, du Dummkopf! Zum Teufel mit dir!«

»Waska! Halt mal an!« rief der Kutscher dem Vorreiter zu und brachte die Pferde zum Stehen. »Warum steigen Sie denn in einen fremden Wagen? Das ist die Kutsche von Anna Fjodorowna, meiner Gnädigen, und nicht die von Euer Gnaden.«

»Halt den Mund, du Tölpel! Da hast du einen Rubel, und nun steig ab und schließ die Tür«, sagte der Graf. Der Kutscher aber rührte sich nicht, und so zog er denn eigenhändig das Wagentreppchen hoch, öffnete das Fenster und schlug die Tür mit Mühe und Not selbst zu. Wie in allen alten Kutschen, namentlich in denen mit gelbem Posamentenbesatz, roch es auch in dieser irgendwie modrig und nach versengten Borsten. Die in dünnen Stiefeln und Reithosen steckenden Beine des Grafen waren von dem tauenden Schnee bis an die Knie naß und eiskalt, und auch sein ganzer Körper war von der winterlichen Kälte durchdrungen. Der Kutscher auf seinem Bock knurrte etwas und schien absteigen zu wollen. Doch der Graf hörte und fühlte nichts. Sein Gesicht glühte, sein Herz klopfte heftig. Krampfhaft umklammerte er den gelben Riemen am Seitenfenster, lehnte sich hinaus und war ganz gespannte Erwartung. Lange brauchte er indessen nicht zu warten. Von der Freitreppe her ertönte der Ruf: »Den Wagen für Madame Saizewa!«, der Kutscher zog die Zügel an, die Karosserie begann auf den hohen Stahlfedern leicht hin und her zu schwanken, und am Fenster der Kutsche glitten eines nach dem andern die hell erleuchteten Fenster des Hauses vorüber.

»Paß auf, du Spitzbube, wenn du dem Diener verrätst, daß ich hier bin«, sagte der Graf, sich durch das Vorderfenster zum Kutscher hinausbeugend, »bekommst du eine Tracht Prügel. Hältst du aber den Mund, schenke ich dir noch zehn Rubel.«

Der Graf hatte das Fenster kaum wieder schließen können, als die Karosserie auch schon von neuem und diesmal heftiger zu schaukeln begann und die Kutsche gleich danach zum Stehen kam. Er drückte sich in eine Ecke, hielt den Atem an und kniff sogar die Augen zu, solche Angst hatte er, daß sich seine leidenschaftliche Erwartung aus irgendeinem Grunde nicht erfüllen könnte. Der Wagenschlag ging auf, geräuschvoll klappten, eine nach der anderen, die Stufen der Trittleiter herunter, das Rascheln von Frauenkleidern war zu hören, und in die muffige Kutsche drang der Duft von Jasminparfüm, flinke Füßchen kletterten die Stufen hinauf, und mit dem Saum ihres nicht zugeknöpften weiten Mantels die Beine des Grafen streifend, ließ sich Anna Fjodorowna schweigend und schwer atmend auf dem Sitz neben ihm nieder.

Ob sie ihn gleich gewahrt hatte oder nicht, wer hätte das sagen können – wohl nicht einmal Anna Fjodorowna selbst. Als er nun aber mit den Worten: »So, jetzt werde ich Ihr Händchen doch noch küssen«, ihre Rechte ergriff, da zeigte sie kaum Furcht, sondern überließ ihm wortlos ihre Hand, die er bis weit über den Handschuh hinauf mit Küssen bedeckte. Die Kutsche setzte sich in Bewegung.

»Sag doch etwas. Du bist mir nicht böse?« fragte er.

Sie drückte sich stumm in ihre Ecke, brach dann aber plötzlich aus irgendeinem Grund in Tränen aus und ließ ihren Kopf an seine Brust sinken.

6

Der wiedergewählte Kreispolizeichef mit seiner Gesellschaft, der Kavallerist und andere Adlige saßen schon seit einer ganzen Weile in dem neuen Restaurant, tranken und lauschten dem Gesang der Zigeuner, als der Graf in einem mit blauem Tuch überzogenen Bärenpelz, der Anna Fjodorownas verstorbenem Mann gehört hatte, eintrat und sich zu ihnen gesellte.

»Du liebe Güte, Euer Erlaucht! Wir haben es kaum erwarten können, daß Sie kommen«, empfing ihn, seine blendend weißen Zähne zeigend, schon im Flur ein schwarzhaariger schieläugiger Zigeuner und stürzte auf ihn zu, um ihm den Pelz abzunehmen. »Seit Lebedjan haben wir Sie nicht mehr zu Gesicht bekommen ... Stjoscha hat sich schon ganz nach Ihnen verzehrt ...«

Stjoscha, eine schlanke blutjunge Zigeunerin mit ziegelroten Wangen im sonst braunen Gesicht, mit glänzenden, von langen Wimpern beschatteten tiefliegenden schwarzen Augen, kam dem Grafen ebenfalls entgegengelaufen.

»Ach, mein Gräflein, mein Liebster, mein Goldener! Das ist vielleicht eine Freude!« stieß sie mit fröhlichem Lächeln hervor.

Auch Iljuschka kam eilig herbei und gab sich den Anschein, hoch erfreut zu sein. Zigeunerinnen – Greisinnen, Frauen und junge Mädchen – sprangen von ihren Plätzen auf und umringten den Gast. Die einen gaben vor, in Gevatterbeziehungen zu ihm zu stehen, andere, seine Patengeschwister zu sein.

Die jungen Zigeunerinnen küßte Turbin samt und sonders auf den Mund; die alten Frauen und Männer küßten ihm die Hand oder drückten einen Kuß auf seine Schulter. Die Adligen waren ebenfalls sehr erfreut über die Ankunft des Grafen, und dies um so mehr, als die weinselige Stimmung ihren Höhepunkt bereits überschritten hatte und im Abflauen begriffen war. Alle fühlten sich schon übersättigt; der Wein beschwerte, nun er seine aufreizende Wirkung auf die Nerven eingebüßt hatte, nur den Magen. Jeder hatte seinen ganzen Vorrat an Forschheit verloren, einer war des anderen überdrüssig geworden; alle Lieder waren bereits gesungen und hatten sich im Kopf eines jeden zu einem unterschiedslosen Gelärme aufgelöst. Was jemand auch an Absonderlichem und Verwegenem tun mochte, niemand fand es komisch oder witzig. Der Kreispolizeichef, der sich in einer abstoßenden Pose zu Füßen einer alten Zigeunerin wälzte, strampelte mit den Beinen und schrie:

»Champagner! ... Der Graf ist gekommen! ... Champagner! Er ist da! ... Her mit dem Champagner! Eine ganze Wanne werde ich mit Champagner füllen lassen und darin baden ... Meine Herren Adligen! Ich liebe unsere edle Adelsgemeinschaft! Stjoschka! Sing mal den ›Weg‹!«

Auch der Kavallerist war angeheitert, doch äußerte sich sein Schwips in anderer Form. Er saß auf dem Sofa in einer Ecke, ganz dicht neben Ljubascha, einer hochgewachsenen schönen Zigeunerin, und da er fühlte, wie seine Augen vom Champagner immer trüber wurden, zwinkerte er unablässig, schüttelte den Kopf und suchte, der Zigeunerin immer wieder dieselben Worte zuflüsternd, diese zu überreden, daß sie mit ihm fliehe. Ljubascha hörte ihm lächelnd zu und machte ein Gesicht, als sei das, was er ihr sagte, sehr fröhlich und zugleich auch ein wenig traurig. Von Zeit zu Zeit warf sie einen Blick auf ihren Mann, den schieläugigen Saschka, der ihr gegenüber hinter einem Stuhl stand, beugte sich als Antwort auf die Liebesschwüre des Kavalleristen zu seinem Ohr nieder und bat ihn, ihr unauffällig, so daß es die anderen nicht merkten, Parfüm und eine Schleife zu kaufen.

»Hurra!« schrie der Kavallerist, als der Graf eintrat.

Der gutaussehende junge Mann ging mit besorgter Miene, festen Schrittes und doch behutsam, im Zimmer auf und ab und summte Melodien aus dem »Aufstand im Serail« vor sich hin.

Ein alter Familienvater, der von den Herren Adligen durch unablässiges Bitten bewogen worden war, zu den Zigeunern mitzukommen – sie hatten gesagt, ohne ihn werde sich der ganze Plan zerschlagen, und man werde dann lieber nicht hinfahren –, lag auf einem Sofa, auf dem er sich gleich nach seiner Ankunft niedergelassen hatte, und niemand schenkte ihm Beachtung. Ein Beamter, der auch hier war, hatte seinen Frack ausgezogen, saß mit untergeschlagenen Beinen auf dem Tisch und zerwühlte sein Haar, wodurch er anscheinend zu beweisen suchte, daß er kreuzfidel sei. Der Graf war kaum eingetreten, als der Beamte auch schon seinen Hemdkragen öffnete und noch weiter in die Tischmitte rückte. Überhaupt trug das Erscheinen des Grafen dazu bei, daß die Stimmung der Zecher einen neuen Höhepunkt erreichte.

Die Zigeunerinnen, die auseinandergelaufen waren und sich im Raum verstreut hatten, nahmen nun wieder im Kreis Platz. Der Graf setzte Stjoscha, die Vorsängerin, auf seinen Schoß und ließ noch mehr Champagner bringen.

Iljuschka stellte sich mit seiner Gitarre vor die Vorsängerin hin, und schon begann der »Tanz«, das heißt, es wurden in einer ganz bestimmten Reihenfolge Zigeunerweisen zu Gehör gebracht: »Wenn ich durch die Straße geh«, »He, ihr Husaren«, »Hörst du, verstehst du« und andere. Stjoschka sang großartig. Ihre geschmeidige, voll tönende, aus tiefster Brust aufsteigende Altstimme, ihr Lächeln beim Singen, ihre lachenden, leidenschaftlich funkelnden Augen, ihr Füßchen, das sich unwillkürlich im Takt des Liedes bewegte, ihr verwegener Aufschrei, wenn der Chor in den Gesang einfiel – all dies rührte eine hellklingende, doch nur selten angeschlagene Saite an. Man merkte wohl, daß sie völlig in dem Lied aufging, das sie sang. Iljuschka begleitete sie auf der Gitarre und gab durch sein Lächeln, durch die Art, wie er Rücken und Beine bewegte, ja durch sein ganzes Wesen zu verstehen, daß er sich von dem Lied angesprochen fühlte; er verschlang Stjoscha förmlich mit den Augen, senkte und hob im Takt des

Liedes den Kopf und lauschte aufmerksam und mit besorgter Miene, so, als höre er jene Weise zum erstenmal. Dann, als der letzte Ton verklungen war, richtete er sich plötzlich auf, schleuderte, als dünke er sich über die ganze Welt erhaben, stolz und entschlossen mit dem Fuß die Gitarre in die Luft, wirbelte sie umher, stampfte dazu mit den Füßen im Takt, schüttelte sein Haar und musterte den Chor mit finsterer Miene. Sein ganzer Körper, vom Scheitel bis zur Sohle, begann mit allen Fasern zu tanzen ... Und zwanzig energische, kräftige Stimmen, jede aus Leibeskräften bemüht, besser und ungewöhnlicher zu singen als die anderen, verschmolzen in der Luft miteinander. Die alten Frauen sprangen auf ihren Stühlen hoch und stießen, eine lauter als die andere, Tüchlein schwenkend und beim Lachen die Zähne entblößend, im Takt der Musik melodische Schreie aus. Den Kopf zur Seite geneigt, den Hals gestrafft, so standen die Männer hinter den Stühlen und ließen ihre dröhnenden Baßstimmen ertönen.

Wenn Stjoscha sehr hohe Töne sang, hielt Iljuschka die Gitarre näher an sie heran, als wolle er ihr helfen, und der gutaussehende junge Mann schrie entzückt auf, weil jetzt b-Moll-Töne kamen.

Als ein Tanzlied angestimmt wurde und Dunjascha sich, mit zuckenden Schultern und wippenden Brüsten, tänzelnden Schrittes dem Grafen näherte, eine Schwenkung vor ihm vollführte und dann weiterschwebte, sprang Turbin von seinem Platz auf, warf die Uniformjacke ab und drehte sich, nun in seinem roten Hemd, mit ihr verwegen zu den Klängen der Musik, wobei er mit den Füßen solche Kunststücke vollführte, daß die Zigeuner, beifällig lächelnd, Blicke miteinander wechselten.

Der Kreispolizeichef hockte sich im Türkensitz hin, schlug sich mit der Faust an die Brust und rief: »Vivat!« Dann packte er den Grafen am Bein und erzählte, er habe zweitausend Rubel besessen, jetzt aber seien davon bloß noch fünfhundert übriggeblieben, und er könne alles tun, was er wolle, wenn der Graf es nur erlaube. Der alte Familienvater erwachte und wollte aufbrechen, doch man ließ ihn nicht fort. Der gutaussehende junge Mann suchte eine Zigeunerin durch Bitten zu bewegen, einen Walzer mit ihm zu tanzen. Der Kavallerist, der mit seiner Freundschaft zu dem Grafen prahlen wollte, stand auf, kam aus seiner Ecke hervor und umarmte Turbin.

»Ach, du mein Allerbester!« sagte er, »Warum bist du nur von uns weggefahren? Wie?« Der Graf schwieg und dachte offenbar an etwas anderes. »Wohin bist du gefahren? Ach, du bist ein Schelm, Graf, ich weiß schon, wohin du gefahren bist.«

Dieser allzu familiäre Ton mißfiel Turbin offenbar. Ohne zu lächeln, starrte er dem Kavalleristen eine Weile schweigend ins Gesicht und bedachte ihn dann unvermittelt mit einem so fürchterlichen, groben Schimpfwort, daß jener ganz bestürzt war und lange nicht wußte, ob er diese Beleidigung als Scherz auffassen solle oder nicht. Zu guter Letzt entschloß er sich, die Sache von der scherzhaften Seite zu nehmen, lächelte und gesellte sich wieder zu seiner Zigeunerin, der er versicherte, er werde sie nach der Osterwoche ganz bestimmt heiraten. Ein zweites Lied wurde angestimmt, dann ein drittes, man schwang noch einmal das Tanzbein, brachte Toasts aus, und alle waren auch weiterhin in dem Glauben befangen, daß sie sich köstlich amüsierten. Der Champagner floß in Strömen, und der Graf sprach ihm fleißig zu. Seine Augen überzogen sich gleichsam mit einem feuchten Schleier, dennoch schwankte er nicht, tanzte womöglich noch besser als vorher, redete mit fester Stimme, stimmte sogar in den Chor mit ein und sang, als Stjoscha das Lied »Der Freundschaft zarte Regung« zu Gehör brachte, die zweite Stimme. Mitten im schönsten Tanz erschien der Inhaber des Restaurants, ein Kaufmann, und ersuchte die Gäste, nach Hause zu fahren, da es bereits auf drei Uhr morgens zugehe.

Der Graf nahm den Kaufmann beim Schlafittchen und befahl ihm zu tanzen, einen Tanz, bei dem man in die Hocke gehen und abwechselnd die Beine vorwerfen mußte. Der Kaufmann weigerte sich. Daraufhin packte ihn der Graf bei den Füßen, stellte ihn auf den Kopf, ließ ihn von den anderen festhalten und ergriff dann eine Flasche Champagner, die er unter allgemeinem Gelächter langsam über ihm ausgoß.

Es tagte schon. Alle waren bleich und erschöpft, ausgenommen der Graf.

»Nun wird es aber Zeit für mich; ich muß nach Moskau abreisen«, sagte er plötzlich und erhob sich. »Kommt alle mit zu mir, Kinder! Gebt mir das Geleit ... und wir wollen Tee trinken.«

Alle waren einverstanden, und mit Ausnahme des Gutsbesitzers, der eingeschlafen war und darum zurückblieb, drängte sich nun die ganze Gesellschaft in die drei vor der Auffahrt stehenden Schlitten, die die vielen Menschen kaum fassen konnten, und fuhr zum Hotel.

7

»Laß anspannen!« rief der Graf, als er mit allen seinen Gästen und den Zigeunern den Gesellschaftsraum des Hotels betrat. »Saschka! Nein, nicht der Zigeuner Saschka, sondern meiner: Sag dem Stationsvorsteher, daß er Prügel bezieht, wenn er mir schlechte Pferde gibt. Und uns bring Tee! ... Sawalschewskij, gib du Anweisung wegen des Tees, und ich werde mal zu Iljin gehen und schauen, was er macht«, fügte Turbin hinzu, begab sich auf den Korridor und lenkte seine Schritte zum Zimmer des Ulanen.

Iljin, der noch bis vor kurzem gespielt und dabei sein ganzes Geld bis auf die letzte Kopeke verloren hatte, lag mit dem Gesicht nach unten auf dem Roßhaarsofa, zog aus dem zerrissenen Bezug ein Haar nach dem anderen, steckte es in den Mund und kaute darauf herum, um es dann wieder auszuspeien. Zwei Talgkerzen, von denen die eine bereits bis zum Pappstück heruntergebrannt war, standen auf dem über und über mit Karten bedeckten Spieltisch und kämpften mühsam gegen das Licht des Morgens an, das durch die Fenster hereindrang. Der Ulan vermochte keinen klaren Gedanken zu fassen – in seinem Kopf war es völlig leer – alle seine geistigen Fähigkeiten waren von seiner Spielleidenschaft gleichsam in einen dichten Nebel gehüllt worden; selbst Reue empfand er nicht. Einmal versuchte er dennoch darüber nachzudenken, was er jetzt beginnen, wie er ohne eine einzige Kopeke die Reise fortsetzen und für die von ihm verspielten fünfzehntausend Rubel Staatsgelder geradestehen solle, was wohl sein Regimentskommandeur, seine Mutter und seine Kameraden zu alledem sagen würden – und da wurde er von solchem Entsetzen ergriffen und von solchem Abscheu vor sich selbst erfüllt, daß er, um nur auf andere Gedanken zu kommen, vom Sofa aufstand und im Zimmer auf und ab ging, bemüht, lediglich auf die Ritzen der Dielenbretter zu treten. Und aufs neue begann er sich alle Einzelheiten jenes letzten Spiels ins Gedächtnis zu rufen; lebhaft stellte er sich vor, wie er schon im Begriff gewesen war, das Verlorene zurückzugewinnen, wie er eine Neun abhob, zweitausend Rubel unter den Pikkönig schob, rechts eine Dame hinzukam, links ein As, rechts der Karokönig – und dann alles verloren war; aber hätte rechts eine Sechs gelegen und links der Karokönig, so hätte er seinen Spielverlust vollauf wettgemacht, hätte alles auf eine Karte gesetzt und vielleicht noch fünfzehntausend Rubel hinzugewonnen, dann könnte er sich beim Regimentskommandeur einen Zelter kaufen, noch ein Paar Pferde, könnte einen Phaëton kaufen. Und was weiter? Nun ja, das wäre eine schöne, sehr schöne Sache! …

Er legte sich wieder aufs Sofa und begann an Roßhaaren zu nagen.

Warum sie dort in Nummer sieben wohl singen mögen? überlegte er. Sicher geht es bei Turbin hoch her. Vielleicht sollte ich hingehen und mir einen gehörigen Rausch antrinken.

In diesem Augenblick trat der Graf ins Zimmer.

»Nun, wie steht's, du hast wohl tüchtig Federn lassen müssen, Bruder?« rief er.

Ich werde mich schlafend stellen, dachte Iljin. Sonst muß ich mich mit ihm unterhalten, und ich möchte jetzt wirklich schlafen.

Doch Turbin ging auf ihn zu und strich ihm über den Kopf.

»Nun, hast du dein Geld verloren, lieber Freund? Hast du alles verspielt? So rede doch!«

Iljin blieb ihm die Antwort schuldig.

Der Graf zog ihn am Arm.

»Ich habe verloren, ja. Was willst du von mir?« murmelte Iljin widerwillig mit verschlafener gleichgültiger Stimme, ohne seine Stellung zu verändern.

»Alles?«

»Nun ja, alles. Halb so schlimm! Was willst du?«

»Hör mal, sag mir die Wahrheit, wie einem Kameraden«, drängte der Graf, milde gestimmt durch den reichlich genossenen Wein, und strich ihm dabei noch immer übers Haar. »Wahrhaftig, ich habe dich richtig ins Herz geschlossen. Sag mir die Wahrheit; wenn du Staatsgelder verspielt hast, werde ich dir aus der Klemme helfen, solange es noch nicht zu spät ist ... Waren Staatsgelder darunter?«

Iljin sprang vom Sofa auf.

»Wenn du wirklich willst, daß ich reden soll, dann sprich nicht so mit mir, denn ... Bitte, frag nicht weiter ... Eine Kugel in den Kopf – das ist alles, was mir noch geblieben ist!« rief er aufrichtig verzweifelt, ließ den Kopf auf die Arme sinken und brach in Tränen aus, obwohl er soeben noch seelenruhig die Anschaffung von Paßgängerpferden erwogen hatte.

»Ach, du Mimose! Nun, wem ist so etwas nicht schon mal passiert! Das ist doch kein Unglück, das läßt sich vielleicht noch wiedergutmachen. Warte hier auf mich!«

Mit diesen Worten verließ der Graf das Zimmer.

»Wo logiert Luchnow, der Gutsbesitzer?« erkundigte er sich beim Zimmerkellner.

Der Kellner erbot sich, den Grafen dorthin zu führen. Ungeachtet der Bemerkung des Dieners, daß sein Herr eben erst gekommen sei und geruhe, sich zu Bett zu begeben, trat der Graf ins Zimmer. Luchnow saß im Schlafrock am Tisch und war damit beschäftigt, mehrere Bündel Banknoten, die vor ihm lagen, nachzuzählen. Auf dem Tisch stand eine Flasche Rheinwein, den er besonders gern trank. Dieses Vergnügen konnte er sich nun, da er so viel gewonnen hatte, schon leisten. Durch seine Brillengläser musterte Luchnow den Grafen mit kühlem, strengem Blick, als erkenne er ihn nicht.

»Sie scheinen mich nicht zu erkennen?« sagte der Graf, während er entschlossenen Schrittes auf den Tisch zusteuerte.

Luchnow erkannte den Grafen und fragte:

»Was wünschen Sie?«

»Ich möchte eine Partie Karten mit Ihnen spielen«, entgegnete Turbin und nahm auf dem Sofa Platz.

»Jetzt?«

»Ja.«

»Ein andermal mit Vergnügen, Graf! Doch jetzt bin ich müde und im Begriff, schlafen zu gehen. Möchten Sie vielleicht ein Gläschen Wein? Es ist guter Wein.«

»Aber ich habe gerade jetzt Lust auf ein Spielchen.«

»Ich habe nicht die Absicht, heute noch zu spielen. Vielleicht findet sich einer der anderen Herren dazu bereit, ich muß passen, Graf! Und nun entschuldigen Sie mich bitte!«

»Sie wollen also nicht?«

Luchnow zuckte mit den Achseln, was wohl heißen sollte, daß er bedauere, den Wunsch des Grafen nicht erfüllen zu können.

»Um keinen Preis?«

Wieder dieselbe Schulterbewegung.

»Und wenn ich Sie sehr bitte?! Nun, wie ist es, werden Sie spielen?«

Schweigen.

»Werden Sie spielen?« fragte der Graf ein zweites Mal. »Bedenken Sie es wohl!«

Abermals Schweigen und ein schneller Blick über die Brille hinweg in das Gesicht des Grafen, das sich allmählich verfinsterte..

»Werden Sie spielen?« wiederholte der Graf seine Frage mit lauter Stimme und schlug dabei mit der Hand so heftig auf den Tisch, daß die Flasche Rheinwein umfiel und der Inhalt sich über die Tischdecke ergoß. »Sie sind doch nicht etwa auf unredliche Weise zu Ihrem Gewinn gekommen? Werden Sie nun spielen? Ich frage Sie zum drittenmal!«

»Ich habe nein gesagt. Ihr Benehmen ist wirklich höchst sonderbar, Herr Graf! Und es schickt sich ganz und gar nicht, bei jemand einzudringen und ihm förmlich das Messer an die Kehle zu setzen«, bemerkte Luchnow, ohne aufzuschauen.

Es folgte ein kurzes Schweigen. Das Gesicht des Grafen wurde unterdessen immer bleicher. Plötzlich sauste ein furchtbarer Schlag auf Luchnows Kopf nieder, der ihn völlig betäubte. Er fiel aufs Sofa, im Fallen noch bemüht, das Geld zu fassen, und begann mit so verzweifelter, durch Mark und Bein gehender Stimme zu schreien, wie man das bei diesem immer ruhigen und selbstsicheren Mann nie und nimmer erwartet hätte. Turbin raffte die noch auf dem Tisch liegenden Geldscheine zusammen, stieß den Diener beiseite, der seinem Herrn zu Hilfe eilen wollte, und ging mit raschen Schritten aus dem Zimmer.

»Wenn Sie Genugtuung wünschen, ich stehe zu Ihren Diensten; ich werde mich noch eine halbe Stunde in meinem Zimmer aufhalten«, fügte der Graf, der noch einmal bis zu Luchnows Tür zurückgekehrt war, hinzu.

»Spitzbube, Räuber!« drang es von dort an sein Ohr. »Vors Kriminalgericht bringe ich Sie!«

Iljin, der dem Versprechen des Grafen, ihm aus der Klemme zu helfen, überhaupt keine Beachtung geschenkt hatte, lag noch immer in seinem Zimmer auf dem Sofa, und Tränen der Verzweiflung erstickten ihn fast. Die freundliche Anteilnahme des Grafen hatte ihn aus einem eigentümlichen Wirrwarr von Gefühlen, Gedanken und Erinnerungen in die

Wirklichkeit zurückversetzt, und das Bewußtsein dieser Wirklichkeit wollte und wollte ihn nicht mehr verlassen. Seine an Hoffnungen so reiche Jugend, die Ehre, die Achtung, deren er sich in der Gesellschaft erfreute, die Träume von Liebe und Freundschaft – alles war für immer verloren. Der Quell seiner Tränen begann nach und nach zu versiegen, mehr und mehr bemächtigte sich seiner das niederdrückende Gefühl der Hoffnungslosigkeit, und der Gedanke an Selbstmord, der ihm nun schon nicht mehr Abscheu und Entsetzen einflößte, kam ihm immer häufiger in den Sinn. In diesem Augenblick waren die festen Schritte des Grafen zu hören.

Turbins Gesicht wies noch Spuren des Zorns auf, und seine Hände zitterten ein wenig, aus seinen Augen aber strahlten gutmütige Fröhlichkeit und Selbstzufriedenheit.

»Nimm! Ich habe es zurückgewonnen!« sagte er, indem er mehrere Bündel Banknoten auf den Tisch warf. »Zähl nach, ob auch nichts fehlt! Und dann komm schnell in den Gesellschaftsraum, ich reise gleich ab«, fügte er hinzu, sich den Anschein gebend, als bemerke er die freudige Erregung und den Ausdruck der Dankbarkeit im Gesicht des Ulanen nicht, und eine Zigeunerweise vor sich hinpfeifend, verließ er das Zimmer.

8

Saschka, der seinen Gürtel umgeschnallt hatte, meldete, die Pferde stünden bereit, verlangte jedoch, man solle zuvor noch zum Hause des Adelsmarschalls fahren und den Mantel des Grafen holen, der, den Kragen mit gerechnet, dreihundert Rubel wert sei, und den garstigen blauen Pelz dem Schurken zurückgeben, der ihn beim Adelsmarschall mit dem Mantel vertauscht habe; doch Turbin sagte, es sei nicht nötig, nach dem Mantel zu suchen, und begab sich in sein Zimmer, um sich umzukleiden.

Der Kavallerist, der schweigend neben seiner Zigeunerin saß, hatte den Schluckauf. Der Kreispolizeichef ließ Branntwein kommen, lud alle Herren ein, zu ihm zum Frühstück mitzukommen, und verhieß, seine Frau werde sich ganz bestimmt höchstpersönlich mit den Zigeunerinnen im Tanz drehen. Der gutaussehende junge Mann setzte Iljuschka tiefsinnig auseinander, daß ein Klavier mehr Seele habe als eine Gitarre, auf der sich keine b-Moll-Töne spielen ließen. Der Beamte saß traurig in einer Ecke und trank Tee und schien sich nun, bei Tageslicht, seiner Ausschweifung zu schämen. Die Zigeuner stritten sich untereinander in ihrer Sprache und bestanden darauf, die Herren noch einmal hochleben zu lassen: Stjoscha aber widersetzte sich diesem Begehren, indem sie sagte, das würde nur den Barorai (in der Zigeunersprache »Graf« beziehungsweise »Fürst« oder noch genauer »großer Herr«) erzürnen. Überhaupt war bei allen der letzte Funke der ausgelassenen Stimmung am Erlöschen.

»Nun, noch ein Lied zum Abschied und dann marsch nach Hause!« sagte der Graf, als er frisch, gut aufgelegt und besser aussehend denn je zuvor, in Reisekleidung den Saal betrat.

Die Zigeuner ließen sich wieder im Kreis nieder und wollten gerade ein Lied anstimmen, als Iljin, ein Bündel Banknoten in der Hand, im Saal erschien und den Grafen beiseite rief.

»Ich hatte insgesamt fünfzehntausend Rubel Staatsgelder bei mir, du aber hast mir sechzehntausenddreihundert gegeben«, sagte er, »folglich gehört dieses Geld dir.«

»Auch gut! Gib her!«

Iljin händigte dem Grafen das Geld aus. Schüchtern sah er ihn an und hatte schon den Mund geöffnet, um etwas zu sagen, errötete aber nur, ja ihm traten sogar Tränen in die Augen, und so ergriff er denn bloß des Grafen Hand und drückte sie innig.

»Mach, daß du wegkommst! Iljuschka! ... Hör mal zu! Hier hast du Geld, begleitet mich dafür mit Gesang bis ans Stadttor.« Sprach's und warf ihm die tausenddreihundert Rubel, die Iljin gebracht hatte, auf die Gitarre. Dem Kavalleristen die hundert Rubel zurückzugeben, die er am Vortage von ihm geliehen hatte, vergaß der Graf freilich.

Unterdessen war es schon zehn Uhr morgens geworden. Die Sonne stand bereits hoch über den Dächern, Menschen eilten durch die Straßen, die Händler hatten längst ihre Läden geöffnet, Adlige und Beamte fuhren vorüber, und Damen gingen im Kaufhof umher, als die Zigeunerschar, der Kreispolizeichef, der Kavallerist, der gutaussehende junge Mann, Iljin und der Graf im blauen Bärenpelz die Außentreppe des Hotels betraten. Es war ein sonniger Tag und Tauwetter. Drei von einem Fuhrmann gemietete Troikas – die Pferde mit den aufgebundenen Schweifen stampften durch den Schneematsch, daß es nur so klatschte – fuhren vor dem Hotel vor, und die ganze muntere Gesellschaft machte es sich in den Schlitten bequem. Der Graf, Iljin, Stjoschka, Iljuschka und Turbins Bursche Saschka nahmen im ersten Schlitten Platz. Blücher geriet völlig aus dem Häuschen und bellte schweifwedelnd das Gabelpferd an. In die beiden anderen Schlitten setzten sich die übrigen Herren, ebenfalls gemeinsam mit Zigeunerinnen und Zigeunern. Gleich nachdem die Schlitten vom Hotel aufgebrochen waren, fuhren sie in einer Reihe nebeneinander her, und die Zigeuner stimmten im Chor ein Lied an.

Unter Gesang und dem Geläut der Schlittenglöckchen durchquerten die Troikas, entgegenkommende Gefährte bis auf die Gehsteige abdrängend, die ganze Stadt bis zum Ortsausgang.

Nicht wenig verwundert waren die Kaufleute und Passanten, mochten sie die hochwohllöblichen Adligen nun kennen oder nicht, als sie diese am hellichten Tage singend und Arm in Arm mit Zigeunerinnen und betrunkenen Zigeunern durch die Straßen fahren sahen.

Am Stadttor angekommen, hielten die Troikas an, und alle, die die Fahrt mitgemacht hatten, begannen sich nun vom Grafen zu verabschieden.

Iljin, der zum Abschied dem Wein reichlich zugesprochen und die ganze Zeit über selbst kutschiert hatte, wurde auf einmal traurig und suchte den Grafen zu bewegen, doch noch einen Tag länger zu bleiben; als er indessen zu der Überzeugung gelangt war, daß alles Zureden nichts half, warf er sich ganz unvermittelt mit Tränen in den Augen seinem neuen Freund an die Brust, küßte ihn und versprach, gleich nach der Ankunft in seiner Garnison um seine Versetzung zu den Husaren und zu ebenjenem Regiment nachzusuchen, in dem Turbin diente. Der Graf war besonders munter und vergnügt; den Kavalleristen, der ihn seit dem Morgen endgültig duzte, stieß er in eine Schneewehe, hetzte Blücher auf den Kreispolizeichef, hob Stjoschka auf den Arm und wollte sie nach Moskau mitnehmen, sprang schließlich aber doch in den Schlitten und setzte Blücher, der unbedingt in der Mitte des Schlittens stehen wollte, neben sich. Saschka sprang endlich auch auf den Bock, nachdem er zuvor den Kavalleristen noch einmal gebeten hatte, von »denen« doch den Mantel des Grafen zurückzuverlangen und ihm diesen nachzuschikken. Der Graf rief: »Los!«, nahm die Mütze ab und schwenkte sie über seinem Kopf, dann trieb er die Pferde mit Pfiffen an wie ein Postkutscher. Die Troikas setzten sich in Bewegung und fuhren in verschiedenen Richtungen davon.

Weithin war vor des Grafen Schlitten die eintönige schneebedeckte Ebene zu sehen, durch die sich als gelblich-schmutziger Streifen der Weg schlängelte. Die grelle Sonne sandte ihre gleißenden Strahlen auf den schmelzenden, von einer durchsichtigen Eiskruste überzogenen verharschten Schnee nieder und erwärmte angenehm Gesicht und Rücken. Von den schweißbedeckten Pferden stiegen Dampfschwaden auf; Schellengeläut ertönte. Ein Bäuerlein, das, in durchnäßten Bastschuhen über den aufgeweichten Boden schlurfend, neben einem hin und her schwankenden schwerbeladenen Schlitten herging, trat, heftig an der Leine ziehend, hastig beiseite; auf einer anderen Fuhre saß eine dicke, rotwangige Bäuerin, die unter dem Schafpelz ein Kind an der Brust barg und mit den Enden der Leine ihre weiße grindschwänzige Mähre antrieb. Dem Grafen fiel plötzlich Anna Fjodorowna ein.

»Zurück!« rief er.

Der Kutscher verstand nicht gleich.

»Kehr um! fahr zurück in die Stadt! Nun mach schon!«

Wieder passierte die Troika das Stadttor und fuhr gewandt an der hölzernen Freitreppe des Hauses von Madame Saizewa vor. Der Graf lief schnell die Treppe hinauf, durchquerte Vorderzimmer und Salon und fand die junge Witwe noch schlafend vor. Er nahm sie in die Arme, hob sie aus dem Bett, küßte sie auf die verschlafenen Augen und eilte wieder davon. Anna Fjodorowna, schlaftrunken wie sie war, fuhr sich nur mit der Zunge über die Lippen und fragte: »Was ist geschehen?« Der Graf sprang in den Schlitten, rief dem Kutscher zu, er solle losfahren, und ohne noch einmal anzuhalten, und ohne an Luchnow, die junge Witwe oder Stjoschka noch einen Gedanken zu verschwenden, sondern nur noch an das denkend, was ihn in Moskau erwartete, verließ er für immer die Stadt K.

9

Zwanzig Jahre mochten seitdem vergangen sein. Viel Wasser war inzwischen den Berg hinuntergeflossen, viele Menschen waren gestorben, viele zur Welt gekommen, viele herangewachsen und alt geworden, und noch mehr Ideen waren entstanden und wieder vergangen; viel Schönes und viel Häßliches der alten Zeit war dahin, viel Schönes der neuen Zeit hervorgebracht worden, doch noch mehr Unausgegorenes, Abstoßendes auf Gottes Welt erschienen.

Graf Fjodor Turbin hatte schon vor langer Zeit bei einem Duell mit einem Ausländer, den er auf der Straße mit einer Jagdpeitsche verprügelt hatte, sein Leben gelassen. Sein Sohn, dem Vater wie aus dem Gesicht geschnitten, war nun schon ein dreiundzwanzigjähriger hübscher Jüngling und diente bei der Gardekavallerie. In charakterlicher Hinsicht ähnelte der junge Graf Turbin seinem Vater indessen wenig. Von den ungestümen, leidenschaftlichen und, offen gestanden, lasterhaften Neigungen des vorigen Jahrhunderts hatte er nichts, aber auch gar nichts. Neben Verstand, Bildung und einer ererbten Begabung stellten sein Sinn für Anstand, seine Vorliebe für die Annehmlichkeiten des Lebens, eine von praktischen Erwägungen bestimmte Meinung über Menschen und Verhältnisse sowie Vernunft und Umsicht seine hervorstechenden Wesenseigenschaften dar. Im Dienst kam der junge Graf gut voran; mit seinen dreiundzwanzig Jahren war er bereits Leutnant ... Bei Eröffnung der Kriegshandlungen gelangte er zu dem Schluß, daß es seiner Karriere förderlicher sei, wenn er sich zur aktiven Armee versetzen ließe, und so trat er denn als Rittmeister in ein Husarenregiment ein, in dem er schon bald das Kommando über eine Schwadron erhielt.

Im Mai 1848 kam das S.sche Husarenregiment auf seinem Marsch auch durch das Gouvernement K., und ebenjene Schwadron, die von dem jungen Grafen Turbin befehligt wurde, sollte in Morosowka, dem Gute Anna Fjodorownas, Nachtquartier beziehen. Anna Fjodorowna war noch am Leben, aber doch schon so alt, daß sie sich selbst nicht mehr für jung hielt, was bei einer Frau viel heißen will. Sie war füllig geworden, was einer Frau, wie man sagt, ein jüngeres Aussehen verleihen soll, dennoch waren in ihrem weißen vollen Antlitz die zahlreichen tiefen Furchen nicht zu übersehen. In die Stadt fuhr sie überhaupt nicht mehr, ja es kostete sie sogar Mühe, in die Kutsche zu steigen, aber sie war noch immer so gutmütig und etwas einfältig wie ehedem – nun, da sie nicht mehr durch ihre Schönheit bestach, durfte man das wohl offen aussprechen. Bei ihr lebten ihre Tochter Lisa, eine dreiundzwanzigjährige echt russische Landschönheit, und ihr Bruder, der uns bekannte Kavallerist, der aus lauter Gutmütigkeit all sein Hab und Gut verschwendet und auf seine alten Tage nun bei Anna Fjodorowna ein Obdach gefunden hatte. Sein Haar war schon ganz grau, seine Oberlippe eingefallen, der Schnurrbart darüber jedoch sorgfältig schwarz gefärbt. Runzeln bedeckten nicht nur Stirn und Wangen, sondern auch den Hals und die Nase, und sein Rücken war gekrümmt; doch die Art, wie er die krummen, schwachen Beine setzte, deutete dennoch auf den alten Kavalleristen hin.

In dem kleinen Salon des alten Häuschens, dessen geöffnete Balkontür und Fenster auf einen sternförmig angelegten altertümlichen Garten mit vielen Linden darin hinausgingen, saßen alle Familien- und Hausangehörigen Anna Fjodorownas beisammen. Anna Fjodorowna thronte, grauhaarig und angetan mit einer pelzverbrämten kurzen lilafarbenen Jacke auf dem Sofa vor einem runden Mahagonitisch und legte sich eine Patience. Ihr alter Bruder, in tadellos weißen Hosen und dunkelblauem Gehrock, hatte es sich am Fenster bequem gemacht und häkelte mit Hilfe einer gabelförmig verzweigten Vorrichtung eine Schnur aus weißer Baumwolle – eine Tätigkeit, die ihn seine Nichte gelehrt hatte und die ihm sehr behagte, da er nichts anderes mehr tun konnte und seine Augen zum Zeitunglesen, seiner Lieblingsbeschäftigung, schon zu schwach waren. Pimotschka, die Pflegetochter Anna Fjodorownas, sagte unter Aufsicht Lisas, die gleichzeitig mit hölzernen Stricknadeln einen Strumpf aus Ziegenwolle für den Onkel strickte, ihre Lektion her. Die letzten Strahlen der untergehenden Sonne brachen sich, wie immer um diese Zeit, Bahn durch die Lindenallee und fielen schräg auf das äußerste Fenster und die daneben stehende Etagere. Im Garten und im Zimmer war es so still, daß man hören konnte, wenn draußen vor dem Fenster mit rauschendem Flügelschlag eine Schwalbe vorüberflog, wenn Anna Fjodorowna leise aufseufzte oder wenn der alte Mann ächzend ein Bein über das andere schlug.

»Wie legt man nur die Karten hin? Lisanka, zeig es mir doch mal! Ich vergesse es immer«, sagte Anna Fjodorowna, im Legen ihrer Patience innehaltend.

Lisa trat, ohne ihre Arbeit zu unterbrechen, zur Mutter und warf einen Blick auf die Karten.

»Ach, da haben Sie etwas durcheinandergebracht, Mamachen!« sagte sie und legte einige Karten anders hin. »So hätten Sie es machen müssen. Es wird also doch eintreffen, was Sie aus den Karten gewahrsagt haben«, fügte sie hinzu, während sie unauffällig eine Karte entfernte.

»Ach, du flunkerst mir immer etwas vor und willst mir weismachen, die Patience sei aufgegangen.«

»Nein, wirklich, sie ist doch aufgegangen; es hat sich glücklich gefügt.«

»Schon gut, schon gut, du Schelm! Aber ist es nicht Zeit zum Tee?«

»Ich habe den Samowar bereits aufstellen lassen. Ich sehe gleich mal nach dem Rechten. Soll er Ihnen hierher gebracht werden? ... Nun, Pimotschka, mach schnell, daß du mit deiner Lektion zu Ende kommst, dann gehen wir noch ein Weilchen spazieren.«

Und schon war Lisa aus dem Zimmer geeilt.

»Lisotschka! Lisanka!« rief ihr der Onkel nach, der unverwandt auf sein Häkelgerät starrte. »Ich habe, glaube ich, wieder eine Masche fallen lassen. Nimm sie mir doch auf, Herzchen!«

»Gleich, gleich! Ich gebe nur noch rasch den Zucker zum Zerkleinern heraus.«

Und nach drei Minuten kam sie auch wirklich ins Zimmer zurückgelaufen, ging auf den Onkel zu und zupfte ihn am Ohr.

»Damit Sie nicht wieder Maschen fallen lassen«, sagte sie lachend. »Sie haben Ihr Pensum ja wieder nicht geschafft!«

»Laß es gut sein! Sieh doch mal zu, daß du es wieder in Ordnung bringst, da scheint sich etwas verheddert zu haben.«

Lisa griff nach der Häkelvorrichtung, zog eine Sicherheitsnadel aus ihrem Kopftuch, das dabei von einem Windstoß, der durchs Fenster hereinfuhr, ein wenig zurückgeschlagen wurde, nahm mit der Nadel die Masche auf, zog zwei-dreimal den Faden durch und gab dem Onkel die Häkelarbeit zurück.

»Nun, dafür habe ich mir aber einen Kuß verdient«, sagte sie, indem sie ihm ihre rosige Wange bot und das Kopftuch feststeckte. »Möchten Sie Tee mit Rum? Heute ist ja Freitag.«

Und von neuem entschwand sie ins Teezimmer.

»Sehen Sie nur, Onkelchen: Husaren kommen zu uns!« klang im nächsten Moment ihre helle Stimme von dort herüber.

Anna Fjodorowna und ihr Bruder begaben sich gemeinsam ins Teezimmer, von dessen Fenster aus man einen Blick auf das Dorf hatte, um sich die Husaren anzuschauen. Vom Fenster aus war nicht allzuviel zu sehen; aber die näher und näher kommende Staubwolke verriet, daß sich eine Schar von Menschen auf das Gut zu bewegte.

»Es ist doch schade, Schwesterchen«, bemerkte der alte Mann, an Anna Fjodorowna gewandt, »daß wir räumlich so beschränkt sind und der Seitenflügel noch nicht fertiggestellt ist, sonst hätten wir den Offizieren unsere Gastfreundschaft anbieten können. Husarenoffiziere, das sind ja alles so prächtige junge Leute. Wenigstens angeschaut hätte ich sie mir gern.«

»Nun ja, ich hätte sie auch von Herzen gern bei uns aufgenommen. Aber Sie wissen ja selbst, lieber Bruder, daß wir keinen Platz haben: Mein Schlafzimmer, Lisas Stübchen, der Salon und Ihr Zimmer – das ist alles. Sagen Sie selbst, wo sollten wir sie unterbringen? Michajlo Matwejew hat das Haus des Dorfältesten für sie frei machen lassen: dort sei es auch sauber, meint er.«

»Und dir, Lisotschka, hätten wir einen schneidigen Husaren als Bräutigam ausgesucht!« sagte der Onkel.

»Nein, ich will keinen Husaren; ich ziehe einen Ulanen vor. Sie haben doch auch bei den Ulanen gedient, Onkel? ... Von Husaren will ich nichts wissen; das sind durchweg tollkühne Draufgänger, sagt man.«

Lisa errötete ein wenig, brach dann aber wieder in ihr hellklingendes Lachen aus.

»Da kommt auch Ustjuschka angelaufen; die sollten wir fragen, was sie gesehen hat«, sagte sie.

Anna Fjodorowna ließ Ustjuschka rufen.

»Statt bei der Arbeit zu sitzen, mußt du natürlich unbedingt hinlaufen und dir die Soldaten anschauen«, tadelte Anna Fjodorowna. »Nun, wo sind die Offiziere untergekommen?«

»Bei den Jerjomkins, gnädige Frau. Zwei sind es, und gut sehen sie aus. Der eine, erzählt man, ist ein Graf.«

»Wie ist denn sein Name?«

»Kasarow oder Turbinow oder so ähnlich; ich hab's nicht behalten, Sie müssen schon entschuldigen.«

»So ein dummes Frauenzimmer, nichts kann sie richtig erzählen. Wie er heißt, hättest du doch wenigstens in Erfahrung bringen können.«

»Ich kann ja noch mal hinlaufen.«

»Damit bist du schnell bei der Hand, ich weiß! Nein, mag Danilo gehen; sagen Sie ihm doch, lieber Bruder, daß er hinlaufen und fragen soll, ob die Herren Offiziere etwas benötigen. Man muß schließlich der Form Genüge tun: Er soll sagen, die gnädige Frau habe ihm befohlen, sich danach zu erkundigen.«

Die beiden alten Leutchen machten es sich nun wieder im Teezimmer bequem, indes Lisa in die Spinnstube ging, um den zerstoßenen Zucker in die Dose zu tun. Dort erzählte Ustjuschka gerade von den Husaren.

»Ach, gnädiges Fräulein, das ist vielleicht ein schöner Mann, dieser Graf!« schwärmte sie, »der reinste Paradiesvogel, mit schwarzen Brauen. So einen sollten Sie als Bräutigam haben, das gäbe ein Pärchen ab.«

Die anderen Mädchen lächelten beifällig, und die alte Kinderfrau, die mit ihrem Strickstrumpf am Fenster saß, stieß einen Seufzer aus und sprach sogar, tief Luft einatmend, ein Gebet.

»So gut haben dir also die Husaren gefallen«, sagte Lisa. »Ja, aufs Erzählen verstehst du dich. Aber nun bring mal den Beerensaft her, Ustjuschka – wir müssen den Husaren doch etwas Erfrischendes anbieten.«

Und die Zuckerdose in der Hand ging Lisa lachend aus dem Zimmer.

Aber sehen würde ich doch gar zu gern, was das für ein Husar ist, dachte sie bei sich. Ob er wohl blond oder brünett ist? Und auch er, glaube ich, würde sich freuen, unsere Bekanntschaft zu machen. So aber wird er weiterziehen, ohne erfahren zu haben, daß ich hier war und an ihn gedacht habe. Und wie viele solcher junger Männer sind schon an mir vorübergezogen! Niemand bekommt mich zu Gesicht außer dem Onkel und Ustjuschka. Wie ich mich auch frisiere oder kleiden mag, keiner erfreut sich daran, dachte sie und blickte seufzend auf ihren vollen weißen Arm. Sicher ist er hochgewachsen, hat große Augen und ein schwarzes Schnurrbärtchen. Nun bin ich schon über zweiundzwanzig Jahre alt, und niemand als der pockennarbige Iwan Ipatytsch hat sich in mich verliebt; und dabei war ich vor vier Jahren noch hübscher. So vergehen denn, niemandem zur Freude, meine schönsten Mädchenjahre. Ach, ich bin ein unglückliches, bedauernswertes Landfräulein!

Die Stimme der Mutter, die sie rief, daß sie den Tee einschenke, riß das Landfräulein aus ihrer Selbstversunkenheit und brachte sie in die Gegenwart zurück. Sie schüttelte den Kopf und begab sich ins Teezimmer.

Gutes geschieht meist unverhofft; je mehr man hingegen etwas erstrebt, um so schlechter gerät es. Auf dem Lande bemüht man sich nur selten, den Kindern eine gute Erziehung zuteil werden zu lassen, und gerade deshalb trägt diese oft unversehens die besten Früchte. So war es namentlich auch Lisa ergangen. Infolge ihres begrenzten Verstandes und ihres sorglosen Wesens hatte Anna Fjodorowna Lisa so gut wie keine Erziehung angedeihen lassen: Sie hatte weder für Musikunterricht noch dafür Sorge getragen, daß Lisa die so nützliche französische Sprache erlernte. Nein, Anna Fjodorowna hatte ihrem seligen Mann gleichsam zufällig ein gesundes und hübsches Kind, ein Töchterchen, geschenkt und es dann der Amme und der Kinderfrau überlassen, für seine Ernährung zu sorgen, es in Kattunkleidchen und Schühchen aus Ziegenleder gesteckt, es spazieren und Beeren und Pilze sammeln geschickt und ihm durch einen zu diesem Zweck engagierten Seminaristen Lesen, Schreiben und Rechnen beibringen lassen – und nach sechzehn Jahren dann die überraschende Entdeckung gemacht, daß ihr in Lisa eine Freundin und ein stets fröhliches, gutmütiges und tüchtiges Hausmütterchen herangewachsen war. Da Anna Fjodorowna ein weiches Herz hatte, waren ständig Pflegetöchter im Hause, Kinder von Leibeigenen oder Findelkinder. Schon seit ihrem zehnten Lebensjahr hatte sich Lisa dieser Pflegetöchter angenommen, sie unterrichtet, angezogen, in die Kirche geführt und zurechtgewiesen, wenn sie allzu übermütig wurden. Später dann war der gebrechliche, gutmütige Onkel aufgetaucht, für den man sorgen mußte wie für ein Kind. Dann waren da noch die Gesindeleute und die Bauern, die sich mit ihren Anliegen an das junge Fräulein wandten und ihre Krankheiten von ihr mit Holunder- oder Pfefferminztee und Kampferspiritus kurieren ließen. Nach und nach waren die Pflichten, die die Führung eines Hauswesens mit sich brachte, ganz in ihre Hände übergegangen. Dazu kam noch das Bedürfnis nach Liebe, das einzig in der Natur und in der Religion Befriedigung fand. So war Lisa unversehens zu einem rührigen, gutmütig-fröhlichen, selbständigen, reinen und zutiefst religiösen jungen Mädchen herangewachsen. Beim Anblick der Nachbarinnen, die in modernen, aus K. mitgebrachten Hüten neben ihr in der Kirche standen, litt freilich manchmal ihre Eitelkeit ein wenig; auch geschah es zuweilen, daß sie sich so über ihre alte nörglerische Mutter und deren Launen ärgerte, daß ihr fast die Tränen kamen. Dann und wann hatte sie Liebesträume absurdester und manchmal recht drastischer Natur, doch wurden diese durch die nützliche Arbeit, die ihr zum Bedürfnis geworden war, rasch wieder verscheucht, und in zweiundzwanzig Jahren hatte kein einziger dunkler Fleck die reine, ruhige Seele des zu voller körperlicher und sittlicher Schönheit erblühten jungen Mädchens beschmutzt, und es gab nichts, das ihr hätte Gewissensbisse machen müssen. Lisa war mittelgroß und eher voll als mager; sie hatte kleine braune Augen mit leichten Schatten unter den Lidern und langes blondes Haar, das sie zu einem Zopf flocht. Ihr Gang war breit und ein wenig watschelnd – er hatte, wie man so sagt, etwas von einer Ente. War sie mit einer Arbeit beschäftigt und durch nichts sonderlich erregt, so besagte der Ausdruck ihres Gesichts jedem, der es aufmerksam betrachtete: Gut und fröhlich lebt auf Erden, wer jemand hat, den er lieben kann, und von sich sagen darf, er habe ein reines Gewissen. Selbst in Augenblicken, in denen sie Verdruß, Verwirrung, Unruhe oder Gram empfand, leuchtete durch die Tränen, unter der zusammengezogenen linken Braue, aus den aufeinandergepreßten Lippen, den Grübchen in ihren Wangen, den Mundwinkeln und den Augen, die gewohnt waren, zu lächeln und sich des Lebens zu freuen, ob sie dies wollte oder nicht, stets ihr durch den Verstand unverdorbenes, gutes, reines Herz.

10

Obwohl die Sonne schon unterging, war es noch heiß, als die Schwadron in Morosowka einrückte. Den Husaren voran trabte über die staubige Dorfstraße, sich immer wieder umsehend und von Zeit zu Zeit stehenbleibend, laut muhend eine von der Herde abgekommene buntscheckige Kuh, die durchaus nicht begreifen wollte, daß sie einfach nur zur Seite abzubiegen brauchte. Bauern – Greise, Frauen und Kinder – und Leute vom Gesinde drängten sich zu beiden Seiten der Straße und musterten neugierig die Husaren, die, eingehüllt in eine dichte Staubwolke und unter dem heftigen Getrappel ihrer rabenschwarzen, vorschriftsmäßig gezäumten, hin und wieder schnaufenden

Pferde vorüberritten. Zur Rechten der Schwadron ritten, in lockerer Haltung auf ihren stattlichen Rappen sitzend, zwei Offiziere. Der eine war der Kommandeur, Graf Turbin, der andere ein blutjunger Offizier mit Namen Polosow, der erst vor kurzem vom Junker zum Kornett befördert worden war.

Aus dem ansehnlichsten Haus des Dorfes trat ein Husar im weißen Drillichrock, der, seine Mütze abnehmend, nun auf die Offiziere zukam.

»Wo ist Quartier für uns gemacht?« erkundigte sich der Graf.

»Für Euer Erlaucht?« fragte, am ganzen Leibe zitternd, der Quartiermeister zurück. »Hier, das Haus des Dorfältesten habe ich räumen lassen«, gab er dann zur Antwort. »Als ich im Gutshaus nachfragte, hieß es, man habe keinen Platz. Die Gutsherrin ist ziemlich unwirsch.«

»Na schön«, sagte der Graf, während er absaß und sich vor dem Hause des Dorfältesten die Beine vertrat. »Wie steht es, ist meine Kalesche unterdessen eingetroffen?«

»Zu Befehl, Euer Erlaucht, da ist sie!« erwiderte der Quartiermeister und deutete mit der Mütze auf eine im Torweg sichtbar werdende Kalesche mit lederbezogenem Wagenkasten. Dann eilte er Turbin voran ins Haus, wo sich in der Diele die zahlreiche Familie des Bauern drängte, die sich eingefunden hatte, um sich die Offiziere anzusehen. Eine alte Frau stieß der Quartiermeister sogar um, als er dienstfertig die Tür zu der für den Grafen geräumten Stube öffnete und, jenem den Vortritt lassend, zur Seite trat.

Die Stube war ziemlich geräumig, aber nicht sonderlich sauber. Des Grafen Kammerdiener, ein wie ein Herr gekleideter Deutscher, hatte bereits das eiserne Feldbett aufgestellt und Bettzeug übergezogen und war nun damit beschäftigt, Wäsche aus dem Koffer herauszunehmen.

»Pfui, was für ein elendes Quartier!« sagte der Graf verdrießlich. »Djadenko! War es denn nicht möglich, beim Gutsbesitzer ein besseres aufzutreiben?«

»Wenn Euer Erlaucht befehlen, werde ich zum Gutshof gehen und jemand heraussetzen«, antwortete Djadenko. »Das Haus dort ist aber auch ziemlich unansehnlich und nicht viel besser als ein Bauernhaus.«

»Jetzt ist es nicht mehr nötig. Geh!«

Der Graf legte sich aufs Bett, die Arme unter dem Kopf verschränkt.

»Johann!« rief er den Kammerdiener. »Wieder ist in der Mitte ein Höcker! Nicht einmal das Bett kannst du ordentlich machen!«

Johann wollte es in Ordnung bringen.

»Nein, nun brauchst du dich auch nicht mehr zu bemühen ... Und wo ist mein Schlafrock?« fuhr er in mürrischem Ton fort.

Der Diener reichte ihm den Schlafrock.

Bevor der Graf ihn anzog, musterte er den Rockschoß.

»Dachte ich mir's doch: Du hast die Flecke noch nicht entfernt! Kann man seinen Dienst überhaupt schlechter versehen, als du es tust?« fügte er hinzu, indem er Johann den Schlafrock aus den Händen riß und ihn anzog. »Gib es nur zu, du machst das absichtlich! ... Ist der Tee fertig?«

»Ich bin noch nicht dazu gekommen«, gab Johann zur Antwort.

»Dummkopf!«

Hierauf nahm der Graf einen von Johann schon bereitgelegten französischen Roman zur Hand und las ziemlich lange darin, ohne noch ein Wort zu sagen, während sich Johann in die Diele begab, um den Samowar anzufachen. Der Graf war unverkennbar schlechter Laune, was daher kommen mochte, daß er müde, sein Gesicht staubig, seine Kleidung unbequem und sein Magen leer war.

»Johann!« rief er aufs neue. »Gib mir eine Abrechnung über die zehn Rubel! Was hast du in der Stadt dafür gekauft?«

Der Graf ging die einzelnen Posten durch und bemerkte unzufrieden, Johann habe viel zu viel für die Waren bezahlt.

»Zum Tee bring mir Rum!«

»Rum habe ich nicht gekauft«, sagte Johann.

»Ausgezeichnet! Wie oft habe ich dir nicht schon gesagt, daß immer Rum dazusein hat!«

»Das Geld reichte nicht.«

»Warum hat Polosow denn keinen Rum gekauft? Du hättest dir von seinem Burschen welchen geben lassen sollen.«

»Der Kornett Polosow? Ich weiß nicht, ob er Rum hat. Er hat Tee und Zucker gekauft.«

»Rindvieh! ... Mach, daß du fortkommst! Mir die Geduld zu rauben, das verstehst du wie kein zweiter. Du weißt doch, daß ich unterwegs immer Tee mit Rum trinke.«

»Hier sind zwei Briefe vom Stab für Sie«, sagte der Kammerdiener.

Ohne sich vom Bett zu erheben, entsiegelte der Graf die Briefe und begann zu lesen. Da trat mit vergnügtem Gesicht der Kornett ein, der die Schwadron zu ihren Quartieren geführt hatte.

»Nun, wie steht's, Turbin? Hier scheint es ganz gut zu sein. Aber, offen gestanden, ich bin hundemüde. Heiß war es.«

»Prachtvoll ist es hier! Eine schmutzige, stinkende Bude und keinen Rum dank deiner Güte: Dein Einfaltspinsel hat keinen gekauft und meiner auch nicht. Hättest du es ihm doch nur gesagt.«

Wieder vertiefte er sich in die Lektüre der Briefe. Als er einen von ihnen zu Ende gelesen hatte, zerknüllte er ihn und schleuderte ihn auf den Boden.

»Warum hast du denn keinen Rum besorgt?« fragte unterdessen in der Diele der Kornett im Flüsterton seinen Burschen, »du hattest doch Geld?«

»Aber warum sollen nur wir immer alles kaufen?! Wir bezahlen sowieso schon das meiste. Sein Deutscher, der raucht bloß seine Pfeife, und damit hat sich's.«

Der zweite Brief schien Erfreulicheres zu enthalten, denn der Graf lächelte, als er ihn las.

»Von wem ist der Brief?« fragte Polosow, der eben ins Zimmer zurückkehrte und daranging, auf der Ofenbank sein Nachtlager herzurichten.

»Von Mina«, gab der Graf vergnügt zur Antwort und reichte ihm den Brief. »Willst du ihn lesen? Was ist das doch für eine reizende Frau! ... Nein wirklich, viel entzückender als unsere jungen Damen von Adel ... Sieh nur, wieviel Gefühl und Geist aus diesem Brief spricht! ... Eines nur ist nicht schön: sie bittet um Geld.«

»Nein, das ist nicht schön«, pflichtete ihm der Kornett bei.

»Ich hatte ihr freilich Geld versprochen, doch dann kam der Feldzug und ... Nun, ich werde ihr schon welches schikken, sollte ich noch drei Monate das Kommando über die Schwadron behalten. Um das Geld tut es mir nicht leid! Was für ein reizendes Geschöpf, nicht wahr?« fragte er lächelnd, während er den Gesichtsausdruck Polosows beobachtete, der den Brief las.

»Schrecklich viele Fehler macht sie, schreibt sonst aber recht nett; sie scheint dich in der Tat zu lieben«, entgegnete der Kornett.

»Hm! Und ob! Nur solche Frauen lieben wahrhaft, wenn sie schon einmal lieben.«

»Und von wem kommt der andere Brief?« erkundigte sich der Kornett, während er den soeben gelesenen zurückgab.

»Von einem Herrn, dem ich noch Geld vom Kartenspiel schulde ... Ein rechter Lump, er mahnt mich nun schon das dritte Mal ... Ich kann ihm momentan nichts schicken. Ein dummer Brief!« gab der Graf, sichtlich verstimmt durch diese Erinnerung, zur Antwort.

Nach dieser Unterhaltung schwiegen die beiden Offiziere eine ganze Weile. Der Kornett, der sichtlich unter dem Einfluß des Grafen stand, trank stumm seinen Tee und warf von Zeit zu Zeit einen Blick in das schöne, finster gewordene Gesicht Turbins, der aus dem Fenster starrte, konnte sich indessen nicht entschließen, ein neues Gespräch anzuknüpfen.

»Was soll's, es kann ja doch alles sehr gut ausgehen«, sagte der Graf, sich zu Polosow umwendend, unvermittelt und warf vergnügt den Kopf zurück. »Sollte es bei uns in den Linienregimentern in diesem Jahr Beförderungen geben und wir uns noch dazu in Kämpfen ausgezeichnet haben, könnte es sein, daß ich meine Rittmeister von der Garde überflügele.«

Auch beim zweiten Glas Tee dauerte die Unterhaltung über dieses Thema noch an, als der alte Danilo eintrat und den Auftrag von Anna Fjodorowna ausrichtete.

»Und dann soll ich noch fragen, ob der Herr Graf belieben, ein Sohn des Grafen Fjodor Iwanytsch Turbin zu sein?« fügte Danilo, der unterdessen den Namen des Offiziers in Erfahrung gebracht hatte und sich noch an den Aufenthalt des verstorbenen Grafen in der Stadt K. erinnerte, von sich aus hinzu. »Unsere Herrin, Anna Fjodorowna, ist sehr gut mit ihm bekannt gewesen.«

»Ja, das war mein Vater. Und bestelle deiner Herrin, ich sei ihr sehr dankbar, brauchte aber nichts, ließe nur bitten, ob man uns nicht, wenn möglich, eine etwas wohnlichere Unterkunft, im Gutshaus oder sonstwo, zur Verfügung stellen könne.«

»Wozu mußtest du das sagen?« fragte Polosow, als Danilo sich entfernt hatte. »Ist es nicht einerlei, wo wir diese eine Nacht hier verbringen? Warum also diese Umstände; die Leute werden sich Beschränkungen auferlegen müssen.«

»Und wenn schon! Wir haben, meine ich, doch wohl zur Genüge in rauchigen Spelunken hausen müssen! ... Man sieht gleich, daß du ein unpraktischer Mensch bist ... Warum sollen wir es nicht ausnutzen, wenn wir wenigstens für eine Nacht eine menschenwürdige Unterkunft haben können? Und die Leute werden sogar erfreut darüber sein. Nur eins ist ärgerlich: Möglicherweise hat diese Gutsherrin meinen Vater tatsächlich gekannt«, fuhr der Graf lächelnd fort und ließ dabei seine blendend weißen Zähne sehen. »Ich habe in solchen Fällen immer ein unbehagliches Gefühl und schäme mich ein wenig für meinen seligen Papa, kommt doch oft genug irgendeine Skandalgeschichte oder eine noch nicht bezahlte Schuld dabei an den Tag. Deshalb kann ich es auf den Tod nicht ausstehen, alten Bekannten von ihm zu begegnen. Im übrigen war damals eben so eine Zeit«, fügte er, schon wieder ernst, hinzu.

»Ich habe dir noch gar nicht erzählt«, sagte Polosow, »daß ich vor kurzem Iljin getroffen habe, den Brigadekommandeur von den Ulanen. Er hätte dich zu gern kennengelernt und hält große Stücke auf deinen Vater.«

»Er ist, glaube ich, ein rechter Lump, dieser Iljin. Die Hauptsache ist indessen, daß alle diese Herrschaften, die mich glauben machen wollen, sie hätten meinen Vater gekannt, um sich bei mir einzuschmeicheln, von ihm dann Dinge erzählen, die sie ja ganz nett finden mögen, bei denen sich mir aber schon beim Zuhören die Haare sträuben und ich vor Scham in die Erde sinken möchte. Ich bin freilich unvoreingenommen und beurteile die Dinge nüchtern – er war nun einmal ein allzu hitziger und leidenschaftlicher Mensch, der zuweilen auch über die Stränge geschlagen hat. Im übrigen muß man ihm zugute halten, in was für einer Zeit er lebte. Heutzutage wäre er vielleicht ein sehr tüchtiger Mensch geworden, denn er besaß, das muß man ihm lassen, überdurchschnittliche Fähigkeiten.«

Nach Ablauf einer Viertelstunde kehrte der Diener zurück und teilte den Offizieren die Bitte der Gutsherrin mit, in ihrem Haus übernachten zu wollen.

11

Als Anna Fjodorowna erfuhr, daß es sich bei dem einen Husarenoffizier um einen Sohn des Grafen Fjodor Turbin handelte, wußte sie sich vor Aufregung nicht zu lassen.

»Ach, du meine Güte! Mein Täubchen! ... Danilo! Lauf schnell hin und richte den Herren Offizieren aus, die gnädige Frau lasse sie zu sich bitten«, stieß sie hervor, während sie aufsprang und sich schnellen Schrittes ins Mädchenzimmer begab. »Lisanka! Deine Stube muß hergerichtet werden, Lisa! Du wirst im Zimmer deines Onkels schlafen, und Sie, lieber Bruder ... Sie müßten mit einem Lager im Salon vorliebnehmen. Für eine Nacht wird es schon gehen.«

»Keine Sorge, liebe Schwester! Ich werde mich auf den Fußboden legen.«

»Er muß ja wohl ein schöner Mann sein, wenn er seinem Vater ähnlich sieht. Wenigstens anschauen kann ich ihn mir nun, den Goldjungen ... Gib nur acht, Lisa! Sein Vater war jedenfalls eine blendende Erscheinung ... Wohin willst du mit dem Tisch? Laß ihn hier!« sagte Anna Fjodorowna aufgeregt. »Und sorge dafür, daß zwei Bettgestelle hergeschafft werden ... Eines soll dir der Verwalter geben; und auf die Etagere stellst du den Kristalleuchter, den mir der Onkel zum Namenstag geschenkt hat, und steckst eine Wachskerze auf.«

Endlich war alles fertig. Lisa hatte sich von der Mutter nicht dreinreden lassen, sondern ihr Stübchen für die beiden Offiziere so hergerichtet, wie sie es für gut befand. Sie hatte frische, nach Reseda duftende Bettwäsche hervorgeholt und die Betten damit überzogen; neben die Betten hatte sie auf ein Tischchen eine Karaffe mit Wasser und Leuchter mit Kerzen stellen lassen; die Luft in ihrem Zimmer hatte sie angeräuchert, indem sie ein Stückchen Papier verbrannte, und war dann mit ihrem kleinen Bett in das Zimmer des Onkels umgezogen.

Anna Fjodorowna hatte sich indessen ein wenig beruhigt und sich wieder auf ihren Platz gesetzt, ja sogar die Karten wieder zur Hand genommen. Sie breitete sie indessen nicht aus, sondern stützte den Kopf auf den rundlichen Arm und versank in Nachdenken. »Die Zeit, wie die Zeit vergeht!« flüsterte sie mehrmals vor sich hin. »Wie lange mag das her sein? Ich sehe ihn noch ganz deutlich vor mir, als wär's erst gestern gewesen. Ach, was war das doch für ein Schlawiner!« Und ihr traten Tränen in die Augen. »Jetzt ist Lisanka ... aber sie ist doch ganz anders, nicht so, wie ich in ihrem Alter war ... ein hübsches junges Mädchen, das ja, aber eben anders ...«

»Lisanka, zum Abend solltest du dein Musselinkleidchen anziehen.«

»Haben Sie denn die Absicht, sie zu uns in den Salon zu bitten, Mama? Tun Sie das lieber nicht«, entgegnete Lisa, die bei dem Gedanken, den Offizieren gegenüberzutreten, eine unüberwindliche Erregung empfand. »Lassen Sie es lieber, Mama!«

Und in der Tat, die Ahnung, daß ihrer vielleicht ein aufregendes Glück harre, flößte ihr Furcht ein, die stärker war als der Wunsch, die Offiziere kennenzulernen.

»Es könnte ja sein, daß sie von sich aus den Wunsch äußern, unsere Bekanntschaft zu machen, Lisotschka!« sagte Anna Fjodorowna und strich ihr über den Kopf. Dabei dachte sie unwillkürlich: Nein, das ist nicht das Haar, wie ich es in ihrem Alter hatte ... Ach, Lisotschka, wie sehr wünschte ich dir ... Irgend etwas wünschte sie tatsächlich für ihre Tochter; aber eine Heirat mit dem Grafen durfte sie nicht ernstlich erwägen, und Beziehungen gleich jenen, die sie selbst mit seinem Vater verbunden hatten, konnten ihr für Lisa nicht wünschenswert erscheinen – doch irgend etwas in dieser Art wünschte sie von ganzem Herzen für ihre Tochter. Vielleicht hoffte sie, mit der Seele der Tochter noch einmal jene Augenblicke durchleben zu können, die ihr mit dem Verstorbenen vergönnt gewesen waren.

Der alte Kavallerist wurde durch die Ankunft des Grafen gleichfalls in eine gelinde Aufregung versetzt. Er begab sich in sein Zimmer und schloß sich darin ein. Eine Viertelstunde später kehrte er in Husarenjacke und hellblauen Hosen von dort zurück und steuerte mit dem verlegenen und doch zufriedenen Gesichtsausdruck, mit dem ein junges Mädchen zum ersten Mal ein Ballkleid anzieht, auf das für die Gäste bestimmte Zimmer zu.

»Ich will mir mal die heutigen Husaren anschauen, Schwesterchen! Der selige Graf, der war ein Husar von echtem

Schrot und Korn. Nun, wir werden ja sehen, werden ja sehen.«

Die Offiziere hatten sich unterdessen über die hintere Außentreppe bereits in das ihnen zugedachte Zimmer begeben.

»Na, siehst du«, sagte der Graf, während er sich, so, wie er war, mit staubigen Stiefeln, auf das frisch überzogene Bett legte. »Ist es hier nicht besser als in einer Bauernstube voller Schaben?!«

»Das schon, aber man fühlt sich den Leuten doch verpflichtet ...«

»So ein Unsinn! Man muß in allem praktisch denken. Und die Leute sind bestimmt sehr erfreut ... Johann!« rief er. »Laß dir irgend etwas geben, womit du dieses Fenster verhängen kannst, sonst zieht es in der Nacht.«

In diesem Augenblick trat der alte Kavallerist ein, um sich mit den Offizieren bekannt zu machen. Und obwohl er dabei ein wenig errötete, verfehlte er natürlich nicht, davon zu erzählen, daß er ein Kamerad des verstorbenen Grafen gewesen sei und dessen Gunst genossen habe. Ja, er behauptete sogar, von dem Verstorbenen mehrfach Zeichen seiner besonderen Gunst empfangen zu haben. Ob er unter diesen Gunstbezeugungen die Tatsache verstand, daß der Verstorbene ihm die geliehenen hundert Rubel schuldig geblieben war oder auch, daß er ihn in eine Schneewehe geworfen und beschimpft hatte – darüber gab der Alte freilich keinen Aufschluß. Der Graf behandelte den alten Kavalleristen mit ausgesuchter Höflichkeit und bedankte sich für die gute Unterbringung.

»Sie müssen schon entschuldigen, daß es hier nicht so luxuriös ist, Herr Graf« (um ein Haar hätte er »Euer Erlaucht« gesagt, so wenig war er den Umgang mit hochgestellten Persönlichkeiten noch gewohnt), »doch das Haus meiner Schwester ist nur klein. Und das Fensterchen dort werden wir gleich verhängen, dann wird alles in Ordnung sein«, fügte der alte Mann hinzu, und unter dem Vorwand, einen Vorhang bringen zu lassen, in Wirklichkeit allerdings, um so schnell wie möglich von den Offizieren erzählen zu können, verließ er, einen Kratzfuß machend, das Zimmer.

Die hübsche Ustjuschka erschien gleich darauf mit einem Umschlagtuch ihrer Herrin, um das Fenster zu verhängen. Außerdem lasse die gnädige Frau fragen, ob sie den Herren vielleicht mit Tee dienen könne.

Das behagliche Stübchen hatte offensichtlich eine günstige Wirkung auf die Gemütsbewegung des Grafen ausgeübt – er scherzte fröhlich lächelnd mit Ustjuschka, so daß diese ihn sogar einen Schelm nannte. Auch erkundigte er sich bei ihr, ob das gnädige Fräulein hübsch sei, und auf ihre Frage, ob vielleicht Tee gewünscht werde, gab er zur Antwort, man möge den Tee immerhin bringen, vor allem aber sei ihm daran gelegen, einen Imbiß mit einem Gläschen Branntwein oder auch Jerez, sofern welcher im Hause sei, einzunehmen, da das Abendessen aus der Feldküche noch nicht fertig sei.

Der Onkel war entzückt von der Höflichkeit des jungen Grafen; überschwenglich lobte er die junge Offiziersgeneration, ja, hob sie geradezu in den Himmel und verstieg sich sogar zu der Behauptung, die Offiziere seien heutzutage unvergleichlich aufgeweckter als früher.

Anna Fjodorowna pflichtete ihm nicht bei – besser als Graf Fjodor Iwanowitsch konnte ja niemand sein! –, wurde schließlich sogar ernstlich böse und bemerkte nur in kühlem Ton: »Für Sie, lieber Bruder, ist stets derjenige der Beste, der Ihnen zuletzt geschmeichelt hat. Ich weiß natürlich, daß die Menschen jetzt klüger geworden sind, weiß aber auch, so wie Graf Fjodor Iwanytsch hat kein anderer die Ekossaise getanzt, und von seinem liebenswürdigen Benehmen waren damals, das darf ich wohl sagen, alle ganz entzückt, und das, obwohl er sich nur mir gewidmet hat und niemandem sonst. Also hat es auch in der alten Zeit vortreffliche Menschen gegeben.«

In diesem Augenblick wurde der Wunsch der Offiziere nach einem Imbiß, Branntwein und Jerez übermittelt.

»Wie konnten Sie das nur vergessen, lieber Bruder! Nie tun Sie das Richtige. Man hätte etwas zum Abendessen vorbereiten müssen«, sprudelte Anna Fjodorowna aufgeregt hervor. »Lisa, mein Liebling! Gib Anweisung, daß dies sogleich geschieht!«

Lisa lief in die Speisekammer, um Pilze und frische Sahne zu holen, der Koch erhielt den Auftrag, Fleischklopse zuzubereiten.

»Haben Sie denn noch Jerez, lieber Bruder?«

»Nein, Schwesterchen, ich habe auch gar keinen gehabt.«

»Wieso denn nicht?! Was trinken Sie denn immer zum Tee?«

»Rum, Anna Fjodorowna.«

»Macht das etwa einen Unterschied? Dann geben Sie den Herren Offizieren eben Rum, das ist doch gleich. Aber sollten wir sie nicht lieber hierherbitten, lieber Bruder? Sie wissen ja Bescheid in derlei Dingen. Sie werden die Einladung doch wohl nicht übel vermerken?«

Der Kavallerist erklärte, er verbürge sich dafür, daß der Graf, gutmütig wie er sei, die Einladung nicht ausschlagen, und dafür, daß er die Herren Offiziere ganz bestimmt herbringen werde. Anna Fjodorowna entfernte sich, um ihr bestes Gewand, ein Kleid aus Seidentaft, anzuziehen und eine neue Haube aufzusetzen; Lisa aber war so beschäftigt, daß sie gar nicht dazu kam, das rosa Leinenkleid mit den weiten Ärmeln, das sie trug, gegen ein anderes zu vertauschen. Überdies war sie schrecklich aufgeregt: Es schien ihr, als harre ihrer etwas ganz Einzigartiges, als schwebe über ihrer Seele drohend eine dunkle Wolke. Diesen Husaren und gutaussehenden Grafen dachte sie sich als ein für sie völlig neues, unbegreifliches und vortreffliches Wesen. Seine Gemütsart, seine Gepflogenheiten, seine Sprache – alles mußte, so glaubte sie, derart außergewöhnlich sein, wie es ihr noch nie vorgekommen war. Alles, was er dachte und sagte, mußte klug und richtig, alles, was er tat, rechtschaffen, sein ganzes Äußeres wunderschön sein. Daran zweifelte sie nicht. Selbst wenn er nicht nur einen Imbiß und Jerez, sondern auch ein Bad mit Salbeizusatz und sonstigen Duftstoffen gewünscht hätte, selbst dann hätte sie sich nicht gewundert und es ihm nicht verdacht, wäre wohl gar der festen Überzeugung gewesen, daß das so sein müßte.

Der Graf war sofort einverstanden, als der Kavallerist ihm gegenüber den Wunsch seiner Schwester aussprach; er kämmte sich das Haar, zog seinen Uniformrock an und steckte sein Zigarettenetui ein.

»Gehen wir«, sagte er zu Polosow.

»Wirklich, wir sollten lieber nicht hingehen«, antwortete der Kornett. »Ils feront des frais pour nous recevoir.«

»Unsinn! Sie werden sich glücklich schätzen. Und überdies habe ich mich erkundigt: Die Tochter des Hauses ist recht hübsch ... Komm schon«, versetzte der Graf auf französisch.

»Je vous en prie, messieurs!« sagte der Kavallerist gleichfalls auf französisch, nur um zu zeigen, daß auch er des Französischen mächtig sei und verstanden habe, was die Offiziere gesagt hatten.

12

Lisa errötete, als die Offiziere ins Zimmer traten, und schlug, scheinbar völlig vom Auffüllen der Teekanne in Anspruch genommen, in Wirklichkeit jedoch aus Scheu, jene anzusehen, die Augen nieder. Anna Fjodorowna hingegen sprang hastig von ihrem Platz auf, verneigte sich und begann, den Blick unverwandt auf das Antlitz des Grafen gerichtet, auf diesen einzureden, bald dessen ungewöhnliche Ähnlichkeit mit seinem Vater hervorhebend, bald die Vorzüge ihrer Tochter preisend, bald Tee, Eingemachtes oder Obstpaste – mit Honig dickgekochter Fruchtsaft –, eine echte ländliche Delikatesse, anzubieten. Dem Kornett schenkte ob seines bescheidenen Auftretens niemand Beachtung, was ihm ganz recht war, da er, soweit schicklich, die Schönheit Lisas, die sichtlichen Eindruck auf ihn machte, bis in alle Einzelheiten studierte. Der Onkel, der sich schon zurechtgelegt hatte, was er sagen wollte, lauschte der Unterhaltung seiner Schwester mit dem Grafen und wartete bloß auf eine Gelegenheit, seine kavalleristischen Erinnerungen hervorzukramen. Der Graf hatte sich beim Tee eine seiner starken Zigarren angesteckt – ihr Rauch reizte Lisa zum Husten, den sie nur mit Mühe unterdrückte – und war sehr gesprächig und liebenswürdig; gab er zunächst nur dann etwas zum besten, wenn Anna Fjodorownas Redestrom einmal stockte, so bestritt er zuletzt die Unterhaltung ganz allein. Eines mutete seine Zuhörer allerdings etwas seltsam an: In seinen Erzählungen gebrauchte er häufig Ausdrücke, die, mochten sie in seinen Kreisen auch keinen Anstoß erregen, hier jedoch etwas gewagt waren und bei denen Anna Fjodorowna ein wenig erschrak, Lisa aber bis über die Ohren errötete; der Graf merkte indessen nichts von alledem, war so natürlich und liebenswürdig wie zuvor und fuhr seelenruhig im Erzählen fort. Lisa schenkte schweigend Tee ein, gab die Gläser den Gästen jedoch nicht in die Hand, sondern schob sie ihnen hin und lauschte, immer noch aufgeregt, begierig den Worten des Grafen. Seine nicht eben ausgeklügelten oder verwickelten Geschichten und seine bisweilen etwas stockende Erzählweise beruhigten sie nach und nach. Sie bekam von ihm nicht die so überaus klugen Dinge zu hören, die ihr vorschwebten, und gewahrte nichts von jener Vortrefflichkeit, die sie, ohne sich dies einzugestehen, in allem, was er sagte oder tat, zu finden erwartet hatte. Und beim dritten Glas Tee, als sich ihre schüchternen Blicke einmal mit den seinen kreuzten und er die Augen nicht niederschlug, sondern sie, vielleicht ein wenig zu ruhig, kaum merklich lächelnd, weiterhin ansah, da empfand sie ihm gegenüber sogar so etwas wie Feindseligkeit. Sie kam bald zu dem Schluß, daß er nicht nur nichts Besonderes an sich hatte, nein, sich auch in keiner Weise von all den anderen unterschied, die sie bisher kennengelernt hatte, mehr noch, daß sie keine Scheu vor ihm zu haben brauchte, denn abgesehen davon, daß er lange, gepflegte Fingernägel sein eigen nannte, zeichnete er sich nicht durch besondere Schönheit aus. Und als Lisa erst einmal, wenn auch mit leiser Wehmut im Herzen, Abschied von ihren Wunschvorstellungen genommen hatte, wurde sie plötzlich ganz ruhig, und nur der Blick des wortkargen Kornetts, den sie auf sich ruhen fühlte, verwirrte sie noch. Vielleicht ist es gar nicht jener, sondern dieser! dachte sie.

13

Nach dem Tee bat die alte Dame die Gäste ins Nebenzimmer und setzte sich wieder auf ihren angestammten Platz.

»Möchten Sie sich nicht ein wenig ausruhen, Herr Graf?« fragte sie. »Womit können wir Sie, unsere teuren Gäste, also unterhalten?« fuhr sie fort, nachdem sie eine verneinende Antwort erhalten hatte. »Spielen Sie Karten, Herr Graf? Nun, dann sind Sie, lieber Bruder, wohl so freundlich, eine Partie zusammenzustellen ...«

»Sie selbst spielen ja doch auch Preference«, entgegnete der Kavallerist, »da können wir doch alle gemeinsam spielen. Geben Sie uns die Ehre, Herr Graf? Und Sie auch?«

Die Offiziere bekundeten ihre Bereitschaft, bei allem mitzutun, was die liebenswürdigen Gastgeber nur wünschten.

Lisa brachte aus ihrem Zimmer ihre nicht mehr ganz neuen Karten herbei, aus denen sie zu lesen pflegte, ob der Zahnschmerz ihrer Mutter bald nachlassen, ob der Onkel, war er – was zuweilen geschah – in die Stadt gefahren, noch am selben Tage zurückkehren, ob die Gutsnachbarin heute zu Besuch kommen werde und dergleichen mehr. Obwohl auch schon zwei Monate lang in Gebrauch, machten diese Karten doch einen reinlicheren Eindruck als jene, die Anna Fjodorowna benutzte, um ihre Patience zu legen.

»Aber Sie werden vielleicht nicht um einen kleinen Einsatz spielen wollen?« erkundigte sich der Onkel beim Grafen. »Wir spielen mit Anna Fjodorowna um eine halbe Kopeke ...

Und selbst dabei streicht sie, die uns gewöhnlich schlägt, einen ganz schönen Gewinn ein.«

»Ach, lassen Sie uns spielen, worum Sie wollen, mir soll es recht sein«, antwortete der Graf.

»Nun, so spielen wir um eine Kopeke in Assignaten!« sagte Anna Fjodorowna. »Bei so teuren Gästen lasse ich es gern darauf ankommen, daß sie mich alte Frau gehörig rupfen«, setzte sie hinzu, während sie es sich im Sessel bequem machte und ihre Mantille glattstrich.

Aber vielleicht gewinne ich ihnen auch einen Rubel ab, dachte Anna Fjodorowna, die auf ihre alten Tage eine Vorliebe für das Kartenspielen zeigte.

»Wenn Sie möchten, lehre ich Sie, mit einer Tabelle zu spielen«, erbot sich der Graf, »und mit Miseren! Das ist sehr vergnüglich.«

Diese neue Petersburger Manier, Karten zu spielen, gefiel allen ausgezeichnet. Der Onkel behauptete sogar, sie bereits zu kennen, und versicherte, es sei das gleiche wie beim Bostonspiel, er habe es nur ein wenig vergessen. Anna Fjodorowna hingegen begriff nichts und irrte sich so lange, daß sie sich endlich genötigt sah, lächelnd und beifällig nickend, zu versichern, jetzt sei ihr alles klar und sie werde fortan nichts mehr versehen. Großes Gelächter gab es, als Anna Fjodorowna mitten im Spiel mit einem As und einem König in der Hand Misere ansagte und dann sechs Stiche machen mußte. Sie verlor sogar zusehends die Fassung, lächelte zaghaft und beteuerte hastig, alles komme nur daher, daß sie sich noch nicht ganz an die neue Spielweise gewöhnt habe. Dennoch wurden ihr die Verluste angekreidet, die ganz beträchtlich waren, um so mehr, als der an hohe Einsätze gewöhnte Graf selbstbeherrscht spielte, scharf rechnete und durchaus nicht begreifen konnte, warum der Kornett ihn unter dem Tisch beständig mit dem Fuß anstieß und beim Spielen so grobe Schnitzer machte.

Lisa brachte noch mehr Fruchtpasten, drei Sorten Eingemachtes und gut konservierte, nach einem besonderen Verfahren eingelegte Oportoäpfel. Dann blieb sie hinter dem Stuhl der Mutter stehen, beobachtete das Spiel und warf von Zeit zu Zeit einen Blick auf die Offiziere, namentlich auf die weißen schmalen Hände des Grafen mit den rosigen, sorgfältig manikürten Fingernägeln, die so geschickt, sicher und elegant die Karten auf den Tisch warfen und die Stiche aufnahmen.

In ihrem Eifer, die anderen auszustechen, hatte Anna Fjodorowna wiederum bis sieben gekauft und verlor abermals gegen drei, und nachdem sie auf Verlangen des Bruders eine Zahl hingekritzelt hatte, war es vollends um ihre Fassung geschehen, und sie wußte nicht mehr ein noch aus.

»Das ist doch kein Unglück, Sie werden das Verlorene schon zurückgewinnen!« meinte Lisa lächelnd, die der Mutter gern aus der lächerlichen Situation heraushelfen wollte. »Lassen Sie den Onkel mal verlieren, dann ist er der Genasführte.«

»Wenn du mir nur raten wolltest, Lisotschka!« sagte Anna Fjodorowna, hilflos zu ihrer Tochter hochblickend. »Ich weiß nicht, wie das ...«

»Aber ich verstehe mich ja auch nicht auf diese Spielweise«, gab Lisa zur Antwort, während sie in Gedanken die Verluste der Mutter überschlug. »Auf diese Art werden Sie gewiß viel verlieren, Mamachen, und zu einem neuen Kleid für Pimotschka wird es dann nicht mehr reichen«, fügte sie scherzend hinzu.

»Ja, so kann man leicht zehn Silberrubel einbüßen«, ließ sich der Kornett vernehmen und sah dabei Lisa an, mit der er gar zu gern ins Gespräch gekommen wäre.

»Spielen wir denn nicht um Assignaten?« fragte Anna Fjodorowna, sich in der Runde umblickend.

»Ich weiß nicht, wie wir damit verfahren wollen, doch was mich betrifft – ich kenne mich in der Berechnung nach Assignaten nicht aus«, entgegnete der Graf. »Wie macht man das? Und was versteht man eigentlich unter Assignaten?«

»Heutzutage rechnet ja niemand mehr nach Assignaten«, fiel der Onkel ein, der schon mehrere Spiele gewonnen hatte und sich seinen Gewinn nicht schmälern lassen mochte.

Anna Fjodorowna ließ Schaumwein bringen, trank selbst zwei Gläser, wurde hochrot im Gesicht und schien gegen alles gleichgültig zu sein. Selbst eine Strähne ihres grauen Haares stahl sich unter ihrer Haube hervor, und sie strich sie nicht zurecht. Vermutlich glaubte sie, Millionen verloren zu haben und nun an den Bettelstab zu kommen. Der Kornett stieß mit dem Fuß immer häufiger den Grafen an, der die Verluste der alten Dame eifrig notierte. Endlich war die Partie beendet. Sosehr es Anna Fjodorowna auch zuwider war, ihre Verluste ausgerechnet zu sehen, sie mußte es, süßsauer lächelnd, doch geschehen lassen, wenn sie sich auch den Anschein zu geben suchte, als irre sie sich ständig beim Zusammenzählen der Zahlen, ja sei dazu gänzlich außerstande, und so entsetzt sie sich auch über die Höhe ihres Verlustes zeigte – am Ende der Berechnung stellte sich dennoch heraus, daß neunhundertzwanzig Verlustpunkte auf ihr Konto kamen. »Macht das in Assignaten neun Rubel?« fragte Anna Fjodorowna mehrmals, und sie begriff die ganze enorme Höhe ihres Verlustes erst, als ihr Bruder, zu ihrem Entsetzen, erklärte, sie habe zweiunddreißigeinhalb Rubel in Assignaten verloren und müsse diese Spielschuld unbedingt begleichen. Der Graf zählte seinen Gewinn nicht einmal zusammen, sondern stand nach dem Ende des Spiels sofort auf und trat ans Fenster, vor dem Lisa zum Abendessen diverse Gabelbissen bereitgestellt hatte und gerade damit beschäftigt war, aus einem Einweckglas kleine Pilze auf einen Teller zu legen. Ruhig und unbefangen tat er das, was der Kornett so sehr gewünscht und doch nicht zuwege gebracht hatte – er knüpfte mit ihr ein Gespräch über das Wetter an.

Der Kornett befand sich unterdessen in einer höchst mißlichen Situation. Anna Fjodorowna machte, nachdem sich der Graf und namentlich Lisa, die sie noch bei guter Laune gehalten hatte, entfernt hatten, aus ihrem Herzen keine Mördergrube und ließ ihrem Ärger freien Lauf.

»Es ist wirklich nicht schön, daß wir Ihnen eine derartige Summe abgewonnen haben«, bemerkte Polosow, um doch etwas zu sagen. »Geradezu gewissenlos ist es!«

»Und ob! Aber dazu habt ihr diese Tabellen und Miseren ja nur erdacht! Ich verstehe jedenfalls nichts von alledem. Wieviel macht es denn im ganzen, in Assignaten?« fragte die alte Dame.

»Zweiunddreißig Rubel, zweiunddreißigeinhalb, um genau zu sein«, sagte noch einmal der Kavallerist, der sich in Anbetracht seines Gewinns in ausgelassener Stimmung befand, »her mit dem Geld, Schwesterchen ... rücken Sie es nur heraus!«

»Sie werden schon alles erhalten, aber noch einmal lasse ich mich nicht hereinlegen, das schwöre ich! Nie im Leben kann ich diesen Verlust wieder wettmachen.«

Und schnellen, wenn auch ein wenig unsicheren Schrittes begab sich Anna Fjodorowna in ihr Zimmer und brachte bei ihrer Rückkehr neun Rubel in Assignaten mit. Nur auf das beharrliche Drängen ihres Bruders hin beglich sie schließlich auch noch die restliche Spielschuld.

Polosow mochte wohl fürchten, daß Anna Fjodorowna ihren Ärger an ihm auslassen werde, wenn er ein Gespräch mit ihr anknüpfte. So entfernte er sich denn unauffällig, ohne noch ein Wort zu sagen, und gesellte sich zum Grafen und zu Lisa, die sich am offenen Fenster unterhielten.

Im Zimmer standen auf dem zum Abendessen gedeckten Tisch zwei Talgkerzen, die immer dann zu flackern begannen, wenn ein frischer Lufthauch der warmen Maiennacht hereindrang. Vor dem offenen Fenster, das in den Garten hinausging, war es auch hell, doch ganz anders als im Innern des Zimmers. Der fast volle Mond, der schon seine goldgelbe Tönung verlor, tauchte über den Wipfeln der hohen Linden auf und beleuchtete immer stärker die zarten weißen Wölkchen, die ihn von Zeit zu Zeit verhüllten. Im Teich, dessen

Wasserspiegel, an einer Stelle vom Mond versilbert, zwischen den Bäumen der Allee hindurchschimmerte, quakten die Frösche. Direkt unter dem Fenster, im duftenden Fliedergebüsch, dessen feuchte Blütendolden sich sacht im Wind hin und herwiegten, hüpften, kaum hörbar raschelnd, kleine Vögel von Ast zu Ast.

»Was für ein herrliches Wetter!« sagte der Graf, während er auf Lisa zutrat und sich auf das niedrige Fensterbrett setzte. »Sie gehen wohl viel spazieren, nehme ich an?«

»Ja«, erwiderte Lisa, die – sie hätte selbst nicht sagen können, warum – jetzt im Gespräch mit dem Grafen nicht mehr die geringste Befangenheit verspürte. »Morgens gegen sieben mache ich gewöhnlich einen Rundgang durch die Wirtschaft und verbinde das gleich mit einem kleinen Spaziergang mit Pimotschka, dem Zögling meiner Mutter.«

»Es lebt sich angenehm auf dem Lande!« äußerte der Graf und bedachte, sich das Monokel ins Auge klemmend, bald Lisa, bald den Garten mit interessierten Blicken. »Und gehen Sie zuweilen auch des Nachts bei Mondschein spazieren?«

»Nein. Aber vor zwei Jahren haben der Onkel und ich in jeder mondhellen Nacht einen Spaziergang gemacht. Eine seltsame Krankheit hatte ihn damals befallen – die Schlaflosigkeit. Sobald Vollmond war, konnte er kein Auge zutun. Sein Zimmer, dieses hier, geht direkt in den Garten hinaus, und das Fenster ist sehr niedrig, da schien ihm der Mond mitten ins Gesicht.«

»Seltsam«, bemerkte der Graf, »ich meinte, dies hier sei Ihr Stübchen?«

»Nein, nur heute übernachte ich hier. Mein Zimmer ist das, in dem Sie schlafen.«

»Wirklich? . . . O mein Gott! . . . Mein Lebtag werde ich mir nicht verzeihen, Ihnen solche Ungelegenheiten verursacht zu haben«, sagte der Graf und ließ zum Zeichen, daß seine Worte aufrichtig gemeint waren, das Monokel aus dem Auge fallen. »Wenn ich gewußt hätte, daß ich Sie so inkommodiere . . .«

»Was sind das schon für Ungelegenheiten! Im Gegenteil, ich bin sehr froh. Des Onkels Stübchen mit dem niedrigen Fenster ist so reizend, so lustig anzuschauen; ich werde heute am Fenster sitzen, bis ich einschlafe, oder in den Garten hinausklettern und vor dem Zu-Bett-Gehen noch ein Weilchen herumspazieren.«

Was für ein Prachtmädel! dachte der Graf. Er klemmte sein Monokel wieder ins Auge und musterte sie angelegentlich, und sich den Anschein gebend, als setze er sich bequemer hin, berührte er wie von ungefähr mit seinem Fuß den ihren. Und wie raffiniert sie mir zu verstehen gegeben hat, daß ich sie, wenn ich es denn möchte, vom Garten aus am Fenster sehen kann! Lisa büßte in seinen Augen sogar ein Gutteil ihres Reizes ein, so leicht zu erringen schien ihm der Sieg über sie.

»Aber was für ein Vergnügen muß es erst sein«, sagte er und starrte nachdenklich in die dunkle Allee hinaus, »eine solche Nacht im Garten mit einem Wesen zu verbringen, das man liebt.«

Lisa wurde etwas verwirrt ob dieser Worte und der wiederholten, gleichsam versehentlichen Berührung ihres Fußes. Ohne sich erst lange zu besinnen, sagte sie, um sich nur ihre Verwirrung nicht anmerken zu lassen: »Ja, es ist schön, in einer Mondnacht spazierenzugehen.« Ihr wurde ein wenig unbehaglich zumute. Sie verschloß das Einweckglas, dem sie die Pilze entnommen hatte, wieder und wollte sich schon entfernen, als sich der Kornett zu ihnen gesellte; nun hätte sie doch gern herausgefunden, was dieser für ein Mensch war.

»Was für eine zauberhafte Nacht!« sagte er.

Anscheinend können sich beide nur über das Wetter unterhalten, dachte Lisa.

»Und wie herrlich dieser Ausblick ist!« fuhr der Kornett fort, »aber Sie sind, denke ich mir, seiner gewiß schon überdrüssig«, fügte er hinzu, neigte er doch seltsamerweise dazu, gerade Menschen, die ihm sehr sympathisch waren, Dinge zu sagen, die sie etwas befremdlich anmuten mußten.

»Warum glauben Sie das? Immer das gleiche Gericht zu essen, dasselbe Kleid zu tragen – dessen wird man sicher überdrüssig, aber ein schöner Garten kann nie langweilig werden, wenn man gern spazierengeht, besonders wenn der Mond noch höher am Himmel steht. Vom Fenster des Onkels aus ist der ganze Teich zu übersehen. An diesem Anblick will ich mich heute erfreuen.«

»Nachtigallen scheinen Sie hier nicht zu haben?« fragte der Graf, der sehr ungehalten über Polosows Erscheinen war, das es ihm unmöglich machte, ein Stelldichein zu verabreden.

»Doch, wir haben immer Nachtigallen gehabt; aber im vorigen Jahr ist eine von Jägern eingefangen worden, und vorige Woche hatte eine gerade sehr schön zu schlagen begonnen, als der Polizeihauptmann angefahren kam und sie durch das Schellengeläut wieder verscheuchte. Vor zwei Jahren haben der Onkel und ich so manches Mal zwei-drei Stunden im Laubengang gesessen und dem Gesang der Nachtigallen gelauscht.«

»Was erzählt Ihnen diese Plaudertasche da nur alles?« sagte der Onkel, auf die drei jungen Leute am Fenster zutretend. »Möchten Sie jetzt vielleicht einen kleinen Imbiß einnehmen?«

Nach dem Abendessen, in dessen Verlauf der Graf es durch seine lobenden Bemerkungen über die Gerichte und durch seinen guten Appetit vermochte, die Unmutsfalten auf der Stirn der Dame des Hauses wieder etwas zu glätten, verabschiedeten sich die Offiziere und begaben sich in ihr Zimmer. Zu Anna Fjodorownas Verwunderung drückte der Graf nicht nur ihrem Bruder, sondern auch ihr selbst die Hand, statt sie ihr zum Abschied zu küssen; selbst bei Lisa begnügte er sich mit einem Händedruck, wobei er ihr freilich gerade in die Augen blickte und ihr sein gewinnendstes Lächeln schenkte. Dieser Blick machte das junge Mädchen denn doch wieder verlegen.

Er sieht wirklich fabelhaft aus, dachte sie, ist aber zu sehr von sich eingenommen.

14

»Schämst du dich denn gar nicht?« fragte Polosow, als die Offiziere wieder in ihrem Zimmer waren. »Ich habe absichtlich alles darangesetzt zu verlieren und dich beständig unter dem Tisch angestoßen. Ist es dir denn gar nicht peinlich? Die alte Dame war ja ganz betrübt.«

Der Graf begann schallend zu lachen.

»Eine urkomische Person! Wie beleidigt sie tat!«

Und er brach wieder in ein so lautes, unbekümmertes Lachen aus, daß selbst Johann, der vor ihm stand, die Augen niederschlug und, verstohlen lächelnd, beiseite schaute.

»Da hätte sie also den Sohn des Hausfreundes! ... Hahaha!« Der Graf konnte gar nicht aufhören zu lachen.

»Nein, das war wirklich nicht schön. Mir hat sie richtig leid getan«, sagte der Kornett.

»So ein Unsinn! Wie jung du doch noch bist! Sollte ich deiner Meinung nach absichtlich verlieren? Warum denn? Auch ich habe verloren, als ich noch nicht zu spielen verstand. Und zehn Rubel, mein Lieber, kommen mir immer zupaß. Man muß im Leben praktisch denken, sonst ist man stets der Dumme.«

Polosow blieb ihm die Antwort schuldig, zumal er ungestört seinen Gedanken an Lisa nachhängen wollte, die auf ihn den Eindruck eines ungewöhnlich reinen, holden Geschöpfes gemacht hatte. Er entkleidete sich und legte sich in das weiche, saubere Bett, das für ihn bereitet war.

Wie unsinnig ist doch dieses Streben nach Ehrungen und militärischem Ruhm, dachte er, während er zu dem mit dem Umschlagtuch verhängten Fenster hinblickte, durch das sich die bleichen Strahlen des Mondlichts ins Zimmer stahlen. Glück – das heißt, in einem stillen Winkel mit einer lieben, klugen und natürlichen Frau zu leben. Das ist das wahre, beständige Glück!

Seinem Freund mochte er diese schwärmerischen Gedanken indessen nicht anvertrauen – er wußte selbst nicht warum –, ja er erwähnte Lisa mit keiner Silbe, obwohl er überzeugt war, daß auch der Graf an sie dachte.

»Warum ziehst du dich denn nicht aus?« fragte er den Grafen, der im Zimmer hin und her wanderte.

»Ich möchte noch nicht schlafen. Lösche nur die Kerze, wenn du willst; ins Bett finde ich auch im Dunklen.«

Und er ging weiter im Zimmer auf und ab.

Er möchte noch nicht schlafen, sagte sich Polosow, dem es nach dem heutigen Abend weniger denn je behagte, daß der Graf einen solchen Einfluß auf ihn ausübte, und der geneigt war, sich gegen ihn zu empören. Ich kann mir schon denken, überlegte er, sich im Geiste an Turbin wendend, was für Gedanken dir jetzt durch deinen so schön frisierten Kopf gehen! Ich habe ja gesehen, wie sie dir gefallen hat. Aber du bist gar nicht fähig, dieses natürliche, aufrichtige Wesen zu verstehen; du brauchst eine Mina, brauchst die Epauletten eines Obersten ... Immerhin, dachte er dann, könnte ich ihn doch fragen, wie sie ihm gefallen hat.

Polosow wollte sich schon zu dem Grafen umwenden, besann sich indessen eines anderen. Er fühlte, daß er nicht nur außerstande sein würde, mit dem Grafen zu streiten, sollte dieser so über Lisa denken, wie er vermutete, sondern daß er nicht einmal Manns genug sein würde, ihm nicht beizupflichten – so sehr war er gewohnt, sich einem Einfluß unterzuordnen, der ihm mit jedem Tag ungerechter und belastender erschien.

»Wohin willst du?« fragte er, als der Graf seine Mütze aufsetzte und auf die Tür zusteuerte.

»Ich will nur in den Pferdestall gehen und nachsehen, ob dort alles in Ordnung ist.«

Sonderbar! dachte der Kornett, löschte aber doch die Kerze, drehte sich auf die andere Seite und gab sich redliche Mühe, das bohrende Gefühl absurder Eifersucht und Feindseligkeit gegen den einstigen Freund zu unterdrücken.

Unterdessen hatte Anna Fjodorowna, wie gewöhnlich, ihren Bruder, Lisa und die Pflegetochter gesegnet und zärtlich geküßt und sich dann gleichfalls in ihr Zimmer zurückgezogen. Lange schon waren nicht mehr derart viele Eindrücke auf die alte Dame eingestürmt. Eindrücke, so nachhaltig, daß sie kaum zu beten vermochte: Die wehmütig-lebhafte Erinnerung an den seligen Grafen und an den jungen Stutzer, der ihr beim Spiel so gewissenlos das Geld abgewonnen hatte, ging ihr nicht aus dem Sinn. Schließlich, nachdem sie sich ausgekleidet und, wie jeden Abend vor dem Schlafengehen, das auf dem Nachttischchen bereitgestellte halbe Glas Kwaß getrunken hatte, begab sie sich doch zu Bett. Ihre geliebte Katze kam auf leisen Pfoten ins Zimmer geschlichen. Anna Fjodorowna rief sie zu sich, streichelte sie und lauschte ihrem Schnurren und konnte und konnte nicht einschlafen.

Die Katze stört mich, dachte sie und jagte sie fort. Die Katze fiel sanft auf den Fußboden und sprang, langsam den buschigen Schwanz hin und her drehend, auf die Ofenbank. Doch nun erschien das Mädchen, das im Zimmer ihrer Herrin auf dem Fußboden schlief, mit ihrer Filzunterlage und breitete sie aus, um alsdann die Kerze zu löschen und das Öllämpchen anzuzünden. Endlich war auch das Mädchen eingeschlafen und begann zu schnarchen; aber der Schlaf, der Anna Fjodorownas aufgewühlte Phantasie beruhigt hätte, wollte und wollte nicht zu ihr kommen. Sie brauchte nur die Augen zu schließen, schon glaubte sie, das Gesicht des Husaren vor sich zu sehen; lag sie aber mit offenen Augen da und schaute beim matten Licht des Öllämpchens auf die Kommode, auf das Tischchen oder auf das am Schrank hängende weiße Kleid, dann – so kam es ihr jedenfalls vor – tauchte er in verschiedenen seltsamen Gestalten im Zimmer auf. Bald war es ihr unter dem Federbett zu heiß, bald tickte ihr die Uhr auf dem Tischchen zu laut, bald schnarchte das Mädchen unerträglich stark durch die Nase. Sie weckte sie und befahl ihr, mit dem Schnarchen aufzuhören. Und abermals wandten sich ihre Gedanken der Tochter, dem alten und dem jungen Grafen und der Preferencepartie zu und vermischten sich in ihrem Kopf auf absonderliche Weise. Bald sah sie sich mit dem alten Grafen einen Walzer tanzen, sah ihre eigenen vollen weißen Schultern und spürte Küsse darauf, bald sah sie ihre Tochter in den Armen des jungen Grafen. Und wieder fing Ustjuschka an zu schnarchen ...

Nein, jetzt ist alles anders, und auch die Menschen haben sich verändert, sinnierte sie ... Jener war bereit, für mich durchs Feuer zu gehen. Er wußte schon, warum. Dieser aber wird wohl seelenruhig schlafen wie ein Dummkopf und froh sein, daß er gewonnen hat; nein, der ist nicht der Mann, einem Mädchen den Hof zu machen. Jener hat auf den Knien gelegen und gefragt: ›Was soll ich tun: mich auf der Stelle erschießen? Dein Wunsch ist mir Befehl!‹ Und er hätte sich auch erschossen, wenn ich es gewollt hätte ...

Plötzlich hörte sie Schritte – jemand lief barfuß durch den Korridor –, und Lisa, die nur ein Tuch um die Schultern geworfen hatte, kam totenbleich und am ganzen Leibe zitternd ins Zimmer gerannt und stürzte fast auf das Bett der Mutter ...

Als Lisa ihrer Mutter eine gute Nacht gewünscht hatte, war sie in des Onkels Zimmer gegangen, in dem sie heute schlafen sollte. Nachdem sie ihr weißes Bettjäckchen angezogen und ihren langen dicken Zopf unter einem Tuch verborgen hatte, löschte sie die Kerze, schob das Fenster hoch, setzte sich, die Füße auf einem Stuhl, aufs Fensterbrett und sah mit gedankenvollen Blicken auf den Teich hinaus, der jetzt auf seiner gesamten Fläche in silbernem Glanz erstrahlte.

Ihre ganze gewohnte Tätigkeit und alle ihre Interessen erschienen ihr nun plötzlich in völlig anderem Licht. Die alte, launische Mutter, die unkritische Liebe zu ihr, die ein Teil von ihrer Seele geworden war, der gebrechliche, aber liebenswerte Onkel, das Gesinde und die Bauern, die das gnädige Fräulein vergötterten, die Milchkühe und Kälber, diese ganze und immer gleiche, so viele Male gestorbene und zu neuem Leben erwachte Natur, in der sie, Liebe empfangend und Liebe schenkend, aufgewachsen war, alles, was ihr stets so mühelos und wohltuende Entspannung gebracht hatte – all dies schien ihr auf einmal nicht das *Richtige* gewesen zu sein, kam ihr nun *langweilig* und *unnütz* vor. Es war, als ob ihr jemand zuflüsterte: »Ach, du Närrchen, du Närrchen! Zwanzig Jahre lang hast du unsinnige Dinge getan und gemeint, jemand zu dienen, hast nicht gewußt, was das ist – Leben und Glück!« Solche Gedanken gingen ihr jetzt durch den Kopf, als sie in die Tiefe des hellen, regungslosen Gartens starrte, und beschäftigten sie nun viel, viel mehr als je zuvor. Und was hatte sie auf diese Gedanken gebracht? Die urplötzlich entflammte Liebe zum Grafen, wie man hätte meinen können? Mitnichten! Im Gegenteil, er mißfiel ihr. Der Kornett wäre schon eher nach ihrem Geschmack gewesen, aber er war töricht, arm und seltsam wortkarg. Unbewußt verbannte sie ihn aus ihren Gedanken und rief sich, voller Erbitterung und Widerstreben, das Bild des Grafen ins Gedächtnis. Nein, er ist doch anders, sagte sie sich. Was für eine wunderschöne Idealgestalt hatte sie sich von ihm geschaffen! Es war eine Idealgestalt, die in dieser Nacht, inmitten dieser Natur, ohne deren Schönheit zu verletzen, von ihr hätte geliebt werden können, eine Idealgestalt, an der sie noch kein einziges Mal Abstriche gemacht hatte, um sie mit einer unschönen Wirklichkeit in Einklang zu bringen.

Anfangs hatten die Einsamkeit und das Fehlen von Menschen, die ihre Aufmerksamkeit hätten fesseln können, bewirkt, daß die ganze Macht der Liebe, die die Vorsehung jedem von uns gleichermaßen in die Seele gelegt hat, in ihrem Herzen noch unversehrt und unerschüttert geblieben war; doch jetzt war sie schon zu lange ganz in dem wehmütigen Glück aufgegangen, dieses Etwas in sich zu fühlen und sich, wenn sie hin und wieder die Geheimkammer ihres Herzens öffnete, an der Betrachtung seiner Schätze zu erfreuen, als daß sie unbedacht jemand an alldem, was darin verborgen war, hätte teilhaben lassen. Gebe Gott, daß sie dieses karge Glück bis ans Grab genießen konnte. Wer vermag zu sagen, ob es nicht schöner und stärker ist als jedes andere? Und ob es nicht das einzig wahre und mögliche Glück ist?

O mein Gott! dachte sie. Sollte ich meine Jugend und mein Glück wirklich unnütz vertan haben, und wird es nie ... niemals eintreffen? Ist das wirklich wahr? Und sie schaute zum hohen, in Mondnähe hellen Himmel empor, der mit weißen welligen Wolken bedeckt war, die, die Sterne verhüllend, dem Mond zustrebten. Wenn der Mond von diesem obersten weißen Wölkchen Besitz ergreift, so heißt das: Es ist wahr, sinnierte sie. Ein rauchfarbener Nebelstreifen lief über die untere Hälfte der Mondscheibe hin, und nach und nach wurde das Mondlicht, das auf dem Gras, den Wipfeln der Linden und dem Teich lag, immer matter; die schwarzen Schatten der Bäume zeichneten sich nun weniger deutlich ab. Und gleichsam im Einklang mit dem Dunkel, das die Natur eingehüllt hatte, wehte ein leichtes Lüftchen durch das Laub der Bäume und trug den Duft der taunassen Blätter, der feuchten Erde und des blühenden Flieders bis an das Fenster.

Nein, es ist nicht wahr, suchte sich Lisa zu trösten. Und wenn nun heute nacht auch noch eine Nachtigall zu schlagen beginnt, dann heißt das, daß alles, was ich denke, Unsinn ist und ich nicht zu verzweifeln brauche, sagte sie sich. Lange noch saß sie schweigend da, als warte sie auf jemand, indes sich vor dem Fenster alles wieder erhellte und belebte, dann aufs neue mehrmals Wölkchen über den Mond hinwegzogen und alles wieder in Dunkelheit getaucht wurde. Während sie so am Fenster saß, war sie schon halb eingeschlafen, als sie durch das Schlagen einer Nachtigall, das vom Teich herüberscholl, geweckt wurde. Das Landfräulein schlug die Augen auf. Abermals genoß sie diese geheimnisvolle Verschmelzung mit der Natur, die sich so licht und ruhig vor ihr ausbreitete, mit ihrer ganzen Seele. Sie stützte den Kopf in beide Hände. Ein wonniglich-quälendes Gefühl von Wehmut preßte ihr die Brust zusammen, und Tränen einer reinen, grenzenlosen, nach Erfüllung lechzenden Liebe traten ihr in die Augen. Sie legte die gefalteten Hände aufs Fensterbrett und ließ den Kopf darauf niedersinken. Ihr Lieblingsgebet stieg ganz von selbst aus ihrer Seele empor, und so schlummerte sie denn mit feuchten Augen ein.

Sie erwachte jäh – die Berührung einer fremden Hand hatte sie geweckt. Aber diese Berührung war zart und wohltuend. Doch nun drückte die Hand die ihre fester. Sie fand sich plötzlich in die Wirklichkeit versetzt, stieß einen Schrei aus und sprang auf; und sich selbst weismachend, daß der Mann, der da, ganz in helles Mondlicht getaucht, vor dem Fenster stand, unmöglich der Graf sein könne, stürzte sie aus dem Zimmer ...

15

Es war wirklich der Graf. Als er den Schrei des jungen Mädchens und gleich darauf jenseits des Zauns das Ächzen des Wächters vernahm, der auf diesen Aufschrei hin herbeihumpelte, stürmte er mit dem Gefühl eines ertappten Diebes durch das taufrische Gras davon, tiefer ins Innere des Gartens hinein. »Ach, ich Narr!« murmelte er unwillkürlich. »Ich habe sie erschreckt. Hätte ich sie doch nur behutsamer geweckt, mit leisen, zärtlichen Worten. Ach, ich ungeschicktes Rindvieh!« Er blieb stehen und lauschte. Der Wächter kam durch die Zauntür in den Garten und hinkte, den Stock hinter sich her schleifend, auf dem sandigen Weg langsam näher. Nun hieß es sich verstecken. Der Graf lief zum Teich hinunter und fuhr zusammen, als die Frösche, seinen Füßen ausweichend, schleunigst davonhüpften und sich gleich darauf ins Wasser plumpsen ließen. Seiner nassen Füße nicht achtend, kauerte er sich hier nieder und rief sich nach und nach alles wieder ins Gedächtnis, was er getan hatte: wie er über den Zaun geklettert war, ihr Fenster gesucht und endlich einen weißen Schatten gewahrt hatte; wie er sich mehrmals, auf das leiseste Geraschel horchend, dem Fenster genähert und wieder zurückgezogen hatte; wie es ihm bald unzweifelhaft erschienen war, daß sie ihn erwarte und ob seines Zögerns schon ärgerlich sei, bald ein Ding der Unmöglichkeit gedünkt hatte, daß sie sich so leicht zu einem Stelldichein bereit gefunden haben sollte; wie er endlich, in der Annahme, sie stelle sich aufgrund ihrer Schüchternheit als Provinzfräulein nur schlafend, entschlossen näher getreten war und sie deutlich am Fenster hatte sitzen sehen, dann aber plötzlich aus irgendeinem Grunde Hals über Kopf zurückgelaufen war, und wie er, erst nachdem er sich selbst einen Feigling geschimpft, schließlich kühn auf sie zugetreten war und ihre Hand berührt hatte ... Der Wächter ächzte abermals und verließ den Garten durch die knarrende Pforte. Das Fenster im Zimmer des gnädigen Fräuleins wurde zugeschlagen und von innen mit Läden verschlossen. Der Graf sah das mit großem Mißbehagen. Er hätte viel darum gegeben, alles noch einmal von vorn beginnen zu können, jetzt würde er es nicht mehr so töricht anfangen ... Und sie ist doch ein entzückendes Geschöpf! dachte er. Welche Frische! Einfach reizend! Und so etwas habe ich mir entgehen lassen. Ich Rindvieh! Schlafen gehen mochte er jetzt nicht mehr, und so wanderte er mit den entschlossenen Schritten eines verärgerten Menschen ziellos die von ausladenden Zweigen überdachte Lindenallee entlang.

Und nun schenkte diese Nacht auch ihm ihre versöhnenden Gaben einer besänftigenden Wehmut und des Verlangens nach Liebe. Auf den lehmigen, hier und da mit einem sprießenden Grashalm oder einem dürren Zweig bedeckten Weg zeichnete das bleiche Mondlicht, dessen Strahlen fast senkrecht durch das dichte Laub der Linden fielen, helle, kreisförmige Gebilde. Von der Seite beleuchtet wurde da auch ein krummer Ast, der aussah, als sei er rundherum mit weißem Moos bewachsen. Hin und wieder raschelten die silbrigen Blätter, und es war, als raunten sie sich etwas zu. Im Hause waren die Lichter erloschen, war jeder Laut verstummt; nur noch eine Nachtigall schien diesen ganzen unermeßlich schweigenden und lichten Raum über ihm mit ihrem Lied zu erfüllen. O Gott, was für eine Nacht! Was für eine herrliche Nacht! dachte der Graf, während er die duftende, frische Luft des Gartens einatmete. Trotzdem fühle ich mich irgendwie unbehaglich. So, als sei ich mit mir selbst, mit den anderen und mit dem ganzen Leben unzufrieden. Und dabei ist sie ein so famoses, liebes Mädchen! Vielleicht habe ich sie ja wirklich gekränkt und sie hat es sich zu Herzen genommen ... Hier verwirrten sich seine Gedanken, und in seiner Phantasie sah er sich bald in diesem Garten zusammen mit dem Provinzfräulein in den verschiedensten, absonderlichsten Situationen, bald trat seine liebe Mina an die Stelle des Fräuleins. Was für ein Tor ich doch bin! dachte er. Einfach um die Taille fassen und küssen hätte ich sie sollen! Und voller Groll auf sich selbst, kehrte der Graf in sein Zimmer zurück.

Der Kornett lag im Bett, schlief aber noch nicht. Er wandte dem Grafen sogleich sein Gesicht zu.

»Du schläfst nicht?« fragte der Graf.

»Nein.«

»Soll ich dir erzählen, was ich soeben erlebt habe?«

»Nun?«

»Nein, lieber nicht ... oder doch, ich werde es dir erzählen. Zieh mal die Beine ein bißchen an.«

Und der Graf, der in Gedanken bereits mit seinem mißglückten Liebesabenteuer abgeschlossen hatte, setzte sich, angeregt lächelnd, zu seinem Kameraden aufs Bett.

»Die Tochter des Hauses hat mir ein Rendezvous verheißen! Kannst du dir das vorstellen?«

»Was sagst du da?« schrie Polosow auf und sprang aus dem Bett.

»Nun, dann hör mal zu!«

»Aber wie denn? Wann denn? Das ist unmöglich!«

»Nun, während ihr die Verlustpunkte unseres Preferencespiels zusammengezählt habt, sagte sie mir, daß sie nachts am Fenster sitzen werde und daß man durch das Fenster ganz bequem bei ihr einsteigen könne. Das nenne ich einen praktischen Menschen! Während ihr dort mit der Alten abgerechnet habt, habe ich das Ganze arrangiert. Sie hat ja sogar in deiner Gegenwart gesagt, sie werde heute am Fenster sitzen und auf den Teich hinausschauen. Du hast es doch selbst gehört!«

»Das hat sie nur so gesagt.«

»Das weiß ich ja eben nicht, ob sie das unbeabsichtigt erwähnt hat oder nicht. Vielleicht wollte sie ja wirklich noch nicht gleich so weit gehen, obwohl es ganz den Anschein hatte. Jedenfalls ist die Geschichte sehr dumm ausgegangen. Ich habe mich wie ein ausgemachter Narr benommen«, fügte er, sich selbst mit einem verächtlichen Lächeln bedenkend, hinzu.

»Aber warum denn nur? Wo bist du gewesen?«

Und der Graf berichtete nun, wie sich alles zugetragen habe, wobei er die mehrmaligen unentschlossenen Versuche, die er unternommen hatte, wohlweislich verschwieg.

»Ich habe selbst alles verdorben, ich hätte forscher rangehen müssen. Sie schrie auf und lief vom Fenster weg.«

»Sie schrie also auf und lief weg«, sagte der Kornett, mit gezwungenem Lächeln das Lächeln des Grafen erwidernd, der so lange Zeit einen so großen Einfluß auf ihn gehabt hatte.

»Ja. Nun ist es aber Zeit zum Schlafen.«

Der Kornett drehte sich wieder mit dem Rücken zur Tür und lag etwa zehn Minuten schweigend da. Weiß Gott, was in ihm vorging; doch als er sich aufs neue umwandte, hatte sein Gesicht einen schmerzlich-entschlossenen Ausdruck.

»Graf Turbin!« sagte er mit stockender Stimme.

»Phantasierst du, oder was hast du?« fragte der Graf ruhig zurück. »Was gibt es, Kornett Polosow?«

»Graf Turbin! Sie sind ein Schuft!« schrie Polosow und sprang vom Bett auf.

16

Tags darauf brach die Schwadron auf. Die Offiziere hatten ihre Gastgeber nicht wiedergesehen und sich nicht von ihnen verabschiedet. Auch miteinander wechselten sie kein Wort. Sie hatten die Absicht, sich zu duellieren, sobald der erste

Rasttag eingelegt werden würde. Doch Rittmeister Schulz, ein guter Kamerad und ausgezeichneter Reiter, der von jedermann im Regiment geliebt wurde und vom Grafen zu seinem Sekundanten gewählt worden war, schaffte es, diese Affäre so beizulegen, daß es nicht nur nicht zum Duell kam, sondern auch im Regiment nichts von dieser Sache ruchbar wurde, ja selbst Turbin und Polosow wenn auch nicht wieder Freunde wurden, so doch per du blieben und des öfteren bei einem Diner oder beim Kartenspiel zusammentrafen.

Familienglück

Erster Teil

1

Wir trugen Trauer um unsere Mutter, die im Herbst gestorben war, und verlebten den ganzen Winter auf dem Lande – Katja, Sonja und ich.

Katja war eine alte Freundin des Hauses, die Gouvernante, die uns beide großgezogen hatte und der ich, solange ich denken kann, in Liebe zugetan war. Sonja war meine jüngere Schwester. Wir verbrachten einen trüben, traurigen Winter in unserem alten Haus in Pokrowskoje. Das Wetter war kalt und stürmisch, so daß die Schneewehen oftmals bis über die Fenster emporragten; die Fensterscheiben waren beinahe immer zugefroren und verwehrten den Blick nach außen, und fast den ganzen Winter über gingen oder fuhren wir nicht aus. Selten nur besuchte uns jemand; und geschah es doch einmal, ging es in unserem Haus deshalb auch nicht vergnügter und froher zu. Alle Besucher hatten traurige Gesichter, alle sprachen leise, so, als fürchteten sie, jemanden zu wecken, lachten nicht, seufzten und weinten aber oft, wenn sie mich, besonders aber die kleine Sonja in ihrem schwarzen Kleidchen ansahen. Im Hause schien noch der Tod allgegenwärtig zu sein; Entsetzen und Gram, die stets mit ihm einhergehen, lagen noch in der Luft. Die Tür zu Mamas Zimmer war abgeschlossen, und wenn ich beim Zubettgehen daran vorüber mußte, wurde mir unheimlich zumute, und zugleich überkam mich das unwiderstehliche Verlangen, einen Blick in diesen kalten, leeren Raum zu werfen.

Ich war damals siebzehn, und gerade im Jahr ihres Todes hatte Mama in die Stadt übersiedeln wollen, um mich in die Gesellschaft einzuführen. Der Verlust meiner Mutter war für mich ein großes Unglück, aber ich muß bekennen, daß dieses dadurch noch größer wurde, daß ich, ein junges und, wie mir alle Welt sagte, hübsches Mädchen, nun schon den zweiten Winter in völliger Zurückgezogenheit auf dem Lande verlebte. Als der Winter sich dem Ende zuneigte, wurde dieses Gefühl der Einsamkeit und bedrückenden Langeweile in mir so übermächtig, daß ich nur noch selten mein Zimmer verließ und kaum einmal das Klavier aufschlug oder ein Buch zur Hand nahm. Wenn Katja mir zuredete, mich doch mit diesem oder jenem zu beschäftigen, gab ich stets zur Antwort, ich hätte keine Lust oder sei nicht dazu imstande, bei mir aber dachte ich: Wozu? Wozu etwas tun, da meine besten Jahre so unnütz verstreichen? Wozu? Und auf dieses Wozu gab es keine andere Antwort als Tränen.

Man sagte mir, ich sei in dieser Zeit abgemagert, und meine Schönheit habe gelitten, doch selbst das kümmerte mich nicht. Warum auch? Für wen? Mir schien es, als müßte ich mein ganzes weiteres Leben in diesem einsamen Krähwinkel verbringen, in auswegloser Hoffnungslosigkeit, der ich aus eigenem Antrieb nicht entrinnen konnte, ja nicht einmal wollte. Gegen Ende des Winters begann sich Katja ernstlich um mich zu sorgen und faßte den Entschluß, mich ins Ausland zu bringen, koste es, was es wolle. Doch dazu brauchten wir Geld, wußten aber nicht genau, was uns die Mutter hinterlassen hatte, und warteten mit jedem Tag mehr auf den Vormund, der herkommen und Licht in unsere Vermögensverhältnisse bringen sollte.

Im März traf der Vormund ein.

»Gott sei Dank!« sagte Katja eines Tages zu mir, als ich wie ein Schatten, ohne Beschäftigung, ohne Gedanken, ohne Wünsche, von einem Winkel in den anderen wanderte. »Sergej Michajlytsch ist angekommen, hat jemanden hergeschickt, um sich nach uns zu erkundigen, und sich zum Mittagessen angesagt. Du mußt dich nun aber zusammennehmen, Maschetschka«, fügte sie hinzu, »was soll er sonst von dir denken? Er hat euch alle so ins Herz geschlossen.«

Sergej Michajlytsch war unser nächster Nachbar und, wiewohl bedeutend jünger, ein Freund meines verstorbenen Vaters gewesen. Abgesehen davon, daß seine Ankunft unsere Pläne änderte und die Möglichkeit bot, dem Landleben zu entfliehen, war ich von Kindheit auf gewohnt, ihn gern zu haben und zu verehren, und als Katja mir nun riet, mich zusammenzunehmen, da ahnte sie wohl, daß Sergej Michajlytsch von all unseren Bekannten derjenige war, bei dem es mich am meisten geschmerzt hätte, mich in unvorteilhaftem Licht zu zeigen. Über die Zuneigung hinaus, die ihm wie ich alle im Haus, von Katja und Sonja, seinem Patenkind, bis hin zum letzten Kutscher von jeher entgegenbrachten, besaß er für mich noch eine besondere Bedeutung, und zwar infolge einer Bemerkung, die von Mama einmal in meiner Gegenwart gemacht worden war. Sie hatte gesagt, einen solchen Mann würde sie sich für mich wünschen. Damals war mir das befremdlich vorgekommen, ja sogar unangenehm gewesen, denn der Held meiner Träume hatte ganz anders ausgesehen. War dieser von schlanker, hagerer Gestalt, bleich und melancholisch, so war Sergej Michajlytsch schon ein Mann in den besten Jahren, hochgewachsen, stämmig und, so schien es mir jedenfalls, immer gut aufgelegt. Dessenungeachtet waren mir diese Worte Mamas im Gedächtnis geblieben, und schon vor sechs Jahren, als ich elf war und er mich noch duzte, mit mir spielte und mich *Veilchenmädchen* nannte, hatte ich mich manchmal bang gefragt, was ich täte, sollte er einmal den Wunsch haben, mich zu heiraten.

Vor dem Mittagessen, das Katja durch eine Spinatsoße und eine Cremespeise krönte, langte Sergej Michajlytsch an. Vom Fenster aus hatte ich gesehen, wie er in einem kleinen Schlitten auf das Haus zugefahren kam, eilte aber, sobald der Schlitten um die Ecke bog, ins Wohnzimmer und wollte mir den Anschein geben, ihn gar nicht erwartet zu haben. Doch als ich dann im Vorzimmer Tritte vernahm und seine weithin schallende Stimme und Katjas Schritte hörte, hielt es mich nicht länger im Wohnzimmer, und ich ging ihm von selbst entgegen. Er hatte Katjas Hand umfaßt, während er sich angeregt und lächelnd mit ihr unterhielt. Als er mich gewahrte, hielt er inne und blickte mich, ohne zu grüßen, eine Weile an. Mir wurde unbehaglich zumute, und ich fühlte, daß ich errötete.

»Ach! Sind das wirklich Sie?« sagte er dann in seiner entschlossenen, natürlichen Art und kam mit ausgebreiteten Armen auf mich zu. »Daß man sich so verändern kann! Wie groß Sie geworden sind! Sieh mal an, was aus dem Veilchen geworden ist! Ein ganzer Rosenstock!«

Mit seiner großen Rechten nahm er meine Hand und drückte sie so fest, daß es beinahe schmerzte. Ich glaubte, er werde mir die Hand küssen, und wollte mich schon etwas vorbeugen, doch er drückte mir nur noch einmal die Hand und sah mir mit seinem festen, heiteren Blick gerade in die Augen.

Sechs Jahre hatte ich ihn nicht gesehen. Er hatte sich sehr verändert, sich einen Backenbart wachsen lassen, was ihm gar nicht stand, war älter und männlicher geworden; unverändert geblieben aber waren sein natürliches Gebaren, der offene, ehrliche Ausdruck seines Gesichts mit den markanten Zügen, die klugen glänzenden Augen und das freundliche, gleichsam kindliche Lächeln.

Fünf Minuten später war er für uns alle nicht mehr der Gast, sondern einer von uns, selbst für die Dienstboten, die sich, wie ihre Dienstbeflissenheit erkennen ließ, ganz besonders über seine Ankunft freuten.

Er benahm sich völlig anders als die übrigen Nachbarn, die uns nach dem Ableben meiner Mutter einen Besuch abgestattet und es für nötig gehalten hatten, in unserer Gegenwart stumm dazusitzen und zu weinen. Er hingegen war gesprächig, vergnügt und erwähnte meine Mutter mit keiner Silbe, so daß mir diese vermeintliche Gleichgültigkeit seitens eines Menschen, der uns so nahe stand, anfangs befremdlich, ja ungehörig vorkam. Dann aber begriff ich, daß das keine Gleichgültigkeit war, sondern eine jede Heuchelei verabscheuende Aufrichtigkeit, und war ihm dankbar dafür.

Abends setzte sich Katja auf ihren alten Platz im Wohnzimmer, um den Tee einzuschenken, wie sie das schon zu Mamas Lebzeiten getan hatte. Sonja und ich setzten uns neben sie; der alte Grigorij brachte Sergej Michajlytsch eine von Papas Pfeifen, die sich irgendwo gefunden hatte, und wie in alten Zeiten begann unser Gast im Zimmer auf und ab zu gehen.

»Wie viele schreckliche Veränderungen, wenn man es recht bedenkt, doch in diesem Hause vor sich gegangen sind!« sagte er und blieb stehen.

»Ja«, pflichtete Katja ihm seufzend bei, schloß den Samowar mit dem Deckel und sah Sergej Michajlytsch an, den Tränen nahe.

»Sie erinnern sich sicher noch Ihres Vaters?« wandte er sich an mich.

»Kaum«, erwiderte ich.

»Wie schön wäre es jetzt für Sie, wenn er noch unter uns weilte!« sagte er leise und heftete seinen Blick nachdenklich auf meine Stirn. »Ich habe Ihren Vater sehr gern gehabt!« fügte er noch leiser hinzu, und mir kam es so vor, als ob seine Augen verdächtig schimmerten.

»Und nun hat Gott auch sie zu sich genommen!« versetzte Katja, legte die Serviette auf die Teekanne, holte ihr Taschentuch hervor und brach in Tränen aus.

»Ja, schreckliche Veränderungen sind in diesem Haus vor sich gegangen«, wiederholte er und wandte sich ab. »Sonja, zeig mir doch dein Spielzeug«, fügte er nach einer Weile hinzu und begab sich mit ihr in den Salon. Mit Tränen in den Augen sah ich Katja an, als er hinausgegangen war.

»Er ist ein so lieber Freund!« sagte sie.

Und in der Tat, von dem Mitgefühl dieses zwar fremden, aber guten Menschen war mir warm und wohl ums Herz geworden.

Aus dem Salon schallte Sonjas hohe Kinderstimme zu uns herüber, und man hörte, wie er Mutwillen mit ihr trieb. Ich schickte ihm Tee, und bald darauf war zu hören, wie er sich ans Klavier setzte und mit Sonjas Händchen auf die Tasten schlug.

»Marja Alexandrowna!« rief er dann. »Kommen Sie doch her und spielen Sie etwas!«

Mir tat es wohl, daß er sich in so natürlichem, freundschaftlichem und doch gebieterischem Ton an mich wandte; ich stand auf und ging zu ihm.

»Spielen Sie das hier«, sagte er und schlug das Notenheft bei dem Adagio von Beethovens Sonate quasi una fantasia auf. »Lassen Sie uns hören, wie Sie spielen«, fügte er hinzu und zog sich mit seinem Teeglas in einen Winkel des Salons zurück.

Aus irgendeinem Grund hatte ich das Gefühl, ihm diesen Wunsch nicht abschlagen oder gar einwenden zu dürfen, daß ich schlecht spiele. Gehorsam setzte ich mich ans Klavier und begann zu spielen, so gut ich es vermochte, wenn mir auch vor seinem Urteil ein wenig bange war; ich wußte, er liebte die Musik und verstand etwas davon. Das Adagio paßte so recht zu den Empfindungen, die durch die beim Tee wachgewordenen Erinnerungen hervorgerufen worden waren, und ich spielte es, glaube ich, ganz passabel. Das Scherzo ließ er mich indessen nicht zu Ende spielen. »Nein, das ist nichts für Sie«, sagte er, auf mich zutretend, »das lassen Sie lieber, aber das erste war nicht schlecht. Sie scheinen etwas von Musik zu verstehen.« Dieses maßvolle Lob erfreute mich derart, daß ich sogar errötete. Es war für mich so neu und angenehm, daß er, ein Freund meines Vaters, sich ernsthaft mit mir unterhielt wie mit seinesgleichen und mich nicht behandelte, als sei ich noch ein Kind. Katja ging nach oben, um Sonja zu Bett zu bringen, und ich blieb mit ihm allein im Salon.

Er erzählte mir von meinem Vater, wie er Freundschaft mit ihm geschlossen habe und was für vergnügte Stunden sie einst miteinander verbracht hätten, als ich noch über meinen Kinderbüchern und bei meinem Spielzeug saß. Seine Erzählungen vermittelten mir zum erstenmal den Eindruck, daß mein Vater ein schlichter, sympathischer Mensch gewesen sei, wie ich ihn bis dahin nicht gekannt hatte. Er erkundigte sich auch nach meinen Neigungen, meiner Lektüre und meinen Zukunftsplänen und erteilte mir Ratschläge. Er war jetzt für mich nicht mehr der immer zu Späßen aufgelegte nette Onkel, der mich neckte und Spielzeug für mich bastelte, sondern ein ernsthafter, natürlicher Mensch, der mir zugetan war und für den ich unwillkürlich Achtung und Sympathie empfand. Es bereitete mir Vergnügen, mich mit ihm zu unterhalten, und zugleich empfand ich eine gewisse Spannung dabei. Ich fürchtete für jedes meiner Worte; ich wollte mir seine Zuneigung, die ich bisher nur besaß, weil ich die Tochter meines Vaters war, so gern selbst verdienen.

Nachdem Katja Sonja zu Bett gebracht hatte, gesellte sie sich zu uns und beklagte sich bei Sergej Michajlytsch über meine Apathie, von der ich ihm nichts gesagt hatte.

»Das Allerwichtigste hat sie mir also nicht erzählt«, sagte er lächelnd und schüttelte vorwurfsvoll den Kopf.

»Wozu hätte ich das tun sollen!« entgegnete ich, »es ist sehr langweilig und wird auch wieder vergehen.« (Mir schien es jetzt wirklich, als werde meine Melancholie nicht nur vergehen, sondern als sei sie schon vergangen, ja als habe es sie nie gegeben.)

»Es ist nicht gut, wenn man außerstande ist, Einsamkeit zu ertragen«, sagte er. »Sind Sie wirklich eine junge Dame?«

»Natürlich bin ich das«, gab ich lachend zur Antwort.

»Nein, eine törichte junge Dame meine ich, die das Leben nur genießt, solange man sie bewundert, sich aber gehen läßt, sobald sie allein ist, und dann an nichts Gefallen findet; sie tut alles nur für den Schein, nichts für sich selbst.«

»Eine schöne Meinung haben Sie von mir«, sagte ich, um überhaupt etwas zu sagen.

Er schwieg ein Weilchen. »Nein!« fuhr er dann fort, »nicht umsonst ähneln Sie Ihrem Vater, Sie haben etwas an sich«, und sein gutmütiger aufmerksamer Blick schmeichelte mir wieder und versetzte mich in freudige Verwirrung.

Jetzt erst bemerkte ich in seinem beim ersten Eindruck so fröhlich scheinenden Gesicht diesen ihm allein eigenen Blick, der zunächst klar war und dann mehr und mehr einen forschenden, ein wenig wehmütigen Ausdruck annahm.

»Sie sollen und dürfen nicht Trübsal blasen«, sagte er, »Sie haben die Musik, von der Sie etwas verstehen, Bücher, können lernen, haben das ganze Leben vor sich, auf das Sie sich jetzt noch vorbereiten können, um später einmal nichts bereuen zu müssen. In einem Jahr ist es womöglich schon zu spät.«

Er sprach mit mir wie ein Vater oder Onkel, und ich spürte, daß er ständig darauf bedacht war, mir gegenüber nicht den Überlegenen herauszukehren. Es kränkte mich, daß er mich anscheinend für unter sich stehend hielt, zugleich aber tat es mir wohl, daß er sich meinetwegen bemühte, sich anders zu geben, als er war.

Im weiteren Verlauf des Abends sprach er mit Katja über geschäftliche Angelegenheiten.

»Adieu, meine Lieben«, sagte er, während er aufstand und, zu mir tretend, meine Hand nahm.

»Wann werden wir uns denn wiedersehen?« fragte Katja.

»Im Frühjahr«, gab er, meine Hand noch immer in der seinen haltend, zur Antwort. »Jetzt fahre ich nach Danilowka (das war unser zweites Dorf), schaue dort, soweit es mir möglich ist, nach dem Rechten, und reise dann in eigenen Angelegenheiten nach Moskau, aber im Sommer werden wir uns wiedersehen.«

»Warum wollen Sie denn so lange fortbleiben?« fragte ich ganz betrübt; ich hatte in der Tat schon gehofft, ihn jeden Tag zu sehen, mir wurde auf einmal so elend zumute, und Angst beschlich mich, daß sich meine Melancholie wieder einstellen könnte. Das mußte wohl in meinem Blick und im Ton meiner Stimme zum Ausdruck gekommen sein.

»Ja, arbeiten Sie soviel wie möglich, und fangen Sie keine

Grillen«, sagte er in einem, wie mich dünkte, zu kühlen, alltäglichen Ton. »Im Frühjahr werde ich Sie dann examinieren«, fügte er hinzu und ließ, ohne mich dabei anzusehen, meine Hand los.

Im Vorzimmer, wo wir, um ihn hinauszubegleiten, standen, zog er hastig seinen Pelz an und wich wieder meinen Blicken aus. Umsonst gibt er sich so viel Mühe! dachte ich. Glaubt er wirklich, mir liegt so viel daran, daß er mich ansieht? Er ist ein guter, ein sehr guter Mensch ... und weiter nichts.

Dennoch konnten Katja und ich an diesem Abend lange nicht einschlafen und unterhielten uns lebhaft, zwar nicht über ihn, aber doch darüber, wie wir den kommenden Sommer verbringen und wo und wie wir den Winter über leben würden. Die schreckliche Frage: wozu? stellte sich mir nicht mehr. Mir schien es ganz natürlich und klar zu sein, daß man leben müsse, um glücklich zu sein, und daß mir in der Zukunft noch viel Glück beschieden sein würde. Es war, als sei unser altes düsteres Haus in Pokrowskoje auf einmal von Leben und Licht erfüllt worden.

2

Unterdessen war das Frühjahr gekommen. Meine frühere Melancholie war wie weggeblasen und unter dem Eindruck des Frühlings einer träumerischen, von unklaren Hoffnungen und Träumen bestimmten Schwermut gewichen. Obwohl ich jetzt nicht so in den Tag hinein lebte wie zu Beginn des Winters, sondern mich mit Sonja, aber auch mit der Musik und mit Lesen beschäftigte, ging ich oft in den Park und schlenderte lange allein durch die Alleen oder saß auf einer Bank, um mich Gott weiß was für Gedanken, Hoffnungen und Wünschen zu überlassen. Mitunter, besonders bei Mondschein, saß ich die ganze Nacht am Fenster meines Zimmers. Manchmal stahl ich mich auch, ganz leise, damit Katja nicht wach wurde, nur ein dünnes Jäckchen über dem Nachthemd, in den Park und lief durch den Tau bis zum Teich. Einmal ging ich sogar aufs Feld hinaus und wanderte in der Nacht mutterseelenallein um den ganzen Park herum.

Heute fällt es mir schwer, mir jene Träume, die damals meine Phantasie beschäftigten, ins Gedächtnis zu rufen und sie zu verstehen. Und selbst wenn ich mich einmal ihrer erinnere, kann ich kaum glauben, daß das wirklich meine Träume gewesen sein sollen, so seltsam und wirklichkeitsfern waren sie.

Ende Mai kehrte Sergej Michajlytsch, wie er es versprochen hatte, von seiner Reise zurück.

Das erste Mal kam er eines Abends zu uns, als wir ihn überhaupt nicht erwartet hatten. Wir saßen auf der Terrasse und wollten eben Tee trinken. In Park und Garten grünte es bereits überall, und in überwucherten Beeten und Hecken hatten sich schon seit den Petrifasten die Nachtigallen häuslich niedergelassen. Die üppigen Fliederbüsche schienen hier und da von oben mit weißem und violettem Staub bestreut worden zu sein. Die Blütenknospen standen kurz vor dem Aufbrechen. Die Blätter der Birken in der Allee wirkten ganz durchsichtig in den Strahlen der untergehenden Sonne. Auf der Terrasse, die im Schatten lag, war es recht frisch. Abendtau legte sich immer stärker auf das Gras. Vom Hof hinter dem Garten drangen die letzten Geräusche des Tages, der Lärm der heimgetriebenen Herde herüber; Nikon, ein schwachsinniger Bauer, fuhr mit einem Faß den Weg vor der Terrasse entlang, und ein kalter Wasserstrahl ergoß sich auf die um die Georginenstauden und deren Stützen aufgegrabene Erde und färbte sie dunkel. Bei uns auf der Terrasse glänzte und brodelte auf dem Tisch mit dem weißen Tuch darauf der blankgeputzte Samowar, dort stand Sahne, lagen Brezeln und anderes Gebäck. Katja spülte mit ihren rundlichen Händen geschäftig die Tassen aus. Nach dem Baden hatte ich Hunger bekommen, und da ich nicht warten mochte, bis der Tee fertig war, aß ich ein Stück Brot mit dicker, frischer Sahne. Ich trug eine Leinenbluse mit kurzen

Ärmeln und hatte ein Kopftuch um das nasse Haar gebunden. Katja sah ihn, bei einem Blick durchs Fenster, als erste.

»Ach, Sergej Michajlytsch!« sagte sie, »eben noch haben wir von Ihnen gesprochen.«

Ich war aufgestanden und wollte ins Haus gehen, um mich umzuziehen, aber ich stand noch in der Tür, als er eintrat.

»Machen Sie sich doch keine Umstände, hier auf dem Lande«, sagte er mit einem Blick auf mein Kopftuch und lächelte. »Vor Grigorij genieren Sie sich ja auch nicht, und ich bin für Sie doch so etwas wie Grigorij.« Aber gerade jetzt schien es mir, als ob er mich ganz anders ansah, als das Grigorij tun konnte, und ich wurde verlegen.

»Ich bin gleich zurück«, sagte ich und entfernte mich.

»Es steht Ihnen wirklich nicht übel«, rief er mir nach. »Man könnte Sie für eine junge Bäuerin halten.«

Wie merkwürdig er mich angesehen hat, dachte ich, während ich mich oben in meinem Zimmer in Windeseile umzog. Gott sei Dank, daß er da ist, nun wird es hier bald fröhlicher zugehen! Ich warf einen Blick in den Spiegel, lief vergnügt die Treppen hinunter und betrat, ohne ein Hehl daraus zu machen, daß ich mich beeilt hatte, ganz außer Atem die Terrasse. Sergej Michajlytsch saß am Tisch und legte Katja gerade unsere finanzielle Situation dar. Er bedachte mich mit einem kurzen Blick, lächelte und fuhr in seinen Erklärungen fort. Unsere Vermögensverhältnisse konnten, seinen Worten zufolge, nicht besser sein. Jetzt sollten wir nur noch den Sommer auf dem Lande verbringen, dann aber, mit Rücksicht auf Sonjas Erziehung, nach Petersburg oder ins Ausland reisen.

»Ja, wenn Sie uns ins Ausland begleiteten«, sagte Katja, »denn sonst würden wir dort mutterseelenallein sein.«

»Ach, wie gern würde ich mit Ihnen um die ganze Welt reisen«, entgegnete er, halb scherzend, halb ernsthaft.

»Nun«, sagte ich, »so lassen Sie uns doch eine Weltreise unternehmen.«

Er lächelte und schüttelte den Kopf.

»Und meine Mutter? Meine geschäftlichen Angelegenheiten?« gab er zu bedenken. »Aber nicht darum geht es jetzt. Erzählen Sie lieber mal, wie Sie diese Zeit verbracht haben. Haben Sie etwa wieder Trübsal geblasen?«

Als ich ihm erzählte, daß ich mich während seiner Abwesenheit betätigt und nicht gelangweilt hätte, und Katja meine Worte bestätigte, lobte er mich und bedachte mich mit einem so gütigen Blick, als ob ich ein Kind wäre und er ein Recht dazu hätte. Mir schien es angebracht, ihm ausführlich und vor allem wahrheitsgetreu alles mitzuteilen, was ich Gutes getan hatte, und ihm, wie bei der Beichte, auch nichts zu verschweigen, womit er unzufrieden sein konnte. Der Abend war so schön, daß wir auch noch auf der Terrasse blieben, als Samowar und Teegeschirr schon fortgeschafft waren, und die Unterhaltung war für mich so anregend, daß ich gar nicht merkte, wie um uns herum nach und nach alle menschlichen Laute verstummten. Von überall duftete es immer stärker nach Blumen, dichter Tau bedeckte das Gras, und ganz in unserer Nähe, in einem Fliedergebüsch, begann eine Nachtigall zu schlagen und verstummte, als sie unsere Stimmen hörte; der Sternenhimmel hatte sich gleichsam tief über uns herabgesenkt.

Daß mittlerweile die Nacht hereingebrochen war, merkte ich erst, als eine Fledermaus, die lautlos unter die Terrassenmarkise geflogen war, plötzlich neben meinem weißen Kopftuch hin und her flatterte. Ich preßte mich an die Wand und wollte schon aufschreien, doch da schlüpfte die Fledermaus ebenso lautlos und schnell, wie sie gekommen war, unter der Markise hervor und verschwand im Halbdunkel des Gartens.

»Wie ich Ihr Pokrowskoje liebe«, sagte Sergej Michajlytsch, das Gespräch unterbrechend. »Mein ganzes Leben lang könnte ich hier auf der Terrasse sitzen.«

»Nun, so bleiben Sie doch sitzen«, scherzte Katja.

»Ja, bleiben Sie sitzen«, sagte er, »aber das Leben bleibt nicht sitzen.«

»Warum heiraten Sie nicht?« fragte Katja. »Sie gäben einen guten Ehemann ab.«

»Weil ich gern sitze«, lachte er. »Nein, Katerina Karlowna, ans Heiraten ist für uns beide nicht mehr zu denken. Ich werde schon seit langem nicht mehr als Heiratskandidat angesehen. Und ich selbst habe mir das auch längst aus dem Kopf geschlagen, und seitdem fühle ich mich richtig wohl, wahrhaftig.«

Mir kam es so vor, als ob er sich bei diesen Worten irgendwie unnatürlich begeisterte.

»Das ist ja nett! Sechsunddreißig Jahre sind Sie alt und haben schon mit dem Leben abgeschlossen!« sagte Katja.

»Und wie ich das habe«, fuhr er fort. »Alles, was ich noch möchte, ist dasitzen. Zum Heiraten aber braucht es mehr. Fragen Sie doch mal sie«, fügte er, mit dem Kopf auf mich deutend, hinzu. »Junge Mädchen wie sie muß man verheiraten. Und wir beide werden uns dann über ihr Glück freuen.«

In seiner Stimme klangen verhaltene Wehmut und Gespanntheit an, die mir nicht verborgen blieben. Er schwieg eine Weile; weder Katja noch ich sagten etwas.

»Stellen Sie sich nur vor«, fuhr er fort und drehte sich auf seinem Stuhl herum, »ich würde auf einmal, durch irgendeinen unglückseligen Zufall, ein siebzehnjähriges Mädchen heiraten, sagen wir Masch ... Marja Alexandrowna. Das ist ein vortreffliches Beispiel, ich bin sehr froh, daß es hierher paßt ... es ist das allerbeste Beispiel.«

Ich lachte auf und konnte durchaus nicht begreifen, worüber er so froh war und was hierher passen sollte ...

»Hand aufs Herz, sagen Sie ehrlich«, wandte er sich scherzend an mich, »ob es für Sie kein Unglück wäre, Ihr Leben mit einem alten Mann zu verbinden, der sein Leben schon hinter sich hat und nur noch dasitzen möchte, während in Ihnen Gott weiß was gärt und Sie Gott weiß was für Wünsche haben.«

Mir wurde unbehaglich zumute, ich schwieg, da ich nicht wußte, was ich antworten sollte.

»Ich mache Ihnen ja keinen Heiratsantrag«, lachte er, »aber sagen Sie ehrlich – Sie träumen doch nicht von einem solchen Ehemann, wenn Sie abends allein in der Allee spazierengehen? Und wäre das nicht ein Unglück?«

»Kein Unglück ...«, begann ich.

»Aber auch nicht gut«, vollendete er den Satz.

»Ja, aber ich kann mich auch irr ...«

Doch wieder fiel er mir ins Wort.

»Da sehen Sie es«, sagte er, an Katja gewandt, »sie hat völlig recht, und ich bin ihr dankbar für ihre Aufrichtigkeit und sehr froh, daß wir diese Unterhaltung hatten. Und damit nicht genug, auch für mich wäre es das größte Unglück«, fügte er hinzu.

»Was sind Sie doch für ein wunderlicher Mensch, Sie haben sich überhaupt nicht verändert«, sagte Katja und ging ins Haus, um zum Abendbrot decken zu lassen.

Wir waren beide verstummt, nachdem Katja sich entfernt hatte, auch um uns herum war alles still. Nur die Nachtigall begann wieder zu schlagen, nun aber nicht mehr abgerissen und zögernd, wie es zur Abenddämmerung passen mochte, sondern, der Nacht angemessen, ruhig und bedächtig. Ihr Lied war im ganzen Garten zu hören, und aus der Ferne, von der Schlucht her, antwortete ihr, zum erstenmal an diesem Abend, eine zweite. Die erste, in unserer Nähe, verstummte, wie um einen Augenblick lang zu lauschen, um dann einen noch lauteren, weithin schallenden Triller auszustoßen. Majestätisch und ruhig ertönten diese Stimmen in ihrer uns fremden nächtlichen Welt. Der Gärtner stapfte in seinen schweren Stiefeln an uns vorüber zur Orangerie, wo er gewöhnlich schlief, und seine Schritte hallten, sich mehr und mehr entfernend, vom Gartenweg herüber. Irgend jemand stieß am Fuße des Abhangs zwei schrille Pfiffe aus, und schon war ringsum alles wieder still. Kaum hörbar begann ein Blatt zu rascheln, die Markise blähte sich, und mit einer Luftströmung wurde ein intensiver Duft zu uns herübergetragen, der sich über die ganze Terrasse ausbreitete. Mir war es peinlich, nach allem, was zwischen uns zur Sprache gekommen war, zu schweigen, doch ich wußte nicht, was ich sagen sollte. Ich blickte zu ihm hin. Seine glänzenden Augen schauten mich im Halbdunkel an.

»Schön lebt es sich auf der Welt!« sagte er.

Ich mußte seufzen.

»Wie bitte?«

»Schön lebt es sich auf der Welt!« wiederholte ich.

Und wieder verstummten wir, und wieder wurde mir unbehaglich zumute. Mich quälte der Gedanke, daß ich ihn gekränkt hatte, als ich ihm darin zustimmte, daß er alt sei, und ich wollte ihn trösten, wußte aber nicht, wie ich das anstellen sollte.

»Doch nun leben Sie wohl«, sagte er und stand auf. »Meine Mutter erwartet mich zum Abendessen. Ich habe sie heute noch kaum gesehen.«

»Und ich wollte Ihnen eine neue Sonate vorspielen«, sagte ich.

»Ein andermal«, entgegnete er – in kühlem Ton, wie mir schien.

»Adieu.«

Ich hatte jetzt noch mehr den Eindruck, daß ich ihn gekränkt hatte, und es tat mir leid. Katja und ich begleiteten ihn bis zur Freitreppe und standen noch eine ganze Weile auf dem Hof, den Weg entlang blickend, auf dem er davongeritten war. Erst als das Getrappel seines Pferdes schon verhallt war, ging ich um das Haus herum zur Terrasse zurück. Und wieder schaute ich in den Park hinaus, und in dem von nächtlichen Geräuschen erfüllten tauschweren Nebel sah und hörte ich noch lange alles, was ich zu sehen und zu hören verlangte.

Er kam ein zweites und ein drittes Mal, und die Befangenheit, die jene sonderbare Unterhaltung zwischen uns hervorgerufen hatte, war gänzlich verflogen und kam auch nicht wieder auf. Während des ganzen Sommers stattete er uns zwei-, dreimal in der Woche einen Besuch ab; und ich hatte mich so an ihn gewöhnt, daß ich mir, wenn er einmal länger auf sich warten ließ, ganz verlassen vorkam und ihm zürnte, weil ich es nicht schön fand, daß er mich so lange allein ließ. Er behandelte mich wie einen jüngeren, ihm lieben Kameraden, fragte mich aus und forderte mich auf, ihm freimütig alles zu sagen, was ich auf dem Herzen hätte. Er erteilte mir Ratschläge und ermunterte mich, und manchmal tadelte er mich auch und rückte mir den Kopf zurecht. Doch obwohl er ständig bemüht war, sich mit mir auf gleichen Fuß zu stellen, fühlte ich, daß hinter dem, was ich an ihm begriff, noch eine ganze fremde Welt lag, zu der mir Zugang zu gewähren er nicht für nötig hielt – und gerade das erhöhte meine Achtung vor ihm und die Anziehungskraft, die er auf mich ausübte, nur noch mehr. Von Katja und den Nachbarn wußte ich, daß er sich nicht allein um seine alte Mutter, mit der er zusammenlebte, um seine eigene Wirtschaft und unsere Vormundschaft, sondern auch um irgendwelche Adelsangelegenheiten zu kümmern hatte, die ihm große Unannehmlichkeiten eintrugen; doch wie er all das beurteilte, welche Überzeugungen, Pläne und Hoffnungen er hatte, konnte ich nie von ihm erfahren. Sobald ich die Rede auf seine eigenen Angelegenheiten brachte, verzog er auf die ihm eigene Weise das Gesicht, als wollte er sagen: Lassen Sie es gut sein, was kann Ihnen daran liegen, und wechselte das Thema. Anfangs kränkte mich das, doch mit der Zeit gewöhnte ich mich so daran, mit ihm immer nur über Dinge zu sprechen, die mich betrafen, daß ich es bald ganz natürlich fand.

Was mir anfangs gleichfalls mißfiel, später aber sogar angenehm erschien, war die völlige Gleichgültigkeit, ja vermeintliche Geringschätzung, die er meinem Äußeren gegenüber an den Tag legte. Nie gab er mir durch einen Blick oder ein Wort zu verstehen, daß ich schön sei, im Gegenteil, er runzelte die Stirn und lachte, wenn man mich in seiner Gegenwart als hübsch bezeichnete. Er fand sogar Vergnügen daran, äußerliche Mängel an mir zu entdecken und mich damit zu necken. Moderne Kleider und Frisuren, mit denen Katja mich an Feiertagen gern herausputzte, riefen bei ihm nur spöttische Bemerkungen hervor, die die gute Katja verletzten und mich anfangs aus der Fassung brachten. Katja, die der festen Überzeugung war, daß ich ihm gefiel, vermochte durchaus nicht zu begreifen, wie es jemandem mißfallen konnte, daß sich die Frau, für die er etwas empfand, in möglichst vorteilhaftem Licht zeigte. Ich dagegen begriff bald, worum es ihm ging. Er wollte glauben können, daß ich frei von Koketterie sei. Und als ich das erkannt hatte, tat ich alles, damit meine Kleider, Frisuren und Gesten künftig auch wirklich nicht eine Spur von Koketterie mehr aufwiesen; statt dessen kokettierte ich nun, augenfällig genug, mit meiner Schlichtheit – zu einer Zeit, als diese noch gar nicht zu mir paßte. Ich wußte, daß er mich liebte – ob als Kind oder als Frau, das fragte ich mich noch nicht; mir war diese Liebe teuer, und da ich fühlte, daß er mich für das vortrefflichste junge Mädchen der Welt hielt, mußte ich einfach wünschen, ihn in diesem Glauben zu lassen. Und so suchte ich ihn ungewollt zu täuschen. Doch indem ich ihn täuschte, gewann ich auch selbst in meinem Wesen. Ich fühlte, um wieviel besser und würdiger es sei, ihn durch seelische Vorzüge als durch körperliche Reize zu beeindrucken. Mein Haar, meine Hände, mein Gesicht, meine Gewohnheiten, wie immer sie auch sein mochten, schön oder häßlich, gut oder schlecht, schien er sofort richtig eingeschätzt zu haben und so genau zu kennen, daß ich an meinem Äußeren – außer dem Wunsch nach Täuschung – nichts verbessern konnte. Meine Seele aber kannte er nicht; und weil er sie liebte und weil sie zu jener Zeit noch im Stadium des Wachsens und Sich-Entwickelns begriffen war, vermochte ich ihn hier zu täuschen und tat dies denn auch. Und wie leicht wurde mir der Umgang mit ihm, als ich das einmal klar erkannt hatte! Meine grundlosen Hemmungen und das Gezwungene meiner Bewegungen legte ich ab. Ob er mich nun von vorn oder im Profil, im Sitzen oder im Stehen betrachtete, ob mit nach oben oder nach unten frisiertem Haar – ich fühlte, daß er mich durch und durch kannte und mit mir zufrieden zu sein schien, so wie ich war. Es würde mich, glaube ich, nicht einmal gefreut haben, wenn er mir, gegen seine Gewohnheit, gleich anderen plötzlich gesagt hätte, ich habe ein hübsches Gesicht. Doch wie froh und heiter wurde mir zumute, wenn er mich nach irgendeiner Äußerung von mir durchdringend ansah und mit gerührter Stimme, der er einen scherzhaften Ton zu geben bemüht war, bemerkte:

»Ja, ja, Sie haben etwas an sich. Sie sind ein sympathisches junges Mädchen, das muß ich Ihnen sagen.«

Und wofür zollte er mir denn solches Lob, das mein Herz mit Stolz und Freude erfüllte? Dafür, daß ich nachfühlen konnte, wie sehr der alte Grigorij seine kleine Enkelin liebte, oder dafür, daß ich von einem Gedicht oder einem Roman, die ich gelesen hatte, zu Tränen gerührt wurde, oder dafür, daß ich Mozart vor Schulhoff den Vorzug gab. Was mich selbst erstaunte, war, mit welch ungewöhnlicher Intuition ich damals immer erriet, was gut und liebenswert war, obwohl ich das zu jener Zeit noch gar nicht wissen konnte. Ein Großteil meiner früheren Gewohnheiten und Neigungen mißfiel ihm, und er brauchte nur durch ein Hochziehen der Brauen oder durch einen Blick zu zeigen, daß ihm das, was ich gerade sagen wollte, nicht behagte, und dabei seine besondere, mitleidige und ein wenig verächtliche Miene aufzusetzen, schon schien es mir, als liebte ich das, was ich bis dahin geliebt hatte, nicht mehr. Es kam vor, daß er mir erst einen Rat erteilen wollte und ich schon im voraus zu wissen glaubte, was er sagen würde. Fragte er mich etwas und sah mir dabei in die Augen, dann inspirierte mich sein Blick auch schon zu der Antwort, die er hören wollte. Alle meine damaligen Gedanken und Gefühle waren nicht die meinen, sondern die seinigen, die auf einmal zu meinen eigenen geworden, in mein Leben übergegangen waren und es erhellten. Ohne es selbst zu merken, begann ich alles mit anderen Augen zu sehen:

Katja, unsere Dienstboten, Sonja, mich selbst und das, womit ich mich beschäftigte, Bücher, die ich früher lediglich gelesen hatte, um der Langeweile Herr zu werden, stellten jetzt eine der schönsten Freuden dar, die mir das Leben bot; und das alles nur, weil er mit mir über die Bücher sprach, sie mit mir zusammen las, mir welche brachte. Früher waren die Stunden, die ich Sonja gab, das Üben mit ihr eine lästige Aufgabe gewesen, die ich nur aus Pflichtbewußtsein erfüllte; aber es genügte, daß er dem Unterricht gelegentlich beiwohnte – schon bereitete es mir Freude, Sonjas Fortschritte zu verfolgen. Ein ganzes Musikstück einzustudieren wäre mir früher ein Ding der Unmöglichkeit gewesen; nun aber, da ich wußte, er würde sich mein Spiel anhören und mich vielleicht dafür loben, konnte ich dieselbe Passage, ohne daß es mir langweilig wurde, vierzigmal hintereinander spielen, so daß sich die arme Katja die Ohren mit Watte verstopfte. Dieselben Sonaten, die ich früher schon gespielt hatte, klangen bei mir jetzt ganz anders und viel schöner als einst. Sogar Katja, die ich kannte und liebte wie mich selbst, auch sie hatte sich in meinen Augen verändert. Nun erst begriff ich, daß sie durchaus nicht verpflichtet gewesen wäre, uns Mutter, Freundin und Sklavin zu sein, wie sie es war. Ich erkannte die ganze Selbstaufopferung und Ergebenheit dieses liebevollen Geschöpfs, begriff, was ich ihr alles zu verdanken hatte, und liebte sie um so mehr. Sergej Michajlytsch war es auch, der mich lehrte, unsere Dienstboten, Bauern, Knechte und Mägde ganz anders zu sehen als bisher. Es klingt vielleicht paradox, aber bis zu meinem siebzehnten Lebensjahr waren mir diese Menschen, unter denen ich lebte, fremder gewesen als Leute, die ich nie gesehen hatte; kein einziges Mal war es mir in den Sinn gekommen, daß diese Menschen ebenso lieben, ebenso etwas wünschen oder bedauern konnten wie ich. Unser Garten, unsere Wälder und Felder, die ich schon so lange kannte, gewannen für mich plötzlich ein ganz neues, schönes Aussehen. Nicht von ungefähr sagte Sergej Michajlytsch immer wieder, daß es im Leben nur ein einziges unzweifelhaftes Glück gebe, das Glück, für einen anderen Menschen zu leben. Mich mutete das damals sonderbar an, ich verstand es nicht; doch ohne daß ich sie noch begriff, hatte diese Erkenntnis schon Eingang in mein Herz gefunden. Sergej Michajlytsch erschloß mir ein ganzes Leben voller Freuden, die die Gegenwart bot, ohne an meinem Dasein etwas verändert, ohne meiner Gefühlswelt etwas anderes hinzugefügt zu haben als sich selbst. Von Kindheit an war das alles um mich gewesen, ohne mir etwas zu sagen, aber er brauchte nur zu kommen, damit es zu sprechen begann, Einlaß in meine Seele begehrte und sie mit Glück erfüllte.

Oft, wenn ich in diesem Sommer in mein Zimmer hinaufging und mich ins Bett legte, erfaßte mich statt der früheren, von Wünschen und Hoffnungen für die Zukunft genährten Melancholie, die mich im Frühling stets überkommen hatte, ein erregendes Glücksgefühl, das mir die Gegenwart gab. Ich konnte nicht einschlafen, stand immer wieder auf, setzte mich zu Katja aufs Bett und gestand ihr, daß ich wunschlos glücklich sei, was ich ihr, wie ich mich jetzt erinnere, gar nicht hätte zu erklären brauchen: Sie konnte es selbst sehen. Aber sie sagte mir trotzdem, daß auch sie völlig zufrieden und sehr glücklich sei, und dann küßte sie mich. Ich glaubte ihr, denn mir schien es nur recht und billig, daß alle glücklich waren. Doch Katja konnte dabei auch ans Schlafen denken, ja manchmal stellte sie sich sogar, als sei sie ärgerlich, verjagte mich von ihrem Bett und schlief ein; ich aber ließ im Geiste noch einmal alles Revue passieren, was mich so glücklich machte. Mitunter erhob ich mich und betete ein zweites Mal, betete mit meinen eigenen Worten, um Gott für all das Glück zu danken, das er mir geschenkt hatte.

In unserem Stübchen herrschte völlige Stille; nur Katja atmete gleichmäßig im Schlaf, und die Uhr neben ihr tickte, ich aber wälzte mich hin und her und küßte das Kreuz an meinem Hals. Türen und Fensterläden waren geschlossen, und irgendeine Fliege oder Mücke schwirrte unter leisem Gesumm immer an derselben Stelle herum. Am liebsten wäre ich nie mehr aus diesem kleinen Zimmer fortgegangen, ich wollte nicht, daß der Morgen kam, wollte nicht, daß diese innige Atmosphäre, die mich umgab, sich verflüchtigte. Meine Träume, Gedanken und Gebete schienen mir lebendige Wesen zu sein, die hier in der Dunkelheit mit mir wohnten, um mein Bett schwebten, vor mir standen. Jeder meiner Gedanken war sein Gedanke, jede meiner Empfindungen seine Empfindung. Damals wußte ich noch nicht, daß das Liebe war, und glaubte, das könne immer so sein, und dieses Gefühl ergebe sich von selbst.

3

Eines Tages, während der Getreideernte, gingen Katja, Sonja und ich nach dem Mittagessen in den Park zu unserer Lieblingsbank, die im Schatten alter Linden oberhalb einer Schlucht stand, hinter der der Wald und das Feld zu sehen waren. Sergej Michajlytsch hatte sich schon drei Tage nicht mehr bei uns blicken lassen, und wir erwarteten ihn an diesem Nachmittag, zumal unser Verwalter gesagt hatte, Sergej Michajlytsch habe versprochen, aufs Feld zu kommen. Es ging auf zwei Uhr zu, als wir ihn am Roggenfeld entlang reiten sahen. Katja ließ Pfirsiche und Kirschen bringen, die er besonders gern mochte, blickte mich lächelnd an, legte sich dann auf die Bank, und nicht lange, so war sie eingeschlummert. Ich brach einen krummen, flachen Lindenzweig ab, dessen Blätter und Rinde so saftig waren, daß meine Hand ganz naß davon wurde. Und während ich Katja damit Kühlung zufächelte, las ich weiter, hielt jedoch alle Augenblicke im Lesen inne und schaute zu dem Feldweg hinüber, auf dem er kommen mußte. Sonja baute unterdessen an den Wurzeln einer alten Linde eine Laube für ihre Puppen. Es war ein heißer und windstiller Tag, drückende Schwüle herrschte, und schon seit dem frühen Morgen ballten sich am Horizont dunkle Wolken zusammen, zog ein Gewitter herauf. Ich war aufgeregt wie immer vor einem Gewitter. Nachmittags aber begannen sich die Wolken an den Rändern zu lichten, die Sonne erschien am klaren Himmel, und nur aus einer Richtung hörte man hin und wieder noch leises Grollen; eine schwere Wolke, die über dem Horizont stand und mit dem Staub auf den Feldern verschmolz, wurde bisweilen bis zur Erde hin von dem fahlen Zickzack der Blitze durchschnitten. Alles kündete davon, daß heute kein Gewitter mehr niedergehen würde, wenigstens nicht bei uns. Auf der Landstraße, die vom Park aus an einigen Stellen einzusehen war, bewegten sich langsam, in ununterbrochener Folge, bis oben hin mit Garben beladene knarrende Fuhrwerke, denen, rumpelnd und in rascher Fahrt, die schon leeren Leiterwagen entgegenkamen, auf denen mit flatternden Hemden die Erntearbeiter saßen und die Beine baumeln ließen. Der dichte Staub wurde nicht fortgetragen und senkte sich nicht herab, sondern blieb über dem Flechtzaun zwischen dem durchsichtigen Laub der Parkbäume stehen. Aus einiger Entfernung, von der Tenne her, schallte das gleiche Stimmengewirr, das gleiche Räderknarren herüber, und die gelben Garben, die sich eben noch langsam am Zaun vorbeibewegt hatten, flogen dort durch die Luft, und vor meinen Augen wuchsen ovale Häuser empor, über denen sich ihre spitzen Dächer und die Gestalten der sich eifrig darauf abmühenden Bauern abzeichneten. Vor mir in der Ferne, auf dem staubigen Feld, sah ich gleichfalls Wagen fahren und gelbe Garben leuchten, und auch von dort drangen das Knarren und Rasseln der Wagen, Stimmengewirr und Gesang zu mir herüber. Auf dem einen Ende wurde die Fläche, von der das Getreide bereits abgemäht war und nur noch Stoppeln, gesäumt von den Streifen des mit Wermut bewachsenen Rains, standen, breiter und breiter. Weiter rechts, etwas abwärts, waren auf dem abgemähten Feld mit den durcheinanderliegenden Schwaden die leuchtenden Kleider der Frauen zu sehen, die, sich bückend und die Arme schwingend, damit beschäftigt waren, sie zusammenzubinden, und auf dem abgeräumten Feld standen nun, dicht an dicht, ordentlich aufgestellte Garben. Es war mir, als wandele sich da vor meinen Augen der Sommer auf einmal zum Herbst. Überall war es drückend schwül und staubig, ausgenommen nur unser Lieblingsplätzchen im Park. Und in diesem Staub und der Gluthitze der sengenden Sonne konnte ich von allen Seiten die arbeitenden Leute reden, lärmen und hantieren hören.

Katja aber schnarchte leise und wohlig unter einem weißen Batisttüchlein auf unserer kühlen Bank, die fast schwarzen, saftigen Kirschen glänzten so verführerisch auf dem Teller, unsere Kleider waren so frisch und sauber, das Wasser im Krug leuchtete so hell und verheißungsvoll in der Sonne, und mir war so wohl zumute! Was tun? dachte ich. Was kann ich dafür, daß ich glücklich bin? Doch wie könnte ich andere an meinem Glück teilhaben lassen? Wie und wem mich ganz und all mein Glück hingeben? ...

Die Sonne war schon hinter den Baumkronen der Birkenallee untergegangen, der Staub auf dem Feld hatte nachgelassen, in der Ferne war nun, bei seitlicher Beleuchtung, alles deutlicher und klarer zu erkennen, die Wolken hatten sich ganz verzogen, und unweit der Tenne waren durch das Laub der Bäume die Dächer dreier neuer Schober zu sehen, von denen die Bauern herunterstiegen; die Wagen holperten unter lauten Rufen offenbar zum letzten Mal vorüber; die Frauen machten sich, die Rechen auf den Schultern, Strohseile am Gürtel, laut singend auf den Heimweg, Sergej Michajlytsch aber kam immer noch nicht, obwohl ich ihn schon vor einer geraumen Weile hatte bergab reiten sehen. Doch da tauchte seine Gestalt plötzlich in der Allee auf, aus einer Richtung, aus der ich ihn ganz und gar nicht erwartet hatte (er hatte den Weg durch die Schlucht genommen). Er lüftete den Hut und kam mit heiterem, strahlendem Gesicht schnellen Schrittes auf mich zu. Als er gewahrte, daß Katja schlief, biß er sich auf die Lippen, schloß die Augen und schlich auf Zehenspitzen näher; ich merkte sofort, daß er sich in jener besonderen Stimmung grundloser Ausgelassenheit befand, die ich so sehr an ihm mochte und die wir als »wilde Begeisterung« bezeichneten. Man konnte ihn für einen Schuljungen halten, der die Schule schwänzt; sein ganzes Wesen, vom Kopf bis zu den Füßen, atmete Zufriedenheit, Glücksempfinden und kindliche Ausgelassenheit.

»Nun, guten Tag, mein kleines Veilchen, wie geht es Ihnen? Gut?« erkundigte er sich im Flüsterton, während er auf mich zutrat und mir die Hand drückte ... »Mir geht es ausgezeichnet«, entgegnete er auf meine Frage. »Ich bin heute dreizehn und würde am liebsten Pferdchen spielen und auf die Bäume klettern.«

»In wilder Begeisterung?« fragte ich, in seine lachenden Augen blickend, und fühlte, daß sich diese *wilde Begeisterung* auch mir mitteilte.

»Ja«, erwiderte er, mit einem Auge zu Katja hinüberblinzelnd, und unterdrückte ein Lächeln. »Aber warum müssen Sie Katerina Karlowna denn Nasenstüber versetzen?«

Während ich ihn ansah und weiter mit dem Lindenzweig wedelte, hatte ich gar nicht gemerkt, daß ich dabei Katjas Tüchlein heruntergefächelt hatte und ihr nun mit den Blättern über das Gesicht fuhr. Ich begann zu lachen.

»Trotzdem wird sie behaupten, gar nicht geschlafen zu haben«, raunte ich ihm zu, scheinbar um Katja nicht zu wekken; ich tat es freilich aus einem ganz anderen Grund: Es behagte mir einfach, im Flüsterton mit ihm zu sprechen.

Mich nachäffend, bewegte er lautlos die Lippen, als hätte ich so leise gesprochen, daß gar nichts zu hören war. Als er den Teller mit den Kirschen erblickte, nahm er ihn verstohlen, ging damit zu Sonja unter die Linde und setzte sich auf ihre Puppen. Sonja wurde zuerst zornig, er stimmte sie jedoch schnell versöhnlich, indem er ein Spiel arrangierte, bei dem sie beide um die Wette Kirschen zu verzehren hatten.

»Wenn Sie möchten, lasse ich noch welche bringen«, sagte ich, »oder wir können auch selbst hingehen.«

Er nahm den Teller, setzte die Puppen darauf, und zu dritt machten wir uns auf den Weg zum Obstgarten. Sonja lief lachend hinter uns her und zupfte ihn am Mantel, damit er ihr die Puppen wiedergebe. Das tat er denn auch und wandte sich, nun schon wieder ernsthaft, an mich.

»Und Sie sind doch ein Veilchen«, sagte er zu mir, immer noch leise sprechend, obwohl er hier nicht zu fürchten brauchte, jemanden aufzuwecken. »Als ich nach all diesem Staub, der Hitze und all der Mühsal auf Sie zutrat, da kam es mir gleich so vor, als ob es nach Veilchen duftete. Und nicht nach solchen mit starkem Odeur, sondern nach den ersten, wissen Sie, die noch ganz dunkel sind und nach geschmolzenem Schnee und Frühlingskräutern riechen.«

»Nun, und wie steht es in der Wirtschaft? Geht alles gut?« fragte ich, um die freudige Verwirrung zu verbergen, die seine Worte bei mir hervorgerufen hatten.

»Ausgezeichnet! Diese Bauern sind durchweg ein prächtiger Menschenschlag. Je besser man sie kennenlernt, um so mehr mag man sie.«

»Ja«, sagte ich, »heute, bevor Sie kamen, habe ich vom Park aus den Arbeitern zugesehen und auf einmal sogar Gewissensbisse bekommen, weil sie sich abplagen, während ich es hier so gut habe . . .«

»Kokettieren Sie nicht damit, meine Liebe«, unterbrach er mich und sah mir plötzlich mit ernstem und doch zärtlichem Blick in die Augen. »Diese Sache ist heilig. Bewahre Sie Gott davor, damit kokettieren zu wollen.«

»Ich sage das ja auch nur zu Ihnen.«

»Nun ja, ich weiß. Wie steht es denn nun mit den Kirschen?«

Die Pforte zum Obstgarten war verschlossen, von den Gärtnern keiner da (er hatte sie alle zu verschiedenen Arbeiten fortgeschickt). Sonja lief davon, den Schlüssel zu holen, er aber kletterte, ohne ihre Rückkehr abzuwarten, auf die Mauer, hob das Netz hoch und sprang hinunter auf die andere Seite.

»Möchten Sie auch welche?« rief er mir von dort zu. »Geben Sie mir den Teller.«

»Nein, ich will selbst pflücken, ich gehe den Schlüssel holen«, sagte ich. »Sonja wird ihn nicht finden.«

Zugleich aber hätte ich gar zu gern gesehen, was er dort trieb, welche Miene er machte, wie er sich bewegte, wenn er sich unbeobachtet wähnte. Ich wollte ihn einfach keine Minute lang aus den Augen verlieren. Also lief ich auf Zehenspitzen durch die Brennesseln um die Mauer herum auf die andere Seite, wo sie niedriger war, stellte mich auf einen leeren Kübel, so daß mir die Mauer nicht einmal bis an die Brust reichte, und beugte mich hinüber. Ich ließ die Blicke über das Innere des Obstgartens mit seinen alten knorrigen Bäumen schweifen, an denen, zwischen ihren breiten, gezackten Blättern, schwer und gerade saftige schwarze Früchte hingen, steckte den Kopf unter dem Netz durch und erblickte unter dem knorrigen Ast eines alten Kirschbaums hervor Sergej Michajlytsch. Er glaubte wohl, ich sei fortgegangen und niemand könne ihn sehen. Den Hut hatte er abgenommen und saß nun mit geschlossenen Augen auf der Gabelung eines alten Kirschbaums, eifrig damit beschäftigt, ein Stück Kirschharz zu einem Kügelchen zusammenzudrehen. Unvermittelt zuckte er die Achseln, schlug die Augen auf, sagte etwas und lächelte dabei. Das Wort, das er da stammelte, und dieses Lächeln sahen ihm so wenig ähnlich, daß ich mir Gewissensbisse machte, weil ich ihn belauschte. Es war mir nämlich so vorgekommen, als sei dieses Wort »Mascha!« gewesen. Das kann nicht sein, dachte ich. »Liebe Mascha!« wiederholte er, noch leiser und noch zärtlicher. Aber ich vernahm diese beiden Worte nun ganz deutlich. Mein Herz begann so stark zu klopfen, und mich erfaßte auf einmal eine so erregende, gleichsam verbotene Freude, daß ich mich mit beiden Händen an der Mauer festhielt, um nicht herunterzufallen und mich nicht zu verraten. Er hörte das Geräusch, das ich verursachte, drehte sich erschrocken um, schlug plötzlich die Augen nieder und wurde rot, feuerrot wie ein Kind. Er schien mir etwas sagen zu wollen, brachte jedoch kein Wort heraus, und sein Gesicht erglühte noch mehr. Dennoch lächelte er, als er mich ansah. Ich lächelte zurück. Strahlende Freude leuchtete auf seinem Gesicht. Das war nicht mehr der alte Onkel, der mich freundlich behandelte und mir Belehrungen erteilte, sondern ein mir gleichgestellter Mensch, der mich liebte und fürchtete und den ich fürchtete und liebte. Wir sagten nichts und sahen einander nur an. Doch plötzlich machte er eine finstere Miene, das Lächeln und der Glanz in seinen Augen verschwanden, und er wandte sich in kühlem, nun wieder väterlichem Ton an mich, als hätten wir etwas Schlechtes getan und als habe er sich besonnen und rate mir, nun auch meinerseits Vernunft anzunehmen.

»Jetzt steigen Sie aber herunter, sonst verletzen Sie sich noch«, sagte er. »Und bringen Sie Ihr Haar in Ordnung, wie sehen Sie nur aus!«

Warum verstellt er sich? Warum will er mir weh tun? dachte ich ärgerlich. Und im selben Augenblick überkam mich das unwiderstehliche Verlangen, ihn noch einmal in Verlegenheit zu bringen und meine Macht über ihn zu erproben.

»Nein, ich will selbst Kirschen pflücken«, sagte ich, griff mit beiden Händen nach dem nächsten Ast und schwang mich auf die Mauer. Bevor er mich noch stützen konnte, war ich schon in den Obstgarten hinuntergesprungen.

»Was machen Sie nur für Dummheiten!« sagte er, von neuem errötend und bemüht, seine Verwirrung hinter einer ärgerlichen Miene zu verbergen. »Sie hätten sich doch verletzen können. Und wie wollen Sie hier herauskommen?«

Er war noch verlegener als vorhin, doch jetzt freute mich diese Verlegenheit nicht mehr, sondern erschreckte mich. Sie teilte sich auch mir mit, ich errötete, wich seinem Blick aus, und da ich nicht wußte, was ich sagen sollte, begann ich Kirschen zu pflücken, obwohl ich kein Gefäß hatte, in das ich sie legen konnte. Ich machte mir Vorwürfe, bereute, was ich getan hatte, und fürchtete mich; ich glaubte, mir durch mein Verhalten sein Wohlwollen für immer verscherzt zu haben. Wir schwiegen beide, und beiden war uns schwer ums Herz.

Sonja, die mit dem Schlüssel angelaufen kam, befreite uns aus dieser mißlichen Lage. Doch noch lange danach wechselten wir kein Wort miteinander und wandten uns beide nur an Sonja. Als wir wieder bei Katja waren, die uns versicherte, sie hätte gar nicht geschlafen, sondern alles gehört, beruhigte ich mich ein wenig, und er bemühte sich, aufs neue seinen wohlwollenden väterlichen Ton anzuschlagen, aber dieser Ton wollte ihm nicht mehr so recht gelingen und konnte mich nicht täuschen. Ich erinnerte mich jetzt lebhaft an die Unterhaltung, zu der es vor ein paar Tagen zwischen uns gekommen war.

Katja hatte gemeint, ein Mann habe es leichter als eine Frau, zu lieben und seine Liebe auszudrücken.

»Ein Mann kann sagen, daß er liebt, eine Frau dagegen nicht«, hatte sie behauptet.

»Aber mir scheint, daß auch ein Mann keine Liebeserklärung machen sollte, und es auch gar nicht kann«, hielt Sergej Michajlytsch damals dagegen.

»Warum denn nicht?« fragte ich.

»Weil das immer eine Lüge sein wird. Was ist das für eine Eröffnung, daß jemand liebt? Als ob, sobald er das sagt, irgend etwas klick machen müßte, er liebt – und fertig. Als ob, sobald er das Wort Liebe ausspricht, etwas Ungewöhnliches, irgendwelche Zeichen und Wunder zu geschehen hätten, als ob aus allen Kanonen auf einmal gefeuert werden müßte. Ich glaube«, fuhr er fort, »daß Menschen, die feierlich erklären: ›Ich liebe Sie‹, entweder sich selbst etwas vormachen oder, noch schlimmer, andere täuschen.«

»Wie soll denn aber eine Frau erfahren, daß sie geliebt wird, wenn man ihr das nicht sagt?« fragte Katja.

»Das weiß ich nicht«, entgegnete er, »jeder Mensch hat da seine eigenen Worte. Doch, ist eine Empfindung vorhanden, wird sie auch ausgedrückt werden. Wenn ich Romane lese, stelle ich mir immer vor, was für ein verlegenes Gesicht ein Oberleutnant Strelskij oder ein Alfred haben muß, wenn er erklärt: ›Ich liebe dich, Eleonora!‹ und auch noch glaubt, nun werde etwas Außergewöhnliches geschehen; aber es geschieht gar nichts, weder mit ihr noch mit ihm – sie haben immer noch dieselben Augen, dieselbe Nase, alles ist beim alten geblieben.«

Ich fühlte schon damals, daß dieser Scherz etwas Ernstes barg, das sich auf mich bezog, doch Katja wollte einen so oberflächlichen Umgang mit Romanhelden nicht hinnehmen.

»Ständig diese Paradoxa«, meinte sie. »Sagen Sie ehrlich, haben Sie selbst denn noch nie einer Frau gestanden, daß Sie sie lieben?«

»Nein, das habe ich noch keiner gestanden und auch noch vor keiner einen Kniefall getan«, hatte er lachend zur Antwort gegeben, »und ich habe auch nicht die Absicht.«

Nein, er braucht mir gar nicht zu sagen, daß er mich liebt, dachte ich jetzt, da ich mich lebhaft dieser Unterhaltung erinnerte. Er liebt mich, das weiß ich. Und alle seine Bemühungen, gleichgültig zu scheinen, können mich nicht von dieser Überzeugung abbringen.

Den ganzen Abend über sprach er wenig mit mir, doch an jedem Wort, das er an Katja oder Sonja richtete, jeder seiner Bewegungen, jedem Blick von ihm erkannte ich seine Liebe und zweifelte nicht länger an ihr. Es verdroß mich nur und dauerte mich um seinetwillen, daß er es noch immer für nötig hielt, sich zu verstellen und den Gleichmütigen zu spielen, wo alles schon so klar war und es so leicht und einfach gewesen wäre, unsagbar glücklich zu sein. Aber mich quälte die Erinnerung, daß ich zu ihm in den Obstgarten hinuntergesprungen war, fast so, als hätte ich ein Verbrechen begangen. Ich konnte mich des Eindrucks nicht erwehren, daß er deswegen die Achtung vor mir verloren habe und mir zürne.

Nach dem Tee erhob ich mich, um ans Klavier zu gehen, und er folgte mir.

»Spielen Sie etwas, ich habe Sie schon lange nicht mehr spielen hören«, sagte er, als er mich im Salon einholte.

»Ich hatte ohnehin die Absicht ... Sergej Michajlytsch!«

sagte ich und sah ihm plötzlich gerade in die Augen. »Sie sind mir doch nicht böse?«

»Weswegen?«

»Weil ich heute nachmittag nicht auf Sie gehört habe«, gab ich errötend zur Antwort.

Er verstand mich, schüttelte den Kopf und schmunzelte. Sein Blick sagte mir, daß ich eigentlich Schelte verdient hätte, er es aber nicht übers Herz bringe.

»Demnach ist nichts gewesen, und wir sind wieder Freunde«, sagte ich und setzte mich ans Klavier.

»Natürlich!« bestätigte er.

In dem großen, hohen Salon brannten nur zwei Kerzen – neben dem Klavier –, der übrige Raum war in Halbdunkel getaucht. Durch die geöffneten Fenster blickte die helle Sommernacht herein. Alles war still, nur von Zeit zu Zeit knarrten im dunklen Wohnzimmer die Dielen unter Katjas Schritten, und Sergej Michajlytschs Pferd, das unter dem Fenster angebunden war, schnaubte und schlug mit den Hufen nach den Kletten. Er saß hinter mir, so daß ich ihn nicht sehen konnte; doch überall im Halbdunkel dieses Zimmers, in den Tönen und in mir selbst spürte ich seine Gegenwart. Jeder seiner Blicke, jede seiner Bewegungen, die ich nicht sah, fanden Widerhall in meinem Herzen. Ich spielte die Fantasie-Sonate von Mozart, die er mir mitgebracht und die ich in seiner Anwesenheit und für ihn einstudiert hatte. Ich dachte gar nicht an das, was ich spielte, spielte aber, glaube ich, ganz passabel und hatte das Gefühl, daß ihm mein Spiel gefiel. Ich fühlte, welchen Genuß er dabei empfand, und spürte, ohne ihn ansehen zu können, seinen Blick auf mir ruhen. Während meine Finger mechanisch weiter über die Tasten glitten, drehte ich mich ganz ungewollt kurz zu ihm um. Sein Kopf hob sich vor dem fahlen Hintergrund der Nacht deutlich ab. Er hatte ihn in die Hände gestützt, saß da und schaute mich mit leuchtenden Augen unverwandt an. Ich lächelte, als ich diesen Blick sah, und brach mitten im Spiel ab. Er lächelte gleichfalls und deutete mit dem Kopf vorwurfsvoll auf die

Noten, damit ich weiterspielte. Als ich geendet hatte, stand der Mond, der hell schien, schon hoch am Himmel, und sein silbriger Lichtschein, der durch die Fenster ins Zimmer kam und auf den Fußboden fiel, vereinte sich mit dem matten Licht der Kerzen. Katja meinte, daß es unerhört gewesen sei, an der schönsten Stelle aufzuhören, und daß ich überhaupt schlecht gespielt hätte; er aber sagte, ich hätte im Gegenteil noch nie so gut gespielt wie jetzt, worauf er durch die Zimmer zu wandern begann, vom Salon ins dunkle Wohnzimmer und wieder zurück. Und jedesmal, wenn er zurückkehrte, sah er mich an und lächelte. Ich lächelte dann auch und hätte, ohne jeden Grund, am liebsten sogar laut gelacht, so sehr freute ich mich über das, was heute, eben erst, geschehen war. Sobald er durch die Tür verschwand, umarmte ich Katja, die neben mir am Klavier stand, und küßte sie auf die Stelle, auf die ich sie am liebsten küßte, auf ihren rundlichen Hals unterhalb des Kinns; kam er dann zurück, machte ich sofort ein ernstes Gesicht und hatte Mühe, mir das Lachen zu verbeißen.

»Was sie heute nur hat?« fragte Katja, an Sergej Michajlytsch gewandt.

Er aber blieb ihr die Antwort schuldig und lächelte mir nur schelmisch zu. Er wußte, was ich hatte.

»Sehen Sie nur, was für eine Nacht!« rief er aus dem Wohnzimmer und blieb vor der in den Garten hinausgehenden offenen Balkontür stehen.

Wir gesellten uns zu ihm, und wirklich, es war eine Nacht, wie ich sie später nie mehr erleben sollte. Der Vollmond stand über dem Haus, hinter uns, so daß wir ihn nicht sehen konnten, und der Schatten der einen Dachhälfte, der Säulen und der Terrassenmarkise lag schräg, en raccourci, auf dem Kiesweg und dem Rasenrondell. Alles übrige war von hellem Mondlicht beschienen und mit silbern glänzendem Tau bedeckt. Der breite, von Blumenrabatten gesäumte Weg, auf den an seinem einen Rand schräg die Schatten der Georginen und ihrer Stützpfähle fielen und der von unebenem Kies schimmerte, verlor sich, ganz hell und kalt, in Nebel und

Ferne. Hinter den Bäumen lugte das helle Dach der Orangerie hervor, und aus der Schlucht stieg immer stärker Nebel auf. Die Fliederbüsche waren schon halb entlaubt, so daß das Licht bis zu ihren Stämmen und Ästen vordringen konnte. Alle vom Tau benetzten Blumen ließen sich deutlich voneinander unterscheiden. In den Alleen verschmolzen Licht und Schatten derart miteinander, daß man statt Bäumen und Wegen durchsichtige, schwankende und zitternde Häuser zu sehen meinte. Rechts, im Schatten des Hauses, nahm sich alles dunkel, indifferent und furchteinflößend aus. Dafür aber hob sich aus dieser Finsternis um so heller der bizarr verzweigte Wipfel einer Pappel heraus, der aus irgendeinem seltsamen Grunde hiergeblieben war, unweit des Hauses, oben im hellen Licht, und nicht irgendwohin fortgeflogen war, dort in die weite Ferne des blaßblauen Himmels.

»Laßt uns spazierengehen«, sagte ich.

Katja willigte ein, empfahl mir aber, Überschuhe anzuziehen.

»Nicht nötig, Katja«, winkte ich ab. »Sergej Michajlytsch wird mir seinen Arm reichen.«

Als hätte das verhindern können, daß ich mir nasse Füße holte! Damals aber fanden wir alle drei das einleuchtend und nicht im geringsten komisch. Sergej Michajlytsch hatte mir noch nie den Arm geboten, doch jetzt hakte ich mich von selbst bei ihm ein, und er nahm keinen Anstoß daran. Zu dritt stiegen wir von der Terrasse herunter. Diese ganze Welt, dieser Himmel, dieser Park, diese Luft – nichts war mehr so, wie ich es bis dahin gekannt hatte.

Wenn ich in der Allee, durch die wir gingen, nach vorn schaute, hatte ich die ganze Zeit den Eindruck, als könnten wir nicht weiter vordringen, als ende hier die Welt des Realen, und als müsse dies alles für immer in seiner Schönheit festgebannt bleiben. Doch wir gingen weiter, die Zauberwand der Schönheit öffnete sich, ließ uns ein, und auch dort schien der mir vertraute Park zu sein, die Bäume, die Wege und das dürre Laub. Und es war kein Traum, daß wir hier über die Wege gingen und auf runde Licht- und Schattenflekken traten, daß das dürre Laub unter unseren Füßen raschelte und ein frischer Zweig mein Gesicht streifte. Es war wirklich er, der gemessenen Schrittes an meiner Seite ging und behutsam meinen Arm hielt, und es war wirklich Katja, die mit leise knarrenden Schuhen neben uns her ging. Und es war ja wohl der Mond am Himmel, der uns durch die regungslosen Zweige beschien ...

Doch mit jedem neuen Schritt schloß sich hinter uns und vor uns wieder die Zauberwand, und ich glaubte nicht mehr, daß wir noch weiter vordringen könnten, glaubte an nichts mehr, was war.

»Ach! Ein Frosch!« rief Katja.

Wer ruft da und wozu? dachte ich. Dann aber wurde mir bewußt, daß das Katja war, und mir fiel ein, daß diese Angst vor Fröschen hatte, und ich blickte auf die Erde vor mir. Ein kleines Fröschlein sprang mit einem Satz auf, blieb erstarrt zu meinen Füßen sitzen, und auf dem hellen Lehmboden des Weges zeichnete sich deutlich sein kleiner Schatten ab.

»Fürchten Sie sich auch nicht?« fragte er.

Ich drehte mich zu ihm um. An der Stelle, wo wir in diesem Augenblick vorübergingen, fehlte eine Linde in der Allee, und so konnte ich sein Gesicht deutlich erkennen. Es sah so schön und glücklich aus ...

»Fürchten Sie sich auch nicht?« hatte er gefragt, für mich aber klang es wie: »Ich liebe dich, du prächtiges Mädchen!« Ich liebe! Ich liebe! – das sagte mir sein Blick, der Druck seiner Hand; und alles – Licht und Schatten, die Luft – alles sagte mir dasselbe.

Wir machten einen Rundgang durch den ganzen Park. Katja trippelte mit ihren kleinen Schritten neben uns her und atmete schwer vor Müdigkeit. Sie meinte, es sei Zeit zurückzukehren, und ich wurde von tiefem Mitleid mit ihr, der Ärmsten, ergriffen. Warum fühlt sie nicht dasselbe wie wir? dachte ich. Warum sind nicht alle jung und glücklich, wie diese Nacht, wie er und ich?

Wir kehrten ins Haus zurück, doch obwohl bereits die Hähne krähten, alles im Haus schon schlief und sein Pferd unter dem Fenster immer öfter mit den Hufen nach den Kletten schlug und ungeduldig schnaubte, ritt er noch lange nicht fort. Katja mahnte uns nicht, daß es spät sei, und so blieben wir, ohne es selbst zu merken, bis drei Uhr morgens auf und unterhielten uns über die nichtigsten Dinge. Die Hähne krähten schon zum drittenmal, und der Morgen graute, als er sich zum Gehen wandte. Er verabschiedete sich von mir wie gewöhnlich und sagte nichts Besonderes; doch ich wußte, von heute an war er mein, und nichts konnte ihn mir mehr nehmen. Sobald ich mir selbst eingestanden hatte, daß ich ihn liebte, erzählte ich auch Katja alles. Sie war froh und gerührt über das, was ich ihr erzählte, dennoch konnte sie, die Ärmste, in dieser Nacht schlafen, während ich noch lange, lange auf der Terrasse auf und ab schritt und schließlich in den Park hinunterging, wo ich die Alleen durchwanderte, durch die ich mit ihm gegangen war, und mir jedes seiner Worte, jede seiner Bewegungen ins Gedächtnis zurückrief. Diese ganze Nacht tat ich kein Auge zu und erlebte zum erstenmal in meinem Leben einen Sonnenaufgang und den frühen Morgen. Eine solche Nacht und einen solchen Morgen sollte ich später nie wieder erleben. Aber warum sagt er mir nicht einfach, daß er mich liebt? dachte ich. Warum erfindet er irgendwelche Schwierigkeiten und nennt sich einen alten Mann, wo doch alles so klar und schön ist? Warum verliert er Zeit, kostbare Zeit, die vielleicht nie wiederkehrt? Soll er doch sagen, daß er mich liebt, meine Hand nehmen, sich über sie beugen und sagen: »Ich liebe dich!« Soll er doch erröten und die Augen vor mir niederschlagen, dann werde auch ich ihm alles sagen. Nein, nicht sagen, umarmen werde ich ihn, mich an ihn schmiegen und in Tränen ausbrechen. Aber wenn ich mich nun irre und er mich gar nicht liebt? schoß es mir plötzlich durch den Kopf.

Ich erschrak ob meines Gefühls – Gott weiß, wohin es mich führen mochte; seine und meine Verwirrung im Obstgarten, als ich zu ihm hinuntergesprungen war, fiel mir ein, und mir wurde schwer ums Herz, unsagbar schwer. Tränen stürzten mir aus den Augen, und ich begann zu beten. Auf einmal kam mir ein seltsamer Gedanke, der mich jedoch beruhigte und mit Hoffnung erfüllte. Ich faßte den Entschluß, vom heutigen Tage an zu fasten, an meinem Geburtstag das heilige Abendmahl zu empfangen und am selben Tag seine Braut zu werden.

Warum? Weshalb? Wie soll das geschehen? – ich wußte es nicht, doch von diesem Augenblick an glaubte ich, ja war ich ganz sicher, daß es so sein würde. Es war schon taghell, und unsere Leute begannen aufzustehen, als ich in mein Zimmer zurückkehrte.

4

Es war die Zeit der Fasten vor Mariä Himmelfahrt, und so versetzte meine Absicht, jetzt fasten zu wollen, niemanden im Haus in Erstaunen.

Während dieser ganzen Woche ließ er sich kein einziges Mal bei uns blicken, aber ich wunderte und beunruhigte mich deshalb nicht, ärgerte mich auch nicht über ihn, sondern war im Gegenteil froh, daß er nicht kam, und erwartete ihn erst zu meinem Geburtstag. Diese ganze Woche lang stand ich jeden Tag früh auf, und während für mich das Pferd vor den Wagen gespannt wurde, ging ich allein im Park spazieren, ließ dabei im Geiste die Sünden des Vortages Revue passieren und überlegte, was ich heute tun mußte, um mit meinem Tagewerk zufrieden zu sein und kein einziges Mal zu sündigen. Damals schien es mir so leicht, keine Sünde zu begehen. Man brauchte sich, so glaubte ich, ja nur ein bißchen Mühe zu geben. Wurde dann der Wagen vorgefahren, stieg ich mit Katja oder einem der Mädchen ein, und wir fuhren die drei Werst bis zur Kirche. Wenn ich die Kirche betrat, war ich jedesmal dessen eingedenk, daß für alle gebetet wird, »die in der Furcht vor dem Herrn eintreten«, und bemüht, gerade mit dieser Empfindung die beiden von Gras überwucherten Stufen zur Vorhalle hinaufzusteigen. In der Kirche waren um diese Zeit selten mehr als zehn Leute – Bäuerinnen, Knechte und Mägde, die sich durch Fasten und Kirchenbesuch auf das Abendmahl vorbereiteten. Ich war bestrebt, mit eifriger Demut ihren Gruß zu erwidern, und hielt mir etwas darauf zugute, daß ich selbst zum Kerzenkasten ging, um mir von dem Kirchenältesten, einem ehemaligen Soldaten, Kerzen geben zu lassen, die ich dann aufstellte. Durch die Tür zum Allerheiligsten war die Altardecke zu sehen, die Mama gestickt hatte, und über dem Ikonostas schwebten zwei hölzerne Engel mit Sternen, die mir in meiner Kindheit riesengroß vorgekommen waren, sowie eine kleine Taube mit gelbem Heiligenschein, der damals meine ganze Aufmerksamkeit in Anspruch genommen hatte. Hinter der Chorestrade sah man das verbeulte Taufbecken, über das ich so oft Kinder unserer Knechte und Mägde gehalten und über dem man mich auch selbst getauft hatte. Der alte Geistliche erschien in dem Ornat, das aus der Decke für den Sarg meines Vaters gefertigt war, und zelebrierte die Messe in dem gleichen Tonfall, in dem er, solange ich denken konnte, alle kirchlichen Handlungen in unserem Haus vorgenommen hatte: Sonjas Taufe ebenso wie die Totenmesse für meinen Vater und die Grabrede bei Mamas Beerdigung. Auf der Chorestrade ertönte die wohlbekannte dröhnende Stimme des Küsters, und an der Wand stand in gekrümmter Haltung dasselbe alte Mütterchen, das ich bei jedem Gottesdienst sah, wann immer ich in die Kirche kam. Mit tränenden Augen starrte es auf das Heiligenbild an der Chorestrade, preßte die gefalteten Hände an das verschossene Brusttuch und murmelte mit zahnlosem Mund etwas vor sich hin. All das war für mich nicht mehr nur interessant und aufschlußreich, ging mir nicht mehr nur nahe, weil Erinnerungen damit verknüpft waren – all das war in meinen Augen jetzt erhaben und heilig und schien mir von tiefer Bedeutung erfüllt. Ich ließ mir kein Wort des Gebetes entgehen, das der Geistliche sprach, und war bemüht, mit dem Gefühl darauf zu reagieren, und wenn ich etwas nicht verstand, bat ich in Gedanken Gott, er möge mich erleuchten, oder dachte mir anstelle des nicht recht verstandenen Gebets mein eigenes aus. Als die Bußgebete gesprochen wurden, erinnerte ich mich an vergangene Tage, und diese kindliche, unschuldige Vergangenheit erschien mir im Vergleich zum jetzigen lichten Zustand meiner Seele so düster, daß ich weinte und mich vor mir selbst entsetzte; zugleich aber fühlte ich, daß mir für all das Vergebung gewiß war und daß, wenn ich auch noch mehr Sünden begangen hätte, das Bußetun für mich nur noch wonnevoller sein würde. Als der Geistliche am Ende des Gottesdienstes sagte: »Der Segen des Herrn sei mit euch«, da glaubte ich, im selben Augenblick sogar körperlich zu empfinden, daß ich dieses Segens teilhaftig wurde. Es war, als fänden plötzlich Licht und Wärme Eingang in mein Herz. Nach Beendigung des Gottesdienstes kam der Priester zu mir heraus und fragte, ob er uns vielleicht aufsuchen solle, um die Abendmesse zu halten, und wann es uns recht sei; aber ich dankte ihm gerührt für das, was er, wie ich annahm, um meinetwillen tun wollte, und sagte, ich würde selbst zur Kirche kommen, zu Fuß oder mit dem Wagen.

»Sie wollen sich selbst herbemühen?« fragte er.

Ich wußte nicht, was ich erwidern sollte, ohne daß man mich der Hoffart hätte zeihen können.

Nach dem Mittagsgottesdienst schickte ich, wenn Katja nicht mitgekommen war, Pferd und Wagen gewöhnlich nach Hause und machte mich zu Fuß allein auf den Heimweg. Dabei verfehlte ich nicht, alle, denen ich begegnete, ehrerbietig und demütig zu grüßen, und war bestrebt, mir keine Gelegenheit entgehen zu lassen, bei der ich anderen mit Rat und Tat zur Seite stehen oder für jemanden ein Opfer bringen konnte – etwa beim Aufrichten eines Fuhrwerks zu helfen, ein Kind zu wiegen oder anderen den Weg freizugeben, auch wenn ich dabei vielleicht meine Schuhe beschmutzte. Eines Abends, als der Verwalter Katja Bericht erstattete, hörte ich ihn sagen, daß Semjon, ein Bauer, gekommen sei, um sich

Bretter zu einem Sarg für seine Tochter und einen Rubel für den Leichenschmaus zu erbitten, und er ihm beides gegeben habe. »Sind sie denn so arm?« fragte ich. »Sehr arm, gnädiges Fräulein, nicht mal Salz können sie kaufen«, erwiderte der Verwalter. Als ich das hörte, wurde mir beklommen ums Herz, zugleich empfand ich aber auch so etwas wie Freude. Katja gegenüber gab ich vor, einen Spaziergang machen zu wollen, lief in mein Zimmer hinauf, holte mein ganzes Geld (es war sehr wenig, doch alles, was ich besaß), bekreuzigte mich und machte mich, über die Terrasse und durch den Garten, allein auf den Weg ins Dorf zu Semjons Häuschen. Es stand am Ende des Dorfes, und ohne von jemandem gesehen zu werden, näherte ich mich dem Fenster, legte das Geld aufs Fensterbrett und klopfte an die Scheibe. Knarrend öffnete sich die Tür, jemand trat heraus und rief mich an; doch, zitternd und zagend vor Furcht wie eine Verbrecherin, lief ich fort – nach Hause. Katja fragte mich, wo ich gewesen sei und ob mir etwas fehle, aber ich verstand nicht einmal, was sie sagte, und blieb ihr die Antwort schuldig. Alles kam mir auf einmal so belanglos und unwichtig vor. Ich schloß mich in mein Zimmer ein und ging lange darin auf und ab, außerstande, irgend etwas zu tun oder zu denken, außerstande, mir über meine Empfindungen klarzuwerden. Ich malte mir aus, welche Freude die ganze Familie empfinden und mit welchen Worten sie den bedenken würde, der das Geld dort hingelegt hatte, und mir tat es nun leid, daß ich es ihnen nicht selbst ausgehändigt hatte. Ich dachte auch daran, was wohl Sergej Michajlytsch sagen würde, wenn er von meiner Tat hören sollte, und freute mich, daß niemand je davon erfahren würde. Eine solche Freude erfüllte mich, so schlecht kamen mir alle anderen und ich selbst vor, und so demütig blickte ich auf mich und meine Mitmenschen, daß mir der Gedanke an den Tod wie ein Traum vom Glück kam. Ich lächelte, betete, weinte und empfand in diesem Augenblick eine leidenschaftliche, inbrünstige Liebe für alle Menschen auf der Welt, mich selbst nicht ausgenommen. In der Zeit, die von einem Gottesdienst zum anderen blieb, las ich das Evangelium, und immer verständlicher wurde mir dieses Buch, immer bewegender und schlichter erschien mir die Geschichte dieses göttlichen Lebens und immer schrecklicher und undurchdringlicher die Tiefe der Gefühle und Gedanken, die ich in seiner Lehre entdeckte. Doch wie klar und einfach kam mir dafür alles vor, wenn ich dieses Buch zuschlug und wieder das Leben, das mich umgab, betrachtete und mich hineindachte. Es schien so schwer zu sein, einen schlechten Lebenswandel zu führen, und so einfach, alle Menschen zu lieben und von ihnen wiedergeliebt zu werden. Alle waren so gut und lieb zu mir, selbst Sonja, der ich weiterhin Stunden gab, war völlig verändert und bemüht, alles zu begreifen, mir gefällig zu sein und mir keinen Kummer zu bereiten. Wie ich mich verhielt, so verhielt man sich auch zu mir. Als ich damals im Geiste alle Revue passieren ließ, die mir feindlich gesonnen sein könnten und die ich vor der Beichte um Verzeihung bitten müßte, fiel mir außerhalb unseres Hauses nur ein Fräulein ein, eine Nachbarin, über die ich mich vor einem Jahr in Gegenwart von Gästen lustig gemacht und die daraufhin ihre Besuche bei uns eingestellt hatte. Ich schrieb ihr einen Brief, gestand darin meine Schuld und bat sie um Verzeihung. Sie antwortete mir mit einem Schreiben, in dem sie selbst um Verzeihung bat und mir verzieh. Ich weinte vor Freude, als ich diese schlichten Zeilen las, in denen ich damals ein so tiefes und rührendes Gefühl zu erkennen meinte. Unsere Kinderfrau brach in Tränen aus, als ich sie um Verzeihung bat. Weshalb sind sie alle so gut zu mir? Womit habe ich eine solche Liebe verdient? fragte ich mich. Unwillkürlich erinnerte ich mich Sergej Michajlytschs, und meine Gedanken kreisten lange um ihn. Ich konnte nicht anders und hielt das nicht einmal für eine Sünde. Aber ich dachte jetzt ganz anders an ihn als in jener Nacht, in der ich zum erstenmal erkannt hatte, daß ich ihn liebte – ich dachte an ihn wie an mich selbst und verband mit ihm unwillkürlich jeden Gedanken an meine Zukunft. Die Befangenheit, die ich früher in seiner Gegenwart empfunden hatte, war wie weggeblasen. Ich fühlte mich ihm jetzt gleich und konnte ihn von der Höhe der Geistesverfassung, in der ich mich befand, vollkommen verstehen. Was mich an ihm früher befremdlich angemutet hatte, war mir nun klar. Jetzt erst begriff ich, warum er sagte, das Glück bestehe nur darin, für einen anderen zu leben, und ich war nun völlig seiner Meinung. Es schien mir, als würde uns, waren wir einmal vereint, ein unendliches, stilles Glück beschieden sein. Dabei schwebten mir nicht Reisen ins Ausland, nicht der Glanz der vornehmen Gesellschaft vor, sondern ein ganz anderes, ruhiges Familienleben auf dem Lande, mit stetiger Selbstaufopferung, mit immerwährender Liebe zueinander und mit dem ständigen Bewußtsein einer in jeder Hinsicht gütigen und hilfreichen Vorsehung.

An meinem Geburtstag ging ich, wie ich es ja vorgehabt hatte, zur Kirche, um das heilige Abendmahl zu empfangen. Als ich an diesem Tag aus der Kirche zurückkehrte, war meine Brust von einem solchen Glücksgefühl erfüllt, daß ich auf einmal Angst vor dem Leben hatte und jeden Eindruck fürchtete, alles, was dieses Glück stören konnte. Doch wir waren kaum aus dem Kremser gestiegen, hatten kaum die Freitreppe betreten, als auch schon das vertraute Kabriolett über die Brücke rollte und ich Sergej Michajlytsch vorfahren sah. Er gratulierte mir, und wir gingen zusammen in den Salon. Seitdem ich ihn kannte, war ich ihm noch nie so gelassen und selbstbewußt gegenübergetreten wie an diesem Vormittag. Ich fühlte, daß in mir eine ganz neue Welt war, die er nicht verstand und die sein Begriffsvermögen überstieg. Und ich empfand in seiner Gegenwart nicht mehr die geringste Verlegenheit. Er mußte wohl erkannt haben, woher das kam, und behandelte mich besonders rücksichtsvoll und sanft, ja mit fast ehrfürchtigem Respekt. Ich wollte ans Klavier gehen, aber er schloß es ab und steckte den Schlüssel in die Tasche.

»Verderben Sie sich nicht die Stimmung«, sagte er. »In Ihrer Seele ertönt jetzt eine Musik, die schöner ist als jede andere auf der Welt.«

Ich war ihm dankbar dafür, zugleich aber verdroß es mich ein wenig, daß er alles, was in meiner Seele jedem anderen verborgen bleiben sollte, so leicht und klar erkannte. Beim Essen sagte er, er sei gekommen, um mir zu gratulieren und sich gleichzeitig zu verabschieden, weil er morgen nach Moskau fahre. Während er dies sagte, schaute er Katja an; dann aber sah er schnell zu mir hin und fürchtete augenscheinlich, in meinem Gesicht Erregung zu gewahren. Ich ließ mir jedoch weder Verwunderung noch Erregung anmerken, fragte nicht einmal, ob er für längere Zeit verreise. Ich hatte geahnt, daß er dies sagen werde, wußte aber auch, er würde nicht wegfahren. Wie konnte ich das wissen? Das vermag ich mir heute durchaus nicht zu erklären; doch an jenem denkwürdigen Tag glaubte ich genau zu wissen, wie alles stand und was weiter passieren würde. Es war, als träumte ich einen beglückenden Traum, in dem alles, was geschah, schon einmal dagewesen und mir seit langem bekannt zu sein schien und ich mit Bestimmtheit wußte, wie es weitergehen würde.

Er wollte sich gleich nach dem Essen auf den Heimweg machen, aber Katja hatte sich, müde vom Mittagsgottesdienst, zurückgezogen, um ein Nickerchen zu halten, und so mußte er warten, bis sie aufwachen würde, um sich von ihr zu verabschieden. Der Salon war von Sonnenlicht überflutet, und wir gingen auf die Terrasse hinaus. Wir hatten uns kaum gesetzt, als ich auch schon völlig ruhig über das zu sprechen begann, was das Schicksal meiner Liebe entscheiden sollte. Ich begann damit just in dem Augenblick – nicht früher und nicht später –, da wir uns setzten und noch nichts gesagt, noch keinen Ton angeschlagen, der Unterhaltung noch keine Richtung gegeben hatten, die mich hätte hindern können, zu sagen, was ich sagen wollte. Ich weiß selbst nicht, woher ich diese Ruhe, Entschlossenheit und Genauigkeit in meiner Ausdrucksweise nahm. Es war, als spräche da nicht ich selbst, sondern etwas von meinem Willen Unabhängiges in mir. Die Ellbogen aufs Geländer gestützt, so saß er mir gegenüber und zupfte von einem Fliederzweig, den er zu sich herangezogen hatte, die Blätter ab. Als ich zu sprechen begann, ließ er den Zweig los und stützte den Kopf in die Hand. Diese Haltung legte die Vermutung nahe, daß er entweder ganz ruhig oder sehr aufgeregt war.

»Warum reisen Sie ab?« fragte ich, langsam und bedeutungsvoll, und sah ihm gerade ins Gesicht.

Er antwortete nicht gleich.

»Geschäfte«, sagte er dann und schlug die Augen nieder.

Ich begriff, wie schwer es ihm fallen mußte, mich zu belügen, noch dazu auf eine so aufrichtig getane Frage.

»Hören Sie«, beschwor ich ihn. »Sie wissen, was für ein Tag heute für mich ist. Dieser Tag bedeutet mir in mancher Hinsicht sehr viel. Wenn ich Sie frage, dann geschieht das nicht, um bloße Teilnahme zu bekunden (Sie wissen, daß ich mich an Sie gewöhnt habe und Sie gern mag), ich frage, weil ich es wissen muß. Warum reisen Sie ab?«

»Es fällt mir sehr schwer, Ihnen die Wahrheit zu sagen, warum ich abreise«, erwiderte er. »In dieser Woche habe ich viel über Sie und mich nachgedacht und bin zu dem Schluß gekommen, daß ich abreisen muß. Sie verstehen gewiß, warum. Und wenn Sie mich gern haben, werden Sie nicht weiter in mich dringen.« Er rieb sich die Stirn und bedeckte die Augen mit der Hand. »Es ist hart für mich ... Aber Sie werden es verstehen.«

Mein Herz begann ungestüm zu klopfen.

»Ich kann es nicht verstehen«, stieß ich hervor, »ich kann nicht. Sagen Sie mir alles, um Gottes, um des heutigen Tages willen, sagen Sie mir alles, ich bin imstande, es ruhig anzuhören.«

Er änderte seine Stellung, streifte mich mit einem kurzen Blick und zog wieder den Zweig zu sich heran.

»Übrigens«, ließ er sich nach kurzem Schweigen vernehmen, vergebens bemüht, seiner Stimme einen festen Klang zu verleihen, »wenn es auch töricht, ja unmöglich ist, das in Worte zu fassen, wenn es mir auch schwerfällt, will ich mich doch bemühen, es Ihnen zu erklären«, fügte er hinzu und verzog das Gesicht wie vor physischem Schmerz.

»Nun?!« sagte ich.

»Stellen Sie sich vor, es hätte einmal einen, nennen wir ihn Herrn A., gegeben«, sagte er, »einen schon etwas älteren und vom Leben gehörig mitgenommenen Mann, und ein Fräulein B., jung und glücklich, das die Menschen und das Leben noch nicht kannte. Aufgrund verschiedener familiärer Beziehungen gewann er sie lieb wie eine Tochter und fürchtete nicht, er könnte sie einmal auf andere Weise lieben.«

Er verstummte, aber ich unterbrach ihn nicht.

»Doch er vergaß, daß Fräulein B. noch so jung war und das Leben für sie noch ein Spiel bedeutete«, fuhr er mit einemmal, ohne mich anzusehen, schnell und entschlossen fort, »vergaß, daß es leicht war, sie auf andere Weise liebzugewinnen, und daß sie das freuen würde. Er hatte sich geirrt und spürte plötzlich, daß sich ein anderes Gefühl, so schwer wie Reue, in sein Herz stahl, und er erschrak. Erschrak, weil er fürchten mußte, daß ihr bisheriges freundschaftliches Verhältnis darunter leiden würde, und entschloß sich abzureisen, bevor es dazu käme.« Während er dies sagte, rieb er sich wieder, scheinbar nachlässig, die Augen und bedeckte sie mit der Hand.

»Warum fürchtete er denn, sie auf andere Weise liebzugewinnen?« fragte ich, meine Erregung unterdrückend, kaum vernehmbar, aber mit völlig ruhiger Stimme. Doch er mußte wohl einen spöttischen Unterton herausgehört haben, denn in seiner Antwort schwang leichte Kränkung mit.

»Sie sind jung«, sagte er, »ich bin es nicht. Sie möchten spielen, ich brauche etwas anderes. Spielen Sie ruhig, aber nicht mit mir, sonst könnte ich es für bare Münze nehmen, es brächte mir Unglück, und Sie würden sich Gewissensbisse machen. Das sagte Herr A.«, fügte er hinzu. »Das ist zwar alles Unsinn, aber Sie werden jetzt verstehen, warum ich abreise. Und nun lassen Sie uns nicht mehr darüber reden. Bitte!«

»Nein! Nein! Wir wollen darüber reden!« sagte ich, und Tränen zitterten in meiner Stimme. »Hat er sie geliebt oder nicht?«

Er blieb mir die Antwort schuldig.

»Und wenn er sie nicht liebte, warum spielte er dann mit ihr wie mit einem Kind?« fragte ich eindringlich.

»Ja, ja, es war seine Schuld«, gab er, mir hastig ins Wort fallend, zur Antwort, »doch dann war alles zu Ende, und sie trennten sich ... als Freunde.«

»Aber das ist ja schrecklich! Und ein anderes Ende wäre nicht denkbar?« stieß ich mühsam hervor und erschrak über das, was ich sagte.

»Denkbar wäre es schon«, erwiderte er, nahm die Hand von seinem erregten Gesicht und blickte mir direkt in die Augen. »Es könnte so, aber auch anders ausgehen. Nur, um Gottes willen, unterbrechen Sie mich nicht, und hören Sie ruhig an, was ich Ihnen zu sagen habe. Die einen meinen«, begann er, sich erhebend, mit schmerzlichem, gezwungenem Lächeln, »die einen meinen, dieser Herr A. habe den Kopf verloren, sich hoffnungslos in Fräulein B. verliebt und ihr das auch gestanden ... Sie aber lachte nur. Für sie war es ein Scherz, für ihn dagegen stand sein ganzes Leben auf dem Spiel.«

Ich zuckte zusammen und wollte ihn unterbrechen, ihm sagen, daß er das nicht von mir glauben dürfe, doch er legte seine Hand auf die meine und hielt mich zurück.

»Warten Sie noch«, bat er mit bebender Stimme. »Andere sagen, daß sie Mitleid mit ihm hatte, daß die Ärmste, die die Menschen noch nicht kannte, sich einbildete, ihn wirklich lieben zu können, und einwilligte, seine Frau zu werden. Und er, dieser Wahnsinnige, glaubte, glaubte tatsächlich, daß sein ganzes Leben von neuem beginnen würde. Sie aber erkannte selbst, daß sie ihn getäuscht hatte ... und von ihm getäuscht worden war ... Wir wollen nicht mehr darüber reden«, schloß er, augenscheinlich außerstande weiterzusprechen, und begann schweigend vor mir auf und ab zu gehen.

»Wir wollen nicht mehr darüber reden«, hatte er gesagt, aber ich merkte doch, daß er mit allen Fasern seines Herzens auf eine Erwiderung von mir wartete. Ich wollte ihm antworten und konnte es nicht – irgend etwas preßte mir das Herz zusammen. Ich sah zu ihm hin – er war bleich, und seine Unterlippe zuckte. Mitleid mit ihm erfaßte mich. Mit äußerster Anstrengung sprengte ich die Fessel des Schweigens, die mich lähmte, und begann mit leiser, bewegter Stimme, die, wie ich fürchtete, jeden Augenblick versagen konnte, zu sprechen.

»Und ein drittes mögliches Ende«, sagte ich und hielt im Sprechen inne, doch er schwieg, »ein drittes mögliches Ende«, fuhr ich daher fort, »wäre, daß er sie gar nicht liebte, aber ihr weh tat, sehr weh, daß er sich im Recht wähnte, abreiste und noch stolz darauf war. Für Sie war es ein Scherz, nicht für mich. Ich habe Sie vom ersten Tag an geliebt, ja geliebt«, wiederholte ich, und bei dem Wort »geliebt« ging meine leise, bewegte Stimme ungewollt in einen wilden Aufschrei über, der mich selbst erschreckte.

Bleich stand er mir gegenüber, seine Lippen zitterten immer stärker, und zwei Tränen liefen ihm über die Wangen.

»Das ist schlecht von Ihnen!« Fast schrie ich es und hatte das Gefühl, an den ungeweinten Tränen des Zorns ersticken zu müssen. »Wofür?« stieß ich hervor, stand auf und wandte mich zum Gehen.

Aber er ließ mich nicht fort. Sein Kopf ruhte auf meinem Schoß, seine Lippen bedeckten meine noch immer zitternden Hände mit Küssen, und seine Tränen netzten sie.

»Mein Gott, wenn ich gewußt hätte«, stammelte er.

»Wofür? Wofür?« wiederholte ich noch immer, doch in meinem Herzen hatte schon das Glück Einzug gehalten, ein Glück, das so nie wiederkehren würde.

Fünf Minuten später lief Sonja zu Katja hinauf und rief, laut, daß man es im ganzen Haus hören konnte, Mascha wolle Sergej Michajlowitsch heiraten.

5

Es gab keinen Grund, unsere Hochzeit aufzuschieben, weder er noch ich wünschten dies. Wäre es freilich nach Katja gegangen, dann hätte sie erst eine Reise nach Moskau unternommen, um einzukaufen und eine Aussteuer zu bestellen, und seine Mutter drang darauf, daß er vor der Heirat eine neue Kutsche und neue Möbel anschaffte und das Haus tapezieren ließ. Wir beide aber setzten durch, all dies, wenn es schon unerläßlich sei, später nachzuholen, und bestanden darauf, uns zwei Wochen nach meinem Geburtstag in aller Stille trauen zu lassen, ohne Aussteuer, ohne Gäste, ohne Hochzeitsmarschälle, ohne großes Souper, ohne Champagner und alles, was nach altem Herkommen zu einer Hochzeit gehörte. Er erzählte mir, wie unzufrieden seine Mutter damit gewesen sei, daß die Hochzeit ohne Musik, ohne Berge von Koffern und ohne völlige Neugestaltung des gesamten Hauses vonstatten gehen sollte, ganz anders als ihre eigene Hochzeit, die dreißigtausend Rubel gekostet hatte, und wie eifrig sie, ohne ihn ins Vertrauen zu ziehen, in der Kammer die Truhen durchstöbere und mit der Wirtschafterin Marjuschka über irgendwelche, für unser Glück angeblich unbedingt unerläßliche Teppiche, Gardinen und Tablette berate. In unserem Haus in Pokrowskoje tat Katja im Verein mit unserer Kinderfrau Kusminischna das gleiche. Und darin verstand sie keinen Spaß. Sie war der festen Überzeugung, daß wir, wenn wir miteinander über unsere Zukunft sprachen, nur Zärtlichkeiten austauschten und nichts Gescheites taten, wie das bei Menschen in dieser Lage eben nicht anders sei, während unser eigentliches künftiges Glück doch einzig und allein davon abhänge, ob die Hemden richtig zugeschnitten und genäht, ob Tischtücher und Servietten ordentlich gesäumt seien. Zwischen Pokrowskoje und Nikolskoje wurden mehrmals täglich geheime Mitteilungen darüber ausgetauscht, was wo gerade vorbereitet wurde, und obwohl zwischen Katja und Sergej Michajlytschs Mutter äußerlich das herzlichste Verhältnis zu bestehen schien, machte sich doch schon eine etwas feindselige, wenn auch äußerst feine Diplomatie fühlbar. Tatjana Semjonowna, seine Mutter, die ich jetzt näher kennenlernte, war eine strenge Hausfrau und eine Gutsherrin der alten Zeit, die übertrieben auf Etikette hielt. Er liebte sie nicht nur als Sohn, wie es seine Pflicht war, sondern auch als Mensch, wie es seinem Gefühl entsprach, da er sie für die beste, klügste, gütigste und liebevollste Frau von der Welt hielt. Tatjana Semjonowna war zu uns und besonders zu mir stets lieb und gut, und sie freute sich, daß ihr Sohn heiratete, doch als ich ihr zum erstenmal als Braut einen Besuch abstattete, hatte ich das Gefühl, sie wolle mir zu verstehen geben, daß ihr Sohn auch eine viel bessere Partie hätte machen können und ich gut beraten wäre, wenn ich dessen stets eingedenk sei. Ich verstand sie durchaus und war ganz ihrer Meinung.

In diesen letzten beiden Wochen sahen wir uns täglich. Er fand sich gewöhnlich zum Mittagessen ein und blieb bis Mitternacht. Aber wenn er auch sagte – und ich wußte, er sprach die Wahrheit –, er könne ohne mich nicht leben, verbrachte er doch nie einen ganzen Tag mit mir und war bemüht, auch weiterhin seinen Geschäften nachzugehen und sich um die Wirtschaft zu kümmern. Unsere äußeren Beziehungen blieben bis zur Hochzeit die gleichen wie früher, nach wie vor siezten wir uns, ja er küßte mir nicht einmal die Hand und suchte nicht nur keine Gelegenheit, mit mir allein zu sein, sondern schien das sogar vermeiden zu wollen. So, als hätte er Angst, der allzugroßen, in seinen Augen vielleicht sogar schädlichen Zärtlichkeit, die ihn erfüllte, zu erliegen. Ich weiß nicht, wer sich verändert hatte – er oder ich –, doch jetzt fühlte ich mich ihm völlig ebenbürtig, konnte an ihm auch nicht mehr jenes betonte Zur-Schau-Stellen seiner Einfachheit bemerken, das mir früher mißfallen hatte, und oft sah ich mit Vergnügen statt des Respekt und Furcht einflößenden Mannes ein sanftes, überglückliches Kind vor mir. Das also macht sein wahres Wesen aus, dachte ich oft, er ist ein Mensch genau wie ich, nicht mehr! Jetzt glaubte ich, ihm bis auf den Grund der Seele zu sehen und ihn ganz zu kennen. Und alles, was ich an ihm entdeckte, war so natürlich und harmonierte so gut mit mir. Selbst seine Pläne für unser künftiges gemeinsames Leben waren ganz die meinen, nur daß er sie besser und klarer in Worte zu fassen verstand.

Das Wetter war in diesen Tagen schlecht, und so brachten wir einen Großteil der Zeit im Haus zu. Unsere schönsten, herzlichsten Gespräche fanden im Salon, in dem Winkel zwischen Klavier und Fenster, statt. Auf dem dunklen Fenster unweit von uns spiegelte sich das Licht der Kerzen wider, und von außen schlugen hin und wieder Regentropfen gegen die glänzende Scheibe und liefen daran herunter. Auf das Dach trommelte der Regen, in der Pfütze unter der Regenrinne gluckste das Wasser, und durch das Fenster drang ein feuchter Luftzug herein. Dadurch schien es in unserem Winkel nur um so heller, wärmer und behaglicher zu sein.

»Wissen Sie, ich wollte Ihnen schon lange etwas sagen«, gestand er einmal, als wir noch spät abends in diesem Winkel zusammensaßen. »Während Sie spielten, habe ich unentwegt darüber nachgedacht.«

»Sie brauchen gar nichts zu sagen, ich weiß ohnehin alles«, entgegnete ich.

Er lächelte.

»Ja, das stimmt, also reden wir nicht darüber.«

»Nein, sagen Sie schon, was es ist!« drang ich in ihn.

»Folgendes. Erinnern Sie sich noch an die Geschichte, die ich Ihnen von Herrn A. und Fräulein B. erzählt habe?«

»Wie könnte ich mich nicht an diese törichte Geschichte erinnern. Gut, daß sie so ausgegangen ist ...«

»Ja, viel hätte nicht gefehlt, und mein ganzes Glück wäre zerstört worden, durch meine eigene Schuld. Sie haben mich davor bewahrt. Aber das Wichtigste, daß nämlich alles, was ich damals erzählte, Lüge war, und ich mir deswegen Gewissensbisse mache, möchte ich Ihnen jetzt noch sagen.«

»Ach, bitte, lassen Sie es lieber.«

»Keine Angst«, sagte er lächelnd. »Ich will mich nur rechtfertigen. Als ich damals anfing, die Geschichte zu erzählen, ging es mir darum, Überlegungen anzustellen und Schlußfolgerungen zu ziehen.«

»Wozu das?« wandte ich ein. »Das sollte man nie tun.«

»Ja, ich habe schlecht gefolgert. Als ich nach all den Enttäuschungen und Irrtümern, die mir im Leben beschieden waren, im Winter aufs Land zurückkehrte, da sagte ich mir so entschieden, mit der Liebe sei es für mich vorbei und alles, was mir noch bleibe, sei, meinen Pflichten zu leben, daß ich mir über meine Empfindungen für Sie und die Folgen, die diese für mich haben konnten, lange nicht klar wurde. Bald nährte ich Hoffnungen, bald verlor ich sie wieder, bald schien es mir, als kokettierten Sie nur, bald glaubte ich, daß es Liebe sei, und wußte selbst nicht, was ich tun würde. Doch an jenem Abend – erinnern Sie sich, als wir nachts durch den Park gingen – erschrak ich, und mein jetziges Glück kam mir allzugroß und unerreichbar vor. Und in der Tat, was wäre gewesen, wenn ich mir Hoffnungen gemacht hätte, und alles grundlos? Aber ich dachte dabei freilich nur an mich; ich bin nun einmal ein abscheulicher Egoist.«

Er verstummte und sah mich an.

»Dennoch habe ich damals nicht nur Unsinn geredet. Daß ich Angst hatte, ja haben mußte, ist doch nur natürlich. Ich nehme so viel von Ihnen und kann Ihnen so wenig geben. Sie sind noch ein Kind, eine Knospe, die sich noch entfalten wird, Sie lieben zum erstenmal, ich hingegen ...«

»Ja, sagen Sie mir ehrlich«, fiel ich ihm ins Wort, sprach indessen nicht weiter, weil ich plötzlich Angst vor seiner Antwort bekam. »Nein, lieber nicht«, fügte ich hinzu.

»Ob ich schon andere vor Ihnen geliebt habe? Ist es das, was Sie wissen wollten?« fragte er, meinen Gedanken sofort erratend. »Das kann ich Ihnen sagen. Nein, ich habe nie geliebt. Habe nie etwas empfunden, das diesem Gefühl gleichkäme ...« Doch auf einmal schien eine unbehagliche Erinnerung in ihm aufzusteigen. »Nein, auch hier brauche ich Ihr gutes Herz, wenn ich ein Recht haben will, Sie zu lieben«, sagte er traurig. »Mußte ich mir denn nicht Gedanken machen, bevor ich Ihnen gestand, daß ich Sie liebe? Was gebe ich Ihnen? Meine Liebe – das stimmt.«

»Ist das etwa wenig?« fragte ich und sah ihm in die Augen.

»Ja, Liebste, für Sie ist es zu wenig«, fuhr er fort. »Sie sind jung und schön! Ich kann jetzt nachts oft nicht schlafen vor Glück und denke fortwährend darüber nach, wie wir wohl zusammenleben werden. Ich habe viel durchgemacht und glaube, jetzt gefunden zu haben, was ich brauche, um glücklich zu sein. Ein stilles, zurückgezogenes Leben in unserer ländlichen Einsamkeit, mit der Möglichkeit, Menschen Gutes zu tun, bei denen das so leicht ist, weil sie nicht daran gewöhnt sind; dann meine Arbeit, eine Arbeit, die, so scheint mir, Nutzen bringen wird; ferner Mußestunden, die Natur, Bücher und Musik, die Nächstenliebe – das ist es, was mein Glück ausmacht, ein Glück, das ich mir größer nie erträumt habe. Und obendrein bekomme ich nun noch eine Frau wie Sie, vielleicht sogar eine Familie und alles, was sich ein Mensch nur wünschen kann.«

»Ja«, sagte ich.

»Für mich, der seine Jugend hinter sich hat, mag es das Glück sein, aber nicht für Sie«, fuhr er fort. »Sie haben noch gar nicht richtig gelebt, Sie werden das Glück vielleicht noch in anderen Dingen suchen wollen und es womöglich auch finden. Es kommt Ihnen jetzt nur so vor, als sei dies das Glück, weil Sie mich lieben.«

»Nein, ich habe immer nur solch ein stilles Familienleben geliebt und mir nie etwas anderes gewünscht«, beharrte ich. »Sie sprechen mir mit allem, was Sie sagen, ganz aus dem Herzen.«

Er lächelte.

»Das scheint Ihnen nur so, meine Liebe. Aber für Sie ist das zu wenig. Sie sind schön und jung«, wiederholte er nachdenklich.

Es verdroß mich, daß er mir nicht glaubte und mir meine Schönheit und Jugend vorzuwerfen schien.

»Weswegen lieben Sie mich dann?« fragte ich aufgebracht, »meiner Jugend wegen oder um meiner selbst willen?«

»Ich weiß es nicht, ich liebe Sie eben«, entgegnete er und sah mich mit dem für ihn charakteristischen prüfenden und gewinnenden Blick an.

Ich blieb ihm die Antwort schuldig und schaute ihm unwillkürlich in die Augen. Auf einmal ging etwas Sonderbares in mir vor. Zuerst konnte ich nichts um mich her mehr wahrnehmen, dann verschwand sein Gesicht, und nur seine Augen glänzten, wie mir schien, ganz dicht vor den meinen; schließlich kam es mir so vor, als seien seine Augen jetzt in mir, alles verschwamm, ich sah nichts und mußte ein paarmal blinzeln, um mich dem Gefühl, das sein Blick bei mir hervorrief, einem Gefühl der Wonne, in das sich Furcht mischte, zu entreißen.

Am Tag vor unserer Hochzeit klärte sich gegen Abend das Wetter auf, und nach den anhaltenden Regenfällen, die schon im Sommer eingesetzt hatten, erlebten wir nun den ersten kalten, prächtig-klaren Herbstabend. Alles war naß, kalt und leuchtete in hellen Farbtönen, und im Park machte sich erstmals die Weite, Buntheit und Leere des Herbstes bemerkbar. Der klare Himmel erschien kalt und fahl. Ich ging schlafen, glücklich bei dem Gedanken, daß morgen, am Tag unserer Hochzeit, schönes Wetter sein würde.

Als ich am Morgen erwachte, schien die Sonne, und der Gedanke, daß heute ..., erschreckte mich fast und erfüllte mich mit ungläubigem Staunen. Ich ging hinaus in den Park. Die Sonne war eben erst aufgegangen, und ihre Strahlen fielen durch die gelb schimmernden, schon stark gelichteten Kronen der Linden auf die Allee. Der Weg war mit raschelndem Laub bedeckt. In grellem Rot leuchteten die zusammengeschrumpften Dolden an den Zweigen der Ebereschen neben den wenigen vom Frost abgetöteten und wellig gewordenen Blättern; die Georginen waren verdorrt und hatten eine dunkle Färbung angenommen. Zum erstenmal lag silbern glänzender Rauhreif auf dem blaßgrünen Rasen und den welk gewordenen Klettenblättern neben dem Haus. Am kalten klaren Himmel war, wie konnte es anders sein, kein Wölkchen zu sehen.

Ist es wirklich schon heute? fragte ich mich und konnte mein Glück kaum fassen. Werde ich wirklich schon morgen nicht mehr hier erwachen, sondern in dem fremden, säulenverzierten Haus in Nikolskoje? Werde ich ihn wirklich nie mehr hier erwarten und empfangen und an den Abenden und in den Nächten nie mehr mit Katja über ihn sprechen? Soll ich nie wieder mit ihm in unserem Salon am Klavier sitzen? Ihn nicht in dunklen Nächten bis vors Haus begleiten und Angst um ihn haben, wenn er heimreitet? Doch da fiel mir ein, daß er gestern erklärt hatte, er werde heute zum letztenmal kommen, und Katja, auf deren Wunsch ich das Brautkleid anprobierte, dabei gesagt hatte: »Für morgen«; und einen Augenblick lang glaubte ich, daß es wahr sei, um schon im nächsten Moment wieder daran zu zweifeln. Werde ich wirklich vom heutigen Tage an dort in Nikolskoje leben, zusammen mit meiner Schwiegermutter, aber ohne Nadeshda, den alten Grigorij und Katja? Werde ich beim Zubettgehen nie mehr unsere Kinderfrau küssen und sie nie mehr, wenn sie mich aus alter Gewohnheit bekreuzigt hat, sagen hören: »Gute Nacht, Fräulein«? Soll ich nie wieder Sonja Stunden geben und mit ihr spielen, nie wieder morgens an die Wand zwischen unseren Zimmern klopfen und ihr helles Lachen vernehmen? Werde ich wirklich von heute an mir selbst fremd werden? Wird sich mir ein neues Leben eröffnen, das die Erfüllung meiner Hoffnungen und Wünsche verheißt? Und wird dieses neue Leben wirklich für immer Bestand haben? Ich wartete voller Ungeduld auf ihn, war mir doch, so allein mit diesen Gedanken, schwer ums Herz. Er kam zeitig, und nun erst, wo er da war, konnte ich es endlich glauben, daß ich heute seine Frau werden sollte, und dieser Gedanke erschreckte mich nicht länger.

Vor dem Mittagessen gingen wir in unsere Kirche, um eine Seelenmesse für meinen Vater lesen zu lassen.

Wenn er jetzt noch lebte! dachte ich auf dem Heimweg, und stützte mich schweigend auf den Arm des Mannes, der der beste Freund des Menschen gewesen war, an den ich dachte. Während des Gottesdienstes, als ich betend immer wieder den Kopf zu den kalten Steinplatten der Kapelle herabneigte, hatte ich mir meinen Vater so lebhaft vorgestellt und so fest daran geglaubt, daß seine Seele mich verstand und meine Wahl segnete, daß es mir auch jetzt schien, als sei seine Seele hier und schwebe über uns, als spüre ich seinen Segen auf mir. Und Erinnerungen und Hoffnungen, Glück und Traurigkeit verschmolzen in mir zu einem einzigen feierlichen und angenehmen Gefühl, zu dem alles um uns her paßte: diese regungslose frische Luft, diese Stille, die Leere der Felder und der blasse Himmel, von dem auf uns glänzende, aber kraftlose Strahlen fielen, die mir die Wangen zu versengen suchten. Ich hatte den Eindruck, daß der, neben dem ich her schritt, meine Empfindungen verstand und teilte. Er ging still und schweigend an meiner Seite, und sein Gesicht, auf das ich hin und wieder einen Blick warf, drückte dieselbe feierliche Stimmung, halb Freude, halb Traurigkeit, aus, die sowohl in der Natur als auch in meinem Herzen herrschte.

Auf einmal wandte er sich zu mir um, und ich sah, er wollte mir etwas sagen. Und wenn er nun von ganz anderen Dingen spricht und nicht von dem, woran ich denke? schoß es mir durch den Kopf. Aber er begann von meinem Vater zu sprechen, sogar ohne ihn zu nennen.

»Einmal hat er im Scherz zu mir gesagt: ›Du müßtest später meine Mascha heiraten!‹«, erzählte er.

»Wie glücklich wäre er jetzt!« sagte ich und drückte den Arm, in dem der meine ruhte, noch fester an mich.

»Ja, Sie waren noch ein Kind«, fuhr er fort und sah mir dabei in die Augen. »Ich küßte damals diese Augen, die ich nur deshalb liebte, weil sie seinen so glichen. Nie hätte ich geglaubt, daß sie mir dereinst um ihrer selbst willen so teuer sein würden. Ich nannte Sie damals noch Mascha.«

»Sagen Sie doch ›du‹ zu mir«, bat ich.

»Eben wollte ich es tun«, entgegnete er. »Jetzt erst habe ich das Gefühl, daß du mir ganz gehörst.« Und er richtete seinen ruhigen, glücklichen, gewinnenden Blick auf mich.

Langsam gingen wir den holperigen Fußweg entlang, der an kahlen, abgeernteten Feldern vorbeiführte; und unsere Schritte und Stimmen waren in der Stille ringsum zu hören. Auf der einen Seite erstreckte sich über die Schlucht hinweg bis zu dem entlaubten Wäldchen in der Ferne ein bräunliches Stoppelfeld, auf dem, abseits von uns, ein Bauer mit dem Hakenpflug lautlos einen breiter und breiter werdenden schwarzen Streifen zog. Die über den Hang verstreute Pferdeherde schien ganz nahe zu sein. Auf der anderen Seite und vorn, bis hin zum Park und zu unserem Haus, das dahinter hervorschaute, hob sich dunkel das aufgetaute Winterfeld ab, auf dem hier und da schon grünlich schimmernde Streifen davon zeugten, daß die Wintersaat aufgegangen war. Über allem strahlte die milde Herbstsonne, über allem lagen lange faserige Spinngewebe. Sie umschwebten uns in der Luft, legten sich auf die durch den Frost trocken gewordenen Stoppeln, gerieten uns in die Augen, setzten sich an Haaren und Kleidern fest. Wenn wir sprachen, blieb der Klang unserer Stimmen gleichsam über uns in der regungslosen Luft stehen, als seien wir ganz allein inmitten dieser Welt und unter diesem blauen Himmelsgewölbe, an dem aufblitzend und zitternd die Strahlen der milden Herbstsonne spielten.

Ich hätte ihn gleichfalls gern mit »du« angeredet, genierte mich aber.

»Warum gehst du so schnell?« stieß ich hastig hervor, so leise, daß man es kaum hören konnte, und errötete unwillkürlich.

Er verlangsamte seine Schritte und sah mich noch zärtlicher, noch strahlender und glücklicher an.

Als wir zu Hause anlangten, wurden wir schon von seiner Mutter und den Gästen erwartet, die wir bei der Einladung nicht gut hatten übergehen können, und bis zu dem Augenblick, als wir nach der Trauung aus der Kirche kamen und in die Kutsche stiegen, um nach Nikolskoje zu fahren, war ich nicht allein mit ihm.

Die Kirche war fast leer, und ich gewahrte undeutlich nur seine Mutter, die kerzengerade auf dem kleinen Teppich neben der Chorestrade stand, dann auch Katja in einem Häubchen mit lila Bändern, der die Tränen über die Wangen liefen, und zwei oder drei Leute vom Gesinde, die mich neugierig musterten. Ihn sah ich nicht an, fühlte aber, daß er hier war, an meiner Seite. Aufmerksam lauschte ich den Worten der Gebete und sprach sie nach, doch in meinem Herzen blieb alles stumm. Unfähig zu beten, starrte ich auf die Heiligenbilder, die Kerzen, das gestickte Kreuz hinten auf dem Ornat des Geistlichen, den Ikonostas, auf die Kirchenfenster – und verstand nichts. Ich fühlte nur, daß irgend etwas Ungewöhnliches mit mir geschah. Als sich der Geistliche mit dem Kreuz zu uns umwandte, uns beglückwünschte und sagte, daß er mich getauft habe und es ihm nun von Gott vergönnt worden sei, mich auch zu trauen, als Katja und seine Mutter uns küßten und die Stimme Grigorijs ertönte, der die Kutsche heranrief, da verwunderte, ja erschreckte es mich, daß alles schon vorüber sein sollte, ohne daß in meiner Seele etwas Außergewöhnliches vorgegangen war, das dem heiligen Charakter des an mir vollzogenen Sakraments entsprochen hätte. Wir küßten einander, aber dieser Kuß war so seltsam und hatte, wie es mir schien, so gar nichts mit dem zu tun, was wir empfanden. Das war es also, dachte ich. Wir betraten die Vorhalle der Kirche, das Räderrollen des heranfahrenden Wagens hallte von ihrem Gewölbe wider, frische Luft wehte uns entgegen, er setzte seinen Hut auf, bot mir den Arm und war mir beim Einsteigen in die Kutsche behilflich. Von ihrem Fenster aus sah ich den frostigen Mond, der einen Hof hatte. Er nahm neben mir Platz und schloß die Tür hinter sich. Die Selbstverständlichkeit, mit der er das tat, gab mir einen Stich ins Herz. Ich vernahm die Stimme Katjas, die mir zurief, ich solle meinen Kopf bedecken, und schon fuhr die Kutsche räderrasselnd über das Pflaster, bog dann in die unbefestigte Landstraße ein, und unsere Fahrt begann. In eine Ecke gedrückt, schaute ich durch das Fenster auf die hellen Felder in der Ferne und auf die Straße, die im kalten Schein des Mondes vor uns her floh. Und ohne ihn anzusehen, fühlte ich, daß er hier, an meiner Seite war. Hat mir dieser Augenblick, von dem ich so viel erwartet habe, wirklich nicht mehr zu geben? fragte ich mich. Und ich konnte mich des Eindrucks nicht erwehren, daß es demütigend und kränkend sei, hier allein mit ihm so dicht neben ihm zu sitzen. Ich wandte mich zu ihm, in der Absicht, ihm etwas zu sagen. Doch die Worte wollten mir nicht über die Lippen, es war, als sei das Gefühl der Zärtlichkeit, das ich ihm bis dahin entgegengebracht hatte, in mir erstorben und durch ein Gefühl der Kränkung und Furcht ersetzt worden.

»Bis zu diesem Augenblick habe ich nicht geglaubt, daß das einmal wahr werden könnte«, sagte er leise, gleichsam als Antwort auf meinen Blick.

»Ja, aber aus irgendeinem Grund habe ich Angst«, entgegnete ich.

»Angst vor mir, Liebste?« fragte er, nahm meine Hand und ließ den Kopf darauf sinken.

Meine Hand ruhte leblos in der seinen, und mein Herz krampfte sich vor Kälte zusammen.

»Ja«, flüsterte ich.

Doch da begann mein Herz mit einemmal heftiger zu pochen, meine Hand fing zu zittern an und drückte die seine, mir wurde heiß, und meine Augen suchten im Halbdunkel seinen Blick. Und plötzlich fühlte ich, daß ich ihn nicht fürchtete, sondern daß diese vermeintliche Furcht Liebe war, eine neue, noch zärtlichere und stärkere Liebe als die, die ich bis dahin empfunden hatte. Ich fühlte, daß ich ganz die Seine und glücklich im Bewußtsein seiner Macht über mich war.

Zweiter Teil

6

Tage, Wochen, zwei Monate unseres zurückgezogenen ländlichen Lebens waren unmerklich, so schien es damals, wie im Fluge vergangen; und doch hätten die Gefühle, Aufregungen und das Glück, die uns diese beiden Monate bescherten, für ein ganzes Leben gereicht. Unser Leben auf dem Lande gestaltete sich völlig anders, als wir beide es uns in unseren Träumen ausgemalt hatten. Dennoch blieb es nicht hinter unseren Erwartungen zurück. Es wurde freilich nicht von strenger Pflichterfüllung und hingebungsvoller, aufopfernder Arbeit für den anderen bestimmt, wie ich es mir als Braut vorgestellt hatte, sondern, im Gegenteil, allein von dem selbstsüchtigen Gefühl der Liebe zueinander, von dem Wunsch, geliebt zu werden, sowie von einer anhaltenden grundlosen Fröhlichkeit und Weltvergessenheit. Zwar zog Sergej Michajlytsch sich bisweilen in sein Arbeitszimmer zurück, um diese oder jene Arbeiten zu erledigen, mitunter fuhr er auch aus geschäftlichen Gründen in die Stadt oder machte einen Rundgang durch die Wirtschaft, aber ich sah doch, welche Anstrengung es ihn kostete, sich von mir loszureißen. Danach gestand er dann selbst, wie ihm alles auf der Welt unsinnig erscheine, wenn ich dabei fehlte, daß er nicht begreifen könne, wie er imstande sei, sich damit abzugeben. Mir ging es nicht anders. Ich las, musizierte, widmete mich seiner Mutter, kümmerte mich um die Schule, doch all das tat ich nur, weil jede dieser Tätigkeiten mit ihm in Zusammenhang stand und seinen Beifall fand. Sobald bei irgendeiner Beschäftigung aber nicht der Gedanke an ihn mit im Spiel war, verlor ich die Lust daran, und es kam mir fast lächerlich vor, zu glauben, daß es auf Erden irgend etwas geben könne außer ihm. Vielleicht war das nicht schön von mir, vielleicht auch selbstsüchtig, aber dieses Gefühl machte mich glücklich und erhob mich hoch über die ganze Welt. Nur er allein existierte für mich auf der Welt, und ich hielt ihn für den vortrefflichsten, unfehlbarsten Menschen auf Erden. Daher konnte ich auch für nichts anderes leben als für ihn, als dafür, in seinen Augen die zu sein, für die er mich hielt. Er aber hielt mich für die hervorragendste und schönste Frau der Welt, die mit allen nur denkbaren Tugenden begabt war; und so trachtete ich, in den Augen des vortrefflichsten und besten Mannes der ganzen Welt diese Frau zu sein.

Einmal trat er zu mir ins Zimmer, als ich gerade betete. Ich wandte mich nur kurz zu ihm um und betete weiter. Er setzte sich an den Tisch, um mich nicht zu stören, und schlug ein Buch auf. Aber ich fühlte mich von ihm beobachtet und drehte mich um. Er lächelte, ich mußte lachen und konnte nicht mehr beten.

»Hast du schon gebetet?« fragte ich ihn.

»Ja. Aber bete nur weiter, ich gehe gleich.«

»Du betest doch auch, hoffe ich?«

Er antwortete nicht und wollte gehen, doch ich hielt ihn zurück.

»Liebster, bitte, um meinetwillen, bete mit mir zusammen.«

Er stellte sich neben mich, ließ verlegen die Arme sinken und begann mit ernstem Gesicht stockend den Gebetstext herzusagen. Von Zeit zu Zeit sah er sich nach mir um und suchte Zustimmung und Hilfe in meinem Gesicht.

Als er geendet hatte, begann ich zu lachen und umarmte ihn.

»Alles verdanke ich nur dir, dir allein! Mir ist, als sei ich wieder zehn Jahre alt«, sagte er errötend und küßte mir die Hände.

Unser Haus war eines jener alten Gutshäuser, in denen mehrere Generationen, die einander mit Achtung und Liebe begegnet waren, gelebt hatten. All das atmete den Geist guter, ehrbarer Familientraditionen, die mit meinem Eintritt in dieses Haus auf einmal gleichsam auch zu den meinen geworden waren. Das Regiment im Haus führte Tatjana Semjonowna nach altem Herkommen. Man kann nicht sagen, daß sich alles durch Eleganz und Schönheit ausgezeichnet hätte; doch von der Dienerschaft bis hin zum Mobiliar und der Küche war alles reichlich vorhanden, war alles ordentlich, gediegen, akkurat und achtunggebietend. Im Wohnzimmer standen die Möbel symmetrisch angeordnet, an den Wänden hingen Porträts, und auf dem Fußboden lagen selbstgewebte Teppiche und Läufer. Zur Ausstattung des Salons gehörten ein altes Klavier, zwei Chiffonieren unterschiedlicher Stilepochen sowie mehrere Sofas und Tischchen, die mit Messingbeschlägen und Intarsien verziert waren. In meinem, von Tatjana Semjonowna eingerichteten Boudoir standen die schönsten Möbel verschiedener Zeitalter und Stilepochen, so auch ein alter Pfeilerspiegel, in den ich anfangs nicht ohne Befangenheit blicken konnte, der mir aber später lieb und teuer wurde wie ein alter Freund. Von Tatjana Semjonowna war nie etwas zu hören, und doch vollzog sich alles im Haus mit der Präzision eines Uhrwerks, obwohl es viel überflüssiges Personal gab. Aber alle diese Leute, die weiche absatzlose Stiefel trugen (Tatjana konnte das Knarren von Sohlen und das Stampfen von Absätzen auf den Tod nicht ausstehen), alle diese Leute schienen stolz auf ihre Stellung zu sein und zitterten vor der alten Herrin, während sie meinen Mann und mich mit gönnerhafter Freundlichkeit betrachteten. Ich hatte den Eindruck, daß sie ihre Arbeit mit besonderem Vergnügen verrichteten. Regelmäßig jeden Sonnabend wurden im Haus die Böden gescheuert und die Teppiche geklopft, an jedem Monatsersten Andachten mit Wasserweihe gehalten, zu jedem Namenstag Tatjana Semjonownas und ihres Sohnes (in diesem Herbst erstmals auch zu meinem) Festessen für die ganze Umgebung gegeben. Und all das war, solange Tatjana Semjonowna denken konnte, auf immer die gleiche Weise vor sich gegangen. Mein Mann mischte sich nicht in die Führung des Haushalts ein, sondern befaßte sich nur mit der Gutswirtschaft und den Bauern, was viel Zeit beanspruchte. Selbst im Winter stand er sehr zeitig auf, so daß ich ihn beim Erwachen nicht mehr vorfand. Gewöhnlich kehrte er zum Tee zurück, den wir beide allein tranken, und war um diese Zeit, nach all den Scherereien und Unannehmlichkeiten in der Wirtschaft, fast immer in jener besonderen ausgelassenen Stimmung, die wir »wilde Begeisterung« nannten. Häufig verlangte ich, er solle mir erzählen, was er am Morgen getan hatte, und er tischte mir dann solchen Unsinn auf, daß wir fast starben vor Lachen; bisweilen bestand ich jedoch auf einem ernsthaften Bericht, und ein Lächeln unterdrückend, gab er ihn mir dann. Ich blickte ihm in die Augen, schaute auf seine sich bewegenden Lippen und verstand nichts, freute mich nur, ihn zu sehen und seine Stimme zu hören.

»Nun, was habe ich gesagt? Wiederhole es einmal«, forderte er mich mitunter auf. Doch ich konnte nichts wiederholen. Ich fand es so lächerlich, daß er *mir* Dinge erzählte, die nicht ihn und mich, sondern etwas anderes betrafen. Als sei es nicht einerlei, was dort geschah. Erst viel später begann ich seine Sorgen ein wenig zu verstehen und mich dafür zu interessieren. Tatjana Semjonowna blieb bis zum Mittagessen in ihrem Zimmer, nahm den Tee allein und ließ uns nur durch Dienstboten einen guten Morgen wünschen. In unserer besonderen, maßlos glücklichen kleinen Welt klang die Stimme aus ihrem ganz anders gearteten, gesetzten und wohlgeordneten Reich so seltsam, daß ich mich oft nicht beherrschen konnte und nur laut lachte, wenn uns das Stubenmädchen mit gekreuzten Armen gemessen berichtete, daß Tatjana Semjonowna fragen lasse, wie wir nach dem gestrigen Spaziergang geruht hätten, und von sich selbst ausrichten lasse, sie habe die ganze Nacht Seitenstechen gehabt und sei außerdem durch das Gebell eines dummen Hundes im Dorf im

Schlaf gestört worden. »Und dann soll ich mich noch erkundigen, wie Ihnen heute das Gebäck geschmeckt hat, und darauf hinweisen, daß es nicht Taras gebacken hat, sondern probeweise zum ersten Mal Nikolascha, der, wie die gnädige Frau sagt, seine Sache recht gut gemacht hat, besonders bei den Brezeln, die Zwiebäcke hat er zu stark geröstet.« Bis zum Mittagessen waren wir wenig zusammen. Ich spielte Klavier oder las, er war mit Schreibarbeiten beschäftigt oder ging noch einmal fort. Doch zum Essen, um vier Uhr, fanden wir uns im Wohnzimmer zusammen, meine Schwiegermutter kam aus ihrem Zimmer, und auch die armen adligen Damen und Pilgerinnen, von denen immer zwei oder drei im Hause wohnten, erschienen. Nach altem Herkommen bot mein Mann seiner Mutter dann jedesmal den Arm, um sie zu Tisch zu führen; sie bestand jedoch darauf, daß er mir den anderen reichte, so daß wir uns regelmäßig in der Tür drängten und einander im Wege waren. Während des Essens hatte wiederum seine Mutter den Vorsitz, und die Unterhaltung bei Tisch war schicklich-gemessen und mutete ein wenig feierlich an. Die Worte, die mein Mann und ich über Dinge des Alltags miteinander wechselten, stellten eine angenehme Störung des feierlichen Charakters dieser Mahlzeiten dar. Zwischen Mutter und Sohn kam es bisweilen zu Streitereien und gegenseitigen Spötteleien; ich hatte diese Streitereien und Spötteleien besonders gern, weil gerade darin die zärtliche, unerschütterliche Liebe, die sie verband, am stärksten zum Ausdruck kam. Nach dem Essen setzte sich Mama im Wohnzimmer in einen tiefen Sessel und zerrieb Tabak oder schnitt neueingetroffene Bücher auf, während wir einander etwas vorlasen oder im Salon ans Klavier gingen. Wir lasen in dieser Zeit vieles gemeinsam, aber das schönste Vergnügen, den höchsten Genuß bereitete uns die Musik, ließ sie doch in unseren Herzen jedesmal neue Saiten erklingen und uns einander gleichsam stets aufs neue entdecken. Wenn ich seine Lieblingsstücke spielte, setzte er sich auf ein weit entferntes Sofa, wo ich ihn kaum noch sehen konnte, und trachtete aus

Schamhaftigkeit den Eindruck zu verbergen, den die Musik auf ihn machte; doch oft, wenn er das gar nicht erwartete, stand ich vom Klavier auf, trat zu ihm und bemühte mich, in seinem Gesicht Spuren von Erregung, den unnatürlichen Glanz und den feuchten Schimmer seiner Augen wahrzunehmen, die er vergebens vor mir zu verbergen suchte. Mama verspürte häufig das Verlangen, sich an unserem Anblick zu erfreuen, fürchtete aber wohl, uns lästig zu fallen, und so durchquerte sie bisweilen, uns scheinbar gar nicht wahrnehmend, mit betont ernstem und gleichgültigem Gesicht den Salon; doch ich wußte, daß sie gar keine Veranlassung hatte, ihr Zimmer aufzusuchen und so schnell von dort zurückzukehren. Den Abendtee, zu dem sich wieder alle Hausgenossen in dem großen Wohnzimmer um den Tisch versammelten, schenkte gewöhnlich ich ein. Diese feierliche Sitzung angesichts des spiegelblanken Samowars und das Austeilen der Gläser und Tassen brachten mich lange Zeit in Verlegenheit. Mir schien es immer, als sei ich dieser Ehre noch nicht würdig, noch zu jung und nicht gesetzt genug, um den Hahn eines solchen großen Samowars hin und her zu drehen, die Gläser auf das Tablett zu stellen, das mir Nikita präsentierte, und dabei zu sagen: »Für Pjotr Iwanowitsch, für Marja Minitschna« oder zu fragen: »Ist er auch süß?« und für die Kinderfrau und weitere verdiente Dienstboten mehrere Stücke Zucker aufzuheben. »Hervorragend, hervorragend«, lobte mein Mann oft, »ganz wie eine Erwachsene« – und das brachte mich noch mehr in Verlegenheit.

Nach dem Tee legte Mama eine Patience oder ließ sich von Marja Minitschna wahrsagen; nach einer Weile küßte und bekreuzigte sie uns dann beide, und wir gingen in unsere Zimmer. Meist saßen wir freilich zu zweit bis nach Mitternacht beisammen, und das war für uns die schönste Zeit. Er erzählte mir von seiner Vergangenheit, wir schmiedeten Pläne, philosophierten bisweilen und bemühten uns dabei, so leise wie nur möglich zu sprechen, damit man uns oben nicht hörte und das womöglich Tatjana Semjonowna hinterbrachte, die erwartete, daß wir uns zeitig schlafen legten. Mitunter, wenn wir Hunger verspürten, stahlen wir uns auf leisen Sohlen ins Büfettzimmer, verschafften uns unter Nikitas Mitwirkung einen kalten Imbiß und verzehrten ihn beim Schein einer einzigen Kerze in meinem Boudoir. Wir beide lebten fast wie Fremde in diesem großen alten Haus, in dem alles den strengen Geist alter Zeiten und Tatjana Semjonownas atmete. Nicht nur sie selbst, auch die Dienstboten, die alten Jungfern, die Möbel und die Bilder flößten mir Achtung und eine gewisse Furcht ein und machten mir bewußt, daß wir beide hier etwas fehl am Platze waren, sehr viele Rücksichten zu nehmen und auf alles achtzugeben hatten. Wenn ich jetzt Rückschau halte, erkenne ich, daß manches – sowohl diese ein für allemal feststehende bindende Ordnung als auch diese Unmenge müßiger und neugieriger Leute in unserem Haus – unangenehm und lästig war; damals aber war es gerade dieser Zwang, der unserer Liebe noch mehr Auftrieb gab. Nicht nur ich, sondern auch er ließ sich nicht anmerken, daß ihm dieses oder jenes mißfiel. Im Gegenteil, es hatte sogar den Anschein, als verschließe er seine Augen vor allem, was schlecht war. So schlich sich Mamas persönlicher Lakai, Dmitrij Sidorow, ein leidenschaftlicher Pfeifenraucher, tagtäglich nach dem Mittagessen, wenn wir gewöhnlich im Salon saßen, in das Arbeitszimmer meines Mannes, um sich dort aus einer Schublade mit etwas Tabak zu versorgen. Man mußte gesehen haben, mit welch vergnügter Miene Sergej Michajlytsch dann auf Zehenspitzen zu mir kam und, mit dem Finger drohend und mir zublinzelnd, auf Dmitrij Sidorow deutete, der nicht im entferntesten ahnte, daß er beobachtet wurde. Und wenn Dmitrij Sidorow schließlich den Rückzug antrat und uns vor Freude darüber, daß alles gut ausgegangen war, gar nicht bemerkte, sagte mein Mann, wie auch bei jeder anderen ähnlichen Gelegenheit, ich sei ein Schatz, und küßte mich. Diese Ruhe, diese Bereitschaft, alles zu verzeihen, die vermeintliche Gleichgültigkeit gegen alles, was geschah, mißfielen mir mitunter – ich übersah, daß ich im Grunde nicht anders war, und hielt es für Schwäche. Wie ein Kind ist er, das nicht wagt, seinen Willen zu zeigen, dachte ich.

»Ach, Liebste«, gab er mir zur Antwort, als ich ihm einmal sagte, daß ich verwundert über seine Schwäche sei. »Kann man denn mit irgend etwas unzufrieden sein, wenn man so glücklich ist, wie ich es bin? Es ist leichter, selbst nachzugeben, als andere zu demütigen, diese Überzeugung habe ich schon lange gewonnen; es gibt einfach keine Situation, in der ich nicht glücklich sein könnte. Und wir haben es doch so gut! Ich kann mich über nichts ärgern; für mich gibt es jetzt nichts Schlechtes, nur Bedauernswertes und Komisches. Und vor allem – le mieux est l'ennemi du bien. Kannst du wohl glauben, daß mich fast so etwas wie Furcht beschleicht, wenn ich das Glöckchen eines Schlittens oder Wagens höre, einen Brief erhalte oder auch nur morgens aufwache? Ich habe Angst bei dem Gedanken, daß das Leben weitergehen muß und Veränderungen eintreten könnten, denn schöner, als es jetzt ist, kann es nicht werden.«

Ich glaubte ihm, aber ich verstand ihn nicht. Ich war glücklich, und mir schien, daß es auch alle übrigen seien und immer sein müßten, ja, daß es gar nicht anders sein könne und es zwar noch irgendwo ein andersgeartetes, aber nicht größeres Glück geben mochte.

So waren zwei Monate vergangen, der Winter mit seinen Frösten und Schneestürmen war gekommen, und obwohl ich meinen Mann um mich hatte, begann ich mich einsam zu fühlen, gewann ich langsam den Eindruck, daß sich das Leben wiederhole, ohne mir oder ihm etwas Neues zu bieten, daß wir im Gegenteil zum Alten zurückkehrten. Er begann sich, ohne mich daran Anteil nehmen zu lassen, mehr als zuvor seinen geschäftlichen Angelegenheiten zuzuwenden, und ich hatte wieder das Gefühl, daß seine Seele noch eine andere, besondere Welt barg, in die er mir nicht Einlaß gewähren wollte. Seine unerschütterliche Ruhe reizte mich. Ich liebte ihn nicht weniger als vorher, und seine Liebe machte mich auch nicht weniger glücklich als zuvor; aber meine Liebe war zum Stehen gekommen und nahm nicht mehr zu, und neben ihr beschlich mein Herz ein neues, beunruhigendes Gefühl. Einfach nur zu lieben war mir zu wenig, nachdem ich das Glück der großen Liebe kennengelernt hatte. Was ich ersehnte, war ein bewegtes, nicht ruhig dahinfließendes Leben. Es verlangte mich nach Aufregungen, Gefahren, der Möglichkeit, mich um meiner Liebe willen aufzuopfern. In mir war ein Übermaß an Kraft, die in unserem stillen Leben keinen Platz fand. Ich bekam Anwandlungen von Schwermut, die ich wie etwas Schlechtes vor ihm zu verbergen suchte, dann wieder wurde ich von Ausbrüchen ungestümer Zärtlichkeit und Fröhlichkeit übermannt, die ihn erschreckten. Er hatte meinen Gemütszustand schon eher bemerkt als ich selbst und schlug vor, in die Stadt überzusiedeln; doch ich bat ihn, davon abzusehen und unsere Lebensweise nicht zu ändern, unser Glück nicht zu stören. Ich war ja in der Tat glücklich; aber mich quälte, daß mir mein Glück keinerlei Taten und Opfer abverlangte, während ich doch bereit zu Taten und Opfern war. Ich liebte ihn und sah, daß ich alles für ihn war; doch ich wollte, daß alle unsere Liebe sahen, daß man ihr Steine in den Weg legte und ich ihn dennoch unbeirrt lieben würde. Mein Geist, ja selbst meine Sinne waren beschäftigt, aber darüber hinaus gab es noch ein anderes Gefühl – das der Jugend, des Bedürfnisses nach Bewegung, das in unserem stillen Leben keine Befriedigung fand. Warum mußte er mir auch sagen, wir könnten in die Stadt übersiedeln, sobald ich dies nur wünschte? Hätte er es nicht gesagt, würde ich vielleicht eingesehen haben, daß das Gefühl, das mich quälte, schädlich und töricht und ich selbst an ihm schuld war, daß ich, gerade indem ich dieses Gefühl unterdrückte, das Opfer bringen konnte, nach dem es mich verlangte. Der Gedanke, daß ich der Schwermut nur durch die Übersiedlung in die Stadt entfliehen könne, kam mir unwillkürlich immer wieder in den Sinn; zugleich aber tat es mir leid, ihn um meinetwillen von allem loszureißen, was ihm lieb war, ja, ich machte mir deswegen sogar Gewissensbisse. Doch die Zeit verging, höher und höher türmte sich der Schnee vor unserem Haus, und wir waren immer nur allein, unsere Beziehungen zueinander stets gleichbleibend, während irgendwo dort, inmitten von Glanz und Trubel, Scharen von Menschen sich erregten, litten oder sich freuten, ohne an uns zu denken und von unserem tristen Dasein zu wissen. Am schlimmsten für mich war, daß ich spürte, wie die Alltagsgewohnheiten unser Leben mit jedem Tag mehr in eine bestimmte Form preßten, wie unser Gefühl unfrei wurde und sich dem gleichmäßigen, leidenschaftslosen Lauf der Zeit unterordnete. Morgens pflegten wir fröhlich, zum Mittagessen sittsam, abends zärtlich zu sein. Wohlan! ... sagte ich mir. Gutes zu tun und ein ehrbares Leben zu führen, wie er es verlangt, ist sicher schön; doch dazu werden wir immer noch Zeit haben, aber darüber hinaus gibt es noch etwas anderes, wozu ich nur jetzt die Kraft habe ... Nicht das brauchte ich; was ich brauchte, war Kampf. Ich wollte, daß wir im Leben vom Gefühl beherrscht würden, nicht daß das Leben unser Gefühl bestimmte. Mich verlangte danach, mit ihm an einen Abgrund zu treten und zu sagen: »Noch einen Schritt, und ich stürze mich hinunter, noch eine Bewegung, und ich bin verloren!« Ich wollte, daß er mich dann erbleichend am Rande des Abgrunds in seine starken Arme nähme, mich sekundenlang über ihm hielte, so daß mein Herzschlag aussetzte, und mich forttrüge, wohin es ihm beliebte.

Diese Gemütsverfassung wirkte sich sogar auf meine Gesundheit aus, und bald waren meine Nerven völlig zerrüttet. Eines Morgens ging es mir schlechter als gewöhnlich; er kehrte verstimmt aus dem Kontor zurück, was selten vorkam. Ich merkte sofort, daß er schlechter Laune war, und fragte ihn nach der Ursache. Er wollte sie mir jedoch nicht sagen und meinte nur, das Ganze sei nicht der Rede wert. Wie ich später erfuhr, hatte der Kreispolizeichef unsere Bauern zu sich beordert und aus Abneigung gegen meinen Mann Unbilliges von ihnen verlangt und ihnen gedroht. Mein Mann hatte all das noch nicht so weit verwinden können, um einzusehen, daß es nur lächerlich und erbärmlich sei, war gereizt und wollte deshalb nicht mit mir darüber reden. Mir aber kam es so vor, als wollte er nicht mit mir sprechen, weil er mich für ein Kind hielt, das nicht begreifen könne, was ihn beschäftigte. Ich wandte mich von ihm ab, verstummte und ließ Marja Minitschna, die bei uns logierte, zum Tee bitten. Nach dem Teetrinken, das ich besonders schnell beendete, führte ich Marja Minitschna in den Salon und begann mich lauthals mit ihr über alle möglichen Nichtigkeiten zu unterhalten, die mich nicht im mindesten interessierten. Sergej Michajlytsch ging im Zimmer auf und ab und sah von Zeit zu Zeit zu uns hinüber. Diese Blicke bewirkten bei mir aus irgendeinem Grund, daß ich nun erst recht redete und redete, ja sogar lachte; alles, was ich selbst sagte, und alles, was Marja Minitschna von sich gab, kam mir lächerlich vor. Wortlos ging er in sein Arbeitszimmer und schloß die Tür hinter sich. Sobald nichts mehr von ihm zu hören war, war meine ganze Fröhlichkeit auf einmal wie weggeblasen, so daß Marja Minitschna sich darüber verwunderte und mich fragte, was ich hätte. Ich blieb ihr die Antwort schuldig und setzte mich auf eines der Sofas. Am liebsten hätte ich geweint. Worüber er dort wohl nachdenkt, überlegte ich. Über irgendeinen Unsinn, der ihm wichtig erscheint. Wenn er nur mit mir darüber sprechen wollte, würde ich ihm beweisen, daß das alles halb so schlimm ist. Aber nein, er glaubt ja, daß ich ihn nicht verstehen würde, er muß mich ja durch seine erhabene Ruhe demütigen und mir gegenüber stets im Recht sein. Doch auch ich bin im Recht, wenn es mir hier langweilig und öde vorkommt, wenn ich etwas vom Leben haben und mich bewegen möchte, anstatt auf der Stelle zu treten und zu fühlen, wie die Zeit über mich hinweggeht. Ich will vorwärts schreiten und mit jedem Tag, jeder Stunde etwas Neues erleben, während er haltmachen und mich bei sich zurückhalten möchte. Und wie leicht könnte er das bewerkstelligen! Dazu brauchte er mich nicht in die Stadt zu bringen, dazu brauchte er nur so zu sein wie ich, nicht sein wahres Wesen zu verbergen und sich keine Beschränkungen aufzuerlegen, sondern sich ungezwungen und natürlich zu geben. Dasselbe legt er mir immer ans Herz, er selbst aber ist nicht natürlich. Das ist es!

Ich fühlte, daß ich den Tränen nahe und ärgerlich auf ihn war. Ich erschrak darüber und ging zu ihm. Er saß in seinem Arbeitszimmer und schrieb. Als er meine Schritte hörte, wandte er den Kopf und blickte mich einen Augenblick lang gleichmütig und ruhig an, um dann weiterzuschreiben. Der Blick, mit dem er mich angesehen hatte, gefiel mir nicht. Anstatt zu ihm zu gehen, blieb ich vor dem Tisch stehen, an dem er saß und schrieb, schlug ein Buch auf und schaute hinein. Noch einmal unterbrach er seine Arbeit und sah mich an.

»Bist du verstimmt, Mascha?« fragte er.

Als Antwort darauf hatte ich für ihn nur einen kalten Blick, der besagte: Was soll die Frage? Wozu auf einmal diese Liebenswürdigkeiten? Er schüttelte den Kopf und lächelte mich schüchtern und zärtlich an, doch zum erstenmal lächelte ich nicht zurück.

»Was hattest du heute morgen?« fragte ich. »Warum hast du es mir nicht gesagt?«

»Es war nichts weiter! Eine kleine Unannehmlichkeit«, erwiderte er. »Aber jetzt kann ich es dir ja erzählen. Zwei Bauern hatten sich auf den Weg in die Stadt gemacht . . .«

Doch ich ließ ihn nicht ausreden.

»Warum hast du es mir nicht vorhin erzählt, als ich beim Tee danach fragte?«

»Ich hätte dir bloß Unsinn gesagt, ich war noch aufgebracht.«

»Gerade vorhin wollte ich es aber wissen.«

»Wozu?«

»Warum glaubst du, daß ich dir nie bei etwas hilfreich zur Seite stehen kann?«

»Was glaube ich?« fragte er und warf die Feder hin. »Ich glaube, daß ich ohne dich nicht leben kann. In allem, in allem stehst du mir nicht nur hilfreich zur Seite, nein, was ich tue, geschieht allein durch dich. Was hast du dir da bloß eingeredet!« lachte er. »Nur durch dich lebe ich. Alles erscheint mir nur darum gut, weil du hier bist, weil ich dich brauche ...«

»Ja, das kenne ich, ich bin das liebe Kind, das man beruhigen muß«, fiel ich ihm ins Wort, in so aufgebrachtem Ton, daß er mich verwundert anschaute, als sähe er mich zum erstenmal. »Ich will keine Ruhe, davon hast du genug, mehr als genug«, fügte ich hinzu.

»Nun, siehst du, die Sache ist die«, unterbrach er mich hastig, da er offenbar fürchtete, mich alles aussprechen zu lassen. »Wie würdest du entscheiden, wenn ...«

»Jetzt brauchst du es mir nicht mehr zu erzählen«, schnitt ich ihm das Wort ab. Wenn ich auch gar zu gern gehört hätte, was er zu sagen hatte, so tat es mir doch wohl, ihn aus der Ruhe zu bringen. »Ich will nicht Leben spielen, sondern es wirklich leben«, sagte ich, »genauso wie du.«

Sein Gesicht, in dem sich jede Gefühlsregung immer so schnell und lebhaft widerspiegelte, drückte Schmerz und gesteigerte Aufmerksamkeit aus.

»Ich möchte dir gleichgestellt sein, möchte ...«

Aber ich hatte einfach nicht das Herz weiterzusprechen – ein solcher Kummer, tiefer Kummer malte sich in seinem Gesicht. Er schwieg eine Zeitlang.

»Worin wärst du mir denn nicht gleichgestellt?« fragte er schließlich. »Darin, daß ich mich mit dem Kreispolizeichef und betrunkenen Bauern herumschlage, und du nicht?«

»Nicht allein darum geht es«, sagte ich.

»Um Gottes willen, Liebling, versteh mich doch«, fuhr er fort. »Ich weiß aus Erfahrung, daß Aufregungen uns immer schaden. Ich liebe dich und muß darum auch wünschen, dir Aufregungen zu ersparen. Die Liebe zu dir, das ist es, was mein Leben ausmacht, also solltest du mich auch nicht hindern, auf meine Art zu leben.«

»Du hast immer recht!« sagte ich, ohne ihn anzusehen.

Es verdroß mich, daß in seinem Inneren anscheinend wieder alles klar und ruhig war, während ich Ärger und so etwas wie Reue empfand.

»Mascha! Was ist mit dir?« fragte er. »Es geht doch nicht darum, ob ich recht habe oder du, sondern um etwas ganz anderes. Was hast du gegen mich? Antworte nicht gleich, sondern überlege, und sag mir dann alles, was du denkst. Du bist unzufrieden mit mir und wohl zu Recht, doch laß mich dann auch wissen, worin mein Verschulden besteht.«

Wie aber sollte ich ihm begreiflich machen, was in mir vorging? Die Tatsache, daß er mich so schnell durchschaut hatte, daß ich für ihn wieder das Kind war und nichts tun konnte, was er nicht verstanden und vorausgesehen hätte, brachte mich noch mehr aus der Fassung.

»Ich habe nichts gegen dich«, sagte ich. »Ich langweile mich einfach und möchte mich nicht länger langweilen. Aber du sagst ja, es müsse so sein, und wieder hast du recht!«

Ich sprach's und sah ihn an. Ich hatte mein Ziel erreicht, um seine Ruhe war es geschehen, Bestürzung und Schmerz sprachen aus seinem Gesicht.

»Mascha«, begann er mit leiser, erregter Stimme. »Was wir jetzt tun, ist kein Scherz. Jetzt entscheidet sich unser Schicksal. Ich bitte dich, mich erst anzuhören und mir dann zu antworten. Weswegen willst du mich quälen?«

Aber ich unterbrach ihn.

»Ich weiß, du wirst wieder recht haben. Sag lieber nichts, du hast nun einmal immer recht«, erklärte ich in so kühlem Ton, als ob nicht ich selbst, sondern ein böser Geist aus mir spräche.

»Wenn du wüßtest, was du mir antust!« sagte er mit bebender Stimme.

Ich brach in Tränen aus, und mir wurde leichter ums Herz. Er saß neben mir und schwieg. Er tat mir leid, und zugleich schämte und ärgerte ich mich über das, was ich angerichtet hatte. Ich sah ihn nicht an. Aber ich hatte das Gefühl, daß er in diesem Augenblick entweder streng oder befremdet auf mich blicken mußte. Ich wandte mich zu ihm um: Ein sanfter, zärtlicher, gleichsam Verzeihung heischender Blick war auf mich gerichtet. Ich nahm seine Hand und sagte:

»Vergib mir! Ich weiß selbst nicht, was ich gesagt habe.«

»Ja, aber ich weiß es, und du hast die Wahrheit gesprochen.«

»Wie meinst du das?« forschte ich.

»Ich meine, daß wir nach Petersburg fahren müssen«, entgegnete er. »Hier haben wir jetzt nichts zu suchen.«

»Wie du willst«, sagte ich.

Er umarmte und küßte mich.

»Du bist es, die mir zu verzeihen hat«, sagte er. »Vergib mir!«

An diesem Abend spielte ich lange für ihn, während er im Zimmer auf und ab ging und etwas vor sich hin flüsterte. Er hatte die Angewohnheit zu flüstern, und oft, wenn ich ihn fragte, was er da flüstere, wiederholte er mir nach kurzem Nachdenken Wort für Wort, was er eben geflüstert hatte. Meist waren es Verse, bisweilen auch blühender Unsinn, an dem ich erkannte, in welcher seelischen Verfassung er sich befand.

»Was flüsterst du da?« fragte ich auch jetzt.

Er blieb stehen, dachte einen Augenblick nach und wiederholte dann, gleichsam als Antwort, zwei Zeilen eines Gedichtes von Lermontow:

»Das Segel lechzt nach Sturm und Wogen,
Als ob in Stürmen Ruhe wär!«

Nein, er ist mehr als ein Mensch, dachte ich, er weiß alles! Wie soll ich ihn da nicht lieben!

Ich stand auf, nahm seinen Arm und ging, bemüht, mich seinem Schritt anzupassen, nun neben ihm her.

»Ja?« fragte er lächelnd und sah mich an.

»Ja«, sagte ich im Flüsterton. Wir wurden plötzlich von einer ausgelassenen Stimmung übermannt, unsere Augen lachten, unsere Schritte wurden immer größer, unsere Füße berührten kaum noch den Boden. Und im selben Tempo durchquerten wir, zu Grigorijs großer Entrüstung und zur Verwunderung Mamas, die im Wohnzimmer Patience legte, alle Räume bis ins Speisezimmer. Dort angekommen, blieben wir stehen, sahen einander an und brachen in lautes Gelächter aus.

Zwei Wochen später, noch vor den Feiertagen, waren wir in Petersburg.

7

Unsere Reise nach Petersburg, ein einwöchiger Aufenthalt in Moskau, Visiten bei seinen und meinen Verwandten, die Reise mit ihren Eindrücken, Städte und Gesichter, die fremd für mich waren, das Einrichten der neuen Wohnung – all das war wie ein Traum vergangen. Alles war mit so viel Abwechslung, Neuem und Heiterem verbunden und durch seine Gegenwart und Liebe von einem so warmen und hellen Licht erleuchtet worden, daß mir unser beschauliches Leben auf dem Lande nun wie etwas weit Zurückliegendes, Belangloses vorkam. Zu meiner großen Verwunderung begegneten mir alle (nicht nur Verwandte, sondern auch Unbekannte) statt mit Stolz und Kälte, die ich in der vornehmen Gesellschaft zu finden erwartet hatte, mit so echter Herzlichkeit und Freude, daß man meinen konnte, sie hätten immer nur an mich gedacht, nur auf mich gewartet, um sich selbst glücklich zu fühlen. Überraschend für mich war auch, daß, wie sich nun herausstellte, mein Mann in den gesellschaftlichen Kreisen, die mir die allerbesten zu sein schienen, viele Bekannte besaß, von denen er mir nie gesprochen hatte; und oft befremdete und ärgerte es mich, wenn ich von ihm über einige dieser Menschen, die einen so guten Eindruck auf mich machten, abfällige Äußerungen zu hören bekam. Ich konnte nicht verstehen, warum er sie so kühl behandelte und vielen Menschen, deren Bekanntschaft mir schmeichelhaft zu sein schien, aus dem Wege zu gehen suchte. Je mehr gute Menschen man kennt, desto besser, dachte ich. Und alle waren sie ja so sympathisch.

»Siehst du, wir wollen es so halten«, hatte er vor der Abreise aus unserem ländlichen Domizil gesagt. »Hier sind wir kleine Krösusse, in Petersburg aber werden wir nicht für reich gelten und können daher nur bis zur Osterwoche dort bleiben. Auch in Gesellschaft dürfen wir nicht so oft gehen, wollen wir nicht in Schwierigkeiten geraten; und auch um deinetwillen möchte ich nicht ...«

»Wozu brauchen wir die Gesellschaft?« hatte ich ihm geantwortet. »Wir werden nur hin und wieder ins Theater oder in die Oper gehen, uns gute Konzerte anhören, die Verwandten besuchen und noch vor der Osterwoche aufs Land zurückkehren.«

Doch kaum waren wir in Petersburg angekommen, da waren alle guten Vorsätze vergessen. Ich fand mich unversehens in eine so neue und glückliche Welt versetzt, so viele Freuden boten sich mir, und so neue Interessen wurden in mir geweckt, daß ich mich sofort, wenn auch unbewußt, von meiner ganzen Vergangenheit lossagte und alle meine früheren Pläne fallenließ. Das war ja bisher alles nur Kinderei, dachte ich. Das wahre Leben hatte noch gar nicht begonnen; hier ist es nun! Was mag es mir noch bringen? Die Unruhe und die Anwandlungen von Schwermut, die mich auf dem Lande befallen hatten, waren plötzlich, wie durch Zauberei, völlig verschwunden. Die Liebe zu meinem Mann war ausgeglichener geworden, und nie kam mir hier der Gedanke, er könnte mich vielleicht weniger lieben als früher. Und wie hätte ich auch an seiner Liebe zweifeln dürfen, wo er doch jeden meiner Gedanken sofort erriet, meine Empfindungen teilte und alle meine Wünsche erfüllte. Seine Gelassenheit war verschwunden oder brachte mich jedenfalls nicht mehr auf. Obendrein fühlte ich, daß er, über seine bisherige Liebe zu mir hinaus, es hier auch noch genoß, wenn ich bewundert wurde. Nach einem Besuch, wenn wir eine neue Bekanntschaft geschlossen oder eine Abendgesellschaft bei uns gegeben hatten, bei der ich, innerlich zitternd vor Angst, etwas falsch zu machen, den Pflichten der Hausfrau nachgekommen war, lobte er mich oft: »Bist ein Prachtmädchen! Bravo! Nur Mut! Wirklich, du machst es sehr gut!« Dann freute ich mich immer sehr. Bald nach unserer Ankunft schrieb er seiner Mutter einen Brief, und als er mich bat, diesem ein paar persönliche Zeilen hinzuzufügen, da wollte er mich nicht lesen lassen, was er geschrieben hatte. Nun bestand ich natürlich erst recht darauf und las es schließlich doch. »Sie würden Mascha nicht wiedererkennen«, schrieb er, »ich erkenne sie selbst kaum. Woher sie nur diese reizende, graziöse Sicherheit im Auftreten, die Anpassungsfähigkeit, ja Weltklugheit und Liebenswürdigkeit hat? Und all das wirkt ganz natürlich, sympathisch und treuherzig. Alle sind entzückt von ihr, und auch ich selbst kann mich nicht satt sehen an ihr und würde sie, wenn das möglich wäre, noch herzlicher lieben als bisher.«

Ach, diesen Eindruck hat man also von mir, dachte ich. Mir wurde so froh und wohl zumute, ja es schien mir sogar, als liebte ich ihn nun noch mehr. Der Erfolg, den ich bei unseren sämtlichen Bekannten hatte, kam für mich völlig überraschend. Von allen Seiten überhäufte man mich mit Komplimenten: Hier sollte ich einem Onkel besonders gefallen haben, dort war angeblich eine Tante ganz vernarrt in mich. Einer sagte mir, in Petersburg gebe es keine Frau, die sich mit mir vergleichen könne, eine andere versicherte, ich könnte, wenn ich nur wollte, in der Petersburger Gesellschaft den Ton angeben. Besonders eine Cousine meines Mannes, die Fürstin D., eine nicht mehr ganz junge Weltdame, die mich ganz impulsiv ins Herz geschlossen hatte, sagte mir mehr als alle anderen schmeichelhafte Dinge, die mir den Kopf verdrehten. Als diese Cousine mich zum erstenmal zu einem Ball einlud und meinen Mann um seine Erlaubnis bat, wandte der sich an mich und fragte mit kaum merklichem verschmitztem Lächeln, ob ich denn gern hingehen würde. Ich nickte bejahend und fühlte, daß ich errötete.

»Wie eine Missetäterin, die gesteht, wonach es sie gelüstet«, sagte er und lachte gutmütig.

»Aber du hast doch gesagt, wir dürften nicht in Gesellschaft gehen, und du machst dir doch auch nichts daraus«, gab ich lächelnd zur Antwort und sah ihn mit flehendem Blick an.

»Wenn du so gern möchtest, dann wollen wir den Ball mitmachen.«

»Wirklich, wir sollten es lieber lassen.«

»Dir liegt aber doch viel daran? Sehr viel, nicht wahr?« fragte er aufs neue.

Ich blieb ihm die Antwort schuldig.

»Die vornehme Gesellschaft als solche ist noch nichts Schlimmes«, fuhr er fort, »schlecht und verdammenswert sind die unerfüllbaren Wünsche, die sie weckt. Doch zu diesem Ball müssen wir unbedingt gehen, und wir werden es auch«, schloß er kategorisch.

»Offen gestanden«, sagte ich, »ich möchte nichts auf der Welt so sehr wie diesen Ball besuchen.«

Wir fuhren hin, und das Vergnügen, das ich dort empfand, übertraf alle meine Erwartungen. Auf dem Ball hatte ich noch mehr als zuvor das Gefühl, ich sei der Mittelpunkt, um den sich alles drehte, nur für mich sei dieser große Saal erleuchtet, spiele die Musik und habe sich diese Menge von mir entzückter Menschen versammelt. Alle, angefangen beim Friseur und der Zofe bis hin zu den Tanzenden und den alten Herren, die im Saal auf und ab gingen, schienen mir sagen oder zu verstehen geben zu wollen, daß sie mich gern hätten. Die allgemeine Meinung, die sich auf diesem Ball über mich bildete und mir von der Cousine hinterbracht wurde, bestand darin, daß ich ganz anders sei als die übrigen Damen, daß ich etwas Besonderes, ländlich Natürliches und Anmutiges an mir hätte. Dieser Erfolg schmeichelte mir so sehr, daß ich meinem Mann offen bekannte, wie sehr ich wünschte, noch an zweidrei Bällen dieser Saison teilzunehmen, »um sie dann gründlich satt zu haben«, wie ich heuchlerisch hinzufügte.

Mein Mann stimmte bereitwillig zu und fuhr in der ersten Zeit mit sichtlichem Vergnügen zu den Bällen, freute sich über meine Erfolge und schien seine früheren Einwände völlig vergessen oder sich zu einer anderen Ansicht bekehrt zu haben.

Später begann ihn das Leben, das wir führten, sichtlich zu langweilen und zu bedrücken. Ich aber wurde es nicht gewahr; wenn ich mitunter auch seinen aufmerksam-ernsten Blick bemerkte, der fragend auf mich gerichtet war, so begriff ich doch nicht, was er zu bedeuten hatte. Ich war so betäubt von dieser unversehens erwachten Liebe, die mir alle um mich herum entgegenzubringen schienen, von dieser Atmosphäre der Eleganz, der Vergnügungen und des Neuen, die ich hier zum erstenmal atmete, so plötzlich war hier sein moralischer Einfluß verschwunden, der mich bis dahin bedrückt hatte, und so freute es mich, ihm in dieser Welt nicht nur gleichgestellt zu sein, sondern mich ihm sogar überlegen zu fühlen und ihn dafür nur um so herzlicher und selbständiger zu lieben als früher, daß ich nicht begreifen konnte, welche Unannehmlichkeiten er für mich darin erblickte, daß ich in der vornehmen Gesellschaft verkehrte. Ich empfand ein mir neues Gefühl von Stolz und Selbstzufriedenheit, wenn sich alle Blicke auf mich richteten, sobald wir einen Ballsaal betraten, während er, als sei es ihm peinlich, sich vor der Menge gleichsam meines Besitzes zu rühmen, es eilig hatte, von mir fortzukommen, und sich in der schwarzen Schar der Fräcke verlor. Warte nur, dachte ich oft, wenn ich nach ihm Ausschau hielt und ihn schließlich in einer Ecke des Saales entdeckte, wo er unbeachtet, mitunter auch gelangweilt stand, warte nur, dachte ich, laß uns erst wieder zu Hause sein, dann wirst du schon einsehen und begreifen, für wen ich mich heute abend bemüht habe, schön zu sein und zu glänzen, und was mir von allem, was mich hier umgibt, wirklich lieb ist. Ich redete mir ein, daß mich meine Erfolge nur um seinetwillen freuten, nur deshalb, weil ich so Gelegenheit bekam, ihm durch den Verzicht darauf ein Opfer zu bringen. Das einzige, wodurch mir die Teilnahme am gesellschaftlichen Leben gefährlich werden konnte, war, so glaubte ich, die Möglichkeit, daß ich mich in einen der Männer, denen ich in der vornehmen Gesellschaft begegnete, verliebte und mein Mann eifersüchtig wurde; doch dieser vertraute mir so grenzenlos, schien so gelassen und gleichmütig zu sein, und alle diese jungen Leute kamen mir im Vergleich mit ihm so unbedeutend vor, daß mich auch die nach meinen Begriffen einzige Gefahr, die ein Verkehr in der vornehmen Welt heraufbeschwören konnte, nicht schreckte. Dessenungeachtet bereitete mir die allgemeine Beachtung, die man mir in der Gesellschaft schenkte, Vergnügen; sie schmeichelte meiner Eigenliebe, ließ mich glauben, daß ich mir die Liebe zu meinem Mann als ein gewisses Verdienst anrechnen dürfe, und machte mich im Umgang mit ihm selbstbewußter und gleichsam lässiger.

»Ich habe gesehen, wie du dich äußerst angeregt mit Frau N. unterhalten hast«, bemerkte ich einmal auf dem Heimweg von einem Ball, wobei ich ihm mit dem Finger drohte und den Namen einer bekannten Dame der Petersburger Gesellschaft nannte, mit der er an diesem Abend wirklich gesprochen hatte. Ich sagte das, um ihn etwas aufzumuntern, war er doch besonders schweigsam und mißgestimmt.

»Ach, wozu dieses Gerede? Und dann noch von dir, Mascha!« stieß er hervor und verzog das Gesicht wie vor physischem Schmerz. »Wie wenig das zu dir und mir paßt! Überlaß das anderen; diese verlogenen Beziehungen könnten unsere echten, von denen ich immer noch hoffe, daß sie einmal wiederkehren werden, leicht vollends zerstören.«

Scham überkam mich, und ich verstummte.

»Werden sie wiederkehren, Mascha? Was meinst du?« fragte er.

»Sie waren nie zerstört, und werden es nie sein«, entgegnete ich und glaubte das in diesem Augenblick selbst.

»Gebe es Gott«, sagte er, »denn sonst wäre es für uns an der Zeit, aufs Land zurückzukehren.«

Dergestalt äußerte er sich jedoch nur dieses eine Mal gegen mich, während ich sonst den Eindruck hatte, er fühle sich ebenso wohl wie ich, und mir war ja so froh und unbeschwert zumute. Wenn er sich hier auch manchmal langweilt, tröstete ich mich, so habe ich ja um seinetwillen ebenfalls die Langeweile auf dem Lande in Kauf genommen; und sollte sich unser gegenseitiges Verhältnis wirklich ein wenig verändert haben, wird es schon bald das frühere werden, wenn wir erst wieder in unserem Haus in Nikolskoje sind und dort den Sommer über mit Tatjana Semjonowna allein leben.

So verging der Winter, ohne daß ich es merkte, wie im Fluge, und entgegen unseren Plänen verbrachten wir auch noch die Osterwoche in Petersburg. In der Woche nach Quasimodogeniti, als wir bereits zur Heimreise rüsteten, als alles gepackt war und sich mein Mann, der schon Geschenke sowie die verschiedensten Dinge und Blumen für unser Leben auf dem Lande eingekauft hatte, in besonders zärtlicher und vergnügter Stimmung befand, erhielten wir überraschend Besuch von unserer Cousine, die uns bitten wollte, doch noch bis Sonnabend zu bleiben und an einer Soiree bei der Gräfin R. teilzunehmen. Sie sagte, die Gräfin R. lege großen Wert auf mein Kommen, und der gerade in Petersburg weilende Prinz M. habe schon auf dem Ball davor den Wunsch geäußert, meine Bekanntschaft zu machen; er wolle eigens deshalb die Soiree besuchen und habe erklärt, ich sei die liebreizendste Frau in Rußland. Mit einem Wort, alles, was in der Stadt Rang und Namen habe, werde dort sein, und es würde übel vermerkt werden, wenn ich fehlte.

Mein Mann war am anderen Ende des Wohnzimmers und unterhielt sich mit jemandem.

»Nun, wie steht es, Marie? Werden Sie kommen?« fragte die Cousine.

»Wir wollten übermorgen die Rückreise aufs Land antreten«, gab ich unschlüssig zur Antwort und blickte zu meinem Mann hin. Unsere Blicke kreuzten sich, und er wandte sich hastig ab.

»Ich werde ihn schon zum Bleiben bewegen«, sagte die Cousine. »Und am Sonnabend fahren wir dann zur Soiree und verdrehen allen die Köpfe. Einverstanden?«

»Wir haben schon alles eingepackt, und es würde auch alle unsere Pläne durchkreuzen«, entgegnete ich, schon weniger unnachgiebig.

»Am liebsten würde sie wahrscheinlich noch heute abend zum Prinzen fahren, um ihm ihre Aufwartung zu machen!« rief vom anderen Ende des Zimmers mein Mann herüber, in so gereiztem, nur mühsam beherrschtem Ton, wie ich ihn noch nie von ihm gehört hatte.

»Ach! Er ist eifersüchtig! Das erlebe ich bei ihm zum erstenmal«, bemerkte die Cousine lachend. »Aber ich will sie ja nicht des Prinzen wegen überreden, Sergej Michajlytsch, sondern weil uns allen so viel an ihrem Erscheinen liegt. Die Gräfin R. läßt sie inständig bitten, doch zu kommen!«

»Das hängt von ihr ab«, sagte mein Mann kühl und verließ das Zimmer.

Ich spürte, daß er erregter war als gewöhnlich; das quälte mich, und ich versprach der Cousine daher nichts. Sobald sie abgefahren war, begab ich mich zu meinem Mann. In Gedanken vertieft, ging er im Zimmer auf und ab und sah und hörte nicht, wie ich auf Zehenspitzen eintrat.

Im Geiste stellt er sich sicher schon unser trautes Heim in Nikolskoje vor, dachte ich, während ich zu ihm hinblickte, den Morgenkaffee im hellen Wohnzimmer, seine Felder und Bauern, die Abende im Salon und unsere heimlichen Nachtmahle. Nein, beschloß ich bei mir, alle Bälle der Welt und die Schmeicheleien sämtlicher Prinzen auf Erden gebe ich gern hin für seine freudige Verwirrung, seine sanfte Zärtlichkeit! Ich wollte ihm sagen, daß ich der Soiree fernbleiben würde, doch da wandte er plötzlich den Kopf, und als er mich gewahrte, runzelte er die Stirn, und der sanftmütig-nachdenkliche Ausdruck seines Gesichts verschwand. Und schon drückten sich in seinem Blick wieder Scharfsinn, Weisheit und gönnerhafte Ruhe aus. Er wollte in meinen Augen nun einmal kein schlichter Mensch sein, sondern hielt es für nötig, immer als Halbgott auf einem Piedestal vor mir zu stehen.

Nachlässig und ruhig drehte er sich zu mir um. »Was wünschst du, Liebling?« fragte er.

Ich blieb ihm die Antwort schuldig. Es verdroß mich, daß er sich mir gegenüber nicht so geben wollte, wie er wirklich war, wie ich ihn liebte.

»Du willst am Sonnabend zur Soiree gehen?« erkundigte er sich.

»Ich wollte es«, erwiderte ich, »aber dir mißfällt ja mein Vorhaben. Und es ist doch auch schon alles eingepackt«, fügte ich hinzu.

Noch nie hatte er mich so kalt angesehen, noch nie in einem so kalten Ton mit mir gesprochen.

»Ich werde nicht vor Dienstag abreisen und die Sachen wieder auspacken lassen«, sagte er, »daher kannst du an der Soiree teilnehmen, wenn es dich danach verlangt. Hab also die Güte hinzugehen. Ich reise nicht vor Dienstag ab.«

Wie immer, wenn er aufgeregt war, begann er nervös im Zimmer auf und ab zu gehen und sah mich nicht an.

Ich blieb, wo ich war, und folgte ihm mit den Augen.

»Ich kann dich überhaupt nicht begreifen«, entgegnete ich. »Du sagst immer, du seist so ruhig (er hatte das nie gesagt). Warum sprichst du dann so sonderbar mit mir. Ich bin dir zuliebe bereit, auf dieses Vergnügen zu verzichten, aber du verlangst in einem so ironischen Ton, wie du ihn mir gegenüber noch nie angeschlagen hast, daß ich doch hingehen soll.«

»Da haben wir es! Du *verzichtest* (er betonte dieses Wort ganz besonders), und ich verzichte, was kann schöner sein. Ein Wetteifern in Großmut. Läßt sich ein größeres Familienglück denken?«

Es war das erste Mal, daß ich derart bittere und spöttische Worte von ihm zu hören bekam. Und sein Spott beschämte mich nicht, er verletzte mich, und seine Erbitterung erschreckte mich nicht, sondern teilte sich auch mir mit.

Hatte er, der sonst jegliche Phrase in unserem gegenseitigen Verhältnis verabscheute, der immer aufrichtig und natürlich war, das wirklich gesagt? Und warum? Weil ich ihm zuliebe auf ein Vergnügen verzichten wollte, in dem ich nichts Schlechtes sehen konnte, weil ich ihn noch vor wenigen Augenblicken so gut verstanden, so sehr geliebt hatte. Wir hatten gleichsam die Rollen getauscht, er vermied offene, natürliche Worte, während ich sie nun suchte.

»Du hast dich sehr verändert«, sagte ich seufzend. »Was habe ich mir dir gegenüber zuschulden kommen lassen? Es ist ja nicht die Soiree, es ist etwas anderes, was sich in deinem Herzen seit langem gegen mich angestaut hat. Wozu diese Unaufrichtigkeit? War sie dir nicht früher selbst so verhaßt? Sage mir offen, was du gegen mich hast.« Was er wohl sagen wird, dachte ich und erinnerte mich voller Selbstzufriedenheit, daß während dieses ganzen Winters nichts vorgefallen war, das er mir vorwerfen konnte.

Ich trat in die Mitte des Zimmers, so daß er dicht an mir vorbeikommen mußte, und sah zu ihm hinüber. Er wird auf mich zukommen, mich in die Arme nehmen, und alles wird wieder gut sein, dachte ich, und mir tat es fast leid, daß ich ihm nun nicht mehr würde nachweisen können, wie unrecht er hatte. Doch er blieb am Ende des Zimmers stehen und blickte von dort zu mir her.

»Das ist dir immer noch nicht klar?« fragte er.

»Nein.«

»Nun, dann werde ich es dir sagen. Es ist mir zuwider, zum erstenmal ist mir zuwider, was ich für dich empfinde und daß ich nicht Herr meiner Gefühle bin.« Offenbar erschrocken über den barschen Klang seiner Stimme, hielt er inne.

»Aber was ist es denn?« fragte ich, Tränen der Entrüstung in den Augen.

»Mir ist zuwider, daß du dem Prinzen, weil er dich hübsch gefunden hat, entgegenkommst, dabei deinen Mann und dich selbst wie auch deine Frauenwürde vergißt und nicht begreifen willst, was dein Mann dabei empfinden muß, wenn du schon selbst kein Gefühl für Würde hast. Du kommst auch noch zu deinem Mann, um ihm zu sagen, daß du ›verzichtest‹, was so viel heißen soll wie: ›Es wäre zwar ein großes Glück für mich, mich Seiner Hoheit zu präsentieren, aber dir zuliebe verzichte ich auf dieses Glück und bringe dir so ein Opfer‹.«

Je länger er sprach, desto mehr geriet er durch den Klang der eigenen Stimme in Rage, und diese Stimme klang boshaft, grausam und barsch. Noch nie hatte ich ihn in dieser Verfassung gesehen, ja nie erwartet, ihn so zu sehen. Alles Blut schoß mir zum Herzen, Angst befiel mich, zugleich aber brachte mich das Gefühl unverdienter Demütigung und gekränkter Eigenliebe auf, und ich wollte es ihm vergelten.

»Das habe ich schon lange erwartet«, sagte ich. »Sprich nur, sprich.«

»Was du erwartet hast, weiß ich nicht«, fuhr er fort. »Ich hingegen konnte das Schlimmste erwarten, als ich dich Tag für Tag in diesem Morast einer bornierten, dem Müßiggang ergebenen und dem Luxus huldigenden Gesellschaft sah – und nun ist es eingetroffen. So weit ist es gekommen, daß ich vor Scham in die Erde sinken möchte und einen Schmerz empfinde wie noch nie zuvor. Es tat mir so weh, als deine Freundin mit ihren schmutzigen Händen an meine heiligsten Empfindungen rührte und von Eifersucht sprach, meiner Eifersucht. Auf wen sollte ich eifersüchtig sein? Auf einen Mann, den ich ebensowenig kenne wie du. Doch wie zum Trotz willst du mich nicht verstehen und mir ein Opfer bringen. Und womit? ... Ich schäme mich für dich, schäme mich, weil du dich so erniedrigst! ... Schöne Opfer!« wiederholte er.

Aha! dachte ich. Das also ist sie, die Macht des Ehemannes. Eine Frau zu beleidigen und zu demütigen, die sich nichts vorzuwerfen hat. Das also ist das Recht des Ehemannes, aber ich werde mich nicht fügen!

»Nein. Ich werde dir kein Opfer bringen«, sagte ich und fühlte, wie sich meine Nasenflügel unnatürlich weiteten und mir alles Blut aus dem Gesicht wich. »Ich werde Sonnabend zu der Soiree fahren, und nichts wird mich davon abbringen.«

»Amüsiere dich dort in Gottes Namen nach Herzenslust! Aber zwischen uns ist dann alles aus!« schrie er in einer Anwandlung zügelloser Raserei. »Mich wirst du in Zukunft nicht mehr quälen. Ich war ein Dummkopf, daß ich ...«, setzte er wieder an, doch seine Lippen begannen zu beben, und es kostete ihn sichtliche Überwindung, nicht alles auszusprechen, was er hatte sagen wollen.

In diesem Augenblick fürchtete und haßte ich ihn. Gern hätte ich ihm vieles erwidert und ihm alle Kränkungen heimgezahlt, doch würde ich den Mund aufgemacht haben, wäre ich nur in Tränen ausgebrochen und hätte mich erniedrigt. Schweigend verließ ich das Zimmer. Doch kaum konnte ich seine Schritte nicht mehr hören, da ergriff mich auch schon das Entsetzen über das, was wir angerichtet hatten. Mir wurde angst bei dem Gedanken, daß diese Verbindung, die mein ganzes Glück ausmachte, vielleicht für immer zerstört war, und ich wollte schon umkehren. Ob er sich aber bereits wieder so weit beruhigt hat, daß er mich versteht, wenn ich ihm stumm die Hand reiche und ihn ansehe? überlegte ich. Wird er meine Großmut auch zu würdigen wissen? Und wenn er meinen Kummer nun als Heuchelei bezeichnet? Oder in dem Bewußtsein, im Recht zu sein, meine Reue mit hochmütiger Gelassenheit annimmt und mir verzeiht? Und weshalb, weshalb nur hat er, den ich so liebe, mich so grausam gekränkt? ...

Ich ging nicht zu ihm, sondern in mein Zimmer, wo ich lange allein saß und weinte. Entsetzt rief ich mir jedes Wort unserer Unterhaltung ins Gedächtnis, ersetzte diese Worte durch andere, fügte weitere, gute Worte hinzu, erinnerte mich dann aber doch wieder mit Entsetzen und dem Gefühl der Kränkung an das, was vorgefallen war. Als ich abends zum Tee hinausging und in Gegenwart von S., der zu Besuch bei uns weilte, mit meinem Mann zusammentraf, fühlte ich, daß sich mit dem heutigen Tag eine tiefe Kluft zwischen uns aufgetan hatte. S. fragte mich, wann wir abzureisen gedächten. Doch ich kam nicht dazu, eine Antwort zu geben.

»Am Dienstag«, erwiderte mein Mann. »Wir wollen noch die Soiree bei der Gräfin R. besuchen. Du hast es dir doch nicht anders überlegt?« wandte er sich an mich.

Ich erschrak über den ruhigen Ton seiner Stimme und blickte mich schüchtern nach ihm um. Seine Augen sahen mir direkt ins Gesicht, ihr Blick war böse und spöttisch, der Klang seiner Stimme gelassen und kalt.

»Nein«, antwortete ich.

Abends, als wir allein waren, trat er auf mich zu und reichte mir die Hand.

»Vergiß bitte, was ich dir alles an den Kopf geworfen habe«, sagte er.

Ich nahm seine Hand, meine Lippen bebten, während ich zu lächeln suchte und Tränen mir aus den Augen zu stürzen drohten; doch er entzog mir seine Hand gleich wieder und setzte sich, wie aus Furcht vor einer rührseligen Szene, ziemlich weit von mir entfernt in einen Sessel. Glaubt er sich wirklich immer noch im Recht? fragte ich mich, und die versöhnliche Erklärung, zu der ich schon angesetzt hatte, sowie die Bitte, der Soiree fernzubleiben, blieben mir im Halse stecken.

»Wir müssen Mama schreiben, daß wir die Abreise verschoben haben«, sagte er. »Sonst macht sie sich Sorgen.«

»Und wann gedenkst du abzureisen?« fragte ich.

»Am Dienstag, nachdem wir die Soiree besucht haben«, entgegnete er.

»Ich hoffe, du verschiebst die Abreise nicht meinetwegen«, sagte ich und sah ihm in die Augen; seine Augen blickten ins Leere, ohne mir etwas zu sagen, als seien sie durch einen Flor von mir abgeschlossen. Sein Gesicht erschien mir plötzlich alt und unangenehm.

Wir fuhren zur Soiree, und es hatte den Anschein, als seien zwischen uns die guten, freundschaftlichen Beziehungen von einst wiederhergestellt, und doch waren diese jetzt von ganz anderer Art als früher.

Während der Soiree saß ich inmitten anderer Damen, als der Prinz auf mich zu trat, so daß ich aufstehen mußte, um mit ihm zu sprechen. Im Aufstehen suchte ich unwillkürlich mit den Augen meinen Mann und sah, daß er vom anderen Ende des Saales zu mir herüberblickte, sich aber sofort wieder abwandte. Ich empfand plötzlich solche Scham und solchen Schmerz, daß ich in heftige Verwirrung geriet und unter dem Blick des Prinzen über und über errötete. Doch ich mußte mir stehend anhören, was er mir, mich von oben herab musternd, zu sagen hatte. Unsere Unterhaltung dauerte nicht lange, denn neben mir war kein Platz frei, auf den er sich hätte setzen können, und er spürte wohl auch, wie befangen ich ihm gegenüber war. Wir unterhielten uns über den letzten Ball, darüber, wo ich den Sommer verbringen würde, und dergleichen mehr. Schon im Gehen äußerte er den Wunsch, die Bekanntschaft meines Mannes zu machen, und ich sah gleich darauf, wie sie am anderen Ende des Saales zusammentrafen und miteinander sprachen. Der Prinz mußte wohl eine Bemerkung über mich gemacht haben, denn mitten in der Unterhaltung blickte er lächelnd zu mir herüber.

Meinem Mann stieg plötzlich das Blut ins Gesicht, er machte dem Prinzen eine tiefe Verbeugung und entfernte sich. Ich errötete gleichfalls, denn ich schämte mich bei dem Gedanken, welchen Eindruck der Prinz von mir, besonders aber von meinem Mann gewonnen haben mußte. Ich hatte das Gefühl, daß alle meine linkische Schüchternheit während der Unterhaltung mit dem Prinzen und das absonderliche Benehmen meines Mannes bemerkt hatten. Weiß Gott, wie sie sich das erklären werden, dachte ich. Ob sie wirklich nichts von der Auseinandersetzung zwischen meinem Mann und mir wissen? Die Cousine brachte mich nach Hause, und unterwegs kamen wir auf meinen Mann zu sprechen. Ich konnte nicht umhin, ihr alles zu erzählen, was wegen dieser unglückseligen Soiree zwischen uns vorgefallen war. Sie suchte mich zu beruhigen, indem sie sagte, es handele sich um eine ganz gewöhnliche Verstimmung, die nichts zu bedeuten hätte und keinerlei Spuren hinterlassen würde; sie erklärte mir den Charakter meines Mannes von ihrem Standpunkt aus und fand, er sei sehr ungesellig und stolz geworden. Ich pflichtete ihr bei, und mir schien es, als könne ich ihn nun auch selbst gelassener und besser beurteilen.

Später aber, als ich mit meinem Mann wieder allein war, lag dieses Urteil, das ich über ihn gefällt hatte, wie ein Verbrechen auf meinem Gewissen, und ich fühlte, daß die Kluft, die uns voneinander trennte, noch größer geworden war.

8

Von diesem Tage an sollte sich unser Leben und unser gegenseitiges Verhältnis grundlegend verändern. Es machte uns nicht mehr so glücklich wie früher, wenn wir beide allein waren. Auch gab es Fragen, die wir umgingen, und in Gegenwart Dritter fiel es uns leichter, miteinander zu sprechen, als unter vier Augen. Sobald die Rede auf das Leben auf dem Lande oder einen Ball kam, wurden wir sofort befangen und vermieden es, einander anzusehen. Es war, als fühlten wir, an welcher Stelle sich die Kluft aufgetan hatte, die uns trennte, und hätten Angst, uns ihr zu nähern. Ich war überzeugt, daß mein Mann stolz und auffahrend sei und daß man ihn so behutsam wie nur möglich behandeln müsse, um ihn nicht zu verletzen. Er seinerseits war überzeugt, daß ich ohne die vornehme Gesellschaft nicht leben könne, daß das Landleben nicht nach meinem Geschmack sei und daß man sich mit dieser unglückseligen Neigung abfinden müsse. Wir beide vermieden es, offen über diese Themen zu sprechen, und beide bildeten wir uns so ein falsches Urteil übereinander. Schon längst hielten wir uns gegenseitig nicht mehr für die vollkommensten Menschen von der Welt, sondern stellten Vergleiche mit anderen an und gingen insgeheim hart miteinander ins Gericht. Kurz vor unserer Abreise erkrankte ich, und so kehrten wir nicht gleich nach Nikolskoje zurück, sondern übersiedelten zunächst in unser Sommerhaus, von wo aus mein Mann allein zu seiner Mutter fuhr. Als er abreiste, hatte ich mich zwar schon so weit erholt, daß ich ihn hätte begleiten können, doch überredete er mich, angeblich aus Sorge um meine Gesundheit, zum Bleiben. Ich fühlte, daß es nicht so sehr die Sorge um meine Gesundheit war, die ihn dazu bewog, als vielmehr die Befürchtung, unser gemeinsames Leben auf dem Lande könnte alles andere als glücklich sein; und so beharrte ich nicht weiter auf meiner Absicht und blieb zurück. Ohne ihn kam mir alles öde und leer vor, fühlte ich mich einsam, doch als er dann wiederkam, merkte ich, daß auch seine Anwesenheit mein Leben nicht mehr so bereicherte wie früher. Unser einstiges gegenseitiges Verhältnis, da jeder Gedanke, jeder Eindruck, den ich ihm nicht mitteilte, wie ein Verbrechen auf mir gelastet hatte und mir alles, was er tat oder sagte, als der Inbegriff der Vollkommenheit erschienen war, da wir oft genug, wenn wir einander ansahen, vor lauter Freude am liebsten gelacht hätten, dieses Verhältnis war so unmerklich einem anderen gewichen, daß wir es selbst nicht wahrgenommen hatten. Jeder von uns hatte nun seine eigenen Interessen und Sorgen, die wir nicht mehr zu gemeinsamen zu machen suchten. Uns störte nicht einmal mehr, daß jeder seine eigene, dem anderen fremde Welt hatte. Wir hatten uns an diesen Gedanken gewöhnt, und nach Ablauf eines Jahres empfanden wir auch keine Befangenheit mehr, wenn wir einander ansahen. Seine Ausbrüche von Fröhlichkeit und kindlicher Ausgelassenheit, die ihn früher in meiner Gegenwart oft erfaßt hatten, waren ebenso verschwunden wie seine Bereitschaft, alles zu verzeihen, und seine Gleichgültigkeit allem um ihn herum gegenüber, die mich einst so empört hatten. Auch sah er mich nie mehr mit jenem prüfenden Blick an, der mich früher verwirrt und erfreut hatte; von gemeinsamem Gebet, gemeinsamer Begeisterung konnte keine Rede mehr sein, ja wir sahen uns überhaupt kaum, da er ständig auf Reisen war, ohne davor zurückzuscheuen oder es gar zu bedauern, mich allein zu lassen; ich meinerseits nahm lebhaften Anteil am gesellschaftlichen Leben, wozu ich seiner nicht bedurfte.

Zu Szenen und Auseinandersetzungen kam es zwischen uns nicht mehr; ich war bemüht, ihm alles recht zu machen, und er erfüllte jeden meiner Wünsche, so daß man meinen konnte, wir hingen einander in Liebe an.

Waren wir, was selten genug vorkam, unter uns, so empfand ich durch seine Gegenwart weder Freude noch Erregung oder Verwirrung, es war nicht viel anders, als sei ich mit mir allein. Mir war sehr wohl klar, daß ich meinen Mann vor mir hatte, nicht irgendeinen Fremden, sondern einen guten Menschen, meinen Mann vor Gott und den Menschen, den ich kannte wie mich selbst. Ich war überzeugt, immer genau zu wissen, was er tun oder sagen, wie er etwas beurteilen würde, und wenn er es nicht tat oder eine andere Ansicht vertrat, als ich angenommen hatte, meinte ich schon, er sei es, der sich geirrt habe. Ich erwartete nichts von ihm. Mit einem Wort, er war mein Mann und nichts weiter. Ich glaubte sogar, es sei ganz in Ordnung, daß zwischen uns ein anderes Verhältnis nicht bestehen könne, ja nie bestanden habe. War er verreist, fühlte ich mich, besonders in der ersten Zeit, einsam, geriet in Angst und erkannte in seiner Abwesenheit noch deutlicher, welche Stütze er mir war und welchen Halt er mir bot; kehrte er zurück, fiel ich ihm vor Freude um den Hals, hatte diese Freude zwei Stunden später allerdings völlig vergessen und wußte nicht, worüber ich mich mit ihm unterhalten sollte. Nur in Augenblicken einer stillen, gemessenen Zärtlichkeit, die es zuweilen zwischen uns gab, schien es mir, daß irgend etwas nicht stimmte, irgend etwas mir das Herz beschwerte, und in seinen Augen glaubte ich das gleiche zu lesen. Ich spürte diese Grenze der Zärtlichkeit, die er jetzt anscheinend nicht mehr zu überschreiten wünschte und die ich nicht überschreiten konnte. Mitunter betrübte mich das, doch ich hatte keine Zeit, lange über irgend etwas nachzudenken, und bemühte mich, diesen Kummer über die undeutlich empfundene Veränderung durch Vergnügungen zu betäuben, an denen es mir nie mangelte. Das Leben in der vornehmen Gesellschaft, das mich anfangs durch seinen Glanz geblendet und meiner Eigenliebe geschmeichelt hatte, beherrschte meine Neigungen bald völlig; es war mir zur Gewohnheit geworden, hatte mir seine Fesseln angelegt und in meinem Herzen den Platz eingenommen, der eigentlich dem Gefühl gebührte. Ich war nie mehr allein mit mir und hatte Angst, über meine Lage nachzudenken. Vom späten Morgen bis in die späte Nacht war meine ganze Zeit in Anspruch genommen und gehörte nicht mir, selbst wenn ich nicht ausging. Daß das so war, freute mich zwar nicht, verdroß mich aber auch nicht; vielmehr schien es mir, als müsse es immer so und nicht anders sein.

So waren drei Jahre vergangen, während deren unser Verhältnis unverändert und gleichsam stehengeblieben war; es schien erstarrt zu sein und weder schlechter noch besser werden zu können. In diesen drei Jahren war es in unserem Familienleben zu zwei wichtigen Ereignissen gekommen, von denen aber keins mein Leben zu ändern vermochte. Es waren dies die Geburt meines ersten Kindes und der Tod Tatjana Semjonownas. In der ersten Zeit hatten mich die mütterlichen Empfindungen mit solcher Macht erfaßt und eine so unerwartete Begeisterung in mir hervorgerufen, daß ich schon glaubte, ein neues Leben werde für mich beginnen; nach Ablauf von zwei Monaten, als ich wieder auf Bälle und Gesellschaften ging, verflüchtigte sich dieses Gefühl mehr und mehr und wich der Gewohnheit und nüchternen Pflichterfüllung. Mein Mann hingegen war seit der Geburt unseres ersten Sohnes wieder ganz der alte – sanftmütig und ruhig wie früher, fühlte er sich zu Hause am wohlsten und übertrug seine ganze Zärtlichkeit und Fröhlichkeit jetzt auf das Kind. Oft, wenn ich im Ballkleid ins Kinderzimmer trat, um das Kind zur Nacht zu bekreuzigen, und meinen Mann dort antraf, spürte ich seinen gleichsam vorwurfsvollen und prüfenden Blick auf mich gerichtet und bekam Gewissensbisse.

Ich entsetzte mich dann plötzlich über meine Gleichgültigkeit gegen das Kind und fragte mich, ob ich wirklich schlechter sei als andere Frauen. Aber was soll ich denn tun? dachte ich. Ich liebe meinen Sohn, kann doch aber deshalb nicht den ganzen Tag über bei ihm sitzen und mich langweilen; verstellen werde ich mich auf keinen Fall. Der Tod seiner Mutter schmerzte meinen Mann sehr; es fiel ihm, wie er sagte, schwer, danach noch weiterhin in Nikolskoje zu leben, während ich mich, obwohl mir der Tod ebenfalls naheging und ich den Kummer meines Mannes nachempfinden konnte, auf dem Lande jetzt wohler und unbeschwerter fühlte. Diese ganzen drei Jahre hatten wir größtenteils in der Stadt zugebracht, aufs Land war ich in den ersten beiden Jahren nur für jeweils zwei Monate gekommen, und im dritten Jahr reisten wir dann ins Ausland.

Wir verlebten den Sommer in einem Kurort.

Ich zählte damals einundzwanzig Jahre, unsere pekuniären Verhältnisse dünkten mich glänzend, und vom Familienleben verlangte ich über das hinaus, was es mir gab, nichts weiter. Alle, die ich kannte, schienen mich gern zu haben; über meine Gesundheit konnte ich nicht klagen, meine Toiletten waren die schönsten im ganzen Kurort, ich wußte, daß ich gut aussah, das Wetter war ausgezeichnet, und eine Atmosphäre der Schönheit und Eleganz umgab mich. Mir war fröhlich zumute, wenn auch nicht so wie einst in Nikolskoje, als ich fühlte, daß mein Glück in mir selbst begründet, daß ich glücklich war, weil ich dieses Glück verdient hatte – ein Glück, das mir, so groß es auch sein mochte, dennoch unvollkommen erschien, so daß es mich noch nach mehr verlangte. Damals war es ein anders geartetes Glück gewesen; doch auch in diesem Sommer wähnte ich mich glücklich. Ich ersehnte und erhoffte nichts, fürchtete nichts, mein Leben schien mir ausgefüllt, mein Gewissen rein zu sein. Unter all den jungen Männern, die diese Saison hier im Bad verbrachten, war kein einziger, den ich vor den anderen irgendwie ausgezeichnet hätte, nicht einmal vor dem alten Fürsten K., unserem

Gesandten, der mir den Hof machte. Dieser war jung, jener alt, dieser ein blonder Engländer, jener ein Franzose mit einem Bärtchen, sie alle waren mir gleichgültig und doch auch wieder unentbehrlich. Sie alle bildeten die indifferente Masse, die für jene freudige Atmosphäre sorgte, die mich hier umgab. Lediglich einer von ihnen, der italienische Marchese D., fesselte durch die Kühnheit, mit der er seiner Bewunderung für mich Ausdruck gab, meine Aufmerksamkeit mehr als die anderen. Er versäumte keine Gelegenheit, in meiner Nähe zu sein, mit mir zu tanzen, auszureiten, im Kasino zusammenzutreffen und mir zu sagen, wie schön ich sei. Einige Male sah ich ihn vom Fenster aus in der Nähe unseres Hauses, und mitunter ließ mich der unangenehme, starre Blick seiner glänzenden Augen erröten und wegschauen. Er war jung und elegant, sah gut aus und glich, vor allem durch sein Lächeln und die Bildung seiner Stirn, meinem Mann, wenn er auch bedeutend schöner war als jener. Mich frappierte diese Ähnlichkeit, obgleich der Mund, der Blick und das längliche Kinn seinem Antlitz im ganzen statt des Ausdrucks von Güte und vollkommener Ruhe, der das Gesicht meines Mannes so anziehend machte, etwas Brutales, Animalisches verliehen. Ich glaubte damals, daß er mir in leidenschaftlicher Liebe zugetan sei, und gedachte seiner bisweilen mit stolzem Mitleid. Von Zeit zu Zeit suchte ich ihn zu besänftigen und ihn zu einem Ton halb freundschaftlicher, ruhiger Vertraulichkeit mir gegenüber zu bewegen, doch er wehrte diese Versuche nachdrücklich ab und beunruhigte mich auch weiterhin durch seine Leidenschaft, die zwar noch schlummerte, aber jeden Augenblick zum Ausbruch kommen konnte. Wenn ich es mir auch nicht eingestand, ich fürchtete diesen Menschen und mußte gegen meinen Willen oft an ihn denken. Mein Mann war mit ihm bekannt und gab sich ihm gegenüber noch kühler und hochmütiger als unseren anderen Bekannten gegenüber, für die er lediglich der Mann seiner Frau war. Gegen Ende der Saison erkrankte ich und mußte zwei Wochen lang das Bett hüten. Als ich zum erstenmal nach meiner Krankheit wieder zum allabendlichen Kurkonzert ging, erfuhr ich, daß inzwischen die seit langem erwartete und für ihre Schönheit berühmte Lady S. angekommen sei. Um mich bildete sich ein Kreis, und ich wurde freudig begrüßt, aber noch größer war der Kreis, der die neu angekommene Salonlöwin umgab. Alle um mich herum sprachen nur von ihr und ihrer Schönheit. Man zeigte sie mir, und sie war in der Tat wunderschön, obwohl mich der selbstgefällige Ausdruck ihres Gesichtes unangenehm berührte, woraus ich auch keinen Hehl machte. Ich fand an diesem Tag alles langweilig, was mir bis dahin so reizvoll erschienen war. Tags darauf arrangierte Lady S. einen Ausflug zu einem nahe gelegenen Schloß, von dem ich mich ausschloß. Kaum jemand blieb mit mir zurück, und alles um mich herum hatte sich in meinen Augen unwiderruflich verändert. Alles und alle kamen mir dumm und langweilig vor, ich war den Tränen nahe und hätte die Kur am liebsten vorzeitig beendet und so schnell wie möglich die Heimreise nach Rußland angetreten. In meinem Herzen regte sich ein ungutes Gefühl, aber noch gestand ich es mir nicht ein. Ich schützte eine Krankheit vor und ließ mich nicht mehr in der großen Gesellschaft sehen. Nur morgens ging ich hin und wieder aus, um allein meinen Brunnen zu trinken, oder unternahm mit Frau L. M., einer russischen Bekannten, Ausflüge in die Umgebung. Mein Mann weilte zu dieser Zeit nicht im Kurort; er war für ein paar Tage nach Heidelberg gefahren, wo er das Ende meiner Kur abwarten wollte, um dann mit mir die Heimreise nach Rußland anzutreten, und besuchte mich nur von Zeit zu Zeit.

Eines Tages animierte Lady S. die ganze Gesellschaft zu einem Jagdausflug, während Frau L. M. und ich uns vornahmen, am Nachmittag zum Schloß zu fahren. Während die Pferde unsere Kutsche im Schritt die gewundene, von jahrhundertealten Kastanien bestandene Chaussee bergan zogen und sich im Schein der untergehenden Sonne der Blick auf die schöne, reizvolle Umgebung Baden-Badens weiter und weiter öffnete, unterhielten wir uns ernsthaft, wie wir es noch nie getan hatten. Zum erstenmal gewann ich jetzt den Eindruck, daß Frau L. M., die ich schon seit langem kannte, eine gütige, kluge Frau sei, mit der man sich über alles unterhalten und ob deren Freundschaft man sich glücklich schätzen könne. Wir sprachen über Familie und Kinder, über die Leere des hiesigen Lebens; Sehnsucht nach Rußland und dem Leben auf dem Lande überkam uns, und es wurde uns wehmütig und wohl zugleich ums Herz. Noch ganz im Banne dieser ernsten Stimmung stehend, betraten wir das Schloß. In seinen Mauern war es schattig und frisch, oben um die Ruinen spielten die Strahlen der Sonne, und von irgendwoher drangen Schritte und Stimmen an unser Ohr. Vom Schloßportal aus, gleichsam eingerahmt vom Torbogen, bot sich unseren Blikken dieses wunderschöne, uns Russen jedoch kalt lassende Bild der Baden-Badener Landschaft dar. Wir setzten uns, um auszuruhen, und blickten schweigend auf die untergehende Sonne. Die Stimmen waren nun deutlicher zu hören, und mir kam es so vor, als sei mein Name gefallen. Ich lauschte unwillkürlich und vernahm ungewollt jedes Wort. Die Stimmen waren mir bekannt – sie gehörten dem Marchese D. und seinem Freund, einem Franzosen, den ich ebenfalls kannte. Sie sprachen über mich und Lady S. Der Franzose stellte Vergleiche zwischen ihr und mir an und maß die Schönheit der einen an der der anderen. Er sagte nichts Verletzendes, und doch schoß mir das Blut zum Herzen, als ich seine Worte hörte. Er ließ sich des langen und breiten darüber aus, was an mir und was an Lady S. schön sei. Ich hätte schon ein Kind, wogegen Lady S. erst neunzehn Jahre alt sei; mein Zopf sei schöner, dafür aber habe die Lady eine graziösere Figur; bei der Lady könne man von einer vollendeten Dame der großen Welt sprechen, während »Ihre Flamme«, wie er sich ausdrückte, »gewiß ganz nett, aber doch nur eine von diesen kleinen russischen Fürstinnen ist, die sich hier seit einiger Zeit so häufig ein Stelldichein geben«. Abschließend meinte er, ich wäre gut beraten, wenn ich nicht mit der Lady S. wetteifern würde, denn in Baden-Baden hätte ich endgültig ausgespielt.

»Sie tut mir leid.«

»Wenn es ihr nur nicht in den Sinn kommt, sich mit Ihnen trösten zu wollen«, fügte der Franzose mit fröhlichem, grausamem Lachen hinzu.

»Sollte sie abreisen, reise ich ihr nach«, sagte der andere mit rauhem italienischem Akzent.

»Glücklicher Sterblicher! Er kann noch lieben!« lachte der Franzose.

»Lieben!« meinte wieder der andere und schwieg eine Weile. »Ich muß einfach lieben, kann ohne Liebe nicht leben! Aus dem Leben ein Liebesabenteuer zu machen ist das einzige, wofür sich zu leben lohnt. Und da ich, wenn ich liebe, nie auf halbem Wege stehenbleibe, werde ich auch diese Affäre zu einem Ende bringen.«

»Bonne chance, mon ami!« entgegnete der Franzose.

Was sie noch sagten, konnten wir nicht mehr hören, weil sie um eine Ecke gebogen waren; ihre Schritte hallten nun von der anderen Seite zu uns herüber. Sie stiegen eine Treppe hinunter, und als sie wenige Augenblicke später aus einem Seitentor traten, waren sie höchlich verwundert, uns hier zu sehen. Ich errötete, als der Marchese D. auf mich zukam, und mir wurde angst und bange, als er mir beim Verlassen des Schlosses den Arm reichte. Ich konnte nicht gut ablehnen, und so folgten wir Frau L. M., die mit seinem Freund vorausging, zur Kutsche. Die Bemerkungen des Franzosen über mich hatten mich verletzt, obwohl ich mir eingestehen mußte, daß er nur ausgesprochen hatte, was ich selbst empfand; die Worte des Marchese hingegen hatten mich durch ihre Gefühllosigkeit verwundet und empört. Mich quälte der Gedanke, daß er ahnen mußte, daß ich seine Worte gehört hatte, und sich trotzdem nicht scheute, mir seine Begleitung anzutragen. Es widerstrebte mir, ihn so nahe neben mir zu wissen; und, ohne ihn anzusehen oder mich mit ihm zu unterhalten, eilte ich, bemüht, meinen Arm so zu halten, daß ich den seinen nicht spürte, Frau L. M. und dem Franzosen nach. Der Marchese ließ einige Bemerkungen über die schöne Aussicht, das unverhoffte Glück, mir hier begegnet zu sein, und anderes mehr fallen, aber ich hörte ihm gar nicht zu. Ich dachte unterdessen an meinen Mann und meinen Sohn, an Rußland; aus irgendeinem Grund war mir schwer ums Herz, empfand ich Bedauern und ein unbestimmtes Verlangen, und ich hatte es eilig, so schnell wie möglich nach Hause zu kommen, in mein einsames Zimmer im Hôtel de Bade, um in aller Ruhe zu überdenken, was eben jetzt in meiner Seele aufgestiegen war. Doch Frau L. M. ging langsam, bis zur Kutsche war es noch weit, und mein Begleiter verlangsamte, wie mir schien, beharrlich seine Schritte, offenbar in dem Versuch, mich zurückzuhalten. Das kann nicht sein! dachte ich und wollte entschlossen ein schnelleres Tempo anschlagen. Nun aber hielt er mich wirklich zurück, preßte sogar meinen Arm fester an sich. Frau L. M. war hinter einer Wegkehre verschwunden, und ich war jetzt ganz allein mit ihm. Mir wurde angst und bange.

»Entschuldigen Sie«, sagte ich kühl und wollte ihm meinen Arm entziehen, doch die Spitzen des Ärmels blieben an einem der Knöpfe seines Rockes hängen. Er beugte sich zu mir herab, begann die Spitzen loszunesteln, und seine Finger – er hatte die Handschuhe ausgezogen – berührten meinen Arm. Ein mir bis dahin unbekanntes Gefühl, eine Mischung aus Entsetzen und Wonne, bemächtigte sich meiner, und es lief mir dabei eiskalt den Rücken hinunter. Ich sah ihn an, um mit einem eisigen Blick die ganze Verachtung auszudrücken, die ich für ihn empfand; doch nicht das drückte mein Blick aus, sondern Schreck und Erregung. Seine funkelnden, feuchten Augen, gerade vor meinem Gesicht, blickten mich leidenschaftlich an, starrten auf meinen Hals, meine Brust, seine beiden Hände nestelten an meinem Arm über dem Handgelenk, seine geöffneten Lippen stammelten etwas, aus dem hervorging, daß er mich liebe, daß ich alles für ihn sei, und diese Lippen näherten sich mir unaufhaltsam, und seine heißen Hände preßten die meinen immer stärker zusammen. Wie Feuer rann es mir durch die Adern, mir wurde schwarz vor Augen, ich bebte, und die Worte, mit denen ich ihm Einhalt gebieten wollte, blieben mir im Halse stecken. Plötzlich spürte ich einen Kuß auf meiner Wange, und erschauernd und am ganzen Leibe zitternd, blieb ich stehen und sah ihn an. Außerstande, etwas zu sagen oder mich zu rühren, und von Entsetzen übermannt, erwartete ich irgend etwas, wünschte es förmlich herbei. All das währte nur einen Augenblick lang. Der aber war furchtbar! In diesem kurzen Augenblick sah ich ihn, sein Gesicht ganz deutlich: diese unter dem Strohhut vorschauende niedrige Stirn, die der meines Mannes so ähnlich war, diese schöne gerade Nase mit den geblähten Flügeln, diesen langen, nach oben gezwirbelten, pomadeglänzenden Schnurrbart samt Kinnbart, diese glattrasierten Wangen und den sonnengebräunten Hals. Ich haßte und fürchtete ihn – so zuwider war er mir; doch Erregung und Leidenschaft dieses mir verhaßten, fremden Menschen fanden in diesem Augenblick dennoch starken Widerhall in mir! Ich empfand das unwiderstehliche Verlangen, mich den Küssen dieses brutalen und doch schönen Mundes, den Umarmungen dieser weißen, feingeäderten, ringgeschmückten Hände hinzugeben. Es drängte mich mit aller Macht, mich Hals über Kopf in den lockenden Abgrund verbotener Genüsse zu stürzen, der sich da plötzlich vor mir aufgetan hatte ...

Ich bin so unglücklich, dachte ich, mag getrost noch mehr Ungemach über mich hereinbrechen.

Er schlang seinen Arm um mich und beugte sich zu meinem Gesicht herab. Nun denn, mag sich mehr und mehr Schande und Sünde auf mein Haupt häufen.

»Je vous aime«, flüsterte er mir zu, mit seiner Stimme, die der meines Mannes so sehr glich. Mir stieg die Erinnerung an meinen Mann und mein Kind auf, wie an zwei Wesen, die mir vor langer Zeit lieb und teuer gewesen waren und zu denen mir nun der Weg für immer versperrt war. Doch in diesem

Augenblick ertönte hinter der Wegbiegung hervor plötzlich die Stimme von Frau L. M., die nach mir rief. Ich kam zu mir, entriß dem Marchese meinen Arm und eilte, ohne mich nach ihm umzusehen, fast laufend Frau L. M. nach. Wir stiegen in die Kutsche, und da erst warf ich einen Blick auf ihn. Er lüftete den Hut und stellte mir lächelnd irgendeine Frage. Den unsäglichen Widerwillen, den ich in diesem Moment gegen ihn empfand, begriff er nicht.

Mein Leben kam mir so unglücklich, die Zukunft so hoffnungslos, die Vergangenheit so düster vor! Frau L. M. unterhielt sich mit mir, aber ich verstand ihre Worte nicht. Ich hatte das Gefühl, daß sie nur aus Mitleid mit mir redete, um zu verbergen, welche Verachtung ich ihr einflößte. Aus jedem ihrer Worte, jedem ihrer Blicke schien mir diese Verachtung, dieses verletzende Mitleid zu sprechen. Wie ein Schandmal brannte mir der Kuß des Marchese auf der Wange, und der Gedanke an meinen Mann, an mein Kind war mir unerträglich. Als ich wieder allein in meinem Zimmer war, hoffte ich, meine Lage in Ruhe überdenken zu können, aber mir wurde angst und bange so allein. Ich trank den Tee, den man mir serviert hatte, nicht aus und begann, ohne selbst zu wissen warum, in fieberhafter Eile die Koffer zu packen, um noch den Abendzug zu erreichen, der mich zu meinem Mann nach Heidelberg bringen sollte.

Als ich mit meiner Zofe in einem leeren Coupé Platz genommen hatte, der Zug anfuhr und mir durchs Fenster der frische Fahrtwind entgegenwehte, kam ich nach und nach wieder zu mir und war nun fähig, eine klarere Vorstellung von meinem bisherigen und meinem zukünftigen Leben zu gewinnen. Mein ganzes Eheleben seit dem Tag unserer Übersiedlung nach Petersburg erschien mir plötzlich in neuem Licht, und mein Gewissen regte sich. Zum erstenmal erinnerte ich mich lebhaft an die erste Zeit unseres Zusammenlebens auf dem Lande, dachte an die Pläne zurück, die wir geschmiedet hatten, und zum erstenmal stellte ich mir die Frage, welche Freuden denn mein Mann während dieser ganzen Zeit gehabt hatte. Ich fühlte mich ihm gegenüber schuldig. Doch warum hat er mich nicht zurückgehalten, warum hat er sich mir gegenüber verstellt, warum jede Aussprache vermieden und mich gekränkt? fragte ich mich. Warum hat er die Macht, die ihm unsere Liebe über mich gab, nicht ausgenutzt? Oder hat er mich gar nicht geliebt? Doch wie schuldig er auch sein mochte, der Kuß des fremden Mannes brannte immer noch auf meiner Wange, und ich konnte ihn nicht ungeschehen machen. Je näher der Zug Heidelberg kam, um so deutlicher stellte ich mir meinen Mann vor, und um so mehr bangte mir vor dem bevorstehenden Wiedersehen. Ich werde ihm alles, alles gestehen und Tränen der Reue vor ihm vergießen, dachte ich, und er wird mir verzeihen. Ich wußte freilich selbst nicht, was ich ihm alles gestehen würde, und glaubte ebensowenig, daß er mir verzeihen würde.

Als ich dann aber zu meinem Mann ins Zimmer trat und sein ruhiges, wenn auch erstaunt wirkendes Gesicht sah, fühlte ich sogleich, daß ich ihm nichts zu sagen, nichts zu gestehen oder abzubitten hatte. Mein Kummer und meine Reue mußten unausgesprochen in mir bleiben.

»Wie bist du nur auf diesen Einfall gekommen?« fragte er. »Gerade morgen wollte ich zu dir fahren.« Doch nach einem aufmerksamen Blick in mein Gesicht schien er zu erschrekken. »Was hast du? Was ist mit dir?« forschte er.

»Nichts«, gab ich, nur mit Mühe die Tränen unterdrükkend, zur Antwort. »Ich fahre nur nicht mehr zurück. Meinetwegen können wir schon morgen die Heimreise nach Rußland antreten.«

Eine ganze Weile sah er mich prüfend an, ohne ein Wort zu sagen.

»Erzähle mir doch, was geschehen ist«, drang er dann in mich.

Ich errötete unwillkürlich und schlug die Augen nieder. Das Blitzen seiner Augen zeugte davon, daß er gekränkt und zornig war. Ich erschrak, als ich mir vorstellte, welche Gedanken ihm kommen mochten, und mit einer Heuchelei, die ich bei mir selbst nicht für möglich gehalten hätte, entgegnete ich:

»Gar nichts ist geschehen, mir war allein nur so langweilig und wehmütig zumute, und ich habe viel über unser Leben und über dich nachgedacht. Schon so lange fühle ich mich dir gegenüber schuldig! Warum unternimmst du mit mir Reisen, die du gar nicht machen möchtest? So lange schon fühle ich mich dir gegenüber schuldig«, wiederholte ich, und abermals schossen mir Tränen in die Augen. »Laß uns aufs Land zurückkehren, und für immer.«

»Ach, meine Liebe, verschone mich mit rührseligen Szenen«, sagte er in kühlem Ton. »Daß du aufs Land zurück möchtest, ist ja sehr schön, zumal uns allmählich auch das Geld ausgeht; aber daß es für immer sein wird, ist nur ein Wunschtraum. Ich weiß, du wirst nicht lange am Landleben Gefallen finden. Und nun solltest du erst einmal Tee trinken, das dürfte gescheiter sein«, schloß er und stand auf, um dem Kellner zu klingeln.

Ich stellte mir alles vor, was er über mich denken mochte, und fühlte mich gekränkt durch die abscheulichen Gedanken, die ich ihm zutraute, als ich seinem auf mich gerichteten unsicheren und gleichsam beschämten Blick begegnete. Nein! Er will und kann mich nicht verstehen, dachte ich. Unter dem Vorwand, nach unserem Kind sehen zu wollen, ging ich aus dem Zimmer. Es verlangte mich danach, allein zu sein und zu weinen, weinen, weinen ...

9

Das seit langem nicht geheizte verwaiste Haus in Nikolskoje belebte sich aufs neue, doch was einst darin lebendig war, lebte nicht wieder auf. Die Mama weilte nicht mehr unter uns, und so standen wir beide uns nun allein gegenüber. Jetzt brauchten wir die Einsamkeit nicht mehr, im Gegenteil, sie bedrückte uns. Der Winter verlief für mich um so schlimmer, als ich erkrankte und erst nach der Geburt unseres zweiten

Sohnes wieder etwas zu Kräften kam. Zwischen meinem Mann und mir bestand auch weiterhin das gleiche kühlfreundschaftliche Verhältnis wie während unseres Aufenthalts in der Stadt, doch hier auf dem Lande erinnerte mich jedes Dielenbrett, jede Wand, jedes Sofa daran, was er einmal für mich gewesen war und was ich verloren hatte. Es war, als stünde zwischen uns eine nicht verziehene Kränkung, als wollte er mich für irgend etwas bestrafen und stellte sich, als ob er es selbst nicht bemerkte. Es gab nichts, wofür ich hätte um Verzeihung, um Nachsicht bitten können; er bestrafte mich nur dadurch, daß er sich mir nicht ganz, nicht mit ganzer Seele hingab wie früher; doch auch niemand und nichts anderem öffnete er seine Seele, so daß es den Anschein hatte, als habe er gar keine mehr. Mitunter glaubte ich schon, er verstelle sich nur, um mich zu quälen, obwohl seine früheren Empfindungen für mich in ihm noch lebendig seien, und so bemühte ich mich, diese wieder zu wecken. Doch jedesmal schien er einer offenen Aussprache absichtlich aus dem Wege zu gehen, als habe er mich in Verdacht, nur zu heucheln, und scheute jede Empfindsamkeit wie etwas Lächerliches. Sein Blick und sein Ton besagten: Ich weiß alles, weiß alles, du brauchst gar nichts zu sagen; alles, was du sagen willst, weiß ich ohnehin. Ich weiß auch, daß du das eine sagen und das andere tun wirst . . . Anfangs kränkte mich seine Furcht vor einer offenen Aussprache, doch nach und nach gewöhnte ich mich an den Gedanken, daß es bei ihm nicht mangelnde Offenheit war, sondern daß er einfach kein Bedürfnis nach Offenherzigkeit verspürte. Ich hätte mir jetzt auch eher die Zunge abgebissen, als ihm unvermittelt zu sagen, daß ich ihn liebe, oder ihn zu bitten, mit mir zu beten, oder ihn aufzufordern, sich mein Klavierspiel anzuhören. Zwischen uns hatten sich gewisse Anstandsrücksichten ausgeprägt. Jeder von uns lebte sein eigenes Leben. Er hatte seine Tätigkeit, an der ich keinen Anteil mehr nahm und auch gar nicht nehmen wollte, während ich untätig in den Tag hineinlebte, was ihn nicht kränkte und betrübte wie einst. Die Kinder waren noch zu klein, um ein Band zwischen uns zu knüpfen.

Dann aber wurde es Frühling. Katja und Sonja kamen für den Sommer aufs Land, und da unser Haus in Nikolskoje umgebaut werden sollte, übersiedelten wir nach Pokrowskoje. Dort war alles noch wie früher: das alte Haus mit seiner Terrasse, mit dem Ausziehtisch, dem Klavier in dem hellen Salon, meinem ehemaligen Zimmer mit den weißen Vorhängen und meinen gleichsam darin vergessenen Mädchenträumen. In diesem Stübchen standen zwei kleine Betten – in dem einen, das einst mir gehört hatte, lag, Ärmchen und Beinchen weit von sich gestreckt, der rundliche Kokoscha, wenn ich ihn abends bekreuzigte, in dem anderen schaute Wanjas Gesichtchen aus dem Steckkissen hervor. Hatte ich die Kinder bekreuzigt, blieb ich oft in der Mitte des stillen Stübchens stehen, und auf einmal stiegen aus allen Winkeln, von Wänden und Vorhängen die alten, vergessenen Traumbilder meiner Jugendzeit auf. Mir war, als hörte ich wieder die Lieder meiner Mädchenjahre. Wohin sind diese Traumbilder, diese lieblichen, innigen Lieder entschwunden? Alles, was ich kaum zu hoffen gewagt habe, ist in Erfüllung gegangen. Die unklaren, verschwommenen Traumgebilde sind Wirklichkeit geworden; diese Wirklichkeit aber bedeutet ein schweres, niederdrückendes und freudloses Leben. Alles ist noch so wie einst: der Blick aus dem Fenster in den Garten, der kleine Platz vor dem Haus, der Weg, die Bank dort oberhalb der Schlucht, das Schlagen der Nachtigallen, das vom Teich zu mir herüberschallt, die in voller Blüte stehenden Fliedersträucher, der Mond über dem Haus – und doch hat sich alles so erschreckend, so unerträglich verändert! Dahin ist alles, was so schön hätte sein können und so zum Greifen nahe schien! Wie in alten Zeiten sitzen Katja und ich im Wohnzimmer beisammen, unterhalten uns und sprechen auch von ihm. Aber Katjas Gesicht hat Sorgenfalten bekommen und eine gelbliche Färbung angenommen, ihre Augen strahlen nicht mehr freudig und hoffnungsvoll, sondern drücken Kummer und Mitgefühl aus. Wir loben ihn nicht mehr über den grünen Klee wie einst, sondern gehen hart mit ihm ins Gericht; wir geben nicht mehr unserer Verwunderung darüber Ausdruck, warum und wofür uns ein solches Glück vergönnt sei, und haben nicht wie früher das Bedürfnis, aller Welt zu erzählen, was wir denken. Nein, wie Verschwörerinnen tuscheln wir miteinander und stellen uns gegenseitig zum hundertstenmal die Frage, weshalb sich alles so zum Traurigen gewandelt habe. Äußerlich ist mein Mann immer noch derselbe; nur die Falte zwischen den Brauen ist tiefer geworden, das Haar an den Schläfen stärker ergraut und der prüfende, aufmerksame Blick immer wie von einer Wolke umflort, wenn er ihn auf mich richtet. Auch ich scheine mich kaum verändert zu haben, aber ich empfinde weder Liebe noch den Wunsch nach ihr. Ich fühle kein Bedürfnis, mich irgendwie zu betätigen, bin unzufrieden mit mir selbst. So weit zurückliegend und unbegreiflich kommen mir nun meine frühere religiöse Verzückung, meine Liebe zu ihm und die einstige Fülle des Lebens vor. Ich hätte jetzt kein Verständnis mehr für das, was mir ehedem so klar, so recht und billig erschienen ist – das Glück, für einen anderen zu leben. Warum für einen anderen, wo mir ja nicht einmal um meiner selbst willen etwas am Leben liegt?

Die Musik hatte ich seit unserer Übersiedlung nach Petersburg ganz aufgegeben; nun aber, da ich das alte Klavier und die alten Noten sah, bekam ich wieder Lust zum Spielen.

Eines Tages fühlte ich mich nicht wohl und blieb daher allein zu Hause, während Katja und Sonja mit meinem Mann nach Nikolskoje fuhren, um sich den neuen Bau anzusehen. Der Teetisch war gedeckt, ich ging hinunter und setzte mich, um mir die Zeit bis zu ihrer Rückkehr zu vertreiben, ans Klavier. Ich schlug das Notenheft bei der Sonate quasi una fantasia auf und begann zu spielen. Niemand war zu sehen und zu hören, die Fenster zum Garten standen offen, und die vertrauten wehmütig-feierlichen Klänge ertönten im Zimmer. Ich hatte den ersten Satz beendet und blickte nun völlig unbewußt, aus alter Gewohnheit, zu dem Winkel hinüber, in dem er einst, wenn er meinem Spiel lauschte, zu sitzen pflegte. Doch er war nicht da; der lange nicht benutzte Stuhl stand in seiner Ecke; vom Fenster aus konnte ich vor dem Hintergrund des hellen Himmels, an dem eben die Sonne unterging, einen Fliederbusch sehen, und frische Abendluft strömte durch die geöffneten Fenster herein. Ich stützte mich mit beiden Ellenbogen aufs Klavier, vergrub das Gesicht in den Händen und versank in Nachdenken. Lange saß ich so da, dachte wehmütig an Altes, unwiederbringlich Verlorenes zurück und suchte zaghaft etwas Neues zu ersinnen. Doch die Zukunft schien mir nichts zu verheißen, wie es auch nichts mehr zu geben schien, was ich mir wünschen und erhoffen konnte. Habe ich mein Leben wirklich schon gelebt? fragte ich mich entsetzt; ich hob den Kopf und begann, um zu vergessen und nicht weiter darüber nachzugrübeln, wieder zu spielen, und abermals dasselbe Andante. Mein Gott, dachte ich, vergib mir, wenn ich Schuld auf mich geladen habe, gib mir all das zurück, was in meinem Herzen so schön war, oder lehre mich, was ich tun soll! Wie soll ich jetzt leben? ... Auf dem Weg war Räderrollen zu hören, und vor der Freitreppe und auf der Terrasse wurden vertraute behutsame Schritte vernehmbar, die gleich wieder verstummten. Doch der Klang dieser vertrauten Schritte fand bei mir nicht mehr den einstigen Widerhall. Als ich geendet hatte, ertönten die Schritte hinter mir, und eine Hand legte sich mir auf die Schulter.

»Wie schön von dir, diese Sonate zu spielen«, sagte er.

Ich schwieg.

»Hast du schon Tee getrunken?«

Ich schüttelte den Kopf, drehte mich aber nicht zu ihm um, denn er sollte die Spuren der Erregung nicht sehen, die noch von meinem Gesicht abzulesen waren.

»Katja und Sonja werden auch gleich hier sein«, sagte er. »Das Pferd hat gescheut, und jetzt kommen sie von der Landstraße zu Fuß her.«

»Dann wollen wir auf sie warten«, versetzte ich und ging auf die Terrasse hinaus, in der Hoffnung, daß er mir folgen werde; doch er erkundigte sich nach den Kindern und ging zu ihnen. Seine Gegenwart, seine Stimme, die so natürlich und gütig klang, machten mich wieder in der Überzeugung irre, daß ich etwas für immer verloren hätte. Was bleibt mir noch zu wünschen übrig? dachte ich. Er ist gütig, sanftmütig, ein Ehemann und Vater, wie er im Buche steht, was will ich mehr? Ich trat auf die Terrasse hinaus und setzte mich unter die Markise, auf dieselbe Bank, auf der ich an dem Tag gesessen hatte, an dem er mir seine Liebeserklärung machte. Die Sonne war schon untergegangen, es begann zu dämmern, eine kleine dunkle Frühlingswolke hing über Haus und Garten, und nur hinter den Bäumen schaute noch ein heller Himmelsstreif hervor, an dem im erlöschenden Abendrot soeben ein Sternlein aufgeleuchtet war. Über allem stand der Schatten der leichten Wolke, und es war, als wartete alles auf einen sanften Frühlingsregen. Der Wind hatte sich gelegt, kein Blatt, kein Grashalm regte sich; der den Fliederbüschen und Faulbeerbäumen entströmende Duft war so intensiv, als ob die Luft blühte, und breitete sich, bald stärker, bald schwächer werdend, im Garten und auf der Terrasse aus, so daß man am liebsten die Augen geschlossen hätte, um nichts zu sehen, zu hören oder wahrzunehmen als diesen betörenden Duft. Die noch nicht aufgeblühten Georginen und Rosensträucher ragten regungslos über ihrer Rabatte mit dem umgegrabenen schwarzen Boden empor und schienen an ihren weißen frisch gehobelten Stützen langsam in die Höhe zu wachsen. In der Schlucht quakten die Frösche aus Leibeskräften, einmütig und durchdringend, als wüßten sie, daß der Regen, der sie ins Wasser treiben würde, kurz bevorstand. Ein feines ununterbrochenes Tönen, das aus dem Wasser zu kommen schien, vermischte sich mit diesem Froschgequake. Die Nachtigallen riefen einander zu, und es war zu hören, wie sie aufgeregt von einer Stelle zur anderen flogen. Auch in diesem Frühjahr hatte eine Nachtigall versucht, im Gebüsch unter dem Fenster ihr Nest zu bauen, und als ich auf die Terrasse trat, hörte ich, wie sie über die Allee hinausflog und dort einen einzigen Triller ausstieß, um, gleichsam in Erwartung einer Antwort, sofort wieder zu verstummen.

Vergebens suchte ich mich zu beruhigen; irgend etwas erwartete ich, irgend etwas machte mich traurig.

Mein Mann kam aus dem oberen Stock zurück und setzte sich neben mich.

»Es sieht so aus, als ob unsre beiden naß werden«, sagte er.

»Ja«, erwiderte ich, und beide schwiegen wir lange.

Bei völliger Windstille sank die Wolke tiefer und tiefer zur Erde herab. Alles um uns her war verstummt, kein Lüftchen regte sich, immer stärker wurde der betörende Duft, und da fiel plötzlich ein Regentropfen auf die Markise der Terrasse, um gleich wieder zurückzufedern, ein zweiter zerschellte auf dem Kies des Weges; schwere Tropfen klatschten geräuschvoll auf die Klettenblätter, und nun setzte ein erfrischender Regen ein, der immer stärker wurde. Nachtigallen und Frösche waren völlig verstummt, nur das feine, aus dem Wasser aufsteigende Tönen, das nun beim Regen freilich weiter weg zu sein schien, lag noch immer in der Luft, und ein Vogel, der augenscheinlich nahe der Terrasse im dürren Laub Zuflucht gesucht hatte, stieß in regelmäßigen Abständen seine monotonen, nur zwei Töne umfassenden Pfiffe aus. Mein Mann stand auf und wandte sich zum Gehen.

»Wohin willst du?« fragte ich, ihn zurückhaltend. »Hier ist es so schön.«

»Ich muß ihnen Regenschirm und Überschuhe entgegenschicken«, entgegnete er.

»Nicht nötig, es wird gleich aufhören zu regnen.«

Er pflichtete mir bei, und beide blieben wir am Geländer der Terrasse stehen. Ich stützte mich mit einer Hand auf den nassen, glatten Querbalken und beugte den Kopf über die Brüstung. Der erfrischende Regen benetzte mir Haar und Nacken. Immer heller und kleiner werdend, entleerte sich die Wolke über uns; das gleichmäßige Rauschen des Regens wurde durch das Aufklatschen einzelner Tropfen abgelöst, die von oben und von den Blättern herabfielen. Unten hoben wieder die Frösche zu quaken an, die Nachtigallen begannen zu schlagen und ließen bald von der einen, bald von der anderen Seite ihre Stimmen aus dem nassen Gebüsch erschallen. Alles vor uns hatte sich aufgehellt.

»Wie schön!« entfuhr es ihm. Er setzte sich aufs Geländer und strich mir mit der Hand über das nasse Haar.

Diese einfache Liebkosung wirkte auf mich wie ein Vorwurf, am liebsten hätte ich geweint.

»Und was braucht der Mensch noch mehr?« sagte er. »Ich bin jetzt so zufrieden, daß mir nichts zu wünschen übrig bleibt, bin restlos glücklich!«

Früher einmal hast du anders über dein Glück zu mir gesprochen, dachte ich. Wie groß es auch sein mochte, du erklärtest, dich verlange immer noch nach mehr. Nun aber bist du ruhig und zufrieden, während mir das Herz schwer ist von unausgesprochener Reue und ungeweinten Tränen.

»Auch ich kann mich nicht beklagen«, sagte ich, »aber gerade weil alles um mich her so schön ist, macht mich irgend etwas traurig. Alles in mir ist derart zerrissen, ich fühle mich nicht ausgefüllt und spüre ein undeutliches Verlangen, wo es hier doch so schön und ruhig ist. Mischt sich denn nicht auch bei dir in die Freude über die Natur eine gewisse Wehmut, als wolltest du etwas Unerfüllbares und trauertest der Vergangenheit nach?«

Er nahm die Hand von meinem Kopf und schwieg eine Weile.

»Ja, einstmals hatte auch ich ähnliche Empfindungen, besonders im Frühling«, sagte er zögernd, als suche er sich an etwas zu erinnern. »Auch ich habe Nächte durchwacht und Wünsche und Hoffnungen genährt, und es waren schöne Nächte! ... Doch damals hatte ich alles noch vor mir, jetzt liegt es hinter mir; jetzt bin ich mit allem zufrieden, wie es ist, und fühle mich wohl dabei«, schloß er mit so überzeugtem, gleichmütigem Ton, daß ich, so sehr es mich auch schmerzte, das zu hören, nicht daran zweifeln konnte, daß er die Wahrheit sprach.

»Wünschst du dir denn überhaupt nichts?« fragte ich.

»Nichts Unmögliches«, gab er, der ahnen mochte, wie es in mir aussah, zur Antwort. »Dein Kopf wird ganz naß«, fügte er hinzu und strich mir wieder übers Haar, als liebkoste er ein Kind. »Du beneidest die Blätter und das Gras darum, daß der Regen sie netzt, würdest am liebsten selbst ein Blatt, ein Grashalm, der Regen sein. Ich aber erfreue mich nur an ihnen wie an allem auf Erden, was schön, jung und glücklich ist.«

»Und tut es dir um nichts leid, was vergangen ist?« drang ich in ihn und fühlte, daß mir immer schwerer ums Herz wurde.

Er versank wieder in Gedanken und schwieg eine Weile. Ich spürte, daß er sich bemühte, völlig aufrichtig zu antworten.

»Nein!« entgegnete er dann kurz.

»Das ist nicht wahr, nicht wahr!« stieß ich hervor, während ich mich zu ihm umwandte und ihm in die Augen blickte. »Du trauerst dem Vergangenen nicht nach?«

»Nein!« sagte er noch einmal. »Ich bin dankbar für alles, was gewesen ist, aber ich trauere ihm nicht nach.«

»Wünschst du denn nicht, das Vergangene zurückzuholen?« fragte ich.

»Ich wünsche es nicht, ebensowenig wie ich wünsche, daß mir Flügel wachsen«, sagte er. »Es ist unmöglich!«

»Und hast du an dem, was gewesen ist, nichts zu bemängeln? Machst du dir oder mir keine Vorwürfe?«

»Niemals! Es war alles zu unserem Besten.«

»Höre!« sagte ich und berührte seinen Arm, damit er sich zu mir umwandte. »Höre, warum hast du mir nie gesagt, ich solle so leben, wie du es wünschtest? Warum hast du mir immer die Freiheit gelassen, die ich nicht zu nutzen verstand? Warum hast du aufgehört, mich zu belehren? Wenn du nur gewollt, wenn du mich anders geleitet hättest, wäre es nie und nimmer dazu gekommen«, sagte ich in einem Ton, in dem statt der früheren Liebe immer stärker kalter Ärger und Vorwurf anklangen.

»Wozu wäre es nicht gekommen?« fragte er verwundert und drehte sich zu mir um. »Es ist doch auch so nichts. Alles ist doch gut. Sehr gut sogar«, fügte er lächelnd hinzu.

Versteht er wirklich nicht oder, schlimmer noch, will er nicht verstehen? fragte ich mich, und Tränen traten mir in die Augen.

»Es wäre nicht dazu gekommen, daß du mich, die ich mir dir gegenüber keiner Schuld bewußt bin, mit deiner Gleichgültigkeit, ja Verachtung strafst«, stieß ich hervor. »Es wäre nicht dazu gekommen, daß du mir, ohne daß mich irgendeine Schuld trifft, auf einmal alles genommen hast, was mir lieb und teuer war.«

»Was redest du denn da, mein Herz!« fragte er, als ob er nicht verstünde, was ich sagte.

»Nein, laß mich ausreden ... Du hast mir dein Vertrauen, deine Liebe, selbst deine Achtung entzogen; denn danach, wie wir früher zueinander standen, vermag ich nicht zu glauben, daß du mich jetzt noch liebst. Nein, ich muß mir alles von der Seele reden, was mich schon so lange quält«, fiel ich ihm wieder ins Wort. »Bin ich denn schuld daran, daß ich das Leben nicht kannte und du es mir allein überließest, mich in ihm zurechtzufinden? ... Bin ich denn schuld daran, daß du mich nun, da ich selbst eingesehen habe, was Rechtens ist, da ich mich bald ein Jahr abmühe, wieder zu dir zu finden, zurückstößt, als ob du nicht verstündest, was ich will – und all das in einer Weise, daß man dir keinen Vorwurf machen kann, ich hingegen als Schuldige dastehe und unglücklich bin?! Ja, du willst mich wieder in jenes Leben hinaustreiben, das dein und mein Verderben hätte werden können.«

»Aber was habe ich denn nur getan, daß du zu dieser Ansicht kommst?« fragte er verwundert und ehrlich erschrocken.

»Hast du nicht erst gestern gesagt, und wiederholst du es nicht ständig, daß ich mich hier nicht einleben würde und daß wir zum Winter wieder nach Petersburg übersiedeln müßten, das mir verhaßt ist?« fuhr ich fort. »Statt mir zur Seite zu stehen, gehst du jeder Aussprache aus dem Wege und vermeidest mir gegenüber jedes aufrichtige, zärtliche Wort. Und dann, wenn ich vollends gestrauchelt bin, wirst du mir Vorwürfe machen und dich freuen, daß ich gefallen bin.«

»Hör auf, hör auf«, sagte er in strengem, kühlem Ton. »Was du da sagst, ist nicht schön. Es beweist nur, daß du gegen mich eingenommen bist, daß du mich nicht ...«

»Daß ich dich nicht liebe? Sprich es ruhig aus! Sprich es aus!« unterbrach ich ihn, und Tränen stürzten mir aus den Augen. Ich setzte mich auf die Bank und bedeckte das Gesicht mit dem Taschentuch.

So also hat er mich verstanden! dachte ich, bestrebt, das Schluchzen, das mich schüttelte, zu unterdrücken. Es ist aus mit unserer einstigen Liebe, aus und vorbei, sprach eine Stimme in meinem Herzen. Er trat nicht auf mich zu, tröstete mich nicht. Was ich gesagt hatte, mußte ihn zutiefst verletzt haben. Seine Stimme klang ruhig und kalt.

»Ich weiß nicht, was du mir vorwirfst«, begann er abermals. »Wenn es darum geht, daß ich dich nicht mehr so liebe wie früher ...«

»Liebe!« sagte ich ins Taschentuch hinein, und noch reichlicher ergossen sich meine bitteren Tränen darauf.

»Dann sind die Zeit und wir selbst daran schuld. Jede Zeit hat ihre Liebe ...« Er schwieg eine Weile. »Und soll ich dir die volle Wahrheit sagen, wenn es dich schon nach Offenheit verlangt? Ebenso wie ich in jenem Jahr, als ich dich gerade erst näher kennengelernt hatte, schlaflose Nächte verbrachte, in denen meine Gedanken nur um dich kreisten und ich mir meine Liebe selbst erschuf, die dann in meinem Herzen immer mehr erstarkte, ebenso habe ich in Petersburg und im Ausland nachts oft kein Auge zugetan und mich damit beschäftigt, diese Liebe, die mich quälte, wieder zu zerbrechen und zu zerstören. Nicht die Liebe selbst, sondern nur das, was mich daran quälte, und nun, da ich wieder ruhiger bin, liebe ich dich trotz allem, wenn meine Liebe jetzt auch von ganz anderer Art ist.«

»Ja, du nennst das Liebe, während es doch eine Qual ist«, entgegnete ich. »Warum hast du mir erlaubt, in der vornehmen Gesellschaft zu verkehren, wenn sie dir so verderblich schien, daß du ihretwegen aufgehört hast, mich zu lieben?«

»Nicht der vornehmen Gesellschaft wegen, meine Liebe«, sagte er.

»Warum hast du nicht deine Macht gebraucht«, fuhr ich fort, »mich nicht gefesselt, nicht getötet? Dann wäre ich besser daran als jetzt, nachdem ich alles verloren habe, was einmal mein Glück ausmachte, mir wäre wohl zumute, und ich brauchte mich nicht zu schämen.«

Wieder brach ich in Schluchzen aus und schlug die Hände vors Gesicht.

In diesem Augenblick kamen Katja und Sonja, fröhlich und durchnäßt, unter angeregtem Geplauder und lautem Lachen, auf die Terrasse; doch als sie unser ansichtig wurden, verstummten sie und zogen sich sogleich zurück.

Wir schwiegen lange, nachdem sie gegangen waren; ich weinte mich aus, und mir wurde leichter ums Herz. Ich blickte zu ihm hinüber. Den Kopf in die Hände gestützt, saß er da; als Antwort auf meinen Blick schien er etwas sagen zu wollen, stieß aber nur einen schweren Seufzer aus und verharrte in seiner früheren Stellung.

Ich trat auf ihn zu und zog ihm die Hände vom Gesicht. Nachdenklich sah er mich an.

»Ja«, sagte er schließlich, gleichsam seinen Gedankengang von vorhin weiterführend. »Für jeden von uns, besonders aber für euch Frauen, ist es unumgänglich, alle Unsinnigkeiten des Lebens selbst durchzumachen, um zum Leben selbst zurückzukehren; auf andere darf man sich dabei nicht verlassen. Du hattest damals noch längst nicht jene reizende, von liebenswertem Unsinn ausgefüllte Lebensphase, in der ich dich so bewunderte, hinter dir; und so überließ ich es dir, sie zu überstehen, und fühlte, daß ich nicht das Recht hatte, dir Beschränkungen aufzuerlegen, obwohl diese Zeit für mich schon längst vorüber war.«

»Warum hast du denn untätig zugesehen, als ich mich an diesen Unsinnigkeiten beteiligte, wenn du mich doch liebtest?« fragte ich.

»Weil du, selbst wenn du gewollt hättest, mir nicht hättest glauben können; du mußtest deine Erfahrungen selbst machen, und du hast sie gemacht.«

»Du hast immer nur Überlegungen angestellt, viel zu viele Überlegungen«, sagte ich. »Geliebt hast du zu wenig.«

Wieder schwiegen wir eine Weile.

Plötzlich erhob er sich und begann auf der Terrasse auf und ab zu gehen. »Es ist grausam, was du da gerade gesagt hast, aber es stimmt«, gab er zu. »Ja, es stimmt. Ich war schuld!« fügte er hinzu und blieb vor mir stehen. »Entweder hätte ich ganz auf die Liebe zu dir verzichten oder dich einfacher, natürlicher lieben müssen.«

»Wir wollen alles vergessen«, schlug ich zaghaft vor.

»Nein, was einmal war, das kehrt nicht wieder, das kann man nie zurückholen«, entgegnete er, und seine Stimme nahm bei diesen Worten einen sanften Klang an.

»Es ist schon wiedergekehrt«, sagte ich und legte ihm die Hand auf die Schulter.

Er nahm meine Hand und drückte sie.

»Nein, ich habe die Unwahrheit gesprochen, als ich behauptete, ich trauerte der Vergangenheit nicht nach. Ich trauere, ich weine jener verflossenen Liebe nach, die dahin ist, unwiederbringlich dahin. Wer schuld daran ist? Ich weiß es nicht. Eine Liebe ist geblieben, aber nicht die von einst, geblieben auch ihr Platz, doch saft- und kraftlos ist sie geworden, gleichsam aufgezehrt, und geblieben sind die Erinnerungen und die Dankbarkeit, aber ...«

»Sprich nicht so ...«, unterbrach ich ihn. »Es soll alles wieder werden wie einst ... Das wäre doch möglich, nicht wahr?« fragte ich und sah ihm in die Augen. Doch seine

Augen blickten klar und ruhig und versenkten sich nicht in die meinen.

Während ich noch sprach, fühlte ich bereits, daß das, was ich wünschte und worum ich ihn bat, unmöglich war. Er lächelte – ein ruhiges, mildes und, wie mir schien, fast greisenhaft mildes Lächeln.

»Wie jung du doch noch bist, und wie alt ich«, sagte er. »Was du suchst, ist nicht mehr in mir, wozu sich etwas vormachen?« fügte er immer noch lächelnd hinzu.

Ich stand stumm neben ihm, und mir wurde ruhiger ums Herz.

»Wie wollen uns nicht bemühen, das Leben zu wiederholen«, fuhr er fort, »wir wollen uns nicht selbst belügen. Und Gott sei gedankt, daß es die früheren Sorgen und Aufregungen nicht mehr gibt! Wir brauchen nichts mehr zu suchen. Wir haben es schon gefunden und dürfen mit dem Glück, das uns zuteil geworden ist, wohl zufrieden sein. Jetzt müssen wir uns langsam zurückziehen und dem da den Weg freimachen«, sagte er und deutete auf die Amme, die mit Wanja näher getreten und an der Tür zur Terrasse stehengeblieben war. »So ist es, mein Liebling«, schloß er, zog meinen Kopf zu sich nieder und küßte ihn. Es war nicht mehr der Geliebte, der mich küßte, sondern ein alter Freund.

Aus dem Garten stieg immer stärker und betörender der frische Duft der Nacht zu uns empor, immer feierlicher wurden die nächtlichen Laute und die Stille, und immer mehr Sterne leuchteten am Himmel auf. Ich sah meinen Mann an, und plötzlich wurde mir ganz leicht ums Herz; es war, als habe man mir jenen kranken Nerv entfernt, der mich hatte leiden lassen. Und auf einmal erkannte ich klar und ruhig, daß das Gefühl jener Zeit ebenso wie die Zeit selbst unwiederbringlich dahin war, und daß es jetzt nicht nur unmöglich, sondern auch bedrückend und beklemmend wäre, es zurückholen zu wollen. Und war diese Zeit, die ich als eine so glückliche in Erinnerung hatte, denn wirklich derart schön gewesen? Das alles war ja schon lange, so lange her!

»Es wird nun aber Zeit für den Tee!« sagte er, und gemeinsam begaben wir uns ins Wohnzimmer. In der Tür begegnete uns wieder die Amme mit Wanja. Ich nahm das Kind auf den Arm, bedeckte seine entblößten roten Beinchen, drückte es an mich und küßte es, seinen Mund nur ganz sacht mit den Lippen berührend. Wie im Traum bewegte Wanja seine Händchen mit den gespreizten runzligen Fingerchen, schlug die schläfrig blickenden Äuglein auf und schien etwas zu suchen oder sich an etwas zu erinnern; auf einmal blieben seine Äuglein auf mir haften, und etwas wie ein Funke des Erkennens blitzte in ihnen auf, die vollen kleinen Lippen schürzten sich und öffneten sich zu einem Lächeln. Mein ist er, mein, mein! dachte ich, preßte ihn mit einer beglückenden Anspannung in allen Gliedern an meine Brust und mußte an mich halten, um ihm nicht weh zu tun. Und nun küßte ich seine kalten Beinchen, das Bäuchlein, die Ärmchen und das spärlich behaarte Köpfchen. Mein Mann trat auf mich zu, und rasch deckte ich das Gesichtchen des Kindes zu, um es gleich wieder aufzudecken.

»Iwan Sergejitsch!« sagte mein Mann und berührte den Kleinen mit dem Finger unter dem Kinn. Doch ich deckte Iwan Sergejitsch schnell wieder zu. Niemand außer mir sollte ihn lange anschauen. Ich warf einen Blick auf meinen Mann; seine Augen lachten, als sie in die meinen blickten, und zum erstenmal seit langer Zeit konnte ich ihm wieder leichten Herzens und frohgemut in die Augen sehen.

Mit diesem Tag endete die Liebesgeschichte zwischen mir und meinem Mann. Das Gefühl von einst war unwiederbringlich dahin und zu einer teuren Erinnerung geworden, doch ein neues, von der Liebe zu den Kindern und dem Vater meiner Kinder beherrschtes Gefühl legte den Grundstein zu einem neuen, aber schon ganz anders gearteten Lebensglück, das bis heute währt ...

Der Tod des Iwan Iljitsch

1

In dem großen Gebäude, in dem die Gerichtsbehörde ihren Sitz hatte, wurde an diesem Tag der Fall Melwinski verhandelt, und in einer Verhandlungspause fanden sich die Mitglieder des Richterkollegiums sowie der Staatsanwalt im Arbeitszimmer von Iwan Jegorowitsch Schebek zusammen. Bald schon kam das Gespräch auf den berühmten Fall Krassow. Fjodor Wassiljewitsch suchte hitzig die Nichtzuständigkeit des Gerichts nachzuweisen, Iwan Jegorowitsch beharrte bei seiner Meinung, während Pjotr Iwanowitsch, der sich von Anfang an nicht auf eine Auseinandersetzung eingelassen hatte und sich auch jetzt heraushielt, die soeben hereingebrachten »Wedomosti« durchblätterte.

»Meine Herren«, sagte er, »Iwan Iljitsch ist tot.«

»Wirklich?«

»Hier, überzeugen Sie sich selbst«, sagte er zu Fjodor Wassiljewitsch und reichte ihm die frische, noch nach Druckerschwärze riechende Zeitung.

Schwarz umrandet stand da zu lesen: »Praskowja Fjodorowna Golowina gibt allen Verwandten und Bekannten in tiefer Trauer den am 4. Februar 1882 eingetretenen Tod ihres inniggeliebten Gatten Iwan Iljitsch Golowin, Mitglied des Obergerichtshofes, bekannt. Die Beerdigung findet am Freitag um 1 Uhr mittags statt.«

Iwan Iljitsch war ein Kollege der hier versammelten Herren gewesen und hatte sich allgemeiner Beliebtheit erfreut. Er hatte schon einige Wochen lang das Bett hüten müssen, und es war gemunkelt worden, seine Krankheit sei unheilbar. Sein Amt war ihm während dieser Zeit zwar verblieben, doch hatte man natürlich Überlegungen angestellt, dergestalt, daß im Falle seines Todes Alexejew zu seinem Nachfolger ernannt werden, Alexejews Posten aber entweder Winnikow oder Stabel zufallen könnte. So mag es nicht wunder nehmen, daß, als die im Arbeitszimmer anwesenden Herren vom Tod Iwan Iljitschs erfuhren, der erste Gedanke eines jeden von ihnen war, welche Bedeutung dieser Tod haben könnte, was Umbesetzungen oder Beförderungen der Mitglieder des Richterkollegiums selbst oder ihrer Bekannten betraf.

Nun werde ich ganz bestimmt Stabels oder Winnikows Posten bekommen, dachte Fjodor Wassiljewitsch. Man hat mir das schon lange in Aussicht gestellt, und diese Beförderung macht für mich achthundert Rubel Gehaltszulage aus, ganz abgesehen von den Kanzleigebühren.

Jetzt werde ich darum ersuchen müssen, daß man meinen Schwager aus Kaluga hierher versetzt, überlegte Pjotr Iwanowitsch. Meine Frau wird sich sehr freuen. Sie kann dann nicht mehr sagen, ich hätte nie etwas für ihre Verwandten getan.

»Ich habe mir schon gedacht, daß er sich nicht wieder erholen wird«, sagte Pjotr Iwanowitsch laut. »Es tut mir ja so leid.«

»Was hatte er denn eigentlich für eine Krankheit?«

»Die Ärzte konnten es nicht feststellen. Das heißt, sie haben schon etwas festgestellt, aber jeder hatte eine andere Diagnose. Als ich ihn das letztemal sah, schien es mir allerdings, daß er wieder genesen würde.«

»Ich war seit den Feiertagen nicht mehr bei ihm. Hatte aber immer vor, ihn zu besuchen.«

»War er eigentlich begütert?«

»Seine Frau scheint etwas Vermögen zu haben. Aber das ist, glaube ich, nicht der Rede wert.«

»Man wird wohl hinfahren und ihr kondolieren müssen. Wenn sie nur nicht so schrecklich weit weg wohnen würden.«

»Weit weg von Ihnen, wollten Sie sagen. Von Ihrer Wohnung ist alles weit weg.«

»Er kann mir nun einmal nicht verzeihen, daß ich jenseits des Flusses wohne«, konterte Pjotr Iwanowitsch, mit dem Kopf auf Schebek deutend, lächelnd. Man kam auf die großen

Entfernungen innerhalb der Stadt zu sprechen und begab sich bald darauf zurück in den Sitzungssaal.

Abgesehen von den Überlegungen, zu denen dieser Todesfall alle veranlaßte, was etwaige daraus folgende Versetzungen und dienstliche Veränderungen anbetraf, rief schon allein die Tatsache des Ablebens eines nahen Bekannten bei allen, die davon erfuhren, wie immer ein Gefühl der Freude hervor, Freude darüber, daß nicht sie selbst gestorben waren, sondern ein anderer.

Was soll man da machen, er ist tot, ich aber lebe, dachte oder fühlte ein jeder. Die näheren Bekannten Iwan Iljitschs, seine sogenannten Freunde, dachten dabei unwillkürlich auch daran, daß sie jetzt wohl oder übel höchst langweilige Anstandspflichten zu erfüllen hätten, indem sie der Witwe einen Kondolenzbesuch abstatteten und der Seelenmesse für den Verstorbenen beiwohnten.

Dem Verblichenen am nächsten gestanden hatten Fjodor Wassiljewitsch und Pjotr Iwanowitsch.

Pjotr Iwanowitsch hatte zusammen mit Iwan Iljitsch am Institut für Rechtswissenschaft studiert und fühlte sich ihm daher ganz besonders verbunden.

Nachdem er seiner Frau beim Mittagessen die Nachricht vom Tode Iwan Iljitschs sowie seine Überlegungen im Hinblick auf die Möglichkeit einer Versetzung des Schwagers in diesen ihren Bezirk mitgeteilt hatte, verzichtete er auf seinen Mittagsschlaf, zog statt dessen den Frack an und fuhr zum Hause Iwan Iljitschs.

Vor dem Portal standen dort eine Kutsche und zwei Droschken. Unten, im Vorzimmer, hatte man, gleich neben dem Kleiderständer, den mit Glanzleder bespannten und mit Quasten und einer mit Zahnpulver blankgeputzten Goldborte verzierten Sargdeckel an die Wand gelehnt. Zwei Damen in Schwarz legten eben ihre Pelzmäntel ab. Die eine, Iwan Iljitschs Schwester, war Pjotr Iwanowitsch bekannt, die andere hatte er nie zuvor gesehen. Schwarz, ein Kollege von ihm, war gerade im Begriff, die Treppe vom Obergeschoß hinunterzusteigen, blieb jedoch, als er Pjotr Iwanowitschs ansichtig wurde, auf der obersten Stufe stehen und zwinkerte ihm zu, als wollte er sagen: Das hat Iwan Iljitsch aber dumm eingefädelt, Ihnen und mir wäre dergleichen nicht widerfahren.

Schwarzens von einem englischen Backenbart umrahmtes Gesicht, seine hagere Gestalt im Frack, ja sein ganzes, stets elegantes Äußeres hatten etwas Feierliches – und diese Feierlichkeit, die nicht so recht zu seinem leichtsinnigen Wesen passen wollte, war hier ganz am Platze. Diesen Eindruck hatte jedenfalls Pjotr Iwanowitsch.

Pjotr Iwanowitsch ließ den Damen den Vortritt und stieg hinter ihnen her langsam die Treppe hinauf. Schwarz war noch immer nicht heruntergekommen, sondern oben stehengeblieben, und Pjotr Iwanowitsch wußte auch warum: Offensichtlich wollte Schwarz mit ihm ausmachen, wo sie heute zum Whist zusammenkommen würden. Die Damen waren unterdessen oben angelangt und begaben sich nun zu der Witwe, während Schwarz, die vollen Lippen zusammenpressend, eine ernste Miene aufsetzte und Pjotr Iwanowitsch mit schalkhaftem Blick und durch ein Heben der Brauen nach rechts, in das Zimmer dirigierte, wo der Verstorbene aufgebahrt lag.

Pjotr Iwanowitsch war sich, als er eintrat, wie man das in derartigen Situationen stets ist, nicht ganz darüber im klaren, was er nun zu tun hätte. Eines wußte er freilich – es konnte in diesen Fällen nie schaden, sich zu bekreuzigen. Er war sich nicht sicher, ob er sich dabei auch noch verneigen mußte, und wählte daher einen Mittelweg: Beim Betreten des Zimmers bekreuzigte er sich und deutete eine leichte Verbeugung an. Soweit die Bewegungen seiner Hände und seines Kopfes ihm dies gestatteten, ließ er seine Blicke dabei zugleich durchs Zimmer schweifen. Zwei junge Leute, Neffen des Verblichenen, wie es den Anschein hatte, einer davon ein Gymnasiast, waren, sich wiederholt bekreuzigend, eben im Begriff, das Zimmer zu verlassen. Ein altes Mütterchen stand regungslos neben dem Sarg, und eine Dame mit seltsam hochgezogenen Brauen sagte im Flüsterton etwas zu ihr. Ein Diakon im langen Überrock, zuversichtlich und energisch, las in kategorischem, keinen Widerspruch duldendem Ton laut etwas vor. Der Büfettdiener Gerassim ging mit fast geräuschlosen Schritten an Pjotr Iwanowitsch vorüber und streute irgend etwas auf den Fußboden. Als Pjotr Iwanowitsch das sah, spürte er sofort den leichten Geruch des bereits in Verwesung übergehenden Leichnams. Bei seinem letzten Besuch hatte Pjotr Iwanowitsch diesen Mann in Iwan Iljitschs Arbeitszimmer vorgefunden; er versah damals das Amt eines Krankenwärters, und Iwan Iljitsch hatte ihn besonders gern gemocht. Pjotr Iwanowitsch bekreuzigte sich fortwährend und machte dabei jedesmal auch eine leichte Verbeugung, halb zum Sarg und Diakon, halb zu dem Tisch in einer Zimmerecke, auf dem die Heiligenbilder standen, hin. Dann, als ihm schien, er habe sich lange genug bekreuzigt, hielt er inne und begann den Toten zu betrachten.

Der Tote lag da, wie Tote stets daliegen, mit einer besonderen Schwere, totenhaft, die erstarrten Glieder in der weichen Unterlage des Sarges versunken, den für immer herabgebeugten Kopf auf den Kissen, und deutlich hoben sich, wie stets bei Toten, die gelbe, wächserne Stirn mit den kahlen Stellen an den eingefallenen Schläfen und die hervorstehende, die Oberlippe gleichsam herabdrückende Nase ab. Iwan Iljitsch hatte sich seit Pjotr Iwanowitschs Besuch sehr verändert und war noch mehr abgemagert, doch wie bei allen Toten wirkte sein Gesicht schöner und vor allem bedeutender als zu seinen Lebzeiten. Auf dem Gesicht lag ein Ausdruck, der zu besagen schien, daß das, was hatte getan werden müssen, getan war, noch dazu richtig. Darüber hinaus enthielt er auch noch einen Vorwurf oder eine Mahnung für die Lebenden. Pjotr Iwanowitsch schien diese Mahnung unangebracht zu sein oder doch wenigstens ihn nicht zu betreffen. Ihm wurde ein wenig unbehaglich zumute, daher bekreuzigte er sich rasch noch einmal, drehte sich dann mit, wie ihm hinterher schien, unziemlicher Hast um und steuerte auf die Tür zu. Schwarz erwartete ihn im Durchgangszimmer, mit weit auseinandergespreizten Beinen stand er da und drehte hinter dem Rücken seinen Zylinderhut in den Händen hin und her. Schon ein einziger Blick auf Schwarzens ansprechendes, sauberes und elegantes Äußeres bewirkte, daß Pjotr Iwanowitsch sich gleich viel besser fühlte. Er begriff, daß Schwarz über diesen Dingen stand und sich von deprimierenden Eindrücken nicht überwältigen ließ. Allein schon seine Miene schien sagen zu wollen: Die Tatsache, daß diese Totenmesse für Iwan Iljitsch stattfindet, kann auf keinen Fall ein hinreichender Grund sein, die Tagesordnung umzustoßen, das heißt, nichts kann uns hindern, heute abend ein neues Spiel Karten zu entsiegeln und, während der Lakai vier frische Kerzen aufstellt, eine Partie Whist zu spielen; und überhaupt besteht keine Veranlassung, anzunehmen, dieser Zwischenfall könnte uns davon abbringen, auch den heutigen Abend aufs angenehmste zu verbringen. Etwas in dieser Art sagte er dann auch im Flüsterton zu Pjotr Iwanowitsch, als der an ihm vorüberkam, und schlug vor, sich bei Fjodor Wassiljewitsch zu einer Partie Whist einzufinden. Doch Pjotr Iwanowitsch schien es nicht beschieden zu sein, an diesem Abend Whist zu spielen. Praskowja Fjodorowna, eine nicht sehr große, füllige Frau, deren Figur sich, allen Bemühungen zum Trotz, einen gegenteiligen Eindruck zu erwecken, von den Schultern abwärts immer mehr verbreiterte, kam, ganz in Schwarz, den Kopf von einem Spitzenschleier verhüllt, die Brauen ebenso sonderbar hochgezogen wie jene Dame, die dem Sarg gegenüber gestanden hatte, mit anderen Damen aus ihren Gemächern, begleitete sie bis an die Tür des Zimmers, in dem der Tote aufgebahrt war, und sagte:

»Die Totenmesse wird gleich beginnen, treten Sie ein.«

Schwarz war stehengeblieben und machte eine unbestimmte Verbeugung, der nicht zu entnehmen war, ob er diese Aufforderung beherzigen würde oder nicht. Praskowja Fjodorowna, die Pjotr Iwanowitsch erkannt hatte, stieß einen Seufzer aus und kam auf ihn zu. Sie ergriff seine Hand und sagte:

»Ich weiß, Sie waren Iwan Iljitsch ein wahrer Freund ...« Dabei sah sie ihn an und schien eine diesen Worten entsprechende Handlung von ihm zu erwarten.

Pjotr Iwanowitsch wußte, er hatte, so wie er sich vorhin hatte bekreuzigen müssen, ihr jetzt die Hand zu drücken, zu seufzen und zu sagen: »Das war ich, glauben Sie mir!« Dies tat er denn auch. Und als er es getan hatte, fühlte er, das Ergebnis war ganz das gewünschte: Er war gerührt, und sie war es auch.

»Kommen Sie, solange es dort noch nicht begonnen hat; ich habe ein Anliegen an Sie«, sagte die Witwe. »Geben Sie mir Ihren Arm.«

Pjotr Iwanowitsch reichte ihr den Arm, und sie begaben sich zu den weiter im Inneren der Wohnung gelegenen Zimmern, vorbei an Schwarz, der Pjotr Iwanowitsch betrübt zublinzelte: Da haben Sie Ihren Whist! mochte das heißen. Ich bitte um Nachsicht, wenn wir uns nun nach einem anderen Partner umsehen. Notfalls spielen wir zu fünft, falls Sie sich doch noch freimachen können, besagte sein schalkhafter Blick.

Pjotr Iwanowitsch stieß einen noch tieferen, noch elegischeren Seufzer aus, und Praskowja Fjodorowna drückte ihm dankbar die Hand. Sie betraten ihren mit rosa Kretonne ausgeschlagenen Salon mit der matt brennenden Lampe darin und nahmen am Tisch Platz: sie auf dem Sofa, Pjotr Iwanowitsch auf einem niedrigen Hocker mit schadhaften Sprungfedern, der sich förmlich dagegen zu sträuben schien, daß sich jemand auf ihm niederließ. Praskowja Fjodorowna hatte ihn eigentlich warnen wollen, sich auf diesen Hocker zu setzen, und die Absicht gehabt, ihm einen anderen Stuhl anzuempfehlen, dann jedoch gefunden, diese Warnung entspreche durchaus nicht ihrer Lage, und sie darum unterlassen. Pjotr Iwanowitsch nahm also auf diesem Hocker Platz und erinnerte sich dabei, wie sich Iwan Iljitsch, als er diesen Salon einrichtete, mit ihm über eben diesen rosa mit grünen Blättern verzierten Kretonne beraten hatte. Als die Witwe, um sich aufs Sofa zu setzen, um den Tisch herumging – der ganze Salon war mit Möbeln und allen möglichen Sächelchen vollgestopft –, blieb sie mit den Spitzen ihrer schwarzen Mantille an der Schnitzerei des Tisches hängen. Pjotr Iwanowitsch erhob sich halb von seinem Sitz, um die Spitzen loszuhaken, und die von seinem Gewicht befreiten Sprungfedern des Hockers begannen wieder rebellisch zu werden und ihn mit Püffen zu traktieren. Da Praskowja Fjodorowna aber schon selbst dabei war, die Spitzen loszunesteln, setzte sich Pjotr Iwanowitsch wieder hin und drückte die aufrührerischen Sprungfedern nieder. Die Witwe hatte indessen nur einen Teil der Spitzen loslösen können, und so mußte sich Pjotr Iwanowitsch wohl oder übel abermals erheben, wobei die Sprungfedern aufs neue rebellierten, ja sogar knirschten und knackten. Als das alles getan war, holte Praskowja Fjodorowna ein sauberes Batisttaschentuch hervor und brach in Tränen aus. Pjotr Iwanowitsch hingegen hatte die Episode mit den Spitzen und der Kampf mit dem Hocker eher ernüchtert, und so saß er jetzt mit finsterem Gesicht da. Unterbrochen wurde diese peinliche Situation durch Sokolow, Iwan Iljitschs Koch, der meldete, daß der Platz auf dem Friedhof, den Praskowja Fjodorowna in die engere Wahl gezogen hatte, zweihundert Rubel kosten würde. Die Witwe hörte auf zu weinen, sah Pjotr Iwanowitsch mit Leidensmiene an und sagte auf französisch, ihr sei ja so schwer ums Herz. Pjotr Iwanowitsch neigte schweigend den Kopf, was heißen sollte, daß er fest davon überzeugt sei, dies könne auch gar nicht anders sein.

»Rauchen Sie, wenn Sie möchten«, sagte Praskowja Fjodorowna mit schwacher Stimme großmütig, um dann mit Sokolow die Frage des Preises für die Grabstätte zu erörtern. Während Pjotr Iwanowitsch sich eine Zigarette anzündete, hörte er, wie sie sich ganz genau nach den Preisen für verschiedene Plätze erkundigte und schließlich bestimmte, welcher zu nehmen sei. Als das erledigt war, erteilte sie noch Anordnungen, die Chorsänger betreffend. Sokolow zog sich zurück.

»Ich mache alles selbst«, sagte sie zu Pjotr Iwanowitsch und schob die auf dem Tisch liegenden Alben zur anderen Seite hinüber; und als sie bemerkte, daß die Asche seiner Zigarette auf den Tisch zu fallen drohte, rückte sie ihm unverzüglich einen Aschenbecher hin und fuhr fort: »Ich würde es als Heuchelei empfinden, wollte ich anderen weismachen, ich sei vor lauter Kummer unfähig, mich mit praktischen Dingen zu befassen. Im Gegenteil, wenn mich etwas zwar nicht trösten, aber doch ein wenig auf andere Gedanken bringen kann, dann sind es die Pflichten, die ich mir ja schließlich um seinetwillen aufbürde.« Wieder zog sie ihr Taschentuch heraus und schien wieder weinen zu wollen, doch auf einmal nahm sie sich zusammen, gleichsam unter Aufbietung ihrer letzten Kräfte, und sagte mit ruhiger Stimme:

»Ja, ich habe ein Anliegen an Sie.«

Pjotr Iwanowitsch machte eine halbe Verbeugung, deutete sie nur an, weil er verhindern wollte, daß die Sprungfedern des Hockers, die unter ihm sofort wieder in Bewegung gekommen waren, außer Rand und Band gerieten.

»In den letzten Tagen hat er entsetzliche Qualen ausgestanden.«

»So sehr hat er gelitten?«

»Ja, es war furchtbar! Die letzten Stunden, nicht Minuten, nein Stunden, hat er unaufhörlich geschrien. Drei Tage und drei Nächte lang nur geschrien, ohne Atem zu holen. Unerträglich war es. Ich kann nicht begreifen, wie ich das ertragen habe. Drei Türen weiter war es noch zu hören. Ach, was habe ich erduldet!«

»Und war er wirklich immerzu bei Bewußtsein?« fragte Pjotr Iwanowitsch.

»Ja«, flüsterte sie, »bis zum letzten Augenblick. Eine Viertelstunde vor seinem Tode hat er Abschied von uns genommen und noch gebeten, Wolodja hinauszuführen.«

Der Gedanke an die Leiden eines Menschen, den er so gut gekannt hatte, zuerst als unbeschwerten Knaben und Studienkameraden, später dann als Erwachsenen, als Kollegen, flößte Pjotr Iwanowitsch, unerachtet des peinlichen Bewußtseins, daß er selbst und diese Frau die Trauer nur heuchelten, auf einmal Grauen ein. Im Geiste sah er wieder diese Stirn, die Nase, die auf die Oberlippe drückte, und Furcht um sich selbst beschlich ihn.

Drei Tage und drei Nächte lang schreckliche Qualen und dann der Tod. Das kann ja jeden Augenblick, morgen schon, auch mir zustoßen, dachte er, und sekundenlang wurde ihm angst und bange. Doch schon im nächsten Moment kam ihm, er wußte selbst nicht wie, der bei solchen Gelegenheiten übliche Gedanke zu Hilfe, daß dies nur Iwan Iljitsch beschieden gewesen sei, nicht aber ihm und daß so etwas mit ihm selbst nicht zu geschehen brauche, ja gar nicht geschehen könne. Durch unnützes Grübeln, dachte er, verdirbt man sich bloß die Laune, was man, wie ich an Schwarzens Gesicht deutlich ablesen konnte, nicht tun sollte. Einmal zu diesem Schluß gekommen, beruhigte sich Pjotr Iwanowitsch und erkundigte sich nun so interessiert nach Einzelheiten des Todes von Iwan Iljitsch, als handele es sich dabei um einen Vorfall, der nur Iwan Iljitsch, ganz und gar nicht aber ihm selbst widerfahren konnte.

Nachdem sich das Gespräch eine Zeitlang um die Einzelheiten der in der Tat entsetzlichen körperlichen Qualen, die Iwan Iljitsch ausstehen mußte, gedreht hatte (diese Einzelheiten erfuhr Pjotr Iwanowitsch allein dadurch, daß Praskowja Fjodorowna ihm erzählte, wie sich Iwan Iljitschs Qualen auf ihre Nerven ausgewirkt hätten), hielt es die Witwe offensichtlich für angezeigt, nun zur Sache zu kommen.

»Ach, Pjotr Iwanowitsch, wie schwer, wie entsetzlich schwer das alles ist, wie entsetzlich schwer«, sagte sie und brach wieder in Tränen aus.

Pjotr Iwanowitsch seufzte und wartete, bis sie sich geschneuzt haben würde. Als das geschehen war, begann er:

»Glauben Sie mir ...« Doch sie fiel ihm ins Wort, wurde wieder redselig und kam schließlich auf das zu sprechen, was offenbar ihr eigentliches Anliegen an ihn war, und zwar die Frage, auf welchem Wege sie anläßlich des Todes ihres Mannes so viel Geld wie nur möglich vom Fiskus erhalten könnte. Sie gab sich den Anschein, Pjotr Iwanowitsch lediglich wegen der ihr zukommenden Pension um Rat fragen zu wollen, doch er merkte bald, daß sie darüber bereits bis in die kleinsten Einzelheiten Bescheid wußte, sogar über Dinge, die ihm selbst nicht bekannt waren. Sie konnte genau beziffern, was sie infolge dieses Todes vom Fiskus zu bekommen hatte, aber sie wollte erfahren, ob sich nicht irgendwie noch mehr Geld herausschlagen ließe. Pjotr Iwanowitsch bemühte sich, ein solches Mittel zu finden, doch nachdem er sich ein Weilchen den Kopf zerbrochen und anstandshalber die Regierung wegen ihrer Knauserei gescholten hatte, erklärte er, seines Wissens sei nicht mehr herauszuholen. Da stieß sie einen Seufzer aus und sann nun offensichtlich auf ein Mittel, ihren Besucher loszuwerden. Er begriff das, und so machte er seine Zigarette aus, erhob sich, drückte ihr die Hand und verließ den Salon, um sich ins Vorzimmer zu begeben.

Im Speisezimmer, in dem jene Uhr hing, die Iwan Iljitsch zu seiner Freude in einem Antiquitätengeschäft erstanden hatte, traf er den Priester und noch einige Bekannte an, die hergekommen waren, um der Totenmesse beizuwohnen, und erblickte auch die ihm gut bekannte Tochter Iwan Iljitschs, eine bildhübsche junge Dame. Sie war ganz in Schwarz. Ihre Taille, ohnehin sehr schlank, erschien dadurch noch schlanker. Sie hatte eine finstere, verkniffene, fast zornige Miene aufgesetzt. Sie nickte Pjotr Iwanowitsch so ungnädig zu, als trage er die Schuld an irgend etwas. Hinter der Tochter stand mit ebenso verkniffenem Gesicht ein Pjotr Iwanowitsch gleichfalls bekannter, sehr vermögender junger Mann, seines Zeichens Untersuchungsrichter und, wie er gehört hatte, ihr Bräutigam. Er machte ihnen eine stumme Verbeugung und wollte sich schon in das Zimmer begeben, in dem der Tote aufgebahrt war, als hinter der Treppe hervor die schmächtige Gestalt eines Gymnasiasten auftauchte, Iwan Iljitschs Sohn, der eine geradezu verblüffende Ähnlichkeit mit seinem Vater hatte. Es war der kleine Iwan Iljitsch, wie ihn Pjotr Iwanowitsch aus ihrer gemeinsamen Zeit am Institut für Rechtswissenschaft in Erinnerung hatte. Seine Augen waren verweint und hatten einen Ausdruck, wie ihn Knaben im Alter von dreizehn-vierzehn Jahren, die nicht mehr unschuldig sind, haben. Als der Junge Pjotr Iwanowitschs ansichtig wurde, verzog er das Gesicht und blickte nun trotzig und verschämt drein. Pjotr Iwanowitsch nickte ihm zu und ging ins Totenzimmer. Die Seelenmesse begann – Kerzen, Weihrauch, Stöhnen, Tränen und Schluchzen, nichts fehlte. Pjotr Iwanowitsch stand mit düsterer Miene da und starrte vor sich hin. Nicht ein einziges Mal warf er einen Blick auf den Toten, erlag bis zum Schluß der Messe nicht ihrer zu Herzen gehenden Wirkung und verließ als einer der ersten den Raum. Im Vorzimmer war niemand. Gerassim, der Büfettdiener, stürzte aus dem Zimmer des Verstorbenen herbei, durchwühlte mit seinen kräftigen Händen sämtliche Pelze, um den von Pjotr Iwanowitsch zu finden, und reichte ihn ihm dann.

»Nun, Gerassim, mein Lieber, wie ist es?« fragte Pjotr Iwanowitsch, um doch irgend etwas zu sagen. »Tut es dir leid um deinen Herrn?«

»Es ist Gottes Wille. Alle werden wir mal dort sein«, gab Gerassim, sein lückenloses Gebiß mit den kräftigen weißen Zähnen entblößend, zur Antwort, öffnete dann wie ein Mensch, der vor lauter Arbeit nicht weiß, wo ihm der Kopf steht, flink die Tür, rief den Droschkenkutscher herbei, war Pjotr Iwanowitsch beim Einsteigen behilflich und eilte zurück zur Außentreppe, als müsse er schleunigst darüber nachdenken, was er noch alles zu tun hatte.

Nach all dem Weihrauch-, Leichen- und Karbolgeruch empfand es Pjotr Iwanowitsch als besonders wohltuend, frische Luft atmen zu können.

»Wohin befehlen Sie?« erkundigte sich der Kutscher.

»Es ist noch nicht zu spät«, murmelte Pjotr Iwanowitsch vor sich hin. »Ich werde noch zu Fjodor Wassiljewitsch fahren.«

Und Pjotr Iwanowitsch fuhr los. Er traf seine Mitspieler auch wirklich noch beim ersten Robber an, so daß er sich bequem als fünfter Mann dazu gesellen konnte.

2

Die Geschichte des nun abgelaufenen Lebens von Iwan Iljitsch war ganz und gar alltäglich und gewöhnlich und ganz und gar schrecklich.

Iwan Iljitsch starb mit fünfundvierzig Jahren, als er das Amt eines Mitglieds des Obergerichtshofes innehatte. Er war der Sohn eines Beamten, der in Petersburg in verschiedenen Ministerien und Departements jene Karriere gemacht hatte, welche den Leuten zu einer Stellung verhilft, aus der sie, obwohl sich ihre mangelhafte Befähigung, einen Posten von einiger Bedeutung zu bekleiden, eindeutig erwiesen hat, aufgrund ihrer langen Dienstzeit und ihres Ranges dennoch nicht vertrieben werden können und wo sie daher fiktive, eigens für sie ersonnene Posten, aber ganz und gar nicht fiktive Gehälter zwischen sechs- und zehntausend Rubel erhalten, oft bis sie steinalt sind.

Ein Mensch von diesem Schlag war auch Ilja Jefimowitsch Golowin, seines Zeichens Geheimer Rat und unnützes Mitglied verschiedener unnützer Institutionen.

Er hatte drei Söhne. Iwan Iljitsch war der zweitälteste. Der älteste Sohn hatte die gleiche Karriere gemacht wie der Vater, nur in einem anderen Ministerium, und schon fast jenes Dienstalter erreicht, bei dem das Gehalt in regelmäßigen Abständen automatisch erhöht wird. Der dritte Sohn war ein Pechvogel. Er hatte sich in verschiedenen Stellungen versucht, doch immer erfolglos, und diente jetzt bei der Eisenbahn. Sowohl sein Vater als auch seine Brüder, besonders aber deren Frauen vermieden es tunlichst, mit ihm zusammenzukommen, und entsannen sich seiner Existenz nur, wenn es sich gar nicht umgehen ließ. Iwan Iljitschs Schwester war mit einem Baron Gräf verheiratet, einem ebensolchen Petersburger Beamten, wie es auch sein Schwiegervater war. Iwan Iljitsch wurde allgemein als »le phénix de la famille« angesehen. Er war nicht von so kühler Wesensart, nicht so peinlich genau wie sein älterer und nicht ein solcher Wagehals wie sein jüngerer Bruder. Er bildete die Mitte zwischen ihnen – als ein kluger, lebhafter, angenehmer und durch und durch anständiger Mensch. Seine Erziehung hatte er am Institut für Rechtswissenschaft erhalten, zusammen mit dem jüngeren Bruder. Der aber hatte das Institut nicht beendet und aus der fünften Klasse abgehen müssen, wohingegen Iwan Iljitsch den gesamten Lehrgang absolvierte und die Abschlußprüfung mit guten Noten bestand. Schon am Institut war er der Mensch gewesen, der er später sein ganzes Leben lang bleiben sollte: ein fähiger, fröhlich-gutmütiger und geselliger Mensch, der indessen peinlich genau alles erfüllte, was er als seine Pflicht ansah; für seine Pflicht aber hielt er alles, was von höhergestellten Personen dafür angesehen wurde. Nie, weder als Knabe noch später als erwachsener Mann, hatte er sich bei jemandem einzuschmeicheln gesucht, sich jedoch, gleich einer Fliege, die zum Licht strebt, von Jugend auf zu Menschen hingezogen gefühlt, die in der Gesellschaft eine hohe Stellung bekleideten, sich deren Manieren und Lebensansichten zu eigen gemacht und sich bemüht, sich auf freundschaftlichen Fuß mit ihnen zu stellen. Alle Unbesonnenheiten seiner Kindheit und Jugend waren vorübergegangen, ohne nachhaltige Spuren zu hinterlassen; bisweilen hatte er sich Ausschweifungen ergeben, seiner Eitelkeit die Zügel schießen lassen und zuletzt – in den höheren Klassen des Instituts – auch dem Liberalismus angehangen, doch alles in gewissen Grenzen, die ihn sein Gefühl richtig erkennen ließ.

Während seiner Institutsjahre hatte er Handlungen begangen, die ihm damals als große Niederträchtigkeiten erschienen waren und ihm Abscheu vor sich selbst eingeflößt hatten; doch später, als er sah, daß auch hochstehende Persönlichkeiten die gleichen Handlungen begangen hatten und sie nicht für verwerflich hielten, da fand er solches Tun zwar nicht gerade gut, aber er vergaß es völlig und nahm sich Erinnerungen daran nicht im geringsten zu Herzen.

Als Iwan Iljitsch nach Beendigung der zehnten Klasse das Institut verlassen und vom Vater Geld für seine Equipierung erhalten hatte, ließ er sich bei Scharmer mehrere Anzüge machen, befestigte an der Uhrkette eine kleine Medaille mit der Inschrift »Respice finem«, verabschiedete sich von dem Prinzen und dem Erzieher, dinierte mit seinen Kameraden bei Donon und reiste, versehen mit Koffer, Wäsche, Garderobe, Rasierzeug, Toilettenutensilien und Reisedecke – alles neu, modisch und vom Feinsten, in den allerbesten Geschäften bestellt und gekauft –, in die Provinz, um daselbst beim Gouverneur den Posten eines Beamten zur besonderen Verwendung anzutreten, zu dem ihm sein Vater verholfen hatte.

In der Provinz machte sich Iwan Iljitsch das Leben von Anfang an ebenso leicht und angenehm, wie er es auch am Institut für Rechtswissenschaft gehabt hatte. Er versah seinen Dienst, machte Karriere und vergnügte sich gleichfalls auf angenehme und doch schickliche Weise. Wenn er von Zeit zu Zeit im Auftrage des Gouverneurs in diesen oder jenen Kreis reiste, dann betrug er sich Vorgesetzten wie Untergebenen gegenüber stets mit Würde und führte die ihm erteilten Aufträge, vorzugsweise in Angelegenheiten der Raskolniki, mit einer Genauigkeit und unbestechlichen Redlichkeit aus, auf die er wirklich stolz sein durfte.

In Ausübung seines Amtes benahm er sich, unerachtet seiner Jugend und seinem Hang zu unbeschwerter Fröhlichkeit, äußerst zurückhaltend, offiziell, ja streng; wenn er in der Gesellschaft verkehrte, gab er sich indessen oft schalkhaft und witzig und war ein immer angenehmer Unterhalter mit ausgezeichneten Umgangsformen – ein »bon enfant«, wie sein Vorgesetzter und dessen Frau, bei denen er ein und aus ging und wo er fast zur Familie gehörte, von ihm sagten.

In der Provinz hatte er ein Verhältnis mit einer Dame der Gesellschaft, die sich dem eleganten Juristen förmlich an den Hals geworfen hatte, und außerdem eine Liaison mit einer Modistin. Zuweilen zechte er mit durchreisenden Flügeladjutanten und fuhr dann mit ihnen nach dem Souper in eine gewisse abgelegene Straße, und hin und wieder schmeichelte er sich auch bei seinem Vorgesetzten, ja sogar bei dessen Frau ein, doch all das bewegte sich so im Rahmen des Schicklichen, daß es nicht gut mit häßlichen Worten benannt werden konnte, sondern eher in die Rubrik »Il faut que jeunesse se passe« einzuordnen war. All das geschah mit sauberen Händen, in sauberen Hemden, bei französischen Floskeln und vor allem in den besten Gesellschaftskreisen, folglich mit Billigung hochstehender Persönlichkeiten.

So hatte Iwan Iljitsch fünf Jahre lang auf seinem Posten gearbeitet, als eine Veränderung im Dienst eintrat. Neue Gerichtsinstitutionen entstanden, und gebraucht wurden dazu auch neue Menschen.

Iwan Iljitsch wurde einer dieser neuen Menschen.

Ihm wurde der Posten eines Untersuchungsrichters angeboten, und er nahm ihn an, obgleich er dieses Amt in einem anderen Gouvernement ausüben sollte, bestehende Beziehungen aufgeben und neue erst wieder anknüpfen mußte. Seine Freunde gaben ihm das Geleit. Man machte eine Gruppenaufnahme, überreichte ihm ein silbernes Zigarettenetui, und er trat die Reise zum neuen Ort seines Wirkens an.

Als Untersuchungsrichter war Iwan Iljitsch ebenso comme il faut wie als Beamter zur besonderen Verwendung, blieb er auch weiterhin der anständige Mensch, der dienstliche Obliegenheiten und Privatleben voneinander zu trennen wußte und sich allgemeiner Achtung erfreute. Die Arbeit eines Untersuchungsrichters erschien Iwan Iljitsch weitaus interessanter und fesselnder als seine bisherige Tätigkeit. In seiner früheren Stellung hatte er Vergnügen daran gefunden, in dem von Scharmer geschneiderten Uniformrock des Zivilbeamten beschwingten Schrittes an zitternden Bittstellern, die darauf warteten, empfangen zu werden, und Kanzleibeamten, die ihm neiderfüllt nachsahen, vorbei schnurstracks ins Arbeitszimmer des Gouverneurs zu gehen und in seiner Gesellschaft Tee zu trinken und eine Zigarette zu rauchen; doch Menschen, die von seiner Willkür unmittelbar abhingen, hatte es dort nur wenige gegeben. Zu diesem Personenkreis gehörten lediglich die Kreispolizeichefs und die Angehörigen der Raskolniki-Sekte. Wenn er dienstlich mit ihnen zu tun hatte, ging er mit diesen von ihm abhängigen Menschen gern ausgesucht höflich, ja beinahe kameradschaftlich um und ließ sie mit Vorliebe fühlen, daß er, der es in der Hand hatte, sie zu vernichten, sie trotzdem freundschaftlich und gar nicht von oben herab behandelte. Mit solchen Menschen war er damals nur selten in Berührung gekommen. Jetzt jedoch, als Untersuchungsrichter, war sich Iwan Iljitsch darüber im klaren, daß alle, alle ohne Ausnahme, mochten es auch noch so hochgestellte und selbstgefällige Leute sein, in seiner Hand waren und daß er nur bestimmte Worte auf ein amtliches Formular zu schreiben brauchte, und man würde so einen hochgestellten, selbstgefälligen Menschen als Angeklagten oder Zeugen zu ihm bringen, der dann, wenn er ihm keinen Platz anbot, vor ihm stehen und seine Fragen beantworten mußte. Iwan Iljitsch mißbrauchte diese seine Macht nie, sondern trachtete im Gegenteil stets danach, sie milde auszuüben; doch das Bewußtsein, diese Macht zu besitzen, und die Möglichkeit, sie mildern zu können, machten für ihn das aus, was ihn an seiner neuen Stellung in der Hauptsache interessierte und anzog. Im Dienst selbst, namentlich bei den Vernehmungen, die er anstellte, lernte Iwan Iljitsch sehr schnell, alle nicht den Dienst betreffenden Umstände von sich fernzuhalten und jeden, selbst den kompliziertesten Fall so zu protokollieren, daß nur die reinen Fakten schriftlich festgehalten wurden, wobei er sich jeder persönlichen Stellungnahme enthielt und vor allem auch die geforderte äußere Form strikt wahrte. Die

Methode, die Iwan Iljitsch hier praktizierte, war neu, wie er überhaupt zu den ersten gehörte, die die Bestimmungen der Gerichtsreform von 1864 in der Praxis anwandten.

Nachdem Iwan Iljitsch in eine andere Stadt übergesiedelt war, um die Stellung eines Untersuchungsrichters anzutreten, schloß er neue Bekanntschaften und knüpfte neue Beziehungen an, suchte sich seinen Platz in der hiesigen Gesellschaft und machte sich auch etwas andere Gewohnheiten und Umgangsformen zu eigen. So war er darauf bedacht, zwischen sich und den Beamten der Gouvernementsbehörden eine gebührende Distanz zu wahren, verkehrte nur noch in den Kreisen höherer Justizbeamter und in der Stadt lebender reicher Adliger und bekundete zuweilen eine leichte Unzufriedenheit mit der Regierung, wobei er eine gemäßigte liberale Denkweise und kultivierten Bürgersinn erkennen ließ. Darüber hinaus hörte Iwan Iljitsch, obschon auch weiterhin auf ein elegantes Äußeres bedacht, in seiner neuen Stellung auf, sich das Kinn zu rasieren, und ließ seinen Stutzbart wachsen, wohin er wollte.

Iwan Iljitschs Leben gestaltete sich auch an seinem neuen Wohnort sehr angenehm. Der gegen den Gouverneur frondierende Personenkreis, dem Leute der besten Gesellschaft angehörten, hielt auf Gedeih und Verderb zusammen; Iwan Iljitsch erhielt jetzt höhere Bezüge, und eine angenehme Bereicherung seines Lebens stellte das Whistspiel dar, in dem er sich nun versuchte und das ihm ausnehmend gefiel, zumal er infolge seiner raschen Auffassungsgabe und geschickten Spielweise bald die meisten Partien gewann.

Iwan Iljitsch war an seinem neuen Wohnort schon zwei Jahre als Untersuchungsrichter tätig, als er seiner künftigen Frau begegnete. Praskowja Fjodorowna Michel war eine äußerst anziehende, charmante und kluge junge Dame aus den gleichen Kreisen, in denen auch Iwan Iljitsch verkehrte. Neben anderen Vergnügungen und Zerstreuungen, bei denen er Erholung von der anstrengenden Arbeit als Untersuchungsrichter suchte, flirtete er nun also auch noch mit Praskowja Fjodorowna.

In seiner Eigenschaft als Beamter zur besonderen Verwendung hatte Iwan Iljitsch keinen Tanz ausgelassen, während er nun, als Untersuchungsrichter, nur noch in Ausnahmefällen tanzte. Tat er es doch einmal, dann lediglich, um zu zeigen, daß er, obwohl avanciert und in die fünfte Rangklasse aufgestiegen, es auch auf diesem Gebiet mit jedem aufnehmen konnte. So hatte er auf Gesellschaften, meist gegen Ende des Abends, gelegentlich auch mit Praskowja Fjodorowna getanzt und denn auch vorzugsweise während dieser Tänze ihr Herz gewonnen. Sie verliebte sich in ihn. Iwan Iljitsch trug sich nicht mit eindeutigen Heiratsabsichten, doch als er merkte, daß sich die junge Dame in ihn verliebt hatte, fragte er sich, warum er eigentlich nicht heiraten sollte.

Praskowja Fjodorowna entstammte einem vornehmen Adelsgeschlecht und war von anziehendem Äußeren; auch ein kleines Vermögen nannte sie ihr eigen. Iwan Iljitsch hätte eine glänzendere Verbindung eingehen können, doch auch diese war nicht zu verachten. Er hatte sein Gehalt, und sie würde, wie er hoffte, ähnlich hohe Einkünfte beziehen. Über die Verwandtschaft ließ sich nichts Nachteiliges sagen, und sie selbst war eine sympathische, hübsche und grundanständige junge Dame. Zu behaupten, Iwan Iljitsch habe um Praskowja Fjodorownas Hand angehalten, weil er seine Braut liebgewonnen und bei ihr Verständnis für seine Ansichten vom Leben gefunden hätte, wäre ebenso unrichtig gewesen wie die Meinung, er habe es deshalb getan, weil diese Heirat in den Kreisen, in denen er verkehrte, Zustimmung fand. Iwan Iljitsch hatte seinen Entschluß zu heiraten aus beiden Erwägungen heraus gefaßt: Wenn er eine so liebenswerte junge Dame zur Frau nahm, tat er etwas Angenehmes für sich und zugleich auch das, was in höchsten Gesellschaftskreisen für richtig erachtet wurde.

Und so heiratete Iwan Iljitsch denn.

Die Heirat selbst mit allem, was dazu gehörte, sowie die erste Zeit des Ehelebens mit Zärtlichkeiten, wie sie zwischen Neuvermählten üblich sind, und dem Entzücken über neue Möbel, neues Geschirr und neue Wäsche verliefen bis zu Praskowja Fjodorownas Schwangerschaft aufs beste, so daß Iwan Iljitsch schon glaubte, die Ehe werde dem Charakter seines leichten, angenehmen, fröhlichen, stets anständigen und von der Gesellschaft gutgeheißenen Lebens, den er als einen Wesenszug des Lebens schlechthin ansah, nicht nur keinen Abbruch tun, sondern ihn eher noch verstärken. Doch dann, schon von den ersten Monaten der Schwangerschaft seiner Frau an, zeigte sich etwas Neues, Überraschendes, Unangenehmes und Anstößiges, was er überhaupt nicht erwartet hatte und wovon er sich auf keine Weise befreien konnte.

Seine Frau begann ohne jeden Anlaß, wie es Iwan Iljitsch schien – de gaîté de cœur, dachte er bei sich – den angenehmen und anständigen Verlauf ihres Lebens zu stören. So wurde sie völlig grundlos eifersüchtig, verlangte von ihm, daß er ihr jeden Wunsch von den Augen ablesen sollte, hatte an allem etwas auszusetzen und machte ihm unerquickliche häßliche Szenen.

Zunächst hegte Iwan Iljitsch noch die Hoffnung, sich dadurch aus dieser unangenehmen Situation befreien zu können, daß er seine etwas oberflächliche und doch anständige Lebenseinstellung, die ihm vor seiner Heirat über alles Mißliche und Widrige hinweggeholfen hatte, beibehielt. Er versuchte, die schlechte Laune seiner Frau zu ignorieren und seine leichte und angenehme Lebensweise auch weiterhin fortzusetzen: Er lud sich Freunde zum Kartenspiel ein oder fuhr selbst in den Klub oder zu Freunden. Doch jetzt begann seine Frau ihn derart vehement mit unflätigen Worten zu schmähen, daß er aus allen Wolken fiel; und jedesmal, wenn er ihre Forderungen nicht erfüllte, beschimpfte sie ihn ebenso wüst, offenbar fest entschlossen, damit erst aufzuhören, wenn er sich ihrem Willen fügte, das heißt zu Hause blieb und

Trübsal blies wie sie auch. Er erkannte, daß die Ehe – wenigstens die mit seiner Frau – nicht immer dazu angetan ist, das Leben angenehm und schicklich zu gestalten, sondern im Gegenteil oft störend wirkt, und daß man sich daher gegen diese Störungen schützen mußte. Und Iwan Iljitsch begann nach Mitteln und Wegen dazu zu suchen. Der Dienst war das einzige, was Praskowja Fjodorowna imponierte, und so setzte Iwan Iljitsch seine amtliche Tätigkeit und die sich daraus ergebenden Pflichten zum Kampf gegen seine Frau und zur Verteidigung seiner eigenen, unabhängigen Welt ein.

Mit der Geburt des Kindes, den erfolglosen Versuchen Praskowja Fjodorownas, es zu stillen, und den damit einhergehenden Mißhelligkeiten, mit den zum Teil eingebildeten, zum Teil echten Krankheiten von Mutter und Kind, bei denen Iwan Iljitsch Anteilnahme abverlangt wurde, von denen er aber nichts verstand, wurde für ihn das Bedürfnis, sich außerhalb der Familie seine eigene Welt zu gestalten, noch dringlicher.

In dem Maße, wie seine Frau reizbarer und anspruchsvoller wurde, verlegte Iwan Iljitsch den Schwerpunkt seines Lebens mehr und mehr auf den Dienst. Seine amtliche Tätigkeit gewährte ihm jetzt mehr Befriedigung, und er wurde ehrgeiziger, als er es früher gewesen war.

Sehr bald, kaum ein Jahr nach seiner Heirat, hatte Iwan Iljitsch erkannt, daß das Eheleben, auch wenn es gewisse Annehmlichkeiten bot, im Grunde genommen doch eine sehr komplizierte und beschwerliche Angelegenheit war, zu der man, um seine Pflicht zu erfüllen, das heißt ein anständiges, von der Gesellschaft gebilligtes Leben zu führen, ebenso wie auch zum Dienst, eine bestimmte Einstellung ausbilden mußte.

Und eine solche Einstellung zum Eheleben bildete Iwan Iljitsch denn auch aus. Er verlangte vom Familienleben nur noch jene Bequemlichkeiten, die es ihm auch geben konnte: Essen und Trinken, Häuslichkeit, ein Bett und vor allem die Wahrung der von der öffentlichen Meinung vorgeschriebenen äußeren Anstandsformen. Im übrigen aber suchte er daheim lediglich Ruhe und Bequemlichkeit und war, wenn er sie fand, sehr dankbar; stieß er jedoch auf Abwehr und Griesgrämigkeit, zog er sich sogleich in seine, von ihm selbst abgeschirmte Welt des Dienstes zurück und fühlte sich in ihr geborgen.

Iwan Iljitsch wurde von seinen Vorgesetzten als erfahrener und eifriger Beamter geschätzt und nach drei Jahren zum Staatsanwalt ernannt. Seine neuen Obliegenheiten und deren Bedeutung, die Möglichkeit, jedermann gerichtlich belangen und ins Gefängnis stecken zu können, der öffentliche Charakter der Reden, die er vor Gericht hielt, sowie der Erfolg, den er damit hatte – all das war dazu angetan, ihm den Dienst noch angenehmer zu machen.

Weitere Kinder stellten sich ein. Praskowja Fjodorowna wurde immer griesgrämiger und unverträglicher, doch die Einstellung, die Iwan Iljitsch inzwischen zum häuslichen Leben ausgebildet hatte, machte ihn fast unempfindlich gegen ihr mürrisches, zänkisches Wesen.

Nachdem Iwan Iljitsch sieben Jahre lang in ein und derselben Stadt Dienst getan hatte, wurde er zum Oberstaatsanwalt befördert und in ein anderes Gouvernement versetzt. So übersiedelte er denn mit Frau und Kindern dorthin, aber es mangelte ihnen an Geld, und Praskowja Fjodorowna sagte der neue Wohnort nicht zu. Zwar war Iwan Iljitschs Gehalt jetzt höher als früher, das Leben dafür hier aber sehr teuer; überdies starben zwei der Kinder, so daß das Familienleben für Iwan Iljitsch noch unerfreulicher wurde.

An allen Schicksalsschlägen, die sie am neuen Wohnort trafen, gab Praskowja Fjodorowna ihrem Mann die Schuld. Die meisten Themen in den Gesprächen zwischen Mann und Frau, besonders die Erziehung der Kinder, weckten die Erinnerung an frühere Auseinandersetzungen über ähnliche Fragen, und der Streit drohte jeden Moment von neuem zu entbrennen. Selten nur gab es Augenblicke, da die Eheleute wieder ihre Zuneigung füreinander entdeckten, doch währten sie nie sehr lange. Das waren gleichsam kleine Inseln, an denen sie für eine Weile anlegten, um jedoch bald aufs neue auszulaufen, in ein Meer geheimer Feindschaft, die in wachsender gegenseitiger Entfremdung zum Ausdruck kam. Diese Entfremdung hätte Iwan Iljitsch betrüben müssen, wäre er der Ansicht gewesen, das brauchte nicht so zu sein, doch inzwischen sah er diesen Zustand nicht nur als normal, sondern sogar als das Ziel seines Verhaltens innerhalb der Familie an. Dieses sein Ziel bestand darin, sich mehr und mehr von diesen Unannehmlichkeiten zu befreien und ihnen einen harmlosen, den Anstand wahrenden Charakter zu verleihen. Er suchte dies dadurch zu erreichen, daß er immer weniger Zeit mit der Familie verbrachte und, wenn sich das einmal doch nicht umgehen ließ, bemüht war, seine Stellung durch die Anwesenheit dritter Personen zu stärken. Das Wichtigste für Iwan Iljitsch aber war der Dienst. Im dienstlichen Bereich konzentrierte sich für ihn sein ganzes Lebensinteresse. Und dieses Interesse nahm ihn völlig in Anspruch. Das Bewußtsein seiner Macht, die Möglichkeit, jeden beliebigen Menschen, den er zugrunde richten wollte, ins Verderben zu stürzen, der Respekt, der seinem Amt gezollt und ihm schon rein äußerlich beim Betreten des Gerichtssaals oder bei Begegnungen mit ihm unterstellten Beamten entgegengebracht wurde, seine Erfolge bei Vorgesetzten und Untergebenen, vor allem aber die Meisterschaft, mit der er, wie er selbst fühlte, seinen dienstlichen Obliegenheiten nachkam – all das machte ihm Freude und füllte, im Verein mit den Gesprächen, dem gemeinsamen Mittagessen und dem Whistspiel mit Kollegen, sein Leben voll aus. Im großen und ganzen verlief Iwan Iljitschs Leben also auch weiterhin so, wie er es für richtig befand: angenehm und anständig.

Auf diese Weise verlebte er weitere sieben Jahre. Seine älteste Tochter zählte schon sechzehn Jahre, unterdessen war noch ein Kind gestorben und ihm neben der Tochter nur noch ein Sohn geblieben, der das Gymnasium besuchte und den Gegenstand ständigen Zwistes zwischen ihm und seiner Frau bildete. Iwan Iljitsch hatte den Knaben ins Institut für Rechtswissenschaft tun wollen, Praskowja Fjodorowna ihn aber, ihrem Mann zum Trotz, aufs Gymnasium gegeben. Die Tochter wurde daheim unterrichtet und entwickelte sich prächtig, und auch der Sohn lernte zufriedenstellend.

3

Auf solche Weise hatte sich das Leben Iwan Iljitschs seit seiner Heirat siebzehn Jahre abgespielt. Er war nun schon eine geraume Weile Oberstaatsanwalt und hatte, in Erwartung eines ihm begehrenswerter erscheinenden Postens, mehrere Versetzungen abgelehnt, als ganz überraschend ein unangenehmer Umstand eintrat, der seine Pläne vereitelte und seine Lebensruhe empfindlich störte. Iwan Iljitsch hatte sich Hoffnungen auf das Amt des Gerichtspräsidenten in einer Universitätsstadt gemacht, doch nun hatte Hoppe, der ihn irgendwie aus dem Feld geschlagen haben mußte, diese Stellung erhalten. Iwan Iljitsch war aufgebracht, überhäufte ihn mit Vorwürfen und überwarf sich mit ihm und seinem direkten Vorgesetzten; in der Folge behandelte man ihn kühl und überging ihn auch bei der nächsten Beförderung.

Das alles trug sich 1880 zu. Jenes Jahr war das schwerste in Iwan Iljitschs Leben. In diesem Jahr stellte sich zum einen heraus, daß sein Gehalt nicht ausreichte, um den Lebensunterhalt für seine Familie zu bestreiten, zum anderen, daß ihn alle vergessen hatten und das, was in seinen Augen eine schreiende Ungerechtigkeit darstellte, als ganz und gar nichts Ungewöhnliches ansahen. Nicht einmal sein Vater erachtete es für seine Pflicht, ihm zu helfen. Er fühlte sich von allen verlassen, weil sie seine Stellung, die ihm ein Gehalt von dreitausendfünfhundert Rubel eintrug, als völlig normal, ja sogar als einen Glücksfall betrachteten. Er allein wußte, daß seine Lage angesichts der Ungerechtigkeiten, die ihm widerfahren waren, der ständigen Nörgeleien seiner Frau und der Schulden, die er zunehmend machte, weil er mit seiner Familie über seine Verhältnisse lebte – er allein wußte, daß seine Lage alles andere als normal war.

Im Sommer dieses Jahres nahm Iwan Iljitsch, um sein Familienbudget doch etwas zu entlasten, Urlaub und fuhr mit seiner Frau zu ihrem Bruder aufs Land, um dort mit ihr die Sommerferien zu verbringen.

Auf dem Lande, ohne seinen Dienst, verspürte Iwan Iljitsch zum erstenmal nicht nur Langeweile, sondern auch eine unerträgliche Schwermut; und er kam zu dem Schluß, daß er so nicht weiterleben könne und irgendwelche entscheidenden Maßnahmen ergreifen müsse.

Iwan Iljitsch verbrachte eine schlaflose Nacht, in der er unaufhörlich auf der Terrasse auf und ab wanderte, und faßte dann den Entschluß, nach Petersburg zu fahren und sich um seine Versetzung in ein anderes Ministerium zu bemühen, um *sie* zu bestrafen, jene Leute, die seine Verdienste so wenig zu schätzen wußten.

Tags darauf reiste er, allen Bemühungen seiner Frau und des Schwagers, ihm dieses Vorhaben auszureden, zum Trotz, nach Petersburg ab.

Der einzige Zweck seiner Reise war, sich eine Stellung zu verschaffen, die mit wenigstens fünftausend Rubel dotiert war. Dabei hatte er kein bestimmtes Ministerium, keine bestimmte Richtung oder Art der Tätigkeit mehr im Auge. Alles, was er wollte, war eine Stellung, eine Stellung, die ihm fünftausend Rubel einbrachte, gleichgültig, ob in der Verwaltung, im Bankwesen, bei der Eisenbahn, in Institutionen, die der Zarin Maria unterstanden oder selbst beim Zoll, wenn sich nur seine Einkünfte auf fünftausend Rubel beliefen und er aus dem Ministerium wegkam, wo man ihn nicht nach Gebühr würdigte.

Diese Reise Iwan Iljitschs nun war von einem erstaunlichen, unverhofften Erfolg gekrönt. In Kursk stieg F. S. Iljin, mit dem er gut bekannt war, zu ihm ins Abteil erster Klasse und teilte ihm mit, der Gouverneur von Kursk habe gerade ein Telegramm erhalten, aus dem hervorgehe, daß im Ministerium in den nächsten Tagen eine Umbesetzung erfolgen würde: Pjotr Iwanowitsch würde abgelöst und an seiner Statt Iwan Semjonowitsch ernannt werden.

Die beabsichtigte Umbesetzung war, abgesehen von der Bedeutung, die sie für Rußland hatte, für Iwan Iljitsch insofern von besonderer Bedeutung, als sie dadurch, daß sie einen neuen Mann, Pjotr Iwanowitsch, und wahrscheinlich auch dessen Freund Sachar Iwanowitsch in eine Spitzenposition bringen würde, für Iwan Iljitsch in höchstem Maße günstig war. Sachar Iwanowitsch war ein Kommilitone Iwan Iljitschs gewesen, und beide standen miteinander auf freundschaftlichem Fuß.

In Moskau bewahrheitete sich diese Nachricht. In Petersburg angekommen, suchte Iwan Iljitsch Sachar Iwanowitsch auf und empfing von ihm das Versprechen, man werde ihm in dem Ministerium, dem er bislang unterstanden hatte, dem Ministerium für Justiz, ganz bestimmt einen entsprechenden Posten geben.

Nach Ablauf einer Woche telegraphierte Iwan Iljitsch an seine Frau:

»Sachar Posten Millers erhalte beim ersten Rapport neuen Posten.«

Diesen Umbesetzungen hatte es Iwan Iljitsch zu verdanken, daß er in seinem früheren Ministerium unversehens einen Posten erhielt, auf dem er seine bisherigen Kollegen um zwei Rangstufen überflügelte und der ihm fünftausend Rubel Gehalt und dreitausend Rubel an Umzugsgeldern eintrug. Aller Ärger über seine früheren Feinde und das ganze Ministerium war vergessen, und Iwan Iljitsch fühlte sich wie im siebenten Himmel.

Aufs Land kehrte Iwan Iljitsch frohgemut und zufrieden zurück, wie er es seit langem nicht mehr gewesen war. Praskowja Fjodorownas Stimmung besserte sich gleichfalls merklich, und zwischen den Eheleuten wurde ein Waffenstillstand geschlossen. Iwan Iljitsch erzählte, welche ehrenvolle Behandlung ihm in Petersburg widerfahren sei, wie all jene, die seine Feinde gewesen waren, beschämt worden seien und vor ihm gekatzbuckelt hätten, wie man ihn um seine neue Stellung beneidete und besonders, welch allgemeiner Beliebtheit er sich in Petersburg erfreue.

Praskowja Fjodorowna hörte sich seinen Bericht an, gab sich den Anschein, alles zu glauben, und widersprach ihm in nichts, sondern schmiedete schon Pläne, wie sie das Leben in der Stadt, in die sie zu übersiedeln gedachten, neu einrichten würde. Und Iwan Iljitsch sah mit Freuden, daß diese Pläne ganz die seinen waren, daß seine Frau und er sich näherkamen und daß sein gleichsam ins Stocken geratenes Leben allmählich wieder den wahren, ihm eigenen Charakter unbeschwerter Fröhlichkeit und Schicklichkeit annahm.

Iwan Iljitsch war nur für kurze Zeit zurückgekommen. Am 10. September hatte er sein neues Amt anzutreten, und außerdem brauchte es Zeit, sich am neuen Wohnort häuslich einzurichten, Möbel und alles sonstige aus der Provinz herüberzuholen, Neuanschaffungen zu tätigen, Handwerker zu bestellen, mit einem Wort, alles so einzurichten, wie er das bei sich beschlossen und wie es fast genauso Praskowja Fjodorownas Intentionen entsprach.

Und jetzt, da sich alles so glücklich gefügt hatte, da seine und die Wünsche seiner Frau übereinstimmten und sie überdies kaum zusammen waren, bestand ein so freundschaftliches Einvernehmen zwischen ihnen, wie es seit den ersten Jahren ihres Ehelebens nicht mehr bestanden hatte. Iwan Iljitsch hatte seine Familie eigentlich gleich mitnehmen wollen, aber die inständigen Bitten von Schwager und Schwägerin, die plötzlich ihre verwandtschaftlichen Empfindungen für ihn und seine Familie entdeckt hatten und sie mit besonderer Liebenswürdigkeit behandelten, bewogen ihn, zunächst doch allein abzureisen.

Er begab sich also auf die Reise, und die heitere Stimmung, in die ihn sein Erfolg und das Einvernehmen mit seiner Frau versetzt hatten, wobei das eine das andere noch verstärkte, verließ ihn die ganze Zeit über nicht. Eine entzückende Wohnung fand sich, genau das, was den Eheleuten vorgeschwebt hatte. Die geräumigen, hohen, in altem Stil gehaltenen Empfangsräume, das bequeme, eindrucksvolle Arbeitszimmer für ihn, die Räumlichkeiten für Frau und Tochter, das Unterrichtszimmer für den Sohn – all das erweckte den Anschein, als sei es eigens für sie erdacht worden. Iwan Iljitsch nahm sich persönlich der Einrichtung der Wohnung an; er wählte selbst die Tapeten aus, desgleichen die Möbelstoffe, mit denen er mehreren alten Sofas und Sesseln, die er zur Ergänzung des Mobiliars hinzugekauft hatte, einen besonderen Chic zu verleihen suchte, und alles kam gut voran und näherte sich zusehends der Wunschvorstellung an, die er sich gebildet hatte. Schon als die Wohnung erst zur Hälfte fertig eingerichtet war, übertraf deren Ausstattung alle seine Erwartungen. Bereits jetzt sah er deutlich, welchen stilvollen, eleganten und gar nicht abgeschmackten Charakter das alles annehmen würde, wenn es erst vollendet wäre. Vor dem Einschlafen stellte er sich immer den Saal vor, wie er nach seiner endgültigen Fertigstellung wirken würde. Ließ er seine Blicke durch den Salon schweifen, der noch nicht vollständig eingerichtet war, sah er schon den Kamin mit dem dazugehörigen Schirm vor sich, die Etagere, die zwanglos angeordneten Stuhlsessel, die Wandteller und Bronzefiguren, die sich prächtig ausnehmen würden, wenn sie erst alle an ihrem Platz stünden. Freude empfand er bei dem Gedanken, welche Überraschung er damit Pascha und Lisa bereiten würde, die in diesen Dingen gleichfalls einen guten Geschmack besaßen und bestimmt nicht erwartet hatten, eine so gediegene Einrichtung vorzufinden. Namentlich dadurch, daß es ihm gelungen war, einige prächtige alte Stücke zu entdecken und billig zu erwerben, hatte das Ganze einen besonders vornehmen Charakter bekommen. In seinen Briefen stellte er absichtlich alles weniger prächtig dar, als es tatsächlich war, um die Seinen später um so mehr zu überraschen. All das nahm ihn derart in Anspruch, daß selbst die neue dienstliche Tätigkeit ihn, der diese Arbeit doch liebte, nicht so befriedigte und ausfüllte, wie er es erwartet hatte. Bei den Sitzungen gab es Augenblicke, da er recht zerstreut war, weil er gerade überlegte, welche Stangen für die Fenstervorhänge zu bevorzugen wären – gerade oder gebogene. Er nahm solchen Anteil an alledem, daß er oft selbst Hand mit anlegte; so stellte er sogar die Möbel um und hängte höchstpersönlich die Fenstervorhänge anders auf. Einmal stieg er, um dem begriffsstutzigen Tapezierer zu zeigen, wie er die Vorhänge drapiert haben wollte, auf eine kleine Leiter, trat fehl und stürzte, doch stark und gewandt wie er war, konnte er sich gerade noch festhalten und stieß sich nur die Seite an einem Fenstergriff. Die Stelle, an der er sich gestoßen hatte, tat weh, doch der Schmerz ließ bald nach. Iwan Iljitsch fühlte sich diese ganze Zeit über besonders vergnügt und gesund. So schrieb er in einem Brief, er fühle sich um fünfzehn Jahre jünger. Er hatte geglaubt, im September mit allem fertig zu sein, aber dann dauerte es doch noch bis Mitte Oktober, weil sich die Arbeiten in die Länge zogen. Dafür war dann aber auch alles ganz entzückend – nicht nur er selbst sagte das, nein, alle, die die Wohnung zu Gesicht bekamen, bestärkten ihn in dieser Ansicht.

Im Grunde genommen aber unterschied sich die Ausstattung seiner Wohnung kaum von der anderer nicht allzu vermögender Leute, die mit den Reichen wetteifern wollen und doch nur erreichen, daß sich ihre Wohnungen untereinander ähneln wie ein Ei dem anderen: Hier wie dort findet man die gleichen Stoffe, Ebenholzmöbel, Blumen, Teppiche und, matte wie glänzende, Bronzestatuen – all das, womit Menschen eines gewissen Schlages ihre Wohnungen ausstaffieren, um den anderen Menschen eines bestimmten Schlages zu gleichen. Auch die Einrichtung in Iwan Iljitschs Wohnung war so durchschnittlich und wenig außergewöhnlich, daß nichts darin die Aufmerksamkeit zu fesseln vermochte; ihm selbst aber schien all das etwas Besonderes zu sein. Als er die Seinen auf dem Bahnhof abgeholt hatte und sie in seine hell erleuchtete, nunmehr fertig eingerichtete Wohnung brachte, als der

Diener mit weißem Schlips ihnen die Tür zum blumengeschmückten Vorzimmer öffnete und sie dann in den Salon und in Iwan Iljitschs Arbeitszimmer gingen, wo sich Frau und Kinder vor Staunen nicht zu lassen wußten, da war er über die Maßen glücklich, führte sie überall herum, genoß ihr Lob und strahlte vor Vergnügen. Und als sich, an eben diesem Abend, Praskowja Fjodorowna beim Tee beiläufig nach seinem Sturz von der Leiter erkundigte, da lachte er nur und schilderte anschaulich, wie er heruntergefallen war und dem Tapezierer einen tüchtigen Schrecken eingejagt hatte.

»Nicht umsonst bin ich Turner. Ein anderer wäre dabei zu Tode gekommen, ich aber habe mich nur ein bißchen gestoßen, an dieser Stelle hier. Wenn ich sie berühre, tut es etwas weh, doch der Schmerz legt sich schon; es ist nichts weiter als ein blauer Fleck.«

Sie begannen sich nun in der neuen Wohnung häuslich einzurichten, in der es ihnen ausnehmend gefiel, sieht man davon ab, daß sie – wie es so geht, wenn man sich erst richtig eingelebt hat – noch ein Zimmer mehr gewünscht hätten und daß auch das Gehalt, das Iwan Iljitschs neue Stellung einbrachte, zur Bestreitung der Lebenskosten nicht ganz ausreichte – es fehlte nicht viel, nur ungefähr fünfhundert Rubel. Besonders schön war es in der ersten Zeit, als noch nicht alles eingerichtet und noch dieses und jenes zu tun war: Bald galt es, etwas zu kaufen oder zu bestellen, bald etwas umzuräumen oder neu zu drapieren. Und wenn es dabei mitunter auch zu gewissen Meinungsverschiedenheiten zwischen den Eheleuten kam, so waren doch beide zufrieden und so sehr von alledem in Anspruch genommen, daß es ohne größere Auseinandersetzungen abging. Als es dann nichts mehr an der Einrichtung zu verändern gab, machte sich ein wenig Langeweile breit, und etwas schien zu fehlen, doch nun wurden Bekanntschaften geschlossen, bürgerten sich neue Gewohnheiten ein, und schon war das Leben wieder ausgefüllt.

Iwan Iljitsch pflegte den Vormittag im Gericht zuzubringen und zum Mittagessen nach Hause zurückzukehren, und in der ersten Zeit war er meistens guter Laune, wenn diese auch gerade in Zusammenhang mit der Ausstattung der Wohnung zuweilen etwas getrübt wurde. (Jeder Fleck auf einer Tischdecke oder einem Möbelbezug, jede abgerissene Gardinenschnur ärgerten ihn; er hatte so viel Mühe auf die Einrichtung verwandt, daß ihm nun jegliche Zerstörung weh tat.) Im großen und ganzen aber gestaltete sich Iwan Iljitschs Leben so, wie es seiner Meinung nach sein mußte: unbeschwert, angenehm und wohlanständig. Er stand um neun Uhr auf, trank Kaffee und las die Zeitung, dann zog er den Uniformrock des Zivilbeamten an und fuhr zum Gericht. Dort geriet er gleich wieder in die Tretmühle, in die er nun eingespannt war. Da gab es Bittsteller, die abzufertigen, Auskünfte, die in der Kanzlei einzuholen waren, die Kanzleitätigkeit selbst und Sitzungen – öffentliche und administrative. Bei alledem mußte man fähig sein, jede menschliche Empfindung auszuschalten, die einem richtigen Ablauf dienstlicher Angelegenheiten stets im Wege steht. Man durfte keine anderen Beziehungen zu Menschen unterhalten als dienstliche, und der Anlaß zu solchen Beziehungen mußte, ebenso wie die Beziehungen selbst, rein dienstlicher Natur sein. Da kam beispielsweise ein Mann zu Iwan Iljitsch und suchte um eine Auskunft nach. Als Privatperson konnte Iwan Iljitsch zu einem solchen Menschen durchaus keine Beziehungen haben; gab es indessen eine Beziehung zwischen diesem Besucher und ihm als Amtsperson, eine Beziehung also, die sich auf einem behördlichen Schriftstück zum Ausdruck bringen ließ, dann tat Iwan Iljitsch im Rahmen dieser Beziehungen alles, absolut alles, was in seinen Kräften stand, um dem Besucher zu helfen, und unterhielt dabei so etwas wie freundschaftliche Beziehungen zu ihm, das heißt, war ausnehmend höflich. Doch sobald die dienstliche Beziehung beendet war, endete damit auch jede andere. Diese Fähigkeit, Dienstliches und Privates streng zu trennen, beherrschte Iwan Iljitsch in höchster Perfektion und hatte sie infolge seiner diesbezüglichen Begabung und einer langen Praxis zu einem solchen Grade ausgebildet, daß er sich, wie ein Virtuose, zuweilen sogar erlaubte, gleichsam zum Scherz, Menschlich-Privates und Dienstliches miteinander zu verquicken. Erlauben konnte er sich das, weil er sich imstande fühlte, immer, wenn er das für nötig hielt, allein das Dienstliche in den Vordergrund zu stellen und das rein Menschliche unberücksichtigt zu lassen. All das ging bei Iwan Iljitsch nicht nur mühelos, angenehm und geziemend, sondern sogar virtuos vonstatten. In den Pausen rauchte er, trank Tee und unterhielt sich ein wenig über Politik, ein wenig über allgemeine Fragen, ein wenig über das Kartenspielen und am meisten über Ernennungen, schon erfolgte ebenso wie noch zu erwartende. Müde und erschöpft, doch mit dem Gefühl des Virtuosen, der seinen Part als erster Geiger in einem Konzert hervorragend gespielt hat, kehrte er dann nach Hause zurück. Frau und Tochter waren gewöhnlich irgendwohin gefahren oder hatten Besuch; der Sohn war entweder im Gymnasium oder fertigte mit Unterstützung von Repetitoren seine Hausaufgaben an und lernte eifrig alles, was auf einem Gymnasium gelehrt wird. Alles war in schönster Ordnung. Nach dem Essen las Iwan Iljitsch, wenn keine Gäste da waren, mitunter ein Buch, das gerade in aller Munde war, und abends setzte er sich wieder an seine Arbeit, das heißt, er studierte Akten, schlug hin und wieder auch in Gesetzbüchern nach, verglich die Aussagen und untermauerte sie durch die entsprechenden Paragraphen. Diese Tätigkeit stimmte ihn weder froh, noch verdroß sie ihn. Verdrossen hätte sie ihn, wenn er durch sie von einem Whistspiel abgehalten worden wäre; bot sich aber keine Gelegenheit, Whist zu spielen, so war eine solche Beschäftigung immer noch besser, als, allein, müßig dazusitzen, oder den Abend in Gesellschaft seiner Frau zu verbringen. Vergnügen bereiteten Iwan Iljitsch dagegen die kleinen Diners, zu denen er Damen und Herren einlud, die in der Gesellschaft den Ton angaben, wobei sich die Unterhaltung mit ihnen kaum von dem üblichen Zeitvertreib solcher Leute unterschied, ebensowenig wie sich sein Salon von anderen Salons unterschied.

Einmal fand bei ihnen sogar eine Abendgesellschaft statt, auf der auch getanzt wurde. Iwan Iljitsch war sehr davon angetan, und alles hätte sehr schön sein können, wäre es nicht hinterher mit seiner Frau wegen der Torten und des Konfekts zu einem schlimmen Streit gekommen. Praskowja Fjodorowna hatte diesbezüglich ihre eigenen Pläne gehabt, Iwan Iljitsch aber hatte darauf bestanden, alles von einem teuren Konditor liefern zu lassen, und eine Menge Torten bestellt. Bei der Auseinandersetzung ging es darum, daß etliche der Torten übriggeblieben waren, die Rechnung des Konditors sich jedoch auf fünfundvierzig Rubel belief. Der Streit war unerquicklich und so heftig, daß Praskowja Fjodorowna sich hinreißen ließ, ihren Mann einen »Dummkopf« und »Trottel« zu nennen. Der griff sich an den Kopf und erwähnte im Zorn etwas von Scheidung. Die Abendgesellschaft selbst jedoch verlief sehr harmonisch. Nur Leute aus den besten Kreisen waren hier zugegen, und Iwan Iljitsch tanzte mit der Fürstin Trufunowa, deren Schwester sich durch die Gründung des Vereins »Nimm du mein Leid von mir« einen Namen gemacht hatte. Dienstliche Freuden waren für Iwan Iljitsch Freuden der Eigenliebe, gesellschaftliche Freuden solche seines Ehrgeizes; eine echte Freude aber bereitete ihm nur das Whistspiel. Er gab offen zu, daß nach allem, was er in seinem Leben an Unerfreulichem erlebt und durchgemacht habe, die Freude, die, gleich einer Kerze, alle anderen Freuden überstrahle, für ihn darin bestehe, sich mit guten Spielern, die zudem noch kühlen Kopf bewahrten, zu einer Partie Whist zusammenzusetzen, und zwar unbedingt zu viert (bei einem Spiel zu fünft war es stets sehr ärgerlich, ausscheiden und sich dabei auch noch stellen zu müssen, als täte man es gern), mit Geschick und Ernsthaftigkeit zu spielen (namentlich wenn man ein gutes Blatt hatte) und hernach zu Abend zu essen und ein Glas Wein zu trinken. Und nach dem Whist legte sich Iwan Iljitsch stets besonders gut gelaunt schlafen, vor allem dann, wenn er einen kleinen Gewinn erzielt hatte (einen großen einzustreichen wäre unschicklich gewesen).

So lebten sie denn. Sie verkehrten nur in den besten Kreisen der Gesellschaft, und in ihrem Salon konnte man sowohl Persönlichkeiten mit Rang und Namen als auch jungen Leuten begegnen.

Was die Beurteilung ihres Bekanntenkreises betraf, waren Mann, Frau und Tochter völlig einer Meinung und, ohne sich darüber verständigt zu haben, gleichermaßen darauf bedacht, sich all jene aufdringlichen Freunde und Verwandten vom Halse zu halten, die ihnen Artigkeiten sagten, um ihren Salon mit den japanischen Wandtellern betreten zu dürfen. Bald schon ließen sich die aufdringlichen Freunde nicht mehr blikken, und bei den Golowins verkehrten von nun an nur noch Angehörige der besten Kreise. Die jungen Leute machten Lisa den Hof, und der Untersuchungsrichter Petrischtschew, der Sohn Dmitrij Iwanowitsch Petrischtschews und Alleinerbe seines Vermögens, schien in bezug auf sie ernste Absichten zu haben, so daß Iwan Iljitsch und seine Frau schon überlegten, ob sie nicht eine Troikafahrt oder eine Liebhaberaufführung für sie arrangieren sollten. So lebten sie. Und alles ging seinen gewohnten Gang, und alles war sehr schön.

4

Alle waren gesund. Iwan Iljitsch klagte zwar mitunter über einen seltsamen Geschmack im Mund und leichte Beschwerden in der linken Magenhälfte, doch als Krankheit konnte man das wohl kaum bezeichnen.

Diese Beschwerden wurden indessen immer stärker und gingen nach und nach wenn auch noch nicht in Schmerz, so doch in ein andauerndes Druckempfinden in der einen Seite über und hatten zur Folge, daß Iwan Iljitsch beständig schlecht gelaunt war. Diese schlechte Laune gewann mehr und mehr die Oberhand und beeinträchtigte zunehmend die unbeschwerte, angenehme und wohlanständige Lebensweise, die sich in der Familie Golowin eingebürgert hatte. Immer häufiger hatten die Eheleute Streit miteinander, und von einem unbeschwerten, angenehmen Leben konnte bald keine Rede mehr sein, ja selbst der äußere Anstand wurde oft nur mit Mühe gewahrt. Es kam nun wieder häufiger zu Szenen zwischen Mann und Frau, und übrig blieben nur die kleinen Inseln – und auch davon nicht allzu viele –, auf denen die Eheleute sich begegnen konnten, ohne ausfallend zu werden.

Und Praskowja Fjodorowna hatte jetzt allen Grund, zu sagen, ihr Mann habe einen unverträglichen Charakter. Mit der ihr eigenen Angewohnheit, ständig zu übertreiben, erklärte sie, Iwan Iljitschs Charakter sei schon immer so unausstehlich gewesen, und ohne ihre sprichwörtliche Gutmütigkeit hätte sie das nicht zwanzig Jahre ertragen können. Wahr daran war, daß die Streitigkeiten nun gewöhnlich von ihm ausgingen. Seine Nörgeleien begannen meistens unmittelbar vor dem Mittagessen, oft auch, wenn er gerade dabei war, seine Suppe zu essen. Bald ärgerte er sich darüber, daß etwas vom Geschirr beschädigt war, bald war das Essen nicht nach seinem Geschmack, bald nahm er Anstoß daran, daß der Sohn den Ellbogen auf den Tisch gestützt hatte, bald hatte er etwas an der Frisur seiner Tochter auszusetzen. Und an allem gab er Praskowja Fjodorowna die Schuld. Die widersprach ihm anfangs und sagte ihm gleichfalls unangenehme Dinge, doch nachdem er zwei-dreimal gleich zu Beginn des Essens einen Wutanfall bekommen hatte, begriff sie, daß es sich um einen krankhaften Zustand handeln mußte, der bei ihm durch die Nahrungsaufnahme verursacht wurde. So bezwang sie sich denn und widersprach nicht mehr, war nur noch darauf bedacht, das Essen schnell zu beenden. Ihre Selbstbeherrschung rechnete sich Praskowja Fjodorowna als großes Verdienst an. Einmal zu dem Schluß gekommen, daß ihr Mann einen unleidlichen Charakter besitze und sie fürs Leben unglücklich gemacht habe, begann sie sich selbst zu bedauern. Und je mehr sie sich bemitleidete, desto größer wurde ihr Haß auf ihn. Fast wünschte sie schon, er möge sterben, doch ernstlich konnte sie diesen Wunsch nicht hegen, weil dann auch sein Gehalt weggefallen wäre. Und das brachte sie noch mehr gegen ihn auf. Sie hielt sich gerade deshalb für besonders unglücklich, weil nicht einmal sein Tod Erlösung für sie bedeuten konnte; sie war gereizt, suchte das zu verbergen und bewirkte doch nur, daß diese heimliche Gereiztheit ihren Mann noch reizbarer machte.

Nachdem es zwischen den Eheleuten wieder einmal einen Auftritt gegeben hatte, bei dem Iwan Iljitsch ihr gegenüber besonders ungerecht gewesen war, und nachdem er, als sie sich hinterher aussprachen, auch zugab, gereizt gewesen zu sein, was er aber auf seinen schlechten Gesundheitszustand schob, da sagte sie zu ihm, wenn er krank sei, müsse er sich behandeln lassen, und verlangte von ihm, daß er einen berühmten Arzt aufsuche.

Das tat er denn auch. Alles war, wie er erwartet hatte, so, wie es immer zu sein pflegt: das Warten, die Wichtigtuerei des Arztes, die ihm wohlbekannt war, weil er selbst sich bei der Gerichtssitzung ebenso gab, das Abklopfen und Abhorchen, die Fragen, die im voraus festgelegte und offenbar völlig unnötige Antworten erfordern, und die vielsagende Miene, die alle Ärzte aufsetzen und die einem suggeriert, man brauche sich nur in ihre Behandlung zu begeben, dann würden sie einem schon helfen, sie wüßten mit unfehlbarer Sicherheit, wie sie einen zu kurieren hätten – nämlich auf die gleiche Weise wie alle ihre Patienten, gleichgültig, an welcher Krankheit diese leiden. Alles war genauso wie bei Gericht. Der berühmte Arzt musterte ihn genauso streng, wie er selbst in der Gerichtsverhandlung die Angeklagten zu mustern pflegte.

Der Arzt sagte, dies und das deute darauf hin, daß er dies und das haben könne; sollte sich diese Diagnose bei den und den Untersuchungen jedoch nicht bestätigen, dann müsse man bei ihm dies und das vermuten. Wenn man dies und das vermute, dann ... usw. Für Iwan Iljitsch war einzig und allein die Frage von Bedeutung, ob sein Zustand gefährlich war oder nicht. Doch diese unpassende Frage ignorierte der

Arzt völlig. Vom Standpunkt des Arztes aus gesehen war diese Frage müßig und stand nicht zur Debatte; ihm kam es lediglich darauf an, mehrere Möglichkeiten – das Vorliegen einer Wanderniere, eines chronischen Katarrhs oder einer Blinddarmentzündung – gegeneinander abzuwägen. Nicht um Iwan Iljitschs Leben ging es, sondern um einen Streit zwischen Wanderniere und Blinddarm. Und diesen Streit entschied der Arzt vor Iwan Iljitschs Augen auf brillante Weise zugunsten des Blinddarms, wobei er allerdings den Vorbehalt machte, die Urinuntersuchung könne neue Anhaltspunkte ergeben, und dann werde der Fall nochmals geprüft werden. All das glich aufs Haar dem überlegenen Auftreten, das Iwan Iljitsch selbst schon tausendmal Angeklagten gegenüber an den Tag gelegt hatte. Ebenso brillant zog der Arzt auch sein Resümee, wobei er den Angeklagten über den Brillenrand hinweg triumphierend, ja fröhlich ansah. Aus dem Resümee des Arztes leitete Iwan Iljitsch den Schluß ab, daß es schlimm um ihn stehen müsse, daß dies dem Arzt und vermutlich auch allen anderen aber wohl gleichgültig sei. Diese Erkenntnis berührte Iwan Iljitsch schmerzlich und rief bei ihm ein Gefühl tiefen Mitleids mit sich selbst und einer großen Erbitterung über diesen Arzt hervor, der sich einer so wichtigen Frage gegenüber derart gleichgültig zeigte.

Doch er sagte nichts, sondern stand auf, legte das Geld auf den Tisch und bemerkte seufzend:

»Wir Kranken stellen Ihnen vermutlich oft ungehörige Fragen. Aber könnten Sie mir nicht trotzdem sagen, ob ich eine gefährliche Krankheit habe oder nicht?«

Der Arzt blickte ihn durch die Brillengläser hindurch streng an, als wollte er sagen: Angeklagter, wenn Sie nicht in den Grenzen der Ihnen gestellten Fragen bleiben, sehe ich mich genötigt, Ihre Entfernung aus dem Sitzungssaal anzuordnen.

»Ich habe Ihnen bereits mitgeteilt, was ich für notwendig und angebracht hielt«, entgegnete der Arzt. »Das Weitere wird die Urinuntersuchung zeigen.« Und der Arzt verbeugte sich.

Iwan Iljitsch ging langsam hinaus, setzte sich niedergeschlagen in den Schlitten und fuhr nach Hause. Die ganze Fahrt über suchte er sich unablässig alles ins Gedächtnis zu rufen, was der Arzt gesagt hatte, und bemühte sich, alle diese verworrenen, unklaren wissenschaftlichen Ausdrücke in eine verständliche Sprache zu übersetzen und aus ihnen die Antwort auf die Frage herauszulesen, ob es schlecht, ja sehr schlecht um ihn bestellt sei oder ob es noch Hoffnung für ihn gebe. Und ihm schien, der Sinn all dessen, was der Arzt gesagt hatte, sei der, daß es sehr schlecht um ihn stehe. Und so stimmte denn auch alles, was Iwan Iljitsch auf den Straßen sah, ihn traurig: die Droschken, die Häuser, die Vorübergehenden und die Läden. Der Schmerz aber, dieser dumpfe, bohrende Schmerz, der keinen Augenblick aufhörte, schien ihm in Verbindung mit den unklaren Worten des Arztes eine andere, ernstere Bedeutung zu erhalten. Und mit einem ganz neuen bedrückenden Gefühl achtete Iwan Iljitsch jetzt auf diesen Schmerz.

Wieder daheim, erzählte er seiner Frau von dem Besuch beim Arzt. Sie hörte auch zu, doch mitten in Iwan Iljitschs Bericht trat die Tochter ins Zimmer. Zum Ausgehen angezogen, schon ein Hütchen auf dem Kopf, wollte sie mit der Mutter irgendwohin fahren. Widerstrebend setzte sie sich, um dieser langweiligen Erzählung gleichfalls zu lauschen, doch lange hielt sie es nicht aus, und auch die Mutter hörte sich seinen Bericht nicht bis zu Ende an.

»Nun, ich bin sehr froh«, sagte Praskowja Fjodorowna. »Jetzt sieh aber auch zu, daß du die Medizin regelmäßig einnimmst. Gib mir das Rezept, ich werde Gerassim in die Apotheke schicken.« Sprach's und entfernte sich, um sich zur Ausfahrt umzukleiden.

Iwan Iljitsch hielt den Atem an, solange sie sich noch im Zimmer aufhielt, und atmete erst tief auf, als sie hinausgegangen war.

»Nun ja«, sagte er. »Vielleicht ist es wirklich nichts Gefährliches ...«

Fortan nahm er regelmäßig seine Medizin ein und befolgte alle Vorschriften des Arztes, die sich im Ergebnis der Urinuntersuchung geändert hatten. Doch ob nun mit dem Befund oder den daraus abgeleiteten ärztlichen Anweisungen etwas nicht stimmte, jedenfalls trat keine Besserung ein. An den Arzt selbst war nicht heranzukommen, und so konnte es durchaus sein, daß nicht geschah, was der Arzt angeordnet hatte. Entweder hatte dieser etwas vergessen oder ihm ein X für ein U vorgemacht oder ihm etwas verschwiegen.

Wie auch immer, Iwan Iljitsch hielt die ärztlichen Vorschriften nach wie vor aufs genaueste ein und fand darin in der ersten Zeit einen gewissen Trost.

Seit seinem Besuch beim Arzt war Iwan Iljitsch in der Hauptsache damit beschäftigt, die Anordnungen des Arztes hinsichtlich der Hygiene und der Medikamenteneinnahme strikt zu befolgen sowie in sich hineinzuhorchen, ob sein Schmerz nachgelassen habe und ob sein Organismus noch voll funktioniere. Was ihn jetzt am meisten interessierte, das waren die Krankheiten und der Gesundheitszustand anderer Leute. Wurde in seiner Gegenwart von kranken, gestorbenen oder wieder genesenen Menschen gesprochen, besonders, wenn es dabei um eine Krankheit ging, die der seinen glich, dann hörte er, bemüht, seine Erregung zu verbergen, aufmerksam zu, erkundigte sich nach Einzelheiten und verglich diese mit den Symptomen seiner eigenen Krankheit.

Iwan Iljitschs Schmerzen ließen nicht nach, aber er redete sich dennoch ein, daß es ihm schon besser gehe. Und er konnte sich auch wirklich selbst etwas vormachen, solange es nichts gab, das ihn aufregte. Doch sobald es zu einer unangenehmen Auseinandersetzung mit seiner Frau kam, er Mißerfolge im Dienst oder schlechte Karten beim Whist hatte, spürte er seine Krankheit sofort in ihrer ganzen Stärke. Früher hatte er solche Mißerfolge ertragen, in der Hoffnung, ein Versäumnis im Dienst bald schon wieder durch einen Erfolg auszugleichen oder beim Kartenspiel demnächst einen großen Schlemm zu machen. Jetzt aber warf ihn jeder Mißerfolg um und stürzte ihn in Verzweiflung. Gerade hat die Medizin zu wirken begonnen, dachte er, so daß es mir schon etwas besser ging, und nun dieses verfluchte Mißgeschick, diese Unannehmlichkeit ... Und er ärgerte sich über sein Mißgeschick oder über die Leute, die ihm Unannehmlichkeiten bereiteten und ihn so an den Rand des Grabes brachten, und obwohl er fühlte, wie diese Wut ihn tötete, konnte er sie doch nicht unterdrücken. Man sollte meinen, ihm hätte klar sein müssen, daß diese Erbitterung über Umstände und Menschen, diese dauernde Gereiztheit seine Krankheit nur noch verschlimmerte und daß er deshalb unliebsame Vorfälle besser nicht beachtet hätte; doch er zog einen völlig entgegengesetzten Schluß. Er sagte, er brauche Ruhe, achtete auf alles, was diese Ruhe zu stören vermochte, und war beim geringsten Anlaß immer gleich gereizt. Was seinen Zustand noch mehr verschlechterte, war, daß er medizinische Bücher las und ständig Ärzte konsultierte. Die Verschlimmerung seines Leidens erfolgte so gleichmäßig, daß er sich, wenn er sein Befinden von einem Tag zum anderen verglich, selbst noch etwas vormachen konnte – es war kein großer Unterschied festzustellen. Zog er aber Ärzte zu Rate, dann gewann er aus dem, was sie sagten, den Eindruck, sein Zustand verschlechtere sich, und sogar sehr rasch. Und trotzdem konsultierte er ständig neue Ärzte.

In diesem Monat suchte er noch eine weitere Kapazität auf, die fast das gleiche sagte wie die erste, die Fragen aber anders stellte. Der Besuch bei dieser Kapazität verstärkte Zweifel und Furcht Iwan Iljitschs nur noch mehr. Der Freund eines Kollegen – er galt als ein sehr guter Arzt – kam zu einem anderen Befund, und obwohl er Iwan Iljitsch seine vollständige Genesung in Aussicht stellte, verwirrte er ihn durch Fragen und Mutmaßungen doch noch mehr und verstärkte seine Zweifel. Ein Homöopath diagnostizierte die Krankheit noch anders und gab ihm eine Arznei, die Iwan Iljitsch ungefähr eine Woche lang heimlich einnahm. Doch nach Ablauf der Woche, als er keine Linderung verspürte, verlor er das Zutrauen zu diesem wie auch zu allen anderen Medikamenten, die er bis dahin eingenommen hatte, und wurde noch mutloser und verzagter. Einmal erzählte eine Dame, die in seinem Hause verkehrte, von einem Kranken, der durch eine Ikone geheilt worden sei. Iwan Iljitsch ertappte sich dabei, daß er aufmerksam zuhörte und glaubte, daß sich wirklich alles so zugetragen habe. Dieser Vorfall erschreckte ihn. Bin ich denn schon so schwachsinnig, daß ich auf dergleichen hereinfalle? fragte er sich. Unsinn! Dummes Zeug ist das alles. Man darf nicht so argwöhnisch sein, sondern muß sich, hat man sich einmal für einen Arzt entschieden, genau an das halten, was er verordnet. Das werde ich denn auch tun. So wie jetzt geht es nicht mehr weiter. Ich will mit dem ständigen Grübeln aufhören und bis zum Sommer alle Anweisungen des Arztes strikt befolgen. Dann wird man weitersehen. Schluß jetzt mit dieser schwankenden Haltung! ... Das war leichter gesagt als getan. Der Schmerz in der einen Seite quälte ihn unablässig, schien sich zunehmend zu verstärken und hörte überhaupt nicht mehr auf; der sonderbare Geschmack im Mund wurde immer widerlicher, und sein Atem roch, wie er meinte, ganz abscheulich; sein Appetit ließ merklich nach, und er kam zusehends von Kräften. Nun konnte er sich keiner Selbsttäuschung mehr hingeben: Etwas Schreckliches, Neues und Bedeutsames, wie es das in Iwan Iljitschs Leben noch nie gegeben hatte, vollzog sich in seinem Innern. Und er allein wußte davon, während die Menschen um ihn herum es nicht erkannten oder nicht erkennen wollten und glaubten, alles in der Welt gehe seinen gewohnten Gang. Das berührte Iwan Iljitsch besonders schmerzlich. Er sah, daß die Seinen, vor allem Frau und Tochter, die auf der Höhe der Ballsaison ständig ausfuhren, nicht begriffen, wie es um ihn stand, und sich auch noch darüber ärgerten, daß er stets so ungesellig und anspruchsvoll war, als sei er schuld daran. Und wenn sie es auch zu verbergen trachteten, er merkte es doch, daß er ihnen im Wege war. Seine Frau hatte sich eine bestimmte Meinung über seine Krankheit gebildet, von der sie sich nicht abbringen ließ, was er auch sagen oder tun mochte. Diese Meinung brachte sie in Gesprächen mit Bekannten so zum Ausdruck:

»Wissen Sie«, sagte sie zu ihnen, »Iwan Iljitsch ist nicht imstande, die ärztlichen Vorschriften genau zu befolgen, wie es jeder vernünftige Mensch tut. Heute mag er ja seine Tropfen einnehmen, essen, was er essen darf, und sich rechtzeitig schlafen legen; aber morgen kann er, wenn ich nicht darauf achte, plötzlich vergessen, die Arznei einzunehmen, Stör essen, was ihm streng verboten ist, und bis ein Uhr nachts beim Whist sitzen.«

»Nun, wann habe ich das denn schon getan?« fragte dann Iwan Iljitsch ärgerlich. »Ein einziges Mal, bei Pjotr Iwanowitsch«

»Und gestern bei Schebek.«

»Ich hätte vor lauter Schmerzen sowieso nicht schlafen können ...«

»Immer redest du dich heraus, aber so wirst du nie gesund werden und quälst uns nur.«

Die Einstellung, die Praskowja Fjodorowna zur Krankheit ihres Mannes hatte und die sie gesprächsweise anderen und auch ihm selbst gegenüber äußerte, lief darauf hinaus, daß er sein Leiden selbst verschuldet habe und daß diese ganze Krankheit nur ein neuer Tort sei, den er seiner Frau antue. Iwan Iljitsch war zwar klar, daß ihr alles völlig unbeabsichtigt entfuhr, doch davon wurde ihm nicht leichter ums Herz.

Im Gericht bemerkte er oder glaubte er seit einiger Zeit dieselbe befremdliche Einstellung ihm gegenüber zu bemerken. Bald schien es ihm, als starre man ihn unverwandt an, wie jemanden, der über kurz oder lang seinen Platz zu räumen habe; bald vermerkte er es übel, wenn seine Kollegen plötzlich gutmütig seine angebliche Wehleidigkeit bespöttelten, als ob jenes Entsetzliche und Schreckliche, jenes Unerhörte, das sich in seinem Innern eingenistet hatte, unablässig an ihm saugte und ihn unaufhaltsam irgendwohin zog, so recht ein Gegenstand für Witzeleien sei. Namentlich Schwarz, der ihn durch seine amüsante, vitale Art und seine Eleganz daran erinnerte, wie er selbst vor zehn Jahren gewesen war, reizte ihn oft bis zur Weißglut.

Einmal erhielt er Besuch von Kollegen, und man setzte sich zusammen, um eine Partie Whist zu spielen. Die neuen, noch ganz steifen Karten wurden durch Hin- und Herbiegen geschmeidig gemacht, ausgeteilt, und – siehe da! – Iwan Iljitsch hatte sieben Karos. Sein Partner sagte: »Ohne Trumpf!« – und spielte zweimal Karo aus. Was wollte man mehr? Vergnügt und munter hätte Iwan Iljitsch jetzt sein müssen – schließlich war bald ein Schlemm zu erwarten. Doch unversehens spürte er wieder diesen saugenden Schmerz, diesen penetranten Geschmack im Mund, und es erschien ihm auf einmal absurd, daß er sich dabei noch über einen Schlemm freuen sollte.

Er blickt Michail Michajlowitsch, seinen Partner, an, sieht, wie der mit seiner starken Hand auf den Tisch schlägt, dann aber, höflich und nachsichtig, darauf verzichtet, die Karten selbst an sich zu nehmen, sondern sie ihm zuschiebt, um ihm das Vergnügen zu lassen, ohne sich abmühen und die Hand zu weit ausstrecken zu müssen, die Stiche einzustreichen. Glaubt er etwa, ich sei schon so schwach, daß ich die Hand nicht mehr weit ausstrecken kann? denkt Iwan Iljitsch, vergißt über diesem Grübeln die Trümpfe, spielt verkehrt aus und bringt sich und seinen Partner dadurch um den Schlemm, was Michail Michajlowitsch verständlicherweise sehr ärgert, ihn selbst aber – und das ist das Erschreckendste – völlig gleichgültig läßt. Und der Gedanke, woher diese seine Gleichgültigkeit rührt, erfüllt ihn mit Entsetzen.

Die anderen sehen, wie mitgenommen er ist, und machen den Vorschlag, mit dem Spiel aufzuhören, wenn er müde sei, damit er sich ausruhen könne. Ausruhen? Nein, er sei nicht im geringsten müde, beteuert er, und so spielen sie denn den Robber zu Ende. Alle sind plötzlich schweigsam geworden und blicken düster drein. Iwan Iljitsch fühlt wohl, daß er es ist, der sie in diese düstere Stimmung versetzt hat, ist aber nicht imstande, sie zu zerstreuen. Dann ißt man zu Abend, Iwan Iljitschs Kollegen machen sich auf den Heimweg, und er bleibt allein zurück, in dem Bewußtsein, daß sein Leben vergiftet ist und er das Leben anderer vergiftet und daß dieses Gift in seiner Wirkung nicht schwächer wird, sondern mehr und mehr sein ganzes Wesen durchdringt.

Und in diesem Bewußtsein, vertieft noch durch den physischen Schmerz und das Entsetzen über seinen Zustand, mußte er dann stets zu Bett gehen und konnte oft die halbe Nacht vor Schmerzen nicht schlafen. Am nächsten Morgen aber hieß es wieder aufstehen, sich ankleiden, zum Gericht fahren, reden und schreiben oder, wenn er nicht hinfuhr, zu Hause vierundzwanzig Stunden zubringen, von denen jede eine einzige Qual war. Und so, am Rande des Grabes, mußte er ganz allein leben, ohne einen Menschen zu haben, der ihn verstanden und bedauert hätte.

5

Auf diese Weise vergingen ein-zwei Monate. Kurz vor Neujahr kam sein Schwager in die Stadt und stieg bei ihnen ab. Iwan Iljitsch war bei seiner Ankunft auf dem Gericht, Praskowja Fjodorowna ausgefahren, um Einkäufe zu machen. Als Iwan Iljitsch nach seiner Rückkehr ins Arbeitszimmer trat, traf er dort den Schwager an, einen vor Gesundheit strotzenden, vollblütigen Mann, der gerade eigenhändig seinen Koffer auspackte. Er hatte Iwan Iljitsch eintreten hören, hob daraufhin den Kopf und sah ihn einen Augenblick an, schweigend. Dieser Blick offenbarte Iwan Iljitsch alles. Der Schwager, der den Mund schon zu einem Ausruf des Entsetzens geöffnet hatte, konnte diesen nur mit Mühe unterdrücken, doch seine Miene sprach Bände.

»Nun, ich habe mich wohl verändert?«

»Ja ... ein wenig schon.«

Und so sehr sich Iwan Iljitsch danach auch noch bemühte, den Schwager zu einer Äußerung über sein Aussehen zu veranlassen – der Schwager wich einer Antwort aus. Als Praskowja Fjodorowna nach Hause kam, ging der Schwager zu ihr in den Salon hinüber. Iwan Iljitsch schloß die Tür ab und betrachtete sich im Spiegel – zunächst von vorn, dann von der Seite. Er nahm ein Bild, auf dem er zusammen mit seiner Frau zu sehen war, zur Hand und verglich es mit dem, was ihm der Spiegel zeigte. Die Veränderung, die mit ihm vorgegangen war, war erschreckend. Nun streifte er die Ärmel bis zu den Ellbogen hoch, musterte seine Arme und rollte die Ärmel wieder herunter. Dann setzte er sich auf die Ottomane, und seine Miene wurde finsterer als die Nacht.

»Nein, es ist aus, alles aus«, sagte er zu sich selbst, sprang auf, ging zum Schreibtisch und schlug eine Akte auf; er begann darin zu lesen, konnte sich aber nicht konzentrieren. Er schloß die Zimmertür wieder auf und trat in den Saal. Die Tür zum Salon war zugemacht. Er schlich auf Zehenspitzen näher und horchte.

»Nein, du übertreibst«, hörte er Praskowja Fjodorowna sagen.

»Ich übertreibe? Siehst du denn nicht, daß er ein todkranker Mensch ist? Du brauchst ihm ja nur in die Augen zu schauen – ganz trübe sind sie. Was fehlt ihm denn?«

»Niemand weiß es. Nikolajew (das war der Arzt, den Iwan Iljitsch zuletzt konsultiert hatte) hat irgend etwas gesagt, aber ich kann mich nicht erinnern. Leschtschetizkij (das war der berühmte Arzt) hat dagegen gemeint ...«

Iwan Iljitsch ging von der Tür weg, kehrte in sein Zimmer zurück, legte sich auf die Ottomane und versank in Gedanken. Die Niere, die Wanderniere! schoß es ihm durch den Kopf. Und schon erinnerte er sich wieder an alles, was ihm die Ärzte darüber gesagt hatten, wie sie sich losgelöst habe und nun durch seinen Körper wandere. Er strengte seine ganze Phantasie an, um sich vorzustellen, wie man diese Niere einfangen, zum Stehen bringen und wieder befestigen könne; das konnte, schien ihm, doch nicht so schwer sein. Ich werde noch einmal zu Pjotr Iwanowitsch (das war jener Kollege, dessen Freund Arzt war) fahren! nahm er sich vor. Er läutete, befahl, das Pferd anzuspannen, und machte sich zur Ausfahrt fertig.

»Wohin willst du, Jean?« fragte ihn seine Frau in besonders wehmütigem, ungewohnt gütigem Ton.

Diese ungewohnte Güte erbitterte ihn. Finster sah er sie an.

»Ich muß zu Pjotr Iwanowitsch.«

So fuhr er denn zu dem Kollegen, der mit jenem Arzt befreundet war, und gemeinsam mit ihm gleich weiter zum Arzt. Sie trafen ihn auch wirklich daheim an, und Iwan Iljitsch unterhielt sich lange mit ihm.

Nachdem der Arzt Iwan Iljitsch alle Einzelheiten des Prozesses, der, seiner Meinung nach, im Organismus des Kranken vor sich ging, sowohl unter anatomischem als auch unter physiologischem Gesichtspunkt auseinandergesetzt hatte, war diesem alles klar.

Es war eine ganze Kleinigkeit, die er hatte, eine unbedeutende Sache am Blinddarm, die sich durchaus beheben ließ. Man brauchte nur die Energie des einen Organs zu verstärken und die Funktion eines anderen abzuschwächen, dann würde ein Aufsaugen stattfinden, und alles käme wieder ins Lot. Zum Mittagessen verspätete er sich ein wenig, plauderte dafür jedoch um so angeregter. Nach Tisch aber konnte er sich lange nicht entschließen, in sein Zimmer zu gehen und sich ans Aktenstudium zu machen. Schließlich begab er sich doch in sein Arbeitszimmer und setzte sich sofort an den Schreibtisch. Er ging Akten durch, versenkte sich in die Arbeit, war sich dabei jedoch die ganze Zeit bewußt, daß er anschließend noch etwas Wichtiges zu erledigen hatte, etwas, das nur aufgeschoben war, mit dem er sich aber unbedingt befassen mußte. Als er mit dem Aktenstudium fertig war, erinnerte er sich, daß diese wichtige Angelegenheit darin bestand, sich Gedanken über seinen Blinddarm zu machen. Doch, statt das auch zu tun, begab er sich in den Salon zum Tee. Es hatten sich Gäste eingefunden, und so unterhielt man sich denn, spielte Klavier und sang dazu; auch jener Untersuchungsrichter, den Iwan Iljitsch und seine Frau gern als Bräutigam ihrer Tochter gesehen hätten, war da. Iwan Iljitsch war an diesem Abend, jedenfalls nach Ansicht Praskowja Fjodorownas, wie sich einer Bemerkung von ihr entnehmen ließ, in vergnügterer Stimmung als sonst, dennoch vergaß er keinen Augenblick lang, daß er noch wichtige, bis jetzt aufgeschobene Überlegungen über den Zustand seines Blinddarms anzustellen hatte. Um elf Uhr verabschiedete er sich denn auch und suchte sein Zimmer auf. Seit seiner Erkrankung schlief er allein, in einem kleinen, an sein Arbeitszimmer anstoßenden Raum. Er ging hinein, entkleidete sich und nahm einen Roman von Zola zur Hand, las aber nicht darin, sondern dachte nach. In seiner Phantasie vollzog sich bereits die ersehnte Wiederherstellung seines Blinddarms. Da wurde etwas aufgesaugt, etwas anderes ausgestoßen und dadurch die richtige Funktion des Blinddarms wiederhergestellt. Ja, so sollte es gehen, dachte er bei sich. Man muß der Natur nur zu Hilfe kommen. Er entsann sich seiner Medizin, richtete sich halb auf, nahm sie ein, legte sich wieder auf den Rücken und gab acht, welche wohltuende Wirkung die Medizin hatte, wie sie den Schmerz linderte. Ich muß sie bloß regelmäßig einnehmen, dachte er, und schädliche Einflüsse von mir fernhalten. Schon jetzt fühle ich mich ein wenig besser, viel besser sogar ... Er betastete die Seite, die sonst weh tat – nun aber, bei der Berührung, schmerzte sie nicht. Ja, ich spüre nichts mehr, dachte er, es ist wirklich schon viel besser. Er löschte die Kerze und drehte sich auf die Seite ... Der Blinddarm wird wieder in Ordnung kommen, sagte er sich, vollsaugen wird er sich. Doch plötzlich verspürte er den nur zu gut bekannten alten, dumpfen, bohrenden Schmerz, dieses beharrliche, stille und doch so ernst zu nehmende Wühlen in seinen Eingeweiden. Auch im Mund hatte er wieder jenen penetranten Geschmack. Das Herz krampfte sich zusammen, und er war einer Ohnmacht nahe. »Mein Gott, o mein Gott!«

stammelte er. »Wieder, schon wieder, und nie wird es aufhören!« Und auf einmal erschien ihm die Angelegenheit in völlig anderem Licht. Der Blinddarm! Die Nieren! sagte er sich ... Nicht um den Blinddarm, nicht um die Nieren geht es, es geht um Leben und ... Tod! Ja, das Leben, von dem ich so erfüllt war, schwindet mehr und mehr dahin, und ich kann es nicht festhalten. Ja. Wozu soll ich mir etwas vormachen? Ist es denn nicht allen außer mir schon längst offenbar, daß es mit mir zu Ende geht und daß es nur noch eine Frage von Wochen oder Tagen ist, wann der Tod eintritt? Vielleicht geschieht es schon morgen? Bisher war es licht um mich, nun ist es finster. Bisher war ich hier, nun werde ich bald dort sein! Wo? ... Es überlief ihn kalt, ihm stockte der Atem. Nur die Schläge seines Herzens hörte er.

Wenn ich nicht mehr bin, was wird dann sein? grübelte er. Nichts wird sein. Aber wo werde ich sein, wenn ich nicht mehr bin? Ist es denn wahr, daß ich sterben muß? Nein, ich will nicht! ... Er richtete sich auf, wollte die Kerze anzünden, tastete mit zitternden Händen auf dem Nachttisch herum, stieß dabei die Kerze samt dem Leuchter um, so daß beide auf den Boden fielen, und ließ sich wieder in die Kissen zurücksinken. Wozu das alles noch? Es ist ja doch gleich, sinnierte er und starrte mit weit geöffneten Augen in die Dunkelheit. Der Tod naht. Ja, der Tod! Und niemand von denen dort weiß es oder will es wahrhaben, niemand fühlt Mitleid mit mir. Sie spielen Klavier, singen, dachte er vorwurfsvoll (aus dem Salon drangen Gesang und Pianoklänge an sein Ohr). Ihnen ist es gleichgültig, aber auch sie werden einmal sterben, Dummköpfe, die sie sind! Mir ist es früher, ihnen später bestimmt; und ihnen wird es ebenso ergehen wie mir. Sie aber amüsieren sich. Hornochsen! ... Die Wut erstickte ihn fast. Und ihm wurde qualvoll, unerträglich schwer ums Herz. Es kann doch nicht sein, dachte er, daß alle, wirklich alle zu dieser schrecklichen Furcht verurteilt sind ... Wieder richtete er sich auf.

Irgend etwas stimmt hier nicht, grübelte er. Ich muß mich beruhigen und alles noch einmal von Anfang an überdenken ... Und nun rief er sich ins Gedächtnis zurück, wie die Krankheit begonnen hatte. Ja, so war es. Ich habe mich an der Seite gestoßen, es aber nicht beachtet und weitergelebt wie bisher. Zuerst hat es nur ein wenig geschmerzt, dann stärker, dann bin ich zu den Ärzten gelaufen, dann, als es nichts half, habe ich den Kopf hängen lassen und wieder die Ärzte aufgesucht und mich dabei mehr und mehr dem Abgrund genähert. Meine Kräfte sind dahingeschwunden. Und tiefer und tiefer ging es ins Verderben. Und nun bin ich krank und schwach, das Licht in meinen Augen ist erloschen. Ich stehe am Rande des Grabes und zerbreche mir noch den Kopf über den Blinddarm. Denke darüber nach, wie man ihn wieder in Ordnung bringen könnte, und dabei ist der Tod schon gekommen. Ist es wirklich der Tod? ... Wieder überkam ihn ein Gefühl des Entsetzens, er rang nach Luft, bückte sich, um nach den Streichhölzern zu suchen, und stieß dabei mit dem Ellbogen gegen das Nachttischchen. Es war im Wege; er hatte sich weh daran getan und ärgerte sich darüber, und vor lauter Verdruß stieß er noch heftiger gegen das Nachttischchen und warf es um. Voller Verzweiflung und dem Ersticken nahe, ließ er sich auf den Rücken fallen, jeden Augenblick den Tod erwartend.

Die Gäste waren gerade im Begriff aufzubrechen. Praskowja Fjodorowna, die sie ins Vorzimmer begleitet hatte, hörte das Nachttischchen umfallen und trat in Iwan Iljitschs Zimmer.

»Was hast du?«

»Nichts. Habe nur aus Versehen das Nachttischchen umgeworfen.«

Sie ging hinaus, und als sie zurückkehrte, brachte sie eine Kerze mit. Er lag da und atmete schwer und stoßweise wie jemand, der eine Werst weit gelaufen ist, und stierte sie an.

»Was hast du, Jean?«

»Ni-ichts. Um-ge-wor-fen hab ich es.« Wozu soll ich ihr etwas erzählen? dachte er. Sie würde es doch nicht verstehen ...

In der Tat, sie schien nicht zu verstehen. Sie hob den Nachttisch auf, zündete die Kerze an und verließ eilig das Zimmer: sie mußte noch eine Besucherin verabschieden.

Als sie zurückkam, lag er noch immer ebenso da, auf dem Rücken, und starrte nach oben.

»Was ist dir? Geht es dir schlechter?«

»Ja.«

Sie schüttelte den Kopf und setzte sich neben ihn.

»Weißt du, Jean, ich frage mich, ob wir nicht Leschtschetizki kommen lassen sollten?«

Das bedeutete, den berühmten Arzt herzubitten und folglich keine Kosten zu scheuen. Er lächelte giftig und sagte: »Nein.« Sie blieb noch eine Weile bei ihm sitzen, dann trat sie an ihn heran und küßte ihn auf die Stirn.

Er haßte sie mit allen Fasern seines Herzens, während sie ihn küßte, und mußte sich zusammennehmen, um sie nicht zurückzustoßen.

»Gute Nacht! So Gott will, wirst du einschlafen.«

»Ja.«

6

Iwan Iljitsch erkannte, daß es mit ihm zu Ende ging, und war verzweifelt, unendlich verzweifelt.

Im tiefsten Innern wußte Iwan Iljitsch, daß er bald sterben würde, aber er konnte sich nicht nur nicht an diesen Gedanken gewöhnen, sondern begriff es einfach nicht, war unfähig, das zu fassen.

Jenes Beispiel eines Syllogismus, das er in der Logik Kiesewetters gelernt hatte und das besagte: »Cajus ist ein Mensch, alle Menschen sind sterblich, also ist auch Cajus sterblich« war Iwan Iljitsch sein ganzes Leben lang nur in bezug auf Cajus als richtig erschienen, doch ganz und gar nicht in bezug auf sich selbst. Cajus war der Mensch, der Mensch schlechthin, und jener Schluß hatte für ihn durchaus seine Richtigkeit; er aber war nicht Cajus, nicht der Mensch schlechthin, sondern immer ein ganz, ganz besonderes, sich von allen anderen unterscheidendes Geschöpf gewesen – Wanja mit Mama und Papa, mit Mitja und Wolodja, mit seinem Spielzeug, dem Kutscher, der Kinderfrau und später dann mit Katenka, mit allen Freuden und Nöten, all der Begeisterung und dem Entzücken der Kinderzeit, der Knaben- und Jugendjahre. Hatte es für Cajus denn den Geruch des gestreiften Lederbällchens gegeben, der dem kleinen Wanja so lieb war? Hatte Cajus der Mutter etwa ebenso die Hand geküßt und das gleiche gefühlt wie er, wenn ihr seidenes Kleid raschelte? Hatte etwa er, Cajus, am Institut für Rechtswissenschaft die anderen wegen der Pasteten aufgewiegelt? War Cajus denn jemals so verliebt gewesen wie er? Und wäre Cajus etwa in der Lage, eine Sitzung so zu leiten wie er?

Ja, Cajus ist wirklich sterblich, und ihm geschieht ganz recht, wenn er stirbt, dachte er. Aber bei mir, einst Wanja, heute Iwan Iljitsch, mit allen meinen Gefühlen und Gedanken – bei mir ist das ganz etwas anderes. Es kann nicht sein, daß ich sterben muß. Das wäre gar zu schrecklich.

Solche Empfindungen waren es, die ihn bewegten.

Wenn auch mir der Tod beschieden wäre wie Cajus, sagte er sich, dann wüßte ich das, dann würde eine innere Stimme es mir sagen, doch das ist nicht der Fall. Alle meine Freunde haben gleich mir die Sache so aufgefaßt, als könnte uns ganz und gar nicht dasselbe widerfahren wie Cajus. Und nun dies! Es kann nicht sein. Es kann nicht sein, und ist doch so. Wie ist denn das nur möglich? Wie soll man das verstehen?

Er konnte es nicht verstehen und bemühte sich, diesen Gedanken zu verscheuchen, ihn als falsch und krankhaft abzutun und ihn durch andere, richtige und gesunde Gedanken zu verdrängen. Doch dieser Gedanke, und nicht nur der Gedanke, sondern gleichsam auch die Wirklichkeit stellte sich wieder und wieder ein und ließ ihm keine Ruhe mehr.

Und um den Gedanken an den Tod loszuwerden, rief er bald diesen, bald jenen Gedanken herbei, in der Hoffnung, einen Halt in ihnen zu finden. Er versuchte, zu den früheren Gedankengängen zurückzukehren, die diesen Gedanken einst in den Hintergrund hatten treten lassen. Doch seltsam – all das, was ihm früher das Bewußtsein des Todes verdunkelt und ausgelöscht hatte, vermochte jetzt nicht mehr die gleiche Wirkung hervorzubringen. Umsonst unternahm Iwan Iljitsch in der letzten Zeit immer wieder den Versuch, die früheren Gefühlsregungen, die ihm den Gedanken an den Tod verdeckt hatten, neu zu beleben. Da sagte er sich: Ich werde mich meinen dienstlichen Obliegenheiten widmen, schließlich habe ich ja immer nur für sie gelebt. So ging er denn, alle Zweifel verscheuchend, aufs Gericht, knüpfte ein Gespräch mit dem einen oder anderen Kollegen an, setzte sich auf seinen Platz, streifte, seiner alten Gewohnheit getreu, zerstreut und mit nachdenklichem Blick die Menschenmenge, beugte sich, die abgemagerten Hände auf die Armlehnen des Eichensessels stützend, zu einem Kollegen hinüber, schob ihm eine Akte hin und wechselte im Flüsterton ein paar Worte mit ihm, um dann plötzlich hochzuschauen und, sich gerade hinsetzend, mit den wohlbekannten Worten die Verhandlung zu eröffnen. Doch plötzlich, mitten in der Sitzung, begannen die Schmerzen in seiner Seite, ohne Rücksicht darauf, wie weit die Verhandlung unterdessen fortgeschritten war, ihr saugendes, bohrendes Werk zu tun. Iwan Iljitsch lauschte in sich hinein und versuchte, den Gedanken an die Schmerzen zu verscheuchen, die aber setzten ihr Werk fort. Und schon kam wieder *er*, stellte sich direkt vor ihn hin und starrte ihn an; Iwan Iljitsch saß wie versteinert da, das Licht in seinen Augen erlosch, und von neuem begann er sich zu fragen: Ist denn wirklich nur *er* das einzig Wahre? Und Kollegen wie Untergebene bemerkten voller Verwunderung und Betroffenheit, daß er, dieser brillante, feinsinnige Richter, sich bei seinen Ausführungen oft in Widersprüche verwickelte und ihm Irrtümer unterliefen. Er suchte sich zusammenzunehmen, rang nach Fassung und führte die Verhandlung mit Mühe und Not zu Ende. Nach Hause kehrte er dann stets in dem bitteren Bewußtsein zurück, daß seine Tätigkeit als Richter ihm nicht mehr wie früher das verbergen konnte, was er nicht wahrhaben wollte, und daß es ihm unmöglich geworden war, sich durch die Ausübung seines Amtes von *ihm* zu befreien. Und das Schlimmste war, daß *er* nicht deshalb Iwan Iljitschs ganzes Denken und Fühlen auf sich zog, damit der etwas Bestimmtes tat, sondern nur, damit er *ihn* ansah, *ihm* direkt in die Augen blickte, *ihn* unablässig ansah und sich, ohne etwas tun zu können, unsagbar quälte.

Und um sich aus diesem Zustand zu erretten, suchte Iwan Iljitsch Trost, suchte er andere Abschirmungen, und die fanden sich auch und schienen ihm für kurze Zeit Rettung zu gewähren, die aber sofort wieder, wenn schon nicht zerstört, so doch durchsichtig wurden, als durchdringe *er* alles und als könne nichts *ihn* verdecken.

Betrat Iwan Iljitsch in der letzten Zeit den Salon, den er persönlich eingerichtet und mit schmückendem Zierat versehen hatte – jenen Salon, in dem er von der Trittleiter gefallen war –, dann empfand er Bitterkeit bei dem Gedanken, daß er um dieser Ausstattung willen sein Leben geopfert hatte, denn seine Krankheit war ja, wie er nur zu gut wußte, auf die Verletzung zurückzuführen, die er sich bei diesem Sturz zugezogen hatte. Einmal kam er in den Salon und gewahrte auf der mit Lack überzogenen Oberfläche des Tisches eine Schramme, die vermutlich von der scharfen Kante irgendeines Gegenstandes herrührte. Er ging der Sache auf den Grund und fand heraus, daß die an einer Ecke umgebogene Bronzeverzierung eines Albums die Schramme verursacht haben mußte. Er nahm das kostbare, von ihm mit Liebe zusammengestellte Album zur Hand, und als er es durchblätterte, da ärgerte er sich über die Nachlässigkeit seiner Tochter und ihrer Freunde – bald war ein Blatt halb zerrissen, bald Fotografien verkehrt herum eingesteckt. Er brachte das, so gut es ging, wieder in Ordnung und bog auch die Bronzeverzierung gerade.

Dann kam ihm der Gedanke, dieses ganze établissement mit den Alben umzustellen, in eine andere Ecke, zu den Blumen, zu räumen. Er rief nach dem Diener, doch an dessen Statt eilten Frau und Tochter herbei, um ihm behilflich zu sein. Als sie indessen sahen, was er beabsichtigte, erhoben sie Einwände und widersetzten sich dem Vorhaben, während er auf seinem Willen beharrte und ärgerlich wurde. Das aber hatte auch sein Gutes, weil Iwan Iljitsch in diesem Augenblick nicht an *ihn* dachte und von *ihm* nichts zu sehen war.

Doch als er dann selbst Miene machte, das Tischchen mit den Alben zu verrücken, und seine Frau sagte: »Laß das doch lieber die Leute tun, du wirst dir nur wieder schaden«, da tauchte durch die Abschirmungen hindurch plötzlich wieder *er* auf, so daß er *ihn* sehen mußte. *Er* tauchte nur ganz kurz auf, und Iwan Iljitsch hoffte noch, *er* werde sofort wieder verschwinden, konzentrierte sich dabei aber unwillkürlich auf die bewußte Seite – ja, darin saß immer noch dasselbe Übel und verursachte ihm unablässig Schmerzen. Nun konnte Iwan Iljitsch *ihn* nicht länger ignorieren und sah *ihn* deutlich hinter den Blumen hervor zu ihm hinüberäugen. Wozu dann alle diese Anstrengungen?

Sollte es wirklich wahr sein, daß ich hier, an diesem Fenstervorhang, wie bei einem Sturmangriff im Feld mein Leben verloren habe? fragte er sich. Wäre das möglich? Wie schrecklich das ist, und wie dumm! Das kann nicht sein! Es kann nicht sein und ist doch so.

Er ging in sein Arbeitszimmer, legte sich hin und war wieder allein mit *ihm*. Auge in Auge mit *ihm*, aber er vermochte nichts gegen *ihn* zu tun. Nur *ihn* ansehen und erstarren vor Entsetzen.

7

Wie es im dritten Monat der Erkrankung Iwan Iljitschs dahin kommen konnte, wer vermöchte das zu sagen, war es doch unmerklich, Schritt für Schritt geschehen, jedenfalls war es nun dahin gekommen, daß alle – seine Frau, Tochter und Sohn, die Dienstboten, die Bekannten, die Ärzte und vor allem er selbst – wußten, daß das ganze Interesse, das die anderen an ihm nahmen, nur noch darin bestand, ob er bald, endlich, seinen Platz räumen, die Lebenden von dem Zwang, den ihnen seine Gegenwart auferlegte, und sich selbst von seinen Leiden befreien würde.

Er schlief kaum noch; man verabreichte ihm Opium und begann ihm Morphium zu injizieren. Doch das verschaffte ihm immer nur für kurze Zeit Linderung. Das dumpfe bange Gefühl, das er in diesem halben Dämmerzustand empfand, brachte ihm nur anfangs, solange es noch etwas Neues war, Erleichterung, wurde dann aber später ebenso qualvoll, wenn nicht noch entsetzlicher als die nicht gelinderten Schmerzen.

Auf Anweisung der Ärzte wurden für ihn besondere Speisen zubereitet; aber diese Speisen schmeckten ihm von Mal zu Mal weniger und wurden ihm mehr und mehr zuwider.

Besondere Vorkehrungen mußten auch getroffen werden, damit er seine Notdurft verrichten konnte, und jedesmal war das für Iwan Iljitsch eine einzige Qual. Was er daran als Qual empfand, waren die Unsauberkeit, das Peinliche dieses Vorganges, der Geruch und nicht zuletzt das Bewußtsein, dabei immer auf die Hilfe anderer Menschen angewiesen zu sein.

Aber diese so unangenehme Angelegenheit hatte für Iwan Iljitsch auch etwas Tröstliches, war es doch stets der Büfettdiener Gerassim, der ihm dabei behilflich war und der das Nachtgeschirr hinaustrug.

Gerassim war ein sauberer, frischer Bauernbursche, von aufrichtiger, stets heiterer Wesensart, der sich bei der städtischen Kost ordentlich herausgemacht hatte. Anfangs versetzte der Anblick dieses immer reinlich, auf echt russische Weise gekleideten Burschen, der diese ekelhafte Arbeit tat, ihn jedesmal in Verlegenheit.

Einmal, als er sich vom Nachtgeschirr erhoben hatte und ihm die Kraft fehlte, seine Beinkleider hochzuziehen, ließ er sich in einen weichen Sessel fallen und betrachtete voller Entsetzen seine entblößten, kraftlosen Schenkel mit den deutlich hervortretenden Muskeln.

In festen Stiefeln, um sich herum den ihnen entströmenden Teergeruch und den frischen Duft von Winterluft verbreitend, trat mit leichtem federndem Gang Gerassim ein, in sauberer hanfleinener Schürze und ebenso sauberer Kattunbluse, die Ärmel über den bloßen, kräftigen jungen Armen aufgestreift. Ohne Iwan Iljitsch anzusehen und augenscheinlich bemüht, die aus seinem Gesicht leuchtende Lebensfreude zu unterdrücken, um die Gefühle des Kranken nicht zu verletzen, näherte er sich dem Nachtgeschirr.

»Gerassim«, sagte Iwan Iljitsch mit schwacher Stimme.

Gerassim zuckte zusammen, offensichtlich erschrocken bei dem Gedanken, er könnte etwas versehen haben, und wandte sein frisches, junges Gesicht, in dem sich Güte und Bescheidenheit spiegelten und auf dem gerade der erste Bartflaum sproß, mit einer jähen Bewegung dem Kranken zu.

»Was belieben?«

»Dir ist das bestimmt unangenehm. Du mußt schon entschuldigen. Allein kann ich es nicht.«

»Aber nein, gnädiger Herr, wo denken Sie hin!« sagte Gerassim, seine gesunden weißen Zähne entblößend, und seine Augen leuchteten. »Es macht mir gar keine Mühe, warum sollte ich das nicht für Sie tun? Wo Sie doch krank sind!«

Und dann verrichtete er mit seinen geschickten, kräftigen Händen seine gewohnte Arbeit und ging mit leichten Schritten aus dem Zimmer. Fünf Minuten später kam er mit ebenso leichten Schritten zurück.

Iwan Iljitsch saß noch immer in derselben Haltung im Sessel.

»Gerassim«, sagte er, als der das nun wieder saubere, ausgewaschene Nachtgeschirr an seinen Platz zurückgestellt hatte, »hilf mir, bitte, komm her.« Gerassim ging zu ihm hin. »Sei mir doch beim Aufstehen behilflich. Allein fällt es mir zu schwer, und Dmitrij habe ich fortgeschickt.«

Gerassim trat zu ihm; und ebenso gewandt, wie alle seine Bewegungen waren, umfaßte er Iwan Iljitsch mit seinen starken Armen, richtete ihn behutsam auf, zog ihm mit der einen Hand die Beinkleider hoch, während er ihn mit der anderen stützte, und wollte ihn zurück in den Sessel setzen. Doch Iwan Iljitsch bat, er möge ihn zum Sofa führen. Mühelos, wie es schien, und ohne seinen Herrn irgendwie zu drücken, führte Gerassim ihn zum Sofa und ließ ihn darauf nieder.

»Hab Dank. Wie geschickt und gut ... du alles machst.«

Gerassim lächelte wieder und wollte sich entfernen. Doch Iwan Iljitsch war in seiner Gegenwart so wohl zumute, daß er ihn noch nicht fortlassen mochte.

»Höre noch: Rück mir doch bitte diesen Stuhl heran. Nein, den dort, schieb ihn mir unter die Beine. Es verschafft mir Erleichterung, wenn ich die Beine hochlegen kann.«

Gerassim brachte den Stuhl herbei, ließ ihn vorsichtig, ohne irgendwo anzustoßen, auf den Boden nieder, hob Iwan Iljitschs Beine hoch und legte sie auf den Stuhl. Während Gerassim ihm die Beine hochhob, glaubte Iwan Iljitsch eine gewisse Linderung seiner Schmerzen zu spüren.

»Ja, ich fühle mich besser, wenn ich die Beine hochlegen kann«, wiederholte Iwan Iljitsch. »Schieb mir noch dieses Kissen da unter.«

Gerassim tat es. Wieder hob er Iwan Iljitschs Beine hoch und legte ihm das Kissen unter. Und solange Gerassim seine Beine hochhielt, meinte Iwan Iljitsch abermals eine Besserung seines Befindens festzustellen, doch dieser Eindruck verkehrte sich sogleich ins Gegenteil, als Gerassim sie hatte niedergleiten lassen.

»Gerassim«, fragte er ihn. »Bist du jetzt sehr beschäftigt?«

»Zu Befehl, nein!« erwiderte Gerassim, der es hier, in der Stadt, gelernt hatte, wie man mit Herrschaften spricht.

»Hast du nicht noch etwas zu tun?«

»Was hab ich schon groß zu tun? Hab schon alles erledigt, muß nur noch Holz für morgen hacken.«

»Dann halte mir noch ein Weilchen die Beine hoch, geht das? So – siehst du.«

»Warum denn nicht, natürlich geht das.« Gerassim hob Iwan Iljitschs Beine hoch, und der vermeinte, in dieser Stellung überhaupt keine Schmerzen mehr zu spüren.

»Und was wird mit dem Holz?«

»Belieben Sie sich nicht zu beunruhigen. Das schaffen wir schon noch.«

Iwan Iljitsch nötigte Gerassim, sich zu setzen, und während der ihm die Beine hochhielt, plauderte er mit ihm. Und – seltsam genug! – es kam ihm so vor, als ginge es ihm besser, solange Gerassim seine Beine hielt.

Von da an ließ Iwan Iljitsch Gerassim hin und wieder kommen, legte ihm die Beine auf die Schultern und unterhielt sich dabei stets gern mit ihm. Gerassim unterzog sich dieser Aufgabe jedesmal geschickt und bereitwillig und zeigte dabei eine Herzensgüte, die Iwan Iljitsch rührte. Gesunde, kraftstrotzende und lebensfrohe Menschen deprimierten Iwan Iljitsch sonst immer nur; einzig und allein die Kraft und Lebensfreude Gerassims ärgerte ihn nicht, sie wirkte im Gegenteil beruhigend auf ihn.

Was Iwan Iljitsch am meisten bedrückte, war die Lüge – jene von allen aus irgendeinem Grund als gerechtfertigt angesehene Lüge, daß er nur krank sei, nicht aber im Sterben liege, und daß er sich lediglich schonen und die ärztlichen Vorschriften genau befolgen müsse, um wieder ganz gesund zu werden. Dabei wußte er, daß bei allem, was immer man auch mit ihm anstellen mochte, nichts herauskommen würde als noch qualvollere Leiden und der Tod. Ihn quälte diese Lüge, und er litt darunter, daß niemand zugeben wollte, was doch alle, er selbst nicht ausgenommen, wußten, sondern jeder nur trachtete, ihm seine furchtbare Lage als durchaus nicht hoffnungslos erscheinen zu lassen, und ihn auch noch dazu bringen wollte, selbst bei dieser Heuchelei mitzutun. Die Lüge, diese Lüge, mit der man ihn im Angesicht des Todes zu täuschen suchte, die Lüge, die diesen entsetzlichen und doch feierlichen Akt seines Todes auf das Niveau all jener Visiten herabwürdigen mußte, bei denen sich das Gespräch um Fenstervorhänge und den Stör dreht, den man zum Mittag verzehrt hat – diese Lüge bedeutete für Iwan Iljitsch eine entsetzliche Qual. Und – seltsam – schon oft, wenn alle diese Leute ihn mit ihren Lügengeweben umgarnten, war er versucht gewesen, sie anzuschreien: Hört doch auf zu lügen! Ihr wißt ja ebensogut wie ich, daß es mit mir zu Ende geht, also laßt doch wenigstens diese Heuchelei! Doch nie hatte er den Mut aufgebracht, das auch wirklich zu tun. Der schreckliche, grauenhafte Akt seines Sterbens wurde, wie er wohl sah, von allen um ihn herum so abgetan, als sei das eine zufällige Unannehmlichkeit, wenn nicht gar etwas Unschickliches (etwa so, wie man jemanden behandelt, der beim Betreten eines Salons einen schlechten Geruch verbreitet) – denselben »Anstandsregeln« gemäß, von denen auch er sich sein ganzes Leben lang hatte leiten lassen; er sah, daß niemand ihn bemitleidete, weil niemand auch nur wahrhaben wollte, wie es wirklich um ihn stand. Einzig und allein Gerassim hatte seinen Zustand erkannt und zeigte Mitleid mit ihm. Und darum fühlte sich Iwan Iljitsch auch nur in Gerassims Gesellschaft wohl. Es tat ihm wohl, wenn Gerassim, nachdem er ihm mitunter nächtelang die Beine gehalten hatte, sich dennoch weigerte, endlich schlafen zu gehen, und sagte: »Belieben Sie sich nicht zu beunruhigen, Iwan Iljitsch, ich werd mich schon noch ausschlafen«, und zuweilen, unversehens zum »Du« übergehend, noch hinzufügte: »Ja, wenn du nicht krank wärst, aber so – warum soll ich dir da nicht gefällig sein?« Einzig und allein Gerassim log nicht, und sein ganzes Verhalten ließ darauf schließen, daß nur er begriffen hatte, wie es um Iwan Iljitsch bestellt war, und es nicht für nötig hielt, einen Hehl daraus zu machen, sondern mit seinem dahinsiechenden, völlig von Kräften gekommenen Herrn einfach Mitleid hatte. Einmal, als Iwan Iljitsch ihn fortschicken wollte, sagte er sogar offen:

»Sterben müssen wir alle mal. Warum soll ich mich da nicht ein bißchen für Sie abmühen?«, was wohl soviel heißen sollte, als daß er seine Arbeit nicht als lästig ansah, sondern sie gerade deshalb gern tat, weil er diese Mühen für einen Sterbenden auf sich nahm und die Hoffnung hegte, auch für ihn werde sich, wenn seine Zeit gekommen war, jemand so abmühen.

Außer dieser Lüge oder in Verbindung damit empfand es Iwan Iljitsch am schmerzlichsten, daß ihn niemand so bemitleidete, wie er es gern gesehen hätte. In manchen Augenblikken, wenn er stunden-, ja tagelang Qualen erduldet hatte, wünschte er sich – wie sehr er sich auch schämte, sich das einzugestehen – nichts mehr, als, gleich einem kranken Kind, von jemandem bemitleidet zu werden. Er sehnte sich danach, geherzt und geküßt und mit Tränen benetzt zu werden, wie man Kinder herzt und tröstet. Und obwohl er wußte, daß sich das für ihn als hohen Beamten und Mitglied eines Richterkollegiums, einen Mann, dessen Bart schon grau wurde, nicht schickte, verlangte es ihn doch danach. Das Verhältnis, das zwischen ihm und Gerassim bestand, kam dem sehr nahe, und deshalb war es ihm auch ein Trost, Gerassim um sich zu wissen. Manchmal hätte Iwan Iljitsch am liebsten geweint und sich gewünscht, daß man ihn liebkoste und Tränen um ihn vergoß, doch dann erschien beispielsweise Schebek, ein Kollege und gleich ihm Mitglied des Obergerichtshofes, und statt Liebkosungen zu empfangen oder zu weinen, machte Iwan Iljitsch ein ernstes Gesicht, setzte eine strenge, tiefsinnige Miene auf, und schon äußerte er, wie gewohnt, seine Meinung über die Bedeutung eines Kassationsurteils und beharrte hartnäckig auf ihr. Vor allem diese Lüge um ihn herum und in ihm selbst war es, die Iwan Iljitsch die letzten Lebenstage vergällte.

8

Es war Morgen. Daß Morgen war, merkte Iwan Iljitsch nur daran, daß Gerassim fortging und der Diener Pjotr kam, die Kerzen löschte, einen der Fenstervorhänge aufzog und ganz leise mit dem Aufräumen begann. Ob es Morgen oder Abend, Freitag oder Sonntag war – das machte für ihn keinen Unterschied, es war doch immer alles das gleiche: der bohrende, keinen Augenblick nachlassende, quälende Schmerz; das Bewußtsein, daß das wenn auch noch nicht völlig erloschene Leben, ohne jede Hoffnung, mehr und mehr dahinschwand, das Näherrücken des furchtbaren, verhaßten Todes, der das einzig Wirkliche war, und immer die gleiche Lüge. Was kümmerte es Iwan Iljitsch da, welcher Wochentag, welche Tageszeit gerade war.

»Wünschen Sie den Tee?«

Er muß auf Ordnung halten, dachte Iwan Iljitsch, darum will er auch, daß seine Herrschaft morgens Tee trinkt, und er sagte nur: »Nein«.

»Möchten Sie jetzt lieber auf dem Sofa liegen?«

Er muß das Zimmer aufräumen, und ich bin ihm dabei im Wege, ich bedeute für ihn Unsauberkeit und Unordnung, dachte Iwan Iljitsch und antwortete kurz: »Nein, nicht nötig.«

Der Diener hantierte noch eine Weile herum. Iwan Iljitsch streckte die Hand aus. Pjotr trat dienstfertig näher.

»Was wünschen Sie?«

»Die Uhr.«

Pjotr langte nach der Uhr, die gleich neben dem Bett auf dem Nachttisch lag, und reichte sie Iwan Iljitsch.

»Halb neun. Ist man dort noch nicht aufgestanden?«

»Nein, gnädiger Herr. Wassilij Iwanowitsch (das war der Sohn) sind ins Gymnasium gegangen, und Praskowja Fjodorowna haben befohlen, sie zu wecken, wenn Sie nach ihr fragen. Soll ich sie wecken?«

»Nein, laß nur.« Ob ich vielleicht doch versuche, etwas

von dem Tee zu trinken? überlegte er. »Ach ja . . . bring mir jetzt Tee.«

Pjotr ging auf die Tür zu. Iwan Iljitsch aber hatte plötzlich Angst, allein zu bleiben. Womit könnte ich ihn nur zurückhalten? fragte er sich. Ja, die Medizin . . . »Pjotr, gib mir mal etwas von der Medizin da, einen Löffel voll.« Warum auch nicht, überlegte er, vielleicht hilft sie ja doch noch. Er nahm den Löffel und schluckte die Medizin. Nein, sie wird nicht helfen, dachte er resigniert. All das ist Unsinn und Betrug, sagte er sich, sobald er auf der Zunge den altbekannten süßlichen und entmutigenden Geschmack verspürte. Nein, ich kann nicht mehr daran glauben. Aber der Schmerz, warum nur immer dieser Schmerz, wenn er doch wenigstens einen Augenblick lang nachlassen wollte. Und er stöhnte auf. Pjotr machte auf halbem Wege zur Tür kehrt. »Nein, geh nur. Bring mir den Tee.«

Pjotr entfernte sich. Allein geblieben, stöhnte Iwan Iljitsch nicht so sehr vor Schmerzen, wie schrecklich diese auch sein mochten, als vielmehr deshalb, weil ihm unsagbar traurig zumute war. Immer das gleiche und wieder das gleiche, dachte er verzweifelt, all diese endlosen Tage und Nächte. Wenn es doch nur schneller eintreten würde! Schneller? Was? Der Tod, die Finsternis. Nein, nein! Alles ist besser als der Tod!

Als Pjotr eintrat, das Teegeschirr auf einem Tablett, sah ihn Iwan Iljitsch lange verwirrt an, ohne zu begreifen, wer er war und was er wollte. Unter diesen Blicken wurde Pjotr ganz verlegen. Und erst, als er Pjotrs Verlegenheit gewahrte, faßte sich Iwan Iljitsch wieder.

»Ach ja«, sagte er, »der Tee . . . schön, stell ihn dort hin. Hilf mir nur erst noch, mich zu waschen und mir ein frisches Hemd anzuziehen.«

Und Iwan Iljitsch machte sich an seine Morgentoilette. Immer wieder Verschnaufpausen einlegend, wusch er sich Gesicht und Hände, putzte sich die Zähne. Als er sich schließlich kämmte und dabei in den Spiegel schaute, machte ihn sein Anblick betroffen; besonders erschreckend war, wie flach sich sein Haar an die bleiche Stirn schmiegte.

Als Pjotr dann Anstalten machte, ihm beim Wechseln des Hemdes behilflich zu sein, wußte er, ein Blick auf seinen entblößten Körper würde ihn noch mehr entsetzen, und sah deshalb geflissentlich beiseite. Doch nun war alles getan. Er zog seinen Morgenrock an, setzte sich, um Tee zu trinken, in den Sessel und hüllte sich in ein Plaid ein. Einen Augenblick lang fühlte er sich erfrischt, aber kaum hatte er etwas von dem Tee getrunken, da spürte er auch schon wieder den penetranten Geschmack im Mund und den bohrenden Schmerz in der Seite. Er überwand sich und leerte das Glas bis auf den Grund. Dann legte er sich wieder hin, streckte die Beine aus und entließ Pjotr.

Alles ist wieder beim alten. Bald sieht er einen Hoffnungsschimmer aufleuchten, bald tobt in ihm wieder ein Meer der Verzweiflung, und immer ist da der Schmerz, der Schmerz und die Schwermut – es ist stets das gleiche. Ihm ist schrecklich beklommen zumute, so allein, und am liebsten würde er jemanden rufen, doch er weiß im voraus, er würde sich in Gegenwart anderer noch schlechter fühlen. Vielleicht sollte ich mir wieder Morphium geben lassen, um wenigstens einmal einschlafen zu können. Ich werde dem Arzt sagen, daß er noch irgendein anderes Mittel ersinnen muß, um meine Schmerzen zu lindern. Ich kann sie nicht länger ertragen, kann es einfach nicht.

So vergeht eine Stunde und eine zweite. Doch dann ertönt im Vorzimmer die Glocke. Hoffentlich ist das der Arzt. Er ist es wirklich. Und als er nun ins Zimmer tritt, frisch und munter, wohlgenährt und gut aufgelegt, da scheint sein Gesichtsausdruck zu besagen: Ganz umsonst habt ihr euch einen Schreck einjagen lassen, aber wir werden im Handumdrehen alles wieder in Ordnung bringen. Der Arzt weiß, daß dieser Gesichtsausdruck hier fehl am Platze ist, doch er hat ihn sich ein für allemal zugelegt und kann ihn nicht ohne weiteres wechseln, so wie jemand, der morgens einen Frack angezogen hat und darin nun einen Besuch nach dem anderen macht.

Betont munter und mit ermutigender Miene reibt sich der Arzt die Hände.

»Ich bin ganz erstarrt. Draußen herrscht ein tüchtiger Frost. Erlauben Sie, daß ich mich erst ein bißchen aufwärme«, sagt er in einem Ton, als brauche man nur ein Weilchen zu warten, bis ihm warm geworden ist, dann würde er schon Abhilfe schaffen.

»Nun, wie geht es Ihnen?«

Iwan Iljitsch fühlt, daß der Arzt um ein Haar gefragt hätte: Was machen die Geschäfte?, dann aber wohl das Unpassende einer solchen Frage empfindet und sich statt dessen erkundigt: »Wie haben Sie die Nacht verbracht?«

Iwan Iljitsch sieht den Arzt an, und vom Gesicht ist ihm die Frage abzulesen: Wirst du dich denn nie schämen, so zu heucheln? Aber der Arzt will die Frage nicht verstehen.

Und so sagt Iwan Iljitsch:

»Es war wieder ganz furchtbar. Die Schmerzen hören gar nicht mehr auf, lassen keinen Augenblick nach. Wenn man doch nur irgend etwas dagegen tun könnte!«

»Ja, so redet ihr Kranken immer. So, jetzt habe ich mich, glaube ich, wohl zur Genüge erwärmt, selbst die gestrenge Praskowja Fjodorowna dürfte jetzt nichts mehr dagegen einzuwenden haben, daß ich Ihnen die Hand gebe. Also denn – guten Tag!« Und er drückt Iwan Iljitsch die Hand.

Der Arzt verzichtet nun auf seinen bisherigen scherzhaften Ton und beginnt mit ernster Miene den Kranken zu untersuchen. Er fühlt ihm den Puls, mißt seine Temperatur und macht sich dann ans Abklopfen und Abhorchen des Körpers.

Iwan Iljitsch weiß mit Bestimmtheit, daß das alles Unsinn und Scharlatanerie ist, doch als der Arzt nun auf dem Sofa niederkniet, sich über ihm ausstreckt, ihm sein Ohr bald weiter oben, bald weiter unten an die Brust legt und mit sehr vielsagender Miene alle möglichen gymnastischen Wendungen und Schwenkungen über ihm vollführt, da ist Iwan Iljitsch dennoch beeindruckt, wie er sich früher zuweilen auch von den Reden der Rechtsanwälte hat beeindrucken lassen, während er doch nur zu gut wußte, daß sie alle logen und warum sie logen.

Der Arzt klopfte, auch weiterhin auf dem Sofa kniend, noch irgend etwas an Iwan Iljitschs Körper ab, als vor der Tür das Rauschen des Seidenkleides von Praskowja Fjodorowna zu vernehmen war und man hörte, wie sie Pjotr schalt, weil er ihr nicht die Ankunft des Arztes gemeldet hatte.

Sie tritt ein, küßt ihren Mann und sucht sogleich den Eindruck zu erwecken, daß sie schon lange aufgestanden und nur aufgrund eines Mißverständnisses nicht zur Stelle gewesen sei, als der Arzt eintraf.

Iwan Iljitsch schaut sie an, mustert sie von oben bis unten, und man kann fast meinen, er mache ihr zum Vorwurf, daß ihre Hände so weiß und gepflegt sind und ihr Hals so zart und voll, daß ihr Haar glänzt und ihre Augen blitzen und vor Leben nur so sprühen. Er haßt sie ohnedies von ganzem Herzen, und der bei ihrer Berührung mit neuer Macht in ihm erwachte Haß auf sie läßt ihn leiden.

Praskowja Fjodorownas Einstellung zu ihrem Mann und dessen Krankheit hatte sich nicht geändert. Wie ein Arzt eine ganz bestimmte Einstellung zu seinen Patienten ausbildet, die er dann ein für allemal beibehält, so hatte auch sie sich darauf versteift, daß Iwan Iljitsch nicht das tue, was nötig war, und folglich selbst an seinem Zustand schuld sei, und daß sie ihm nur aus Sorge um ihn deswegen Vorhaltungen mache – und konnte von dieser Einstellung zu ihm nicht mehr abkommen.

»Er hört ja nicht auf mich! Nie nimmt er die Medizin zur vorgeschriebenen Zeit ein. Und was das Schlimmste ist – ständig liegt er in einer Stellung da, die bestimmt nicht gut für ihn ist – mit den Beinen nach oben.«

Und sie erzählte, wie er Gerassim veranlasse, ihm die Beine hochzuhalten.

Der Arzt lächelte halb verächtlich, halb nachsichtig, als wolle er sagen: Was soll man machen, diese Kranken kommen mitunter auf die kuriosesten Einfälle; aber das muß man ihnen nachsehen.

Als die Untersuchung beendet war, warf der Arzt einen Blick auf die Uhr. Daraufhin ließ Praskowja Fjodorowna ihren Mann wissen, sie habe, ob ihm das nun recht sei oder nicht, für heute den berühmten Arzt hergebeten, damit dieser ihn gemeinsam mit Michail Danilowitsch (so hieß der gewöhnliche Arzt) untersuchen könne, und beide würden dann ein Konsilium abhalten.

»Sperr dich bitte nicht dagegen. Ich tue das um meiner selbst willen«, sagte sie ironisch, gab dabei aber schon durch ihren Tonfall zu verstehen, daß sie alles, was nur in ihrer Macht stehe, für ihn tue, und er daher nicht das Recht habe, sich dem zu widersetzen. Er sagte denn auch nichts und runzelte nur die Stirn. Er spürte, das Lügengeflecht, das ihn umgab, hatte sich schon so verwirrt, daß es schwerfiel, sich noch darin zurechtzufinden.

Alles, was Praskowja Fjodorowna ihrem Mann an Fürsorge angedeihen ließ, tat sie nur für sich, wenn sie aber sagte, sie tue es allein um ihrer selbst willen, erschien dies derart unglaublich, daß er das einfach als das Gegenteil auffassen mußte.

Um halb zwölf fand sich dann auch wirklich der berühmte Arzt ein. Und schon ging es wieder ans Abklopfen, schon wurden in Iwan Iljitschs Gegenwart oder im Nebenzimmer wieder vielsagende Worte über Blinddarm und Niere gewechselt, noch dazu mit ungemein wichtiger Miene, und die reale Frage nach Tod und Leben, die einzige, die für Iwan Iljitsch noch von Belang war, wurde abermals von der Frage nach der Verfassung der Niere und des Blinddarms, die nicht einwandfrei funktionierten und mit denen sich Michail Danilowitsch und die Kapazität umgehend befassen würden, um sie in Ordnung zu bringen, in den Hintergrund gedrängt.

Der berühmte Arzt verabschiedete sich mit ernster, jedoch nicht hoffnungslos wirkender Miene. Und auf die zaghafte Frage Iwan Iljitschs, der mit vor Furcht und Hoffnung glänzenden Augen zu ihm aufschaute, ob noch Aussicht auf Genesung bestehe, gab er zur Antwort, verbürgen könne er sich nicht dafür, aber möglich sei es immerhin. Der hoffnungsvolle Blick, mit dem Iwan Iljitsch dem Arzt nachsah, war so kläglich, daß Praskowja Fjodorowna, als sie diesen Blick gewahrte, in Tränen ausbrach, während sie das Zimmer verließ, um dem berühmten Arzt sein Honorar auszuhändigen.

Iwan Iljitsch war durch die aufmunternden Worte des Arztes in eine gehobene Stimmung versetzt worden, doch das währte nicht lange. Wieder waren da nur die immer gleichen Zimmerwände und Tapeten, Bilder, Vorhänge und Medizinfläschchen, war da sein schmerzender, gequälter Körper. Iwan Iljitsch begann zu stöhnen; man gab ihm eine Injektion, und langsam versank er in einen Dämmerzustand.

Als er zu sich kam, wurde es bereits dunkel; man brachte ihm das Mittagessen. Widerwillig löffelte er die Bouillon; und abermals war alles wie eh und je, gleich würde wieder die Nacht hereinbrechen.

Nach dem Essen, um sieben Uhr, trat Praskowja Fjodorowna ins Zimmer, in Abendtoilette, den üppigen Busen straff hochgeschnürt, Puderspuren im Gesicht. Schon am Morgen hatte sie ihn daran erinnert, daß sie abends ins Theater fahren würde. Sarah Bernhardt gab ein Gastspiel in der Stadt, und sie hatten eine Loge – er selbst hatte darauf bestanden, eine zu nehmen. Inzwischen war ihm das jedoch entfallen, und ihre festliche Aufmachung verletzte seine Gefühle. Er unterdrückte seinen Ärger indessen, als ihm schließlich einfiel, daß er selbst darauf gedrängt hatte, sich um eine Loge zu bemühen und in die Vorstellung zu gehen, weil das für die Kinder ein ästhetischer Genuß von erzieherischer Bedeutung sei.

Als Praskowja Fjodorowna nun also zu ihm ins Zimmer trat, trug sie eine selbstgefällige, doch gleichsam schuldbewußte Miene zur Schau. Sie setzte sich und erkundigte sich nach seinem Befinden, wenn auch nur, wie ihm durchaus klar war, um Anteilnahme zu bekunden, nicht, um etwas Neues zu erfahren, wohl wissend, daß er ihr nichts Neues mitteilen konnte. Und schon kam sie auf das zu sprechen, was sie eigentlich hatte sagen wollen: daß sie um keinen Preis ins Theater fahren würde, hätte man nicht bereits die Loge genommen. Überdies würden auch Hélène sowie die Tochter und Petrischtschew (jener Untersuchungsrichter, der inzwischen der Bräutigam der Tochter war) die Vorstellung besuchen, und man könne sie doch unmöglich allein fahren lassen. Sonst würde sie viel lieber bei ihm bleiben. Er solle nun aber, auch wenn sie nicht da sei, die ärztlichen Vorschriften aufs genaueste befolgen.

»Ja, und Fjodor Petrowitsch (der Bräutigam der Tochter) wollte auch gern für ein Weilchen zu dir hereinkommen. Darf er? Zusammen mit Lisa?«

»Laß sie nur kommen.«

Die Tochter trat ins Zimmer, herausgeputzt, den jugendlichen Körper entblößt. Während sein eigener Körper ihm solche Qualen verursachte, stellte sie den ihren förmlich zur Schau. Kräftig, vor Gesundheit strotzend, sichtbar verliebt und voll Abscheu gegen Krankheit, Leiden und Tod, die ihrem Glück im Weg standen.

Auch Fjodor Petrowitsch trat ein, im Frack, das Haar à la Capoul frisiert, mit riesiger weißer Hemdbrust, den langen sehnigen Hals fest in einen steifen weißen Kragen eingezwängt, die kräftigen Schenkel von engen schwarzen Hosen umspannt, über die eine Hand schon den weißen Handschuh gestreift und den Chapeau claque unter dem Arm.

Hinter ihm stahl sich, ohne daß jemand Notiz von ihm genommen hätte, auch Iwan Iljitschs Sohn, der arme Junge, in nagelneuer Gymnasiastenuniform und Handschuhen, ins Zimmer. Unter den Augen hatte er tiefe blaue Ränder, über deren Bedeutung Iwan Iljitsch sich nicht im unklaren sein konnte.

Der Sohn tat ihm immer leid. Sein erschrockener, mitfühlender Blick schnitt Iwan Iljitsch ins Herz. Ihm schien es, als sei, abgesehen von Gerassim, Wassja der einzige, der ihn verstand und Mitleid mit ihm empfand.

Alle setzten sich, und wieder erkundigte man sich nach Iwan Iljitschs Befinden. Dann herrschte beklommenes Schweigen, bis Lisa die Mutter nach dem Opernglas fragte. Es kam zu einem Wortwechsel zwischen Mutter und Tochter darüber, wer das Glas als letzter gehabt und wohin er es getan habe. Eine unbehagliche Stimmung kam auf.

Fjodor Petrowitsch wollte von Iwan Iljitsch wissen, ob er Sarah Bernhardt schon einmal gesehen habe. Iwan Iljitsch begriff nicht gleich, wonach er gefragt wurde, verneinte dann aber und fragte nun seinerseits:

»Und Sie, haben Sie sie schon gesehen?«

»Ja, in der ›Adrienne Lecouvreur‹.«

Praskowja Fjodorowna behauptete, die Bernhardt sei in der und der Rolle besonders vorzüglich. Die Tochter widersprach. Nun kam man auf die Anmut und Natürlichkeit ihres Spieles zu sprechen – ein Gespräch, wie es in jedem Salon geführt werden könnte.

Mitten in der Unterhaltung warf Fjodor Petrowitsch einen Blick auf Iwan Iljitsch und verstummte. Daraufhin sahen ihn auch die anderen an und verstummten gleichfalls. Iwan Iljitsch starrte, offensichtlich entrüstet über ihr Verhalten, mit glänzenden Augen vor sich hin. Irgendwie mußte das wiedergutgemacht werden, doch das war leichter gesagt als getan. Auf irgendeine Weise mußte dieses Schweigen gebrochen werden. Niemand konnte sich dazu entschließen, und alle fürchteten schon, das dem Anstand geschuldete Lügengeflecht könnte plötzlich zerstört werden, und alle würden dann den wirklichen Tatsachen ins Auge sehen müssen. Lisa faßte sich als erste und brach das Schweigen. Sie wollte verbergen, was alle empfanden, doch sie versprach sich.

»Übrigens, *wenn wir noch fahren wollen*, dann wird es jetzt höchste Zeit«, sagte sie mit einem Blick auf ihre Uhr, ein

Geschenk des Vaters, und mit einem kaum merklichen, aber vielsagenden Lächeln, dessen Bedeutung allein den beiden jungen Leuten verständlich war, sah sie zu ihrem Bräutigam hin und erhob sich mit rauschenden Röcken.

Die anderen standen nun gleichfalls auf, verabschiedeten sich und fuhren los.

Als sie das Zimmer verlassen hatten, verspürte Iwan Iljitsch etwas wie Erleichterung; zusammen mit ihnen war die Lüge verschwunden, der Schmerz freilich geblieben. Der immer gleiche Schmerz und die immer gleiche Furcht bewirkten, daß es ihm trotz der vorübergehenden Erleichterung bald wieder schlechter ging. Schlechter und schlechter.

Abermals verstrich Minute um Minute, Stunde um Stunde; und es war alles unverändert und kein Ende davon abzusehen, und doch rückte der Tod unaufhaltsam näher und erschien Iwan Iljitsch immer grauenhafter.

»Ja, schicke Gerassim zu mir«, erwiderte er auf Pjotrs Frage nach seinen Wünschen.

9

Es war schon spät in der Nacht, als seine Frau nach Hause zurückkehrte. Sie kam auf Zehenspitzen in sein Zimmer, aber er hörte sie doch. Er schlug die Augen auf, machte sie jedoch schnell wieder zu. Sie wollte Gerassim fortschicken und selbst bei ihm sitzen bleiben. Er öffnete die Augen und sagte:

»Nein, er soll hierbleiben. Geh du nur ruhig wieder.«

»Leidest du sehr?«

»Das ist doch einerlei.«

»Nimm etwas Opium.«

Er willigte ein und schluckte die Tropfen hinunter. Hierauf verließ sie das Zimmer.

Drei Stunden etwa verbrachte er danach in einem qualvollen Dämmerzustand. Ihm war, als würde man ihn in einen engen schwarzen Sack stecken, ihn immer tiefer hineinstoßen und doch nicht ganz hineinstoßen können. Und dieses schreckliche Geschehen bedeutete für ihn eine Tortur ohnegleichen. Er hatte Angst, in dem Sack zu versinken, und wünschte es doch auch wieder, er sträubte sich dagegen und half dann doch selbst nach. Und auf einmal verlor er den Halt und stürzte hinunter, tiefer und tiefer – und wachte auf. Gerassim saß, obschon nahe daran einzunicken, noch immer am Fußende seines Bettes und hielt geduldig die abgemagerten, in Strümpfen steckenden Beine, die er, Iwan Iljitsch, ihm auf die Schultern gelegt hatte; immer noch brannte die Kerze, deren Schein durch einen Lampenschirm gedämpft wurde, und immer noch waren die Schmerzen da, die ihn unablässig quälten.

»Leg dich schlafen, Gerassim«, flüsterte er.

»Ich bin gar nicht müde, ich bleib noch ein Weilchen hier sitzen.«

»Nein, geh jetzt.«

Iwan Iljitsch nahm seine Beine von Gerassims Schultern, legte sich seitlich auf den Arm und wurde von Mitleid mit sich selbst übermannt. Er wartete nur, bis Gerassim ins Nebenzimmer gegangen war, dann konnte er sich nicht länger beherrschen und brach in Tränen aus. Er weinte bitterlich wie ein kleines Kind, weinte über seine Hilflosigkeit, über seine schreckliche Einsamkeit, über die Grausamkeit der Menschen und die Grausamkeit Gottes, ja darüber, daß Gott nicht da war, nun er ihn brauchte.

Warum hast du mir das alles angetan? Wozu hast du mich in diese Lage gebracht? Wofür, wofür quälst du mich so entsetzlich? . . .

Eine Antwort erwartete er nicht, und er weinte, weil es auf diese Fragen keine Antwort gab und auch nicht geben konnte. Die Schmerzen wurden wieder stärker, doch er rührte sich nicht, rief auch niemanden. Er sprach zu sich: Nur zu, geißele mich, geißele mich noch mehr! Aber wofür? Was habe ich dir getan, womit habe ich das verdient?

Dann wurde er still, hörte nicht nur auf zu weinen, sondern

lauschte, auf einmal ganz Aufmerksamkeit, mit verhaltenem Atem: Nicht auf eine Stimme, die in Lauten sprach, schien er zu horchen, sondern auf eine innere Stimme, auf die sich in ihm regenden Gedankengänge.

»Was willst du?« Das war die erste klare, in Worten ausgedrückte Frage, die er vernahm. »Was willst du? Was willst du?« sprach er mehrmals vor sich hin. »Was?« – »Nicht leiden, leben möchte ich«, gab er auch selbst die Antwort.

Und wieder war er ganz gespannte Aufmerksamkeit, und dies so sehr, daß selbst seine Schmerzen ihn nicht darin zu beirren vermochten.

»Leben willst du? Wie?« fragte seine innere Stimme.

»Ja, leben, so wie ich früher gelebt habe: glücklich und angenehm.«

»Was hat denn das Glückliche und Angenehme deines früheren Lebens ausgemacht?« fragte die Stimme. Und er ließ nun die glücklichsten Augenblicke seines früheren angenehmen Lebens vor seinem inneren Auge vorüberziehen. Doch – seltsam – alle diese so glücklichen Augenblicke jenes angenehmen Lebens erschienen ihm jetzt in völlig anderem Licht als einst. Alle – abgesehen von den ersten Kindheitserinnerungen. Damals, in der Kindheit, hatte es etwas wirklich Angenehmes gegeben, mit dem es sich leben ließe, könnte man es nur zurückholen. Doch jenen Menschen, der dieses Angenehme empfunden hatte, gab es nicht mehr: Es war gleichsam die Erinnerung an einen anderen.

Sobald er an das zurückdachte, was ihn zu dem Menschen gemacht hatte, der er, Iwan Iljitsch, heute war, schwand alles, was ihm damals als Freude erschienen war, zusehends dahin und verwandelte sich in etwas Nichtiges, oft sogar Widriges.

Und je weiter er sich in Gedanken von der Kindheit entfernte und je mehr er sich der Gegenwart näherte, desto nichtiger und fragwürdiger dünkten ihn die früheren Freuden. Angefangen hatte das während seiner Studienzeit am Institut für Rechtswissenschaft. Einiges wirklich Gute hatte es dort zwar noch gegeben: Anfangs hatte Fröhlichkeit geherrscht, war manche Freundschaft geschlossen, war man von Hoffnungen beschwingt worden. Doch bereits in den höheren Klassen waren diese glücklichen Augenblicke immer seltener geworden. Später dann, in seiner ersten Stellung bei jenem Gouverneur, hatte es hin und wieder noch glückliche Momente in seinem Leben gegeben – es waren Liebesbeziehungen zu Frauen, deren er sich nun entsann. Dann vermischte sich das alles in seiner Erinnerung, und immer weniger Erfreuliches wollte ihm einfallen. Und je länger er grübelte und je mehr er sich im Geiste der jüngsten Vergangenheit zuwandte, desto seltener konnte er sich auf etwas Gutes besinnen, so sehr er sein Gedächtnis auch anstrengte.

Da war seine Heirat ... mehr zufällig als aus Liebe, und die Enttäuschung, die daraus erwuchs, der Geruch aus dem Munde seiner Frau, die Sinnlichkeit und die Heuchelei! Und dann dieser geisttötende Dienst, diese ständigen Geldsorgen – und das jahraus, jahrein; zehn, ja zwanzig Jahre lang – und immer der gleiche Trott. Und je weiter, desto geisttötender. Und während ich stetig bergab ging, bildete ich mir ein, immer nur bergauf zu steigen. So war es, so und nicht anders. In der öffentlichen Meinung bin ich höher und höher gestiegen, und in gleichem Maße ist mein Leben entschwunden ... Und nun bin ich am Ende, jetzt heißt es sterben!

Warum ist das so? Warum nur? Das kann doch nicht sein! Es ist ja nicht möglich, daß mein Leben so sinnlos und widerwärtig gewesen wäre?! Und sollte es wirklich so garstig und sinnlos gewesen sein, warum muß ich dann sterben, unter solchen Qualen sterben? Irgend etwas stimmt da nicht!

Vielleicht habe ich nicht so gelebt, wie es nötig gewesen wäre? schoß es ihm plötzlich durch den Kopf. Aber worin sollte ich gefehlt haben, da ich doch immer alles getan habe, was von mir verlangt wurde? dachte er und wies diese einzige Lösung des Rätsels von Leben und Tod als etwas ganz und gar Undenkbares weit von sich.

Was willst du jetzt? fragte er sich selbst. Leben? Wie leben? So leben, wie du es als Mitglied des Richterkollegiums getan hast, wenn der Gerichtsdiener bei deinem Eintritt in den Gerichtssaal verkündete: ›Das Gericht kommt‹? ... »Das Gericht kommt, das Gericht kommt«, sprach er mehrmals vor sich hin. »Und nun ist es da, das Gericht! Aber ich bin doch nicht schuldig!« schrie er erbittert auf. »Wofür bestraft man mich so?« Dann hörte er auf zu weinen, drehte sich mit dem Gesicht zur Wand, und seine Gedanken kreisten nun immer um ein und dasselbe: warum und wofür er solche entsetzlichen Qualen erdulden müsse.

Aber so sehr er sich auch den Kopf zerbrach, er fand keine Antwort darauf. Und wenn ihm, wie schon oft, der Gedanke kam, das alles rühre daher, daß er nicht so gelebt hatte, wie es hätte sein müssen, dann rief er sich sogleich die ganze Korrektheit seiner Lebensweise ins Gedächtnis und wies diesen absonderlichen Gedanken weit von sich.

10

So verstrichen weitere zwei Wochen. Iwan Iljitsch stand nicht mehr vom Sofa auf. Er wollte nicht im Bett liegen und hatte sich das Sofa als Lagerstatt erkoren. Und während er, fast die ganze Zeit über mit dem Gesicht zur Wand, dalag, litt er einsam unter den nie aufhörenden Schmerzen und sann einsam über immer dieselbe nicht zu beantwortende Frage nach: Was ist das nur? Sollte es wirklich wahr sein, daß ich bald sterben muß? Und seine innere Stimme entgegnete ihm: Ja, es ist wahr. – Warum muß ich diese Qualen erdulden? Darauf gab die Stimme stets zur Antwort: Es ist nun einmal so. Über diese Frage hinaus gab es nichts mehr, was Iwan Iljitsch noch interessierte.

Seit seiner Erkrankung, seit er zum erstenmal einen Arzt aufgesucht hatte, wurde Iwan Iljitschs Leben von zwei gegensätzlichen Stimmungen beherrscht, die einander ständig ablösten: Bald war er der Verzweiflung nahe und zermürbt vom

Warten auf den unfaßbaren schrecklichen Tod, bald war er von Hoffnung erfüllt und beobachtete mit gespanntem Interesse, wie und ob seine Körperorgane funktionierten. Bald konzentrierte sich seine Aufmerksamkeit einzig und allein auf Niere und Blinddarm, die vorübergehend ihre Pflichten nicht so erfüllten, wie sie es eigentlich sollten, bald hatte er nur den unfaßbaren schrecklichen Tod vor Augen, vor dem es kein Entrinnen gab.

Diese beiden Stimmungen wechselten seit dem Beginn seiner Krankheit ständig miteinander ab. Aber je weiter die Krankheit fortschritt, desto fragwürdiger und phantastischer wurden die Überlegungen, die er zu seiner Niere anstellte, und desto realer wurde das Bewußtsein des herannahenden Todes.

Er brauchte sich nur daran zu erinnern, wie sein Befinden vor drei Monaten gewesen und wie es jetzt war, brauchte nur daran zu denken, wie es stetig mit ihm bergab gegangen war – damit jede Hoffnung schwand.

In jener letzten Zeit, da er, das Gesicht der Rückenlehne des Sofas zugekehrt, einsam dalag, einsam inmitten einer dichtbevölkerten Stadt, inmitten seiner zahlreichen Bekannten und seiner Familie – in einer Einsamkeit, wie sie nirgends, weder auf dem Grunde des Meeres noch im Schoße der Erde, vollständiger sein konnte –, in der letzten Periode dieser schrecklichen Einsamkeit lebte Iwan Iljitsch nur noch in der Vergangenheit. Eines nach dem anderen zogen an seinem geistigen Auge Bilder aus vergangenen Zeiten vorüber. Ihren Ausgangspunkt nahmen seine Erinnerungen stets bei der unmittelbaren Vergangenheit, um dann weiter zurückzugehen, bis in die Kindheit, und dort länger zu verweilen. Dachte Iwan Iljitsch an das Pflaumenkompott, das ihm an dem betreffenden Tag serviert worden war, dann fielen ihm auch gleich wieder die rohen, etwas verschrumpelten französischen Dörrpflaumen ein, die er als Kind gegessen hatte, und er erinnerte sich an ihren so ganz besonderen Geschmack und daran, wie ihm beim Essen das Wasser im Munde zusammengelaufen war, war er erst bis zum Kern vorgedrungen, und immer wenn er sich diesen Geschmack vergegenwärtigte, wurden eine Reihe anderer Erinnerungen an jene Zeit in ihm wach: an seine Kinderfrau, den Bruder, die Spielsachen. Ich sollte lieber nicht daran denken ... es ist zu schmerzlich, sagte sich Iwan Iljitsch und versetzte sich im Geiste wieder in die Gegenwart. Er starrte auf einen Knopf an der Sofalehne und die Falten im Saffianleder um diesen Knopf herum und dachte: Saffianleder ist teuer und nicht sehr haltbar; ich habe mich seinetwegen manchmal mit meiner Frau gestritten ... Aber da ist doch früher schon einmal etwas aus Saffianleder gewesen – ach ja, die Aktenmappe meines Vaters, und als wir sie damals zerrissen, hat es auch Streit gegeben, und wir sind von Vater bestraft und hinterher von Mutter mit Pasteten getröstet worden ... Und schon kreisten Iwan Iljitschs Gedanken wieder um die Kindheit, und als ihm davon abermals schwer ums Herz wurde, suchte er sie zu verscheuchen und an anderes zu denken.

Und wieder stiegen, zugleich mit diesen Gedankengängen, andere Erinnerungen in seiner Seele auf – Erinnerungen daran, wie sich seine Krankheit zusehends verschlimmert hatte. Und abermals zeigte sich: Je länger etwas zurücklag, das er sich ins Gedächtnis rief, desto mehr Leben steckte darin. Es hatte mehr Gutes im Leben gegeben, und das Leben selbst war erfüllter gewesen. Das eine verschmolz mit dem anderen. So, wie meine Qualen immer schlimmer werden, so ist auch das ganze Leben immer schlimmer geworden, sinnierte er. Einen einzigen Lichtblick hat es einmal, zu Anbeginn des Lebens, gegeben, doch später ist es immer schneller düsterer und düsterer darin geworden. Umgekehrt proportional zum Quadrat der Entfernung zum Tode, dachte Iwan Iljitsch. Und dieses Bild von einem Stein, der mit zunehmender Geschwindigkeit nach unten fliegt, prägte sich ihm tief in die Seele ein. Das Leben mit all seinen immer stärker werdenden Qualen flog schneller und immer schneller dem Ende, dem schrecklichsten Leiden zu. Ich fliege ..., dachte er. Er zuckte zusammen, bewegte sich, wollte Widerstand leisten. Doch er wußte bereits, Widerstand war zwecklos, und so starrte er denn wieder auf die Sofalehne, mit Augen, die vom Schauen müde waren, aber dennoch nicht umhin konnten, das zu sehen, was ihm bevorstand, und wartete – wartete auf diesen schrecklichen Sturz, auf den Aufprall und die Vernichtung. Widerstand ist zwecklos, sagte er sich. Aber wenigstens verstehen möchte ich, warum ich das alles erdulden muß. Doch auch das ist nicht möglich. Erklären ließe es sich nur, wenn man sagen könnte, ich hätte nicht so gelebt, wie ich es sollte. Nein, ich habe mir nichts vorzuwerfen, sagte er sich, eingedenk dessen, wie er stets in Einklang mit Recht und Gesetz, untadelig und anständig gelebt hatte. »Nein, das kann ich unmöglich zugeben«, murmelte er und verzog die Lippen zu einem Lächeln, als könnte jemand dieses Lächeln sehen und dadurch getäuscht werden ... Es gibt keine Erklärung, dachte er resigniert. Nur Qualen und Tod ... Aber warum?

11

So waren wieder zwei Wochen vergangen. Im Verlaufe dieser Wochen kam es zu einem Ereignis, das Iwan Iljitsch und seine Frau schon lange herbeigesehnt hatten: Petrischtschew hielt bei Praskowja Fjodorowna in aller Form um Lisas Hand an. Das trug sich an einem Abend zu. Am Morgen darauf zerbrach sich Praskowja Fjodorowna, noch während sie schon zu ihrem Mann ins Zimmer ging, den Kopf darüber, wie sie ihn von dem Heiratsantrag Fjodor Petrowitschs in Kenntnis setzen sollte, hatte sich doch Iwan Iljitschs Befinden in der letzten Nacht neuerlich verschlimmert. Als sie eintrat, lag er wie stets auf dem Sofa, doch in einer anderen Stellung als gewöhnlich. Er lag auf dem Rücken, stöhnte und starrte mit abwesendem Blick vor sich hin.

Praskowja Fjodorowna begann von den Medikamenten zu sprechen. Er drehte sich zu ihr um, und ihr blieb der Satz im

Halse stecken, – eine solche Wut, die ganz augenscheinlich ihr galt, war in dem Blick zu lesen, mit dem er sie ansah.

»Laß mich um Gottes willen in Frieden sterben«, sagte er.

Sie wollte sich entfernen, doch in diesem Augenblick trat die Tochter ins Zimmer und ging zu ihrem Vater, um ihm einen Gutenmorgengruß zu entbieten. Er bedachte seine Tochter mit ebenso wütendem Blick wie davor seine Frau und gab auf ihre Fragen nach seinem Befinden kühl zur Antwort, er werde sie alle bald von seiner Gegenwart befreien. Beide – Mutter und Tochter – blieben noch eine Weile schweigend bei ihm sitzen, bevor sie sich schließlich zurückzogen.

»Was haben wir Papa denn getan?« fragte Lisa, an die Mutter gewandt. »Man könnte meinen, wir seien an seiner Krankheit schuld! Papa tut mir leid, aber muß er darum uns quälen?«

Zur gewohnten Zeit erschien der Arzt. Iwan Iljitsch beantwortete dessen Fragen sehr einsilbig, nur mit »Ja« oder »Nein«, wobei er ihn unablässig gereizt ansah, und sagte schließlich:

»Sie wissen doch genau, daß Sie kein Mittel haben, mir zu helfen, also lassen Sie mich in Ruhe.«

»Wir können Leiden lindern«, entgegnete der Arzt.

»Auch dazu sind Sie nicht imstande; lassen Sie mich.«

Der Arzt ging hinaus und begab sich in den Salon, um Praskowja Fjodorowna mitzuteilen, daß es sehr schlecht um ihren Gatten stehe und daß das einzige Mittel, seine Qualen, die entsetzlich sein müßten, zu lindern, Opium sei.

Der Arzt hatte gesagt, daß Iwan Iljitschs körperliche Qualen entsetzlich sein müßten, und das entsprach der Wahrheit; doch noch furchtbarer als die körperlichen waren seine seelischen Qualen, die ihm jetzt am meisten zu schaffen machten.

Seine seelischen Qualen rührten daher, daß ihm in der vorangegangenen Nacht, als er auf Gerassims schläfriges, gutmütiges Gesicht mit den starken Backenknochen blickte, plötzlich der Gedanke gekommen war: Aber wenn mein Leben, mein ganzes bewußtes Leben vielleicht doch nicht so gewesen ist, wie es hätte sein sollen, was dann?

Ihm war der Gedanke gekommen, daß etwas, das ihm früher völlig unmöglich erschienen war, daß er nämlich sein ganzes Leben lang nicht so gelebt habe, wie es nötig gewesen wäre, vielleicht wirklich zutraf. Ihm war der Gedanke gekommen, daß jene schwachen Versuche, gegen das anzukämpfen, was von hochgestellten Persönlichkeiten für gut befunden wurde, daß eben jene Versuche, die er immer gleich wieder aufgegeben hatte, am Ende doch richtig gewesen sein könnten, alles andere hingegen falsch. Seine Amtstätigkeit, die Art, wie er sein Leben gestaltet hatte, seine Familie und diese gesellschaftlichen und dienstlichen Interessen – das alles war also möglicherweise verkehrt gewesen. Er versuchte, all das sich selbst gegenüber zu rechtfertigen. Doch auf einmal fühlte er, wie erbärmlich das war, was er zu rechtfertigen versuchte. Es gab keine Rechtfertigung dafür.

Und wenn dem so ist, sagte er sich, und ich in dem Bewußtsein aus dem Leben scheide, daß ich alles zugrunde gerichtet habe, was mir gegeben war, und das nicht mehr zu ändern ist, was dann? ... Er legte sich wieder auf den Rücken und ließ erneut sein ganzes Leben an seinem geistigen Auge vorüberziehen, doch nun schon aus einer ganz anderen Sicht. Als er morgens den Diener erblickte, als nacheinander Frau und Tochter und schließlich auch der Arzt zu ihm hereinschauten – da waren ihm jede ihrer Bewegungen, jedes ihrer Worte nur Bestätigung der furchtbaren Wahrheit, die sich ihm in der Nacht offenbart hatte. In ihnen sah er sich selbst, sah er all das, wofür er gelebt hatte, und erkannte ganz deutlich, das alles war verkehrt und eine entsetzliche Täuschung ohnegleichen gewesen, die ihm Leben und Tod im falschen Licht hatte erscheinen lassen. Diese Einsicht vermehrte seine körperlichen Leiden noch, verzehnfachte sie gar. Er stöhnte, wälzte sich hin und her und zerrte an seiner Kleidung. Es schien ihm, daß sie ihm den Atem benahm, ja ihn zu ersticken drohte.

Man verabreichte ihm eine große Dosis Morphium, und allmählich versank er wieder in einem Dämmerzustand; doch schon um die Mittagszeit fing alles von vorn an. Er wies alle aus dem Zimmer und wälzte sich aufs neue von einer Seite auf die andere.

Seine Frau kam zu ihm und sagte:

»Jean, Liebster, tu es um meinetwillen (um meinetwillen?). Schaden kann es nicht, aber oft hilft es doch. Es ist ja nichts dabei. Auch Gesunde nehmen es häufig ...«

Er riß die Augen weit auf.

»Was soll ich nehmen? Das Abendmahl? Wozu? Das ist nicht nötig! Aber vielleicht doch ...«

Sie brach in Tränen aus.

»Ja, Liebster? Willst du? Ich werde unseren Priester kommen lassen, er ist ein so reizender Mensch.«

»Na schön, von mir aus«, murmelte er.

Als der Geistliche erschien und ihm die Beichte abnahm, wurde er milder gestimmt; er fühlte, daß seine Zweifel schwächer wurden, und infolgedessen vermeinte er auch eine Linderung seiner Schmerzen zu verspüren. Ein paar Augenblicke lang überkam ihn ein Gefühl der Hoffnung. Er begann wieder an den Blinddarm zu denken und an die Möglichkeit, ihn in Ordnung zu bringen. Als er das Abendmahl empfing, hatte er Tränen in den Augen.

Nachdem man ihn im Anschluß an diese Zeremonie neu gebettet hatte, empfand er für kurze Zeit Erleichterung, und abermals faßte er Hoffnung, Hoffnung, nicht sterben zu müssen. Er überlegte, ob er der Operation zustimmen solle, die man ihm vorgeschlagen hatte. »Leben will ich, leben«, murmelte er vor sich hin. Seine Frau kam, um ihn zum Empfang des Abendmahls zu beglückwünschen; sie sagte die üblichen Worte und fragte dann noch:

»Nicht wahr, jetzt fühlst du dich wohler?«

Er bejahte, ohne sie anzusehen.

Ihre Kleidung, ihre Figur, der Ausdruck ihres Gesichts, der Klang ihrer Stimme – alles sagte ihm nur das eine: Du hast verkehrt gelebt. Alles, was den Inhalt deines Lebens ausgemacht hat und noch immer ausmacht, ist Lug und Trug, der dir den Blick für den wahren Sinn von Leben und Tod getrübt hat ... Und sobald er das gedacht hatte, stieg wieder Haß in ihm auf, und zugleich mit dem Haß stellten sich auch die furchtbaren körperlichen Qualen aufs neue ein, die ihm ins Bewußtsein riefen, daß das unabwendbare Ende nahe war. Seine Schmerzen wurden jetzt noch durch eine neue Marter verstärkt: In seinem Innern schien etwas zu bohren und zu reißen, und dazu war ihm, als würge ihn jemand.

Der Ausdruck seines Gesichts, als er »Ja« zu seiner Frau sagte, war furchtbar. Nachdem er dieses »Ja« hervorgestoßen und ihr gerade ins Gesicht geblickt hatte, drehte er sich, bedenkt man seine Schwäche, ungewöhnlich schnell herum, verbarg das Gesicht in den Kissen und schrie:

»Geht fort, geht! Laßt mich in Ruhe!«

12

Von diesem Augenblick an begann sein drei Tage lang nicht verstummendes Schreien, das noch im übernächsten Zimmer zu hören war und so grausam klang, daß sich jeder entsetzte, der es vernahm. In jenem Moment, als er seiner Frau antwortete, hatte er begriffen, daß er verloren war, daß es keine Rückkehr gab, daß nun unwiderruflich das Ende gekommen war und daß er seine Zweifel, die er nicht hatte beseitigen können, mit ins Grab nehmen würde.

»Uh! U-u-u! Uh!« schrie er bald in diesem, bald in jenem Tonfall. Anfangs hatte er geschrien: »Laßt mich in Ruh!« – und so klangen seine Schreie auch weiterhin auf den U-Laut aus.

Diese ganzen drei Tage über, während deren die Zeit für ihn gleichsam nicht existierte, war ihm, als zappele er immer wieder in jenem schwarzen Sack, in den ihn eine unsichtbare, unüberwindliche Kraft hineingezwängt hatte und immer tiefer hineinstieß. Er schlug um sich, wie ein zum Tode Verurteilter in den Händen des Henkers um sich schlägt, obwohl er weiß, daß es keine Rettung für ihn gibt. Mit jeder Minute erkannte er klarer, daß er sich unerachtet aller Anstrengungen, dagegen anzukämpfen, mehr und mehr jenem Unfaßbaren näherte, vor dem ihm so graute. Er fühlte, daß seine Qualen zum einen daher rührten, daß er weiter und weiter in dieses schwarze Loch hineingezwängt wurde, zum anderen und in noch stärkerem Maße aber auch daher, daß man ihn nicht völlig hineinzwängen konnte. Hinderlich war dabei seine Ansicht, an seinem Leben gebe es nichts auszusetzen. Diese Rechtfertigung seines Lebens war es denn auch, die ihn umklammerte, zurückhielt und dadurch am meisten quälte.

Auf einmal war ihm, als versetze ihm irgendeine Kraft Stöße gegen die Brust und in die Seite, er rang noch stärker nach Luft, und dann stürzte er in jenes Loch und sah dort, ganz tief unten, etwas aufleuchten. Mit ihm geschah das, was ihm mitunter während einer Fahrt mit der Eisenbahn widerfahren war, wenn man vorwärts zu fahren meint und doch rückwärts fährt und auf einmal die wirkliche Richtung erkennt.

Ja, ich habe alles falsch gemacht, sagte er sich, aber das tut nichts. Man kann das Richtige ganz sicher nachholen. Nur, was ist das »Richtige«? fragte er sich und verstummte plötzlich.

Das war am Ende des dritten Tages, eine Stunde vor seinem Tod. In eben diesem Augenblick hatte sich der kleine Gymnasiast ganz leise ins Zimmer gestohlen und war an des Vaters Bett getreten. Der Sterbende schrie noch immer verzweifelt und schlug um sich. Seine Hand traf den Kopf des Gymnasiasten. Der kleine Gymnasiast ergriff die Hand, drückte sie an die Lippen und brach in Tränen aus.

Im gleichen Moment stürzte Iwan Iljitsch in jenes Loch, erblickte das Licht, und ihm ging auf, daß er nicht so gelebt habe, wie es nötig gewesen wäre, daß sich das aber noch wiedergutmachen lasse. Er fragte sich, was denn das »Richtige« sei, und als er, auf seine innere Stimme horchend, verstummte, da spürte er auf einmal, daß ihm jemand die Hand küßte. Er schlug die Augen auf und gewahrte seinen Sohn. Mitleid mit dem Jungen überkam ihn. Seine Frau trat zu ihm. Er sah sie an. Den Mund halb geöffnet, Tränen im Gesicht, blickte sie ihn voller Verzweiflung an. Auch sie dauerte ihn nun.

Ja, ich quäle sie alle, dachte er. Ich tue ihnen leid, aber sie werden es besser haben, wenn ich erst tot bin. Er wollte ihnen das sagen, war jedoch zu schwach dazu. Übrigens, wozu noch viele Worte machen, dachte er, ich muß den Worten eben Taten folgen lassen. Mit dem Kopf deutete er auf den Sohn und sagte, an seine Frau gewandt:

»Führ ihn hinaus ... er tut mir leid ... du auch.« Er wollte noch hinzufügen: »verzeih«, versprach sich aber und sagte statt dessen: »vorbei«. Die Kraft, sich noch zu korrigieren, brachte er nicht mehr auf, und so winkte er denn nur ab, in der Gewißheit, daß der, für den es bestimmt war, es schon verstehen würde.

Und plötzlich wurde ihm klar, daß sich für das, was ihn so sehr gequält hatte, unversehens eine Lösung anbot, und dies gleich von zwei, von zehn, von allen Seiten. Ja, sie dauern mich, dachte er, ich muß dafür sorgen, daß sie nicht länger leiden, muß sie und mich selbst von diesen Qualen befreien. Wie schön wird das sein, dachte er, und wie einfach ... Und die Schmerzen? fragte er sich. Wohin mit ihnen? Wo sind sie denn, die Schmerzen?

Er horchte in sich hinein.

Ja, da sind sie noch. Nun, mögen sie bleiben.

Und der Tod? Wie steht es mit dem?

Ihm fiel ein, welche Angst er bis dahin stets vor dem Tode empfunden hatte, jetzt war diese Furcht wie weggeblasen. Wo ist er? Was für ein Tod? Die Furcht vor dem Tod war verschwunden, weil dieser keine Macht mehr über ihn hatte.

An die Stelle des Todes war das Licht getreten.

»Also so ist das!« sagte er plötzlich laut. »Welche Freude!«

Für ihn geschah das alles in einem einzigen Augenblick, und die Bedeutung dieses Augenblicks änderte sich nicht mehr. Für die Anwesenden hingegen dauerte seine Agonie noch volle zwei Stunden. In seiner Brust hörte man es brodeln und röcheln, und sein ausgemergelter Körper zuckte von Zeit zu Zeit. Dann wurde das Brodeln und Röcheln immer seltener.

»Es ist vorüber!« sagte jemand, der sich über ihn gebeugt hatte.

Er vernahm diese Worte und wiederholte sie in seiner Seele. Der Tod ist vorüber, sagte er sich. Es gibt ihn nicht mehr.

Er holte noch einmal tief Luft, hielt mittendrin inne, streckte sich und starb.

Herr und Knecht

1

Es war in einem Winter in den siebziger Jahren, einen Tag nach St. Nikolaus. Im Kirchspiel herrschte festliches Treiben, so daß Wassilij Andrejitsch Brechunow, Herbergsbesitzer und Kaufmann der zweiten Gilde, unmöglich abkommen konnte: In der Kirche durfte er nicht fehlen – er war Kirchenältester –, und zu Hause galt es, Verwandte und Bekannte zu empfangen und zu bewirten. Nun aber, nachdem sich die letzten Gäste entfernt hatten, rüstete sich Wassilij Andrejitsch, sofort zu einem benachbarten Gutsbesitzer zu fahren, um ihm ein Waldstück abzukaufen, über dessen Preis er sich mit ihm schon fast einig war. Wassilij Andrejitsch durfte diese Fahrt auf keinen Fall aufschieben, damit ihm nicht etwa Kaufleute aus der Stadt diesen vorteilhaften Kauf verdarben. Der junge Gutsbesitzer verlangte für den Wald vermutlich nur deshalb zehntausend Rubel, weil Wassilij Andrejitsch ihm bereits siebentausend dafür geboten hatte. Siebentausend Rubel machten allerdings lediglich ein Drittel des wahren Wertes des Waldes aus. Vielleicht hätte Wassilij versucht, vom geforderten Kaufpreis noch etwas abzuhandeln, denn der Wald lag in seinem Bezirk, und zwischen ihm und den ländlichen Kaufleuten des Kreises gab es schon seit langem eine Abmachung, der zufolge kein Kaufmann im Bezirk eines anderen die Preise in die Höhe treiben durfte, aber Wassilij Andrejitsch hatte erfahren, daß nun auch Holzhändler aus der Gouvernementshauptstadt auf den Wald von Gorjatschkino erpicht waren, und daraufhin beschlossen, unverzüglich hinzufahren und das Geschäft mit dem Gutsbesitzer perfekt zu machen. So nahm er denn auch, kaum daß der Festtagstrubel vorüber war, siebenhundert Rubel eigenes Geld aus der Truhe, fügte noch zweitausenddreihundert von den Kirchengeldern, die er in Verwahrung hatte, hinzu, so daß sich seine Barschaft nun auf dreitausend Rubel belief, die er, nachdem er sie sorgfältig nachgezählt hatte, in die Brieftasche steckte, um sich dann reisefertig zu machen.

Der Knecht Nikita, der als einziger von Wassilij Andrejitschs Leuten an diesem Tag nicht betrunken war, lief in den Pferdestall, um anzuspannen. Nüchtern war Nikita deshalb, weil er, obschon sonst dem Trinken nicht abhold, nach den Fastnachtsfeiern, bei denen er seinen Mantel und seine Lederstiefel verpichelt hatte, gelobt hatte, nicht mehr zu trinken, und sich nun schon den zweiten Monat daran hielt. Auch jetzt war er, obwohl während der ersten beiden Feiertage der Branntwein überall in Strömen floß, standhaft geblieben und der Versuchung nicht erlegen.

Nikita war ein fünfzigjähriger Bauer aus einem Dorf hier in der Nähe, doch da er sich, wie man munkelte, nicht aufs Wirtschaften verstand, hatte er den größten Teil seines Lebens nicht zu Hause, sondern im Dienst fremder Leute zugebracht. Allenthalben wurde er wegen seines Fleißes, seiner Geschicklichkeit sowie seiner Beständigkeit bei der Arbeit, namentlich aber wegen seines gutmütigen, angenehmen Charakters geschätzt; seßhaft geworden aber war er nirgends, denn zwei-dreimal im Jahr, manchmal auch noch öfter, ergab er sich dem Trunk, und nicht genug damit, daß er dann alles durch die Gurgel jagte, was er am Leibe trug, wurde er auch noch ausfallend und suchte Händel. Auch Wassilij Andrejitsch hatte ihn schon ein paarmal vor die Tür gesetzt, doch immer wieder bei sich aufgenommen, weil er große Stücke auf seine Ehrlichkeit und Tierliebe hielt und vor allem eine billige Arbeitskraft an ihm hatte. Wassilij Andrejitsch zahlte Nikita nicht achtzig Rubel, wie es einem solchen Arbeiter zugekommen wäre, sondern nur vierzig, die er ihm, ohne jede Abrechnung, in kleinen Raten aushändigte, und auch das größtenteils nicht in bar, sondern in Waren aus seinem Laden, für die er einen hohen Preis nahm.

Nikitas Ehehälfte, Marfa, einst ein schönes, schlagfertiges Frauenzimmer, wirtschaftete daheim mit einem halbwüchsigen Sohn und zwei Töchtern. Ihr lag nichts an Nikitas Anwesenheit zu Hause, denn erstens lebte sie schon an die zwanzig Jahre mit einem Böttcher, einem Bauern aus einem anderen Dorf, zusammen, der auch bei ihnen wohnte, und zweitens fürchtete sie ihren Mann, mit dem sie, solange er nüchtern war, nach Belieben umsprang, in betrunkenem Zustand wie die Pest. Einmal hatte sich Nikita zu Hause einen Rausch angetrunken und – vermutlich, um sich an seiner Frau dafür zu rächen, daß sie ihn, wenn er nüchtern war, ständig demütigte – ihre Truhe aufgebrochen, ihre kostbarsten Gewänder herausgezerrt, das Beil genommen und damit auf dem Holzblock alle ihre Sarafane und Kleider in kleine Stücke zerhackt. Alles, was Nikita verdiente, wurde seiner Frau ausgehändigt, und Nikita widersetzte sich dem auch nicht. So war Marfa auch jetzt, zwei Tage vor dem Fest, zu Wassilij Andrejitsch gekommen und hatte sich von ihm weißes Mehl, Tee, Zucker und ein Achtel Branntwein im Gegenwert von vielleicht drei Rubeln sowie fünf Rubel in bar geben lassen und sich dafür auch noch bedankt wie für eine besondere Gnade, obwohl Wassilij Andrejitsch, selbst wenn man den niedrigsten Lohn zugrunde legte, an die zwanzig Rubel hätte zahlen müssen.

»Hab ich denn irgendwelche Abmachungen mit dir getroffen?« pflegte Wassilij Andrejitsch zu Nikita zu sagen. »Brauchst du was, dann hol es dir, kannst es später abarbeiten. Bei mir ist es nicht wie bei anderen Leuten, die euereinen lange auf den Lohn warten lassen, ihm Abrechnungen vorlegen und Geldstrafen aufbrummen. Zwischen uns geht es ehrlich zu. Du dienst mir, und ich lasse dich schon nicht zu kurz kommen.«

Und Wassilij Andrejitsch war, wenn er das sagte, der aufrichtigen Überzeugung, Nikita nur Gutes zu tun; er verstand so überzeugend zu reden, und alle finanziell von ihm abhängigen Leute, angefangen bei Nikita, bestärkten ihn so in dieser Meinung, daß er sich einbildete, allen nur Wohltaten zu erweisen und niemanden übers Ohr zu hauen.

»Aber ich verstehe das ja, Wassilij Andrejitsch; und auch ich, mein ich, diene Euch so eifrig wie einem leiblichen Vater. Ich verstehe das sehr gut«, gab Nikita gewöhnlich zur Antwort, der sehr gut verstand, daß er von Wassilij Andrejitsch übervorteilt wurde, zugleich aber fühlte, daß jeder Versuch, eine genaue Abrechnung von ihm zu verlangen, von vornherein zum Scheitern verurteilt war und daß er, solange er keine andere Stelle in Aussicht hatte, sich bescheiden und nehmen mußte, was man ihm gab.

Als Nikita jetzt von seinem Herrn Befehl zum Anspannen erhielt, begab er sich, frohgemut und diensteifrig wie immer, mit seinen einwärts gerichteten Füßen rüstig und mühelos ausschreitend, in die Scheune, nahm dort das mit einer Quaste geschmückte schwere Zaumzeug vom Nagel und ging daraufhin, mit den Ringen des Mundstücks rasselnd, zum verschlossenen Stall, wo in einer Einzelbox das Pferd stand, das er für Wassilij Andrejitsch anspannen sollte.

»Na, ist dir schon langweilig geworden, du Dummerchen, ganz langweilig?« fragte Nikita, gleichsam als Antwort auf das leise Wiehern, mit dem ihn der allein im Stall stehende Muchortyj, ein mittelgroßer prachtvoller Hengst mit etwas abfallendem Hinterteil und dunkelbraunem, am Maul und an den Weichen gelb gesprenkeltem Fell, begrüßte. »Aber, aber! Kommst schon noch zurecht, erst wollen wir zur Tränke gehen.« Nikita sprach mit dem Pferd ganz so, wie man mit Geschöpfen redet, die der Sprache mächtig sind. Nachdem er dem wohlgenährten Hengst mit dem Rockzipfel den staubig gewordenen prallen Rücken, der in der Mitte eine leichte Furche aufwies, abgewischt hatte, zog er ihm das Zaumzeug über den schönen jungen Kopf, befreite ihm Ohren und Stirnhaar, warf das Halfter ab und führte ihn zur Tränke.

Vorsichtig stakte Muchortyj aus dem Stall, in dem sich der Mist türmte, und schon begann er zu tänzeln und zu bocken, ja, er stellte sich, als wolle er mit der Hinterhand nach dem auf dem Weg zum Brunnen neben ihm hertrabenden Nikita schlagen.

»Spiel nur, spiel du nur, du Schelm!« ermunterte Nikita, der wußte, daß Muchortyj so behutsam mit der Hinterhand ausschlug, daß er höchstens seinen speckigen Halbpelz berührte, und diese Allüren des Hengstes besonders gern mochte.

Nachdem das Pferd an dem eiskalten Wasser seinen Durst gelöscht hatte, holte es tief Luft, bewegte die kräftigen, behaarten nassen Lippen, von denen durchsichtige Wassertropfen in den Trog rannen, stand eine Weile starr, gleichsam in Nachdenken versunken, und schnaubte dann plötzlich laut.

»Wenn du nicht willst, brauchst du nicht mehr zu saufen, mir soll's recht sein, aber bitte dann auch nicht später darum«, sagte Nikita, Muchortyj ganz ernsthaft und ausführlich sein Betragen auseinandersetzend, und lief, das nach allen Seiten mit den Hinterbeinen ausschlagende übermütige junge Pferd am Zügel hinter sich herziehend, zur Scheune zurück.

Von den anderen Knechten war keiner da; nur ein fremder Bauer, der Mann der Köchin, der zum Feiertag hergekommen war, lungerte im Hof herum.

»Geh doch mal zum Herrn, mein Lieber«, bat ihn Nikita, »und frag ihn, welchen Schlitten ich anspannen soll, den breiten niedrigen oder den kleinen.«

Der Mann der Köchin ging in das mit Eisenblech gedeckte, auf einem hohen Fundament stehende Haus und kehrte bald mit der Nachricht zurück, der Herr habe Befehl gegeben, den kleinen anzuspannen. Nikita hatte dem Pferd unterdessen bereits das Kummet und den mit kleinen Nägeln beschlagenen Sattel angelegt und ging nun, in der einen Hand das leichte gestrichene Krummholz tragend, mit der anderen das Pferd führend, auf zwei unter dem Vordach der Scheune stehende Schlitten zu.

»Wenn's der kleine sein soll, spann ich eben den kleinen an«, sagte er, lenkte das kluge Pferd, das die ganze Zeit so tat, als wollte es ihn beißen, in die Deichselgabel hinein und spannte es dann mit Hilfe des Mannes der Köchin an.

Als alles fast fertig war und nur noch die Zügel befestigt werden mußten, schickte Nikita den Mann der Köchin in die Scheune, um Stroh, und in den Speicher, um Sackleinwand zu holen.

»Das ist schön. Aber, aber, sträub dich doch nicht so!« sagte Nikita, während er das frischgedroschene Haferstroh, das ihm der Mann der Köchin gebracht hatte, im Schlitten glattdrückte. »Und jetzt breiten wir die Matte drüber und legen das Sackleinen obenauf. Das wär's, so wird er gut sitzen«, sagte Nikita und ließ seinen Worten auch schon die Tat folgen; zu guter Letzt stopfte er noch das über das Stroh gebreitete Sackleinen von allen Seiten unter den Sitz.

»Hab Dank, mein Lieber«, sagte er darauf, an den Mann der Köchin gewandt. »Zu zweit geht alles schneller.« Als Nikita dann auch noch die an ihrem Ende durch einen Ring zusammengefügten Riemenzügel in Ordnung gebracht hatte, setzte er sich auf den Bock und trieb das schon ungeduldig tänzelnde brave Pferd über den hartgefrorenen Mist des Hofes auf das Tor zu.

»Onkel Mikit, Onkelchen, he, Onkelchen!« ertönte hinter ihm ein dünnes Stimmchen, und ein siebenjähriger Junge in kurzem schwarzem Pelz, neuen weißen Filzstiefeln und warmer Mütze kam eilig aus der Diele in den Hof gelaufen. »Laß mich einsteigen«, bat er und knöpfte im Laufen sein Mäntelchen zu.

»Na komm schon her, mein Täubchen«, sagte Nikita und hielt den Schlitten an. Er ließ das blasse, schmächtige, aber vor Freude strahlende Söhnchen seines Herrn einsteigen und fuhr auf die Straße hinaus.

Es ging auf drei Uhr zu. Kalt war es – an die zehn Grad unter Null –, trübe und windig. Eine Hälfte des Himmels wurde von einer tiefhängenden dunklen Wolke verdeckt. Auf dem Hof war es geschützt gewesen, nun aber, auf der Straße, machte sich der Wind bemerkbar: Vom Dach der Nachbarscheune fegte er den Schnee herunter, und an der Ecke, neben dem Badehaus, wirbelte er ihn auf. Nikita hatte das Pferd kaum durchs Tor gelenkt und zur Vortreppe einbiegen lassen, als auch schon Wassilij Andrejitsch erschien. Eine Zigarette im Mund, gekleidet in einen mit Tuch überzogenen, unterhalb der Taille straff gegürteten Schafpelz, so trat er aus der Diele auf die unter seinen mit Leder eingefaßten Filzstiefeln knarrende, mit festgetretenem Schnee bedeckte hohe Vortreppe hinaus und blieb dort stehen. Nach einem Seitenblick auf das näher kommende Pferd tat er noch einen tiefen Zug aus seiner Zigarette, warf den Stummel zu Boden und trat ihn aus; er blies den Rauch durch den Schnurrbart und bog dann auf beiden Seiten seiner glattrasierten roten Wangen die Ecken des Pelzkragens mit dem Fell nach innen, damit dieses von seinem Atem nicht feucht wurde.

»Das ist mir vielleicht ein Schelm, sitzt schon da!« sagte er, als er im Schlitten sein Söhnchen gewahrte. Angeregt von dem Branntwein, den er mit seinen Gästen getrunken hatte, war Wassilij Andrejitsch noch zufriedener als gewöhnlich mit allem, was ihm gehörte, und allem, was er tat. Der Anblick seines Sohnes, den er in Gedanken stets seinen Erbprinzen nannte, bereitete ihm jetzt großes Vergnügen; er kniff die Augen zusammen und sah ihn, dabei die gesunden Zähne entblößend, lächelnd an.

Kopf und Schultern von einem wollenen Tuch eingehüllt, daß nur die Augen zu sehen waren, stand, bleich und hager, Wassilij Andrejitschs schwangere Frau hinter ihm in der Diele, um ihm das Geleit zu geben.

»Wahrhaftig, du solltest Nikita mitnehmen«, sagte sie, zaghaft auf die Vortreppe hinaustretend.

Wassilij Andrejitsch entgegnete nichts auf ihre Worte, die ihm offensichtlich unangenehm waren, schaute finster drein und spie aus.

»Immerhin hast du eine Menge Geld bei dir«, fuhr seine Frau in demselben kläglichen Tonfall fort. »Und ein Unwetter kann auch heraufziehen, wirklich, bei Gott.«

»Kenne ich vielleicht den Weg nicht, daß ich unbedingt einen Begleiter brauche?« knurrte Wassilij Andrejitsch.

Dabei verzog er unnatürlich die Lippen, was er sonst nur tat, wenn er mit Verkäufern oder Käufern verhandelte und darauf bedacht war, jede Silbe besonders deutlich auszusprechen.

»Wahrhaftig, du solltest ihn mitnehmen. Ich bitte dich bei Gott!« beharrte seine Frau, während sie sich noch fester in das Tuch hüllte.

»Schlimmer als eine Klette bist du ... Wozu brauch ich ihn?«

»Nun, Wassilij Andrejitsch, ich bin bereit«, sagte Nikita fröhlich. »Nur muß dann ein anderer an meiner Stelle den Pferden das Futter geben«, fügte er, an die Hausfrau gewandt, hinzu.

»Ich werd schon dafür sorgen, Nikituschka, werd es Semjon auftragen«, versicherte die Hausfrau.

»Also, wie ist es, Wassilij Andrejitsch, soll ich nun mitfahren?« fragte Nikita erwartungsvoll.

»Da werd ich meiner Alten wohl den Gefallen tun müssen. Aber wenn du mitwillst, dann geh und zieh dir einen wärmeren Staatsrock an«, sagte, jetzt wieder lächelnd, Wassilij Andrejitsch; er kniff ein Auge zu und deutete mit dem Kopf auf Nikitas schon recht mitgenommenen, unter den Achseln und auf dem Rücken zerrissenen, am Saum ausgefransten, über und über speckigen und verfilzten Halbpelz.

»He, mein Lieber, komm doch mal her und halt das Pferd ein Weilchen!« rief Nikita über den Hof dem Mann der Köchin zu.

»Ich will es halten, ich!« piepste der Junge, und schon hatte er die blaugefrorenen Händchen aus den Taschen gezogen und griff nach den kalten Riemenzügeln.

»Aber beeil dich, wirf dich nicht so lange in Schale!« rief Wassilij Andrejitsch Nikita spöttisch lächelnd nach.

»Ich bin im Handumdrehen wieder da, Väterchen Wassilij Andrejitsch!« rief Nikita zurück und lief mit seinen einwärts gerichteten Füßen in den alten Filzstiefeln mit den dünnen Sohlen schnell über den Hof zum Gesindehaus.

»Geschwind, Arinuschka, gib mir meinen Mantel vom Ofen – ich muß mit dem Herrn mitfahren!« rief Nikita, ins Haus stürmend, und nahm auch schon seinen Gürtel vom Nagel.

Die Köchin, die nach dem Essen ein Nickerchen gemacht hatte und jetzt damit beschäftigt war, den Samowar für ihren Mann aufzusetzen, empfing Nikita vergnügt. Angesteckt von seiner Eile, entfaltete sie dieselbe Betriebsamkeit wie er, holte hurtig den zum Trocknen aufgehängten schäbigen, abgetragenen Tuchmantel vom Ofen und begann ihn eilends auszuschütteln und glattzustreichen.

»Jetzt wirst du mehr Platz haben, um mit deinem Mann zu feiern«, bemerkte, an die Köchin gewandt, Nikita, der immer, wenn er mit jemandem unter vier Augen war, aus gutmütiger Höflichkeit etwas zu ihm sagte.

Und als er sich jetzt den schmalen, zerschlissenen Gürtel umlegte, zog er den ohnehin mageren Bauch ein und mühte sich nach Kräften, den Halbpelz so straff wie nur möglich zu umgürten.

»So geht's«, sagte er schließlich, sich nun nicht mehr an die Köchin, sondern an den Gürtel wendend, und steckte dessen Enden unter den Hosengurt. »So wirst du dich nicht losmachen.« Nachdem er noch die Schultern gehoben und gesenkt hatte, um die Arme ungehindert bewegen zu können, zog er den Mantel über den Halbpelz, spannte auch den Rücken, damit die Arme nicht eingezwängt waren, lockerte die Ärmel unter den Achseln und holte die Fausthandschuhe vom Wandbrett. »Das wär's!«

»Du solltest anderes Schuhwerk anziehen, Stepanytsch«, sagte die Köchin, »deine Stiefel sind gar zu schlecht.«

Nikita blieb stehen, als sei ihm etwas eingefallen.

»Das müßte ich wohl ... Na, 's wird auch so gehn, ist ja nicht weit!«

Und er lief auf den Hof.

»Wird dir auch nicht kalt werden, Nikituschka?« fragte die Hausfrau, als er beim Schlitten angekommen war.

»Ach wo, mir ist ganz warm«, gab Nikita zur Antwort, während er im Vorderteil des Schlittens das Stroh zurechtlegte, mit dem er sich die Füße zudecken wollte. Schließlich steckte er noch die für das fügsame Pferd unnötige Peitsche unter das Stroh.

Wassilij Andrejitsch, der schon im Schlitten saß und mit seinem in zwei Pelzen steckenden Rücken fast den gesamten geschwungenen hinteren Teil des Schlittens ausfüllte, nahm sofort die Zügel und trieb das Pferd an. Nikita sprang von links auf den fahrenden Schlitten und hockte sich seitlich so auf den Kutschbock, daß ein Bein über den Schlittenrand baumelte.

2

Der brave Hengst zog den Schlitten an, dessen Kufen leicht knirschten, und setzte sich in Bewegung, in forschem Zelterschritt über die innerhalb der Ortschaft hartgefrorene und wie glattgewalzte Straße.

»Was hast du denn da zu suchen? Gib mir mal die Peitsche, Mikita!« rief Wassilij Andrejitsch, sichtlich erfreut über seinen Erbprinzen, der sich hinten auf die Kufen gekauert hatte und sich an der Rückwand des Schlittens anklammerte. »Ich werd dir gleich! Lauf zu deiner Mutter, du Rabenaas!«

Der Junge sprang ab. Muchortyj beschleunigte seinen Zelterschritt und fiel ruckartig in den Trab.

Das Dörfchen Kresty, in dem Wassilij Andrejitschs Anwesen lag, bestand aus sechs Häusern. Gleich nachdem sie am letzten Haus, dem des Schmieds, vorübergekommen waren, merkten sie, daß der Wind um vieles stärker war, als sie geglaubt hatten. Die Straße war kaum noch zu sehen. Die Spuren der Kufen wurden sofort vom Schnee zugeweht, und die Straße konnte man nur daran erkennen, daß sie höher lag als das übrige Gelände. Über dem ganzen Feld wurde Schnee aufgewirbelt, so daß die Linie, wo Himmel und Erde zusammentreffen, nicht zu sehen war. Auch der Wald von Teljatino, der sonst immer gut sichtbar war, hob sich durch den Schneestaub nur hin und wieder als undeutlicher dunkler Streifen ab. Der Wind blies von links und wehte die Mähne an Muchortyjs steilem, wohlgenährtem Hals und den nur mit einem einfachen Knoten hochgebundenen dichten weichen Schweif hartnäckig zur Seite. Der hohe Mantelkragen Nikitas, der auf der Seite saß, aus welcher der Wind kam, wurde fortwährend gegen sein Gesicht gepreßt.

»Er kann nicht richtig ausgreifen, das liegt am Schnee«, sagte Wassilij Andrejitsch, der stolz auf sein gutes Pferd war. »Ich bin mal mit ihm nach Paschutino gefahren, da hat er mich in einer halben Stunde hingebracht.«

»Was?« fragte Nikita, der wegen des Kragens nicht verstanden hatte.

»Nach Paschutino, sag ich, bin ich mit ihm in nur einer halben Stunde gefahren!« schrie Wassilij Andrejitsch ihm zu.

»Ein gutes Pferd, alles, was recht ist!« sagte Nikita.

Sie schwiegen eine Weile. Aber Wassilij Andrejitsch verspürte das Bedürfnis, sich zu unterhalten.

»Na, hast du deinem Ehedrachen auf die Seele gebunden, den Böttcher nicht mit Branntwein zu bewirten?« begann er mit ebenso lauter Stimme wie vorhin. Dabei war er so fest davon überzeugt, daß es für Nikita schmeichelhaft sein mußte, mit einem derart bedeutenden und klugen Menschen wie ihm zu sprechen, und so zufrieden mit seinem Scherz, daß es ihm überhaupt nicht in den Sinn kam, Nikita könnte diese Unterhaltung unangenehm sein.

Nikita hatte die Worte seines Herrn, die der Wind verwehte, wieder nicht verstanden.

Und so wiederholte Wassilij Andrejitsch mit lauter deutlicher Stimme seinen Scherz über den Böttcher.

»Mich schert's nicht, was sie treiben, Wassilij Andrejitsch, ich zerbrech mir darüber nicht den Kopf. Wenn sie mir nur meinen Jungen nicht zu kurz kommen läßt, ansonsten – Gott mit ihr.«

»Hast recht«, sagte Wassilij Andrejitsch. »Na, wie steht's, wirst du zum Frühjahr ein Pferd kaufen?« wechselte er den Gesprächsgegenstand.

»Werd wohl nicht drum herumkommen«, gab Nikita, den Mantelkragen zurückschlagend, zur Antwort und beugte sich zu seinem Herrn herüber.

Dieses Thema interessierte Nikita, und er wollte sich kein Wort entgehen lassen.

»Der Junge ist herangewachsen und muß jetzt selbst pflügen«, erklärte er, »bisher haben wir immer jemand gedungen.«

»Dann nimm doch den Beskostretschnyj, ich laß ihn dir auch billig!« schrie Wassilij Andrejitsch, der gut aufgelegt war und sich infolgedessen sofort seiner Lieblingsbeschäftigung zuwandte, die alle seine geistigen Kräfte beanspruchte – dem Tätigen eines vorteilhaften Handels.

»Aber wenn Sie mir so an die fünfzehn Rubelchen geben möchten, dann könnte ich mir auch auf dem Pferdemarkt eins kaufen«, sagte Nikita, der wußte, daß der Beskostretschnyj, den ihm Wassilij Andrejitsch andrehen wollte, höchstens sieben Rubel wert war, jener ihm dafür aber fünfundzwanzig Rubel abziehen würde, so daß er ein halbes Jahr lang keinen roten Heller von ihm zu sehen bekäme.

»Es ist ein ausgezeichnetes Pferd. Ich meine es gut mit dir wie mit mir selbst«, versicherte Wassilij Andrejitsch. »Auf Ehre und Gewissen! Brechunow haut niemanden übers Ohr. Ich mach's nicht wie die anderen, lieber nehm ich einen Verlust in Kauf. Auf Ehre und Gewissen!« beteuerte er in dem Tonfall, mit dem er gewöhnlich Verkäufern und Kunden ein X für ein U vormachte. »Ein Prachtpferd ist das!«

»Das mag wohl sein«, sagte Nikita seufzend, und da er die Überzeugung gewonnen hatte, es habe keinen Zweck, noch länger zuzuhören, ließ er den Kragen fahren, der ihm sofort wieder Ohren und das übrige Gesicht verdeckte.

Eine halbe Stunde fuhren sie schweigend. An der Seite, wo

der Pelz zerrissen war, wurde Nikita vom Wind gehörig durchgeblasen.

Er krümmte sich zusammen und atmete in den Kragen, der ihm den Mund verdeckte, und schon war ihm nicht mehr so kalt.

»Nehmen wir den Weg über Karamyschewo oder den geradeaus? Was meinst du?« fragte Wassilij Andrejitsch.

Die über Karamyschewo führende Straße wurde stärker befahren und von deutlich sichtbaren soliden Markierungspfählen gesäumt, dafür brauchte man länger. Geradeaus war es näher, aber die Straße wurde kaum benutzt, und Absteckpfähle gab es entweder überhaupt nicht, oder sie waren schlecht und vom Schnee zugeweht.

Nikita dachte ein Weilchen nach.

»Über Karamyschewo ist es zwar ein bißchen weiter, doch die Straße wird mehr befahren«, erwiderte er dann.

»Aber geradeaus brauchen wir bloß in dem kleinen Tal achtzugeben, daß wir nicht vom Weg abkommen, sind wir da erst durch und im Wald, haben wir gute Fahrt«, wandte Wassilij Andrejitsch ein, der lieber geradeaus fahren wollte.

»Ihr könnt machen, was Euch beliebt«, sagte Nikita und ließ wieder den Kragen los.

Das tat Wassilij Andrejitsch denn auch, und nachdem er wohl eine halbe Werst gefahren war, bog er an einer hohen, im Wind hin und her schaukelnden Eichenstange, an der noch einige dürre Blätter hingen, nach links ab.

Von der Wegbiegung an hatten sie den Wind fast unmittelbar von vorn. Obendrein begann es zu schneien. Wassilij Andrejitsch kutschierte, blies die Wangen auf und stieß die Luft durch den Schnurrbart aus. Nikita war eingenickt.

So waren sie wohl zehn Minuten gefahren, ohne daß einer von ihnen ein Wort gesprochen hätte. Plötzlich sagte Wassilij Andrejitsch etwas.

»Was gibt's?« fragte Nikita und schlug die Augen auf.

Wassilij Andrejitsch antwortete nicht; er beugte sich aus dem Schlitten heraus und sah sich nach allen Seiten um. Das

Pferd, dessen Fell sich vom Schweiß in der Leistengegend und am Hals gekräuselt hatte, ging im Schritt.

»Was gibt's denn?« wiederholte Nikita seine Frage.

»Was gibt's, was gibt's!« äffte ihn Wassilij Andrejitsch ärgerlich nach. »Es sind keine Markierungspfähle zu sehen! Wir müssen vom Weg abgekommen sein!«

»Dann haltet doch, ich werd mal sehen, ob ich die Straße wiederfinde«, sagte Nikita, sprang leichtfüßig vom Schlitten, holte die Peitsche unter dem Stroh hervor und ging von der Seite, wo er gesessen hatte, aus nach links.

Der Schnee lag in diesem Jahr nicht allzu hoch, so daß überall durchzukommen war, dennoch aber reichte er Nikita stellenweise bis ans Knie und drang in seine Stiefel ein. Nikita ging hierhin und dorthin, tastete mit den Füßen und der Peitsche den Boden ab, doch von der Straße nirgends eine Spur.

»Nun, wie steht's?« fragte Wassilij Andrejitsch, als Nikita wieder auf den Schlitten zukam.

»Auf dieser Seite ist die Straße nicht. Werd mal auf der anderen nachschauen müssen.«

»Da vorn hebt sich was Schwarzes ab, geh mal hin und sieh dort nach«, sagte Wassilij Andrejitsch.

Nikita ging denn auch dorthin, wo sich etwas Schwarzes abzeichnete – es war Erde, die von den entblößten Wintersaatfeldern herübergeweht worden war und den Schnee hier und da überlagert und schwarz gefärbt hatte. Nachdem Nikita auch auf der rechten Seite eine Weile umhergeirrt war, kehrte er zum Schlitten zurück, klopfte sich den Schnee ab, schüttelte ihn aus den Stiefeln und setzte sich wieder in den Schlitten.

»Nach rechts müssen wir fahren«, sagte er mit Entschiedenheit. »Vorhin hat mir der Wind gegen die linke Seite geblasen, jetzt krieg ich ihn gerade ins Gesicht. Fahrt nach rechts!« wiederholte er in resolutem Ton.

Wassilij Andrejitsch hörte auf ihn und hielt sich rechts. Doch von der Straße war immer noch nichts zu sehen. So fuhren sie eine Weile. Der Wind ließ nicht nach, und es fiel weiterhin leichter Schnee.

»Da sind wir aber, scheint's, mächtig vom Weg abgekommen, Wassilij Andrejitsch«, sagte Nikita auf einmal mit einer gewissen Befriedigung. »Was ist das dort?« fragte er und deutete auf schwarzes Kartoffelkraut, das unter dem Schnee hervorragte.

Wassilij hielt das schon in Schweiß geratene, schwer atmende Pferd, dessen steile Flanken zitterten, an.

»Und was hat das zu bedeuten?« fragte er.

»Das bedeutet, daß wir auf dem Sacharowschen Feld sind. Dorthin sind wir also geraten!«

»Flunkerst du auch nicht?« zweifelte Wassilij Andrejitsch.

»Nein, ich flunkere nicht, Wassilij Andrejitsch, ich spreche die Wahrheit«, entgegnete Nikita. »Man merkt es auch, daß wir über einen Kartoffelacker fahren – der Schlitten holpert ganz schön; und dort liegen ja auch Haufen – da hat man das Kartoffelkraut zusammengeharkt. Das Feld gehört zur Sacharowschen Brennerei.«

»Sieh mal einer an, wohin wir uns verirrt haben!« sagte Wassilij Andrejitsch. »Was machen wir nun?«

»Wir müssen geradeaus fahren, das ist alles«, behauptete Nikita. »Irgendwo werden wir schon rauskommen, wenn nicht in Sacharowka, dann auf dem Herrenhof.«

Wassilij Andrejitsch tat, wie ihm geheißen, und ließ das Pferd geradeaus laufen. So fuhren sie ziemlich lange. Mitunter gerieten sie auf Wintersaatfelder, von denen der Wind den Schnee fortgeweht hatte, und der Schlitten fuhr holpernd und polternd über die hartgefrorenen Erdschollen. Dann wieder kamen sie über Stoppelfelder, bald von Winter-, bald von Sommergetreide, wo im Wind hin und her schaukelnde Wermutzweige und Strohhalme aus dem Schnee ragten; und ab und zu fuhren sie auch über Felder, die überall gleichmäßig mit hohem weißem, noch unberührtem Schnee bedeckt waren und auf denen nichts zu sehen war.

Unaufhörlich fiel Schnee und stob bisweilen auch von unten auf. Das Pferd, dessen Fell vom Schweiß ganz kraus geworden und mit Rauhreif überzogen war, ging, sichtlich ermattet, im Schritt. Plötzlich brach es ein – in eine vom Wasser ausgespülte Mulde oder in einen Graben unter der Schneedecke. Wassilij Andrejitsch wollte es anhalten, doch Nikita rief ihm zu: »Wozu anhalten! Sind wir hier reingeraten, müssen wir auch wieder rauskommen. He, mein Lieber! He, mein Teurer, he!« rief er dem Pferd in aufmunterndem Ton zu, während er aus dem Schlitten sprang und dabei selbst mit den Füßen in der Vertiefung versank.

Der Hengst ruckte an, und schon hatte er sich auf eine hartgefrorene Erdaufschüttung hinaufgearbeitet. Offensichtlich handelte es sich um einen Graben, den man hier ausgehoben hatte.

»Wo sind wir denn?« fragte Wassilij Andrejitsch.

»Das werden wir schon noch rauskriegen«, gab Nikita zur Antwort. »Fahrt nur immer drauflos, irgendwohin kommen wir bestimmt.«

»Das dort wird doch wohl der Wald von Gorjatschkino sein?« meinte Wassilij Andrejitsch und deutete auf etwas Schwarzes, das vor ihnen in der Ferne aus dem Schnee aufragte.

»Wenn wir erst näher rangefahren sind, werden wir schon sehen, was für ein Wald das ist«, sagte Nikita.

Nikita war aufgefallen, daß aus der Richtung des sich schwarz abhebenden Etwas längliche dürre Weidenblätter geflogen kamen, woraus er schloß, daß dort kein Wald, sondern eine Ansiedlung lag, was er aber lieber für sich behielt. Und wirklich, sie hatten vom Graben aus noch keine zehn Sashen zurückgelegt, als sich vor ihnen – daran konnte gar kein Zweifel bestehen – die dunklen Umrisse von Bäumen abzeichneten und ein neuer, melancholischer Laut ertönte. Nikita hatte es richtig erraten: Das war kein Wald, sondern eine Reihe hoher Weiden, an denen hier und da noch dürre Blätter hingen. Mit den Weiden hatte man offenbar die

Ränder eines an einer Tenne entlangführenden Grabens bepflanzt. Als sie näher an die im Wind schauerlich rauschenden Weiden herangekommen waren, bäumte sich das Pferd plötzlich auf, arbeitete sich, den Schlitten hinter sich herziehend, erst mit den Vorderbeinen, dann auch mit den Hinterbeinen auf eine Erhöhung hinauf, machte eine Wendung nach links und versank nun nicht länger bis an die Knie im Schnee. Sie hatten wieder eine Straße unter sich.

»Da wären wir nun«, meinte Nikita, »nur weiß man nicht, wo.«

Das Pferd zockelte unterdessen, ohne vom Weg abzukommen, die eingeschneite Straße entlang, und sie hatten noch keine vierzig Sashen zurückgelegt, als sich vor ihnen dunkel der gerade Streifen eines Flechtzaunes abhob; dieser umgab eine Getreidedarre, von deren dicht verschneitem Dach unaufhörlich Schnee herabrieselte. Nachdem sie die Darre hinter sich gelassen hatten, machte die Straße eine Biegung, so daß sie den Wind nun im Rücken hatten, und sie fuhren auf eine Schneewehe auf. Doch weiter vorn sah man eine Gasse, die zwischen zwei Häusern hindurchführte, was darauf hindeutete, daß sich die Schneewehe offensichtlich mitten auf der Straße aufgetürmt hatte und überquert werden mußte. Und wirklich, als sie über die Schneewehe hinweggefahren waren, kamen sie auf die Dorfstraße. Im zuäußerst gelegenen Hof hing steifgefrorene Wäsche auf der Leine – ein rotes und ein weißes Hemd, eine Hose, Fußlappen und ein Frauenrock –, die vom Wind arg gebeutelt wurde. Das weiße Hemd mit seinen hin und her schlenkernden Ärmeln wurde besonders heftig gezaust.

»Sieh mal einer an, was für ein faules Frauenzimmer! Hat nicht mal zum Feiertag die Wäsche abgenommen! Liegt vielleicht gar im Sterben!« sagte Nikita, als er die hin und her schaukelnden Hemden sah.

3

Am Anfang der Straße war es noch recht windig, und angewehter Schnee türmte sich zuhauf, aber weiter zur Mitte des Dorfes hin wurde es still, warm und behaglich. Von einem Gehöft bellte ein Hund, an einem anderen kam, von irgendwoher, bis über den Kopf in ihren Mantel eingemummt, eine Frau gelaufen und huschte ins Haus; zuvor aber war sie noch auf der Türschwelle stehengeblieben, um einen Blick auf die Vorüberfahrenden zu werfen. Von der Mitte des Dorfes scholl der Gesang junger Mädchen herüber.

Im Dorf schienen Wind, Schneetreiben und Frost weniger stark zu sein.

»Das ist ja Grischkino«, sagte Wassilij Andrejitsch.

»Das ist es«, bestätigte Nikita.

Und wirklich, das war Grischkino. Daraus ließ sich schließen, daß sie zwar nach links abgeirrt, aber trotz eines Umwegs von acht Werst ihrem Ziel näher gekommen waren. Von Grischkino bis Gorjatschkino hatten sie nur noch fünf Werst zu fahren.

Im Dorf stießen sie auf einen hochgewachsenen Mann, der mitten auf der Straße ging.

»Wer kommt denn da?« rief dieser Mann, hielt das Pferd an, griff, als er Wassilij Andrejitsch erkannt hatte, nach der Deichsel, tastete sich daran bis zum Schlitten vor und schwang sich auf den Kutschbock.

Es war dies der Wassilij Andrejitsch bekannte Bauer Issaj, der in dem Ruf stand, der gerissenste Pferdedieb des ganzen Kreises zu sein.

»Ah! Wassilij Andrejitsch! Wohin des Weges?« rief Issaj, und Nikita schlug sein nach Branntwein riechender Atem entgegen.

»Wir wollten nach Gorjatschkino.«

»Da habt ihr euch aber ganz schön verfahren! Den Weg über Malachowo hättet ihr nehmen müssen.«

»Das hätten wir wohl gemußt, aber wir sind vom Weg

abgekommen«, sagte Wassilij Andrejitsch und hielt den Hengst an.

»Nicht schlecht, das Pferdchen«, meinte Issaj, während er Muchortyj betrachtete und ihm den gelockerten Knoten des hochgebundenen dichten Schweifs mit gewohnheitsmäßiger Bewegung bis zur Schwanzrübe hinaufschob.

»Wie steht's, werdet ihr hier übernachten?«

»Nein, mein Lieber, wir müssen unbedingt weiterfahren.«

»Wird wohl nötig sein. Und wer ist das da? Ah! Nikita Stepanytsch!«

»Wer denn sonst?« entgegnete Nikita. »Wenn wir hier nur nicht wieder vom Weg abkommen, mein Lieber.«

»Wie kann man hier vom Weg abkommen! Du wendest, fährst die Straße runter, und wenn du aus dem Dorf heraus bist, immer geradeaus. Den Weg nach links nimm nicht. Bist du dann auf der Landstraße, biegst du nach rechts ab.«

»Und wo muß ich von der Landstraße abbiegen? Ist da ein Sommerweg oder ein Winterweg?« fragte Nikita.

»Ein Winterweg. Gleich, wenn du auf die Landstraße kommst, sind dort niedrige Büsche. Dem Gebüsch gegenüber steht dann noch ein Markierungspfahl – ein großer Eichenpflock mit ein bißchen Laub dran –, da mußt du abbiegen.«

Wassilij Andrejitsch wendete und fuhr die durchs Dorf führende Straße zurück.

»Ihr solltet hier übernachten!« rief ihnen Issaj nach.

Doch Wassilij Andrejitsch blieb ihm die Antwort schuldig und trieb das Pferd an. Fünf Werst ebenen Weges, von denen zwei durch den Wald führten, waren, so glaubte er, mühelos zu bewältigen, um so mehr, als der Wind nachzulassen schien und es aufgehört hatte zu schneien.

Als sie die wie glattgewalzte, hier und da mit frischem Mist bedeckte Dorfstraße hinuntergefahren und an dem Hof vorübergekommen waren, wo die Wäsche aufgehängt war, das weiße Hemd sich schon losgerissen hatte und nur noch an einem der steifgefrorenen Ärmel an der Leine hing, gelangten sie erneut zu den im Wind schauerlich rauschenden Weiden und befanden sich nun wieder auf freiem Feld. Und schon merkten sie, daß das Schneetreiben nicht nur nicht nachgelassen, sondern sich anscheinend noch verstärkt hatte. Der ganze Weg war verweht, und allein aus den Markierungspfählen konnten sie schließen, daß sie sich nicht verirrt hatten. Aber auch die Markierungspfähle waren weiter vorn nur noch schwer zu erkennen, weil sie jetzt Gegenwind hatten.

Wassilij Andrejitsch kniff die Augen zusammen, beugte den Kopf vor und hielt nach Markierungspfählen Ausschau, vertraute jedoch mehr auf das Pferd und ließ es laufen, wie es wollte. Muchortyj bog auch wirklich, ohne abzuirren, bald nach rechts, bald nach links ab, den Windungen des Weges folgend, den es unter seinen Hufen spürte, und obwohl Schneefall und Wind stärker geworden waren, wurden doch noch immer, bald zur Rechten, bald zur Linken, Markierungspfähle sichtbar.

Zehn Minuten mochten sie so gefahren sein, als plötzlich unmittelbar vor dem Pferd etwas Schwarzes auftauchte, das sich durch den schräg fallenden Schnee vorwärts bewegte. Es war ein Schlitten, der offenbar in die gleiche Richtung fuhr wie sie. Muchortyj hatte ihn unterdessen eingeholt und trommelte mit den Hufen gegen die Rückwand des vor ihnen fahrenden Schlittens.

»He, macht, daß ihr vorbeikommt!« rief man ihnen aus dem anderen Schlitten zu.

Wassilij Andrejitsch begann das Überholmanöver. In dem fremden Schlitten saßen drei Bauern und eine Frau. Offensichtlich kamen sie von einer Feier. Der eine Bauer schlug mit einer Gerte auf die schneebedeckten Weichen des Gauls ein. Die beiden anderen im Vorderteil des Schlittens schrien irgend etwas und fuchtelten mit den Händen. Die Frau, ganz vermummt und über und über mit Schnee bedeckt, kauerte regungslos und vor sich hinstierend auf der hinteren Schlittenbank.

»Woher seid ihr?« schrie Wassilij Andrejitsch.

»Aus A ... skoje!« war alles, was man verstehen konnte.

»Woher?« rief Wassilij Andrejitsch abermals.

»Aus Aaa ... skoje!« schrie einer der Bauern aus vollem Halse, doch der Name des Dorfes war trotzdem nicht zu verstehen.

»Los! Bleib nicht zurück!« schrie der andere, der mit seiner Gerte unaufhörlich auf den Gaul eindrosch.

»Ihr kommt wohl von einer Feier?«

»Vorwärts, vorwärts! Los, Sjomka! Fahr vorbei! Los!«

Die Schlitten stießen mit den Flügeln zusammen und wären beinahe aneinander hängengeblieben, kamen dann aber doch wieder auseinander, und der Schlitten mit den Bauern begann zurückzufallen.

Schwer atmend unter dem flachen Krummholz, schleppte sich der zottige, dickbäuchige, über und über mit Schnee bedeckte Gaul, der augenscheinlich unter Aufbietung seiner letzten Kräfte vergebens trachtete, den Gertenhieben zu entkommen, mit seinen kurzen Beinen mühsam durch den hohen Schnee. Ein paar Sekunden lang hielt sich der Kopf des offenbar noch jungen Pferdes mit der wie bei einem Fisch in die Breite gezogenen Unterlippe, den geweiteten Nüstern und den vor Angst angelegten Ohren neben Nikitas Schultern, dann blieb er zusehends zurück.

»Was der Branntwein so alles anrichtet«, meinte Nikita. »Haben den Gaul fast schon zu Tode gequält. Die reinsten Asiaten!«

Einige Minuten hörte man noch das Schnaufen des gemarterten Pferdes und die Schreie der betrunkenen Bauern, dann verstummte das Schnaufen, verhallten auch die Schreie in der Ferne. Und wieder war ringsum nichts zu hören als das Pfeifen des Windes und von Zeit zu Zeit das leise Knirschen der Kufen, sobald der Schlitten über kahlgefegte Stellen fuhr.

Die Begegnung mit den Bauern hatte Wassilij Andrejitsch aufgeheitert und ermutigt, so daß er, ohne noch nach den Markierungspfählen Ausschau zu halten, den Hengst nun forscher antrieb und sich ganz auf ihn verließ.

Nikita hatte nichts zu tun und war, wie immer, wenn er sich in einer derartigen Lage befand, eingeschlummert, auf diese Weise den oft versäumten Schlaf nachholend. Das Pferd blieb unvermittelt stehen, so daß Nikita mit der Nase gegen den vorderen Schlittenrand stieß und um ein Haar herausgefallen wäre.

»Wir fahren ja schon wieder in der falschen Richtung«, ließ sich Wassilij Andrejitsch vernehmen.

»Wieso?«

»Es sind keine Markierungspfähle zu sehen. Wir müssen wieder vom Weg abgekommen sein.«

»Sind wir vom Weg abgekommen, müssen wir ihn eben suchen«, sagte Nikita kurz, erhob sich und stiefelte abermals mit seinen einwärts gerichteten Füßen frohgemut durch den Schnee.

Lange irrte er herum, bald aus dem Blickfeld verschwindend, bald wieder auftauchend und aufs neue verschwindend, und kam schließlich zum Schlitten zurück.

»Hier gibt es keinen Weg, vielleicht weiter vorn«, sagte er und stieg in den Schlitten.

Es dämmerte schon merklich. Das Schneetreiben war nicht stärker, aber auch nicht schwächer geworden.

»Wenn wir wenigstens die Bauern von vorhin hören würden«, meinte Wassilij Andrejitsch.

»Ja, die müssen weit zurückgefallen sein, sonst hätten sie uns schon eingeholt. Aber vielleicht haben sie sich auch verirrt«, sagte Nikita.

»In welche Richtung sollen wir bloß fahren?« fragte Wassilij Andrejitsch.

»Wir müssen das Pferd laufen lassen, wie es will«, entgegnete Nikita. »Es wird uns schon hinbringen. Gebt mir die Zügel.«

Wassilij Andrejitsch überließ ihm die Zügel um so bereitwilliger, als seine Hände sogar in den warmen Handschuhen zu frieren begannen.

Nikita nahm die Zügel; doch bemüht, diese nicht zu bewegen, hielt er sie nur lose in der Hand und freute sich über den Verstand seines Lieblings. Und wirklich, das kluge Pferd spitzte bald das eine, bald das andere Ohr, drehte es bald in die eine, bald in die andere Richtung.

»Bloß nicht sprechen!« raunte Nikita Wassilij Andrejitsch zu. »Sieh mal an, was er macht! Geh nur, immer drauflos! So, ja so ist's recht!«

Sie hatten den Wind nun im Rücken, und es schien ihnen fast, als sei es wärmer geworden.

»Und klug ist er«, fuhr Nikita in seiner Freude über das Pferd fort. »Der kleine Kirgise – der ist kräftig, aber dumm. Doch der hier, seht nur, was er alles mit den Ohren anstellt! Der braucht keinen Telegraph, wittert alles eine Werst vorher!«

Und wirklich, noch ehe eine halbe Stunde herum war, zeichnete sich vor ihnen etwas Schwarzes ab – ein Wald oder ein Dorf –, und zur Rechten tauchten wieder Markierungspfähle auf. Offensichtlich waren sie erneut auf den Weg gekommen.

»Das ist ja wieder Grischkino!« entfuhr es Nikita plötzlich.

In der Tat, links von sich gewahrten sie wieder jene Getreidedarre, von deren Dach der Schnee herabgeweht wurde, und gleich darauf erblickten sie auch die Leine mit den steifgefrorenen Hemden und Hosen, die noch genau so heftig wie vorhin vom Wind gebeutelt wurden.

Abermals fuhren sie die Dorfstraße hinauf, und wieder wurde es still, warm und behaglich, abermals bemerkten sie den Mist auf der Straße, und wieder hörten sie Stimmen und Gesang, abermals schlug ein Hund an. Unterdessen war es so dunkel geworden, daß in einigen Fenstern schon Licht leuchtete.

In der Mitte des Dorfes lenkte Wassilij Andrejitsch das Pferd von der Straße zu einem großen doppelstöckigen Ziegelhaus und brachte es vor der Außentreppe zum Stehen.

Nikita ging an ein verschneites erleuchtetes Fenster heran, in dessen Schein die umherwirbelnden Schneeflocken aufglänzten, und klopfte mit dem Peitschenstiel dagegen.

»Wer da?« ließ sich von innen die Stimme eines Mannes vernehmen.

»Aus Kresty sind wir, vom Brechunowschen Hof, guter Mann«, antwortete Nikita. »Komm doch mal kurz raus!«

Der Mann da drinnen trat vom Fenster zurück, und zweidrei Minuten später war zu hören, wie die Tür zur Diele geöffnet und der Riegel der Außentür zurückgeschoben wurde. Die Tür festhaltend, damit sie der Wind nicht zuschlug, lehnte sich ein hochgewachsener, weißbärtiger alter Bauer hinaus, der seinen Halbpelz über das weiße Feiertagshemd geworfen hatte; hinter ihm tauchte ein junger Bursche in rotem Kittel und Lederstiefeln auf.

»Bist du es etwa, Andrejitsch?« fragte der Alte.

»Ja, wir haben uns verirrt, Väterchen«, erwiderte Wassilij Andrejitsch. »Wir wollten nach Gorjatschkino, sind statt dessen aber zu euch geraten. Sind dann wieder losgefahren, wieder vom Weg abgekommen und wieder hier gelandet.«

»Da seid ihr ja ganz schön umhergeirrt«, sagte der Alte. »Petruschka, geh und mach das Tor auf!« wandte er sich an den Burschen im roten Kittel.

»Wird erledigt«, gab der Bursche fröhlich zur Antwort und lief in die Diele.

»Aber wir können hier nicht übernachten, Väterchen«, sagte Wassilij Andrejitsch.

»Wohin wollt ihr denn noch fahren – zu nachtschlafender Zeit. Bleibt doch über Nacht!«

»Das würde ich ja gern, aber ich muß weiter. Die Geschäfte, Väterchen, es geht wirklich nicht.«

»Na, dann wärm dich wenigstens auf und komm zum Samowar«, sagte der Alte.

»Ja, uns ein bißchen aufzuwärmen könnte nicht schaden«, sagte Wassilij Andrejitsch. »Dunkler wird's nicht werden, eher heller, wenn erst der Mond aufgegangen ist. Nun, wie steht's, Nikita, kehren wir ein und wärmen uns etwas auf?«

»Aufwärmen, das wär nicht schlecht«, entgegnete Nikita, der ganz durchgefroren war und nichts sehnlicher wünschte, als in der Wärme seine erstarrten Glieder aufzutauen.

Wassilij Andrejitsch ging mit dem Alten ins Haus, während Nikita durch das von Petruschka geöffnete Tor fuhr und das Pferd, nach dessen Anweisung, unter das Schutzdach der Scheune trieb. In der Scheune türmte sich der Mist zuhauf, und das hohe Krummholz stieß an eine Sitzstange. Hühner und Hahn, die es sich dort schon zur Nacht bequem gemacht hatten, erhoben ein unzufriedenes Gegacker und klammerten sich mit ihren Pfoten an die Stange. Die in ihrer Ruhe gestörten Schafe wichen, mit den Hufen über den gefrorenen Mist stampfend, jäh zur Seite zurück. Ein junger Hund begann heftig zu winseln und kläffte, nach Welpenart, den Fremden erschrocken und wütend an.

Nikita redete allen gut zu. Er entschuldigte sich bei den Hühnern und beruhigte sie, indem er versprach, sie nicht mehr stören zu wollen. Den Schafen warf er vor, daß sie sich ängstigten, ohne zu wissen, wovor, und während er das Pferd anband, redete er unaufhörlich dem Hündchen ins Gewissen.

»So wird es gehen«, sagte er, als das Pferd versorgt war, und schüttelte den Schnee von sich ab. »Sieh mal an, was für einen Lärm du machst!« fügte er, an das immer noch kläffende Hündchen gewandt, hinzu. »Nun, hör auf, du Dummchen, hör schon auf! Regst dich ganz umsonst so auf«, sagte er. »Hier ist kein Dieb, nur gut Freund . . .«

»Das ist genauso, wie es bei den drei häuslichen Ratgebern heißt«, ließ sich der junge Bursche vernehmen, während er mit starker Hand den draußen gebliebenen Schlitten unter das Schutzdach bugsierte.

»Was für Ratgeber denn?« fragte Nikita.

»Bei Pulson steht geschrieben: Schleicht sich ein Dieb ans Haus heran und der Hund bellt, dann heißt das, paß auf, gib acht. Kräht der Hahn, heißt es aufstehn. Putzt sich die Katze, bedeutet das, ein lieber Gast kommt, bereite dich vor, ihn zu bewirten«, gab der Bursche lächelnd Auskunft.

Petruscha, der lesen und schreiben konnte, kannte den Paulson – das einzige Buch, das er besaß – fast auswendig und liebte es, besonders, wenn er, so wie heute, etwas angeheitert war, Aussprüche daraus zu zitieren, die ihm für die betreffende Gelegenheit zu passen schienen.

»Das stimmt«, sagte Nikita.

»Bist wohl ganz schön durchgefroren, Onkelchen?« erkundigte sich Petrucha.

»Ein bißchen schon«, erwiderte Nikita, und zu zweit gingen sie über den Hof in die Diele und weiter in die Stube.

4

Das Gehöft, in dem Wassilij Andrejitsch eingekehrt war, zählte zu den stattlichsten des Dorfes. Die Familie bewirtschaftete fünf Landanteile und hatte noch Boden hinzugepachtet. Auf dem Hof gab es sechs Pferde, drei Kühe, zwei Färsen und an die zwanzig Schafe. Zur Familie gehörten insgesamt zweiundzwanzig Mitglieder: vier verheiratete Söhne, sechs Enkel, von denen als einziger Petrucha verheiratet war, zwei Urenkel, drei Waisen und vier Schwiegertöchter mit ihren Kindern. Es war dies eines der wenigen noch ungeteilten Gehöfte; doch auch hier war die Saat der Zwietracht, die wie immer die Weiber gelegt hatten, schon aufgegangen und mußte in Bälde unvermeidlich zur Aufteilung des Anwesens führen. Zwei Söhne lebten in Moskau und arbeiteten dort als Wasserfahrer, einer war bei den Soldaten. Zu Hause hielten sich gegenwärtig der alte Bauer und seine Frau, der zweitgeborene Sohn, der die Wirtschaft führte, der zu den Feiertagen aus Moskau gekommene älteste Sohn sowie alle Schwiegertöchter mit ihren Kindern auf, zu Gast waren außerdem ein Nachbar und ein Gevatter.

Über dem Tisch in der Stube hing eine von oben her abgeschirmte Lampe, die mit ihrem hellen Licht das darunterstehende Teegeschirr, eine Flasche mit Branntwein samt Imbiß sowie die Ziegelwände, die im heiligen Winkel mit Ikonen und zu beiden Seiten mit Bildern der Familienangehörigen behängt waren, beleuchtete. Am oberen Ende des Tisches saß, nur in seinem schwarzen Halbpelz, Wassilij Andrejitsch, kaute an seinem steifgefrorenen Schnurrbart und musterte mit seinen vorstehenden Habichtsaugen die Anwesenden und die Stube. Außer Wassilij Andrejitsch saßen am Tisch der kahlköpfige, weißbärtige alte Hausherr im hausgewebten weißen Kittel, der zu den Feiertagen aus Moskau gekommene Sohn, dessen mächtiger Brustkasten von einem dünnen Kattunhemd umspannt wurde, der breitschultrige zweitgeborene Sohn, der zur Zeit die Wirtschaft besorgte, und ein hagerer rothaariger Bauer – der Nachbar.

Die Männer, die bereits Branntwein getrunken und einen Imbiß verzehrt hatten, waren gerade im Begriff, Tee zu trinken, und der Samowar, der neben dem Ofen auf dem Fußboden stand, summte schon. Auf den Hängeböden und auf dem Ofen sah man Kinder sitzen. Auf einer Pritsche hockte, über eine Wiege gebeugt, eine Frau. Die Hausfrau, eine Greisin, deren Gesicht in allen Richtungen von kleinen Runzeln und Furchen durchzogen wurde, die nicht einmal vor ihren Lippen haltgemacht hatten, wartete Wassilij Andrejitsch bei Tisch auf.

Als Nikita in die Stube trat, hatte sie gerade Branntwein in ein dickwandiges Gläschen eingeschenkt, das sie nun dem Gast reichte.

»Ich bitte, damit vorlieb nehmen zu wollen, Wassilij Andrejitsch, man muß doch zu Ehren des Feiertages ein Gläschen leeren«, sagte sie. »Und iß auch etwas, mein Guter.«

Der Anblick und der Geruch des Branntweins brachten Nikita in arge Verlegenheit, besonders jetzt, wo er durchgefroren und ermattet war. Mit finsterer Miene schüttelte er den Schnee von Mantel und Mütze und stellte sich vor die Ikonen; dann, als nähme er niemanden von den Anwesenden wahr, bekreuzigte er sich dreimal und verneigte sich zuerst vor den Heiligenbildern, dann, sich zu dem greisen Hausherrn umwendend, vor diesem, vor allen am Tisch sitzenden Männern und schließlich auch vor den am Ofen stehenden Frauen und sagte jedesmal: »Ich gratuliere zum Fest.« Hierauf legte er, ohne zum Tisch hinüberzuschauen, den Mantel ab.

»Na, du bist ja ganz schön vereist, Onkelchen«, sagte der älteste der Brüder bei einem Blick auf Nikita, dessen Gesicht, Bart und Augenbrauen mit Reif und Schnee bedeckt waren.

Nachdem Nikita den Mantel ausgezogen und den noch daran haftenden Schnee abgeschüttelt hatte, hängte er ihn an den Ofen und trat an den Tisch. Auch ihm wurde Branntwein angeboten. Einen Augenblick lang mußte Nikita hart mit sich kämpfen: Es fehlte nicht viel, und er hätte das Gläschen, das man ihm reichte, genommen und die duftende helle Flüssigkeit hinuntergekippt; doch dann warf er einen Blick auf Wassilij Andrejitsch, erinnerte sich an sein Gelübde, an die Stiefel, die er vertrunken hatte, dachte auch an den Böttcher und seinen Jungen, dem er versprochen hatte, zum Frühjahr ein Pferd zu kaufen, und lehnte seufzend ab.

»Ich trinke nicht, danke ergebenst«, sagte er mit finsterer Miene und nahm auf der am zweiten Fenster stehenden Bank Platz.

»Wieso denn das?« fragte der älteste Sohn.

»Ich trinke nun mal nicht«, erklärte Nikita, ohne aufzuschauen, schielte auf seinen schütteren Schnurr- und Kinnbart und hauchte darauf, um die Eiszapfen daran aufzutauen.

»Das taugt nicht für ihn«, meinte Wassilij Andrejitsch, der soeben ein Gläschen geleert hatte und nun eine Brezel nachaß.

»Nun, dann trinkst du eben Tee«, sagte die Alte freundlich. »Mußt doch ganz durchgefroren sein, du Ärmster ... Was trödelt ihr Frauen so lange mit dem Samowar herum?«

»Er ist fertig«, entgegnete eine der Schwiegertöchter. Mit der Schürze wischte sie den zugedeckten, aber übergelaufenen Samowar ab, worauf sie ihn mühsam herbeitrug, hochhob und geräuschvoll auf den Tisch setzte.

Wassilij Andrejitsch erzählte unterdessen gerade, wie sie vom Weg abgekommen, zweimal in dasselbe Dorf gefahren, wie sie umhergeirrt und wie sie den Betrunkenen begegnet waren. Die Gastgeber wunderten sich, erklärten, wo und warum sie vom Weg abgeirrt und wer die betrunkenen Bauern gewesen waren, die sie unterwegs getroffen hatten, und belehrten sie dann darüber, wie sie zu fahren hätten.

»Von hier nach Moltschanowka findet sogar ein kleines Kind, ihr müßt bloß achtgeben, daß ihr an der richtigen Stelle von der Landstraße abbiegt – der Strauch, der dort steht, ist gar nicht zu übersehen. Ihr seid schon davor abgebogen!« sagte der Nachbar.

»Trotzdem solltet ihr lieber hier übernachten. Die Frauen werden euch eine Schlafstatt herrichten«, suchte die Alte Wassilij Andrejitsch und Nikita zu überreden.

»Es wäre besser, wenn ihr erst am Morgen weiterfahrt«, bekräftigte auch der Alte.

»Unmöglich, Väterchen, die Geschäfte drängen!« sagte Wassilij Andrejitsch. »Was man in einer Stunde versäumt, holt man auch in einem Jahr nicht ein«, fügte er hinzu und dachte an den Wald und an die Händler, die ihm bei diesem Kauf den Rang ablaufen konnten. »Wir werden doch hinfinden?« fragte er, an Nikita gewandt.

Nikita gab lange keine Antwort und schien völlig vom Auftauen seines Bartes und Schnurrbartes in Anspruch genommen zu sein.

»Wenn wir uns nur nicht wieder verirren«, ließ er sich erst nach einer geraumen Weile mißmutig vernehmen.

Mißmutig war Nikita, weil er darauf brannte, ein Gläschen zu trinken, und ihm Tee – das einzige, was dieses Verlangen unterdrücken konnte – noch nicht angeboten worden war.

»Aber wir brauchen doch nur bis zur Wegkehre zu kommen, danach können wir uns gar nicht mehr verirren, dann geht's durch den Wald, bis wir an Ort und Stelle sind«, erwiderte Wassilij Andrejitsch.

»Es liegt ganz bei Euch, Wassilij Andrejitsch; heißt es fahren, fahren wir eben«, meinte Nikita, während er das Glas Tee nahm, das man ihm reichte.

»Wir trinken noch Tee, und auf geht's!«

Nikita entgegnete nichts, nickte nur und begann, nachdem er den Tee behutsam in die Untertasse gegossen hatte, über dem Dampf seine Hände mit den von der Arbeit ständig geschwollenen Fingern zu wärmen. Dann biß er ein winziges Stück Zucker ab und verneigte sich vor dem Hausherrn und der Hausfrau.

»Auf euer Wohl«, sagte er und schlürfte die wärmende Flüssigkeit.

»Wenn uns jemand bis zur Wegkehre begleiten könnte, das wär nicht schlecht«, meinte Wassilij Andrejitsch.

»Nun, das läßt sich machen«, erklärte der älteste Sohn. »Petrucha wird anspannen und euch hinbringen.«

»Dann spann an, mein Lieber. Ich werd mich auch erkenntlich zeigen.«

»Was redest du denn da, mein Guter!« sagte die freundliche Alte. »Wir tun das doch von Herzen gern.«

»Petrucha, geh und spann die Stute an!« befahl der älteste Sohn.

»Wird gemacht«, sagte Petrucha lächelnd, nahm seine Mütze vom Nagel, und schon lief er hinaus, um anzuspannen.

Während das Pferd angeschirrt wurde, wurde das Gespräch dort wieder aufgenommen, wo man stehengeblieben war, als Wassilij Andrejitsch vorfuhr. Der Alte beklagte sich beim Nachbarn, der Dorfältester war, über den dritten Sohn, der zu den Feiertagen nichts für ihn, den Vater, wohl aber ein französisches Tuch für seine Frau geschickt hatte.

»Pflichtvergessen ist das junge Volk geworden«, meinte der Alte.

»Und wie«, stimmte ihm der andere Nachbar, der Gevatter, bei. »Kein Auskommen ist mehr mit den jungen Burschen! Neunmalklug sind sie. Nimm bloß den Demotschkin – der hat seinem Vater den Arm gebrochen. Muß wohl alles von der Überschlauheit kommen.«

Nikita hörte geflissentlich zu, betrachtete aufmerksam die Gesichter und hätte sich anscheinend auch gern an der Unterhaltung beteiligt, war aber ganz von seinem Tee in Anspruch genommen, so daß er nur zustimmend nickte. Er leerte ein Glas nach dem anderen, und ihm wurde immer wärmer und wohliger. Das Gespräch drehte sich lange Zeit um ein und dasselbe – um den Schaden, den die Aufteilung von Höfen anrichtete; und offensichtlich handelte es sich nicht um eine abstrakte Erörterung dieses Themas, sondern um eine Teilung in diesem Haus – eine Teilung, die vom zweitältesten Sohn verlangt wurde, der mit finsterer Miene am Tisch saß und mürrisch schwieg. Augenscheinlich war das ein wunder Punkt, und dieses Problem beschäftigte alle Familienangehörigen, die jedoch aus Schicklichkeit ihre Privatangelegenheiten nicht in Gegenwart Fremder besprechen wollten. Doch der Alte konnte sich schließlich nicht länger beherrschen und erklärte mit tränenerstickter Stimme, solange er lebe, werde er eine Teilung nicht zulassen, sein Hof sei Gott sei Dank in bestem Zustand, durch eine Aufteilung aber würden sie alle an den Bettelstab kommen.

»Man braucht ja nur die Matwejews zu nehmen«, ließ sich wieder der Nachbar vernehmen. »Ein schönes Anwesen war das, dann haben sie es aufgeteilt, und jetzt hat keiner mehr einen roten Heller.«

»Und darauf legst du es an«, sagte der Alte, an den Sohn gewandt.

Der Sohn blieb ihm die Antwort schuldig, und betroffenes Schweigen trat ein. Unterbrochen wurde dieses Schweigen von Petrucha, der das Pferd bereits angeschirrt und, seit seiner Rückkehr in die Stube vor einigen Minuten, die ganze Zeit lächelnd zugehört hatte.

»Im Pulson, da steht auch so eine Fabel«, meinte er. »Ein Vater gab seinen Söhnen ein Rutenbündel, das sollten sie durchbrechen. Das ganze Bündel in einem konnten sie nicht brechen, aber als sie dann Rute für Rute nahmen, ging es ganz leicht. So verhält es sich auch hier«, sagte er und lächelte übers ganze Gesicht. »Alles fertig!« fügte er hinzu.

»Wenn's so ist, wollen wir auch losfahren«, sagte Wassilij Andrejitsch. »Und was die Teilung betrifft, Großväterchen, da gib nicht nach. Du hast alles erworben, du bist auch der Herr. Bring die Sache vor den Friedensrichter, der wird schon für Ordnung sorgen.«

»Und immer führt er das große Wort, lärmt und schreit«, fuhr der Alte mit weinerlicher Stimme fort. »Kein Auskommen ist mehr mit ihm. Als ob er vom Teufel besessen wäre!«

Nikita hatte unterdessen das fünfte Glas Tee ausgetrunken, stülpte es aber trotzdem nicht um, sondern legte es nur auf die Seite, in der Hoffnung, man werde ihm noch ein sechstes einschenken. Doch im Samowar war kein Wasser mehr, und die Hausfrau hatte ihn noch nicht nachgefüllt; überdies begann Wassilij Andrejitsch sich auch schon anzuziehen. Da war nichts zu machen. Nikita stand ebenfalls auf, legte sein von allen Seiten angeknabbertes Stückchen Zucker in die Zuckerdose zurück, wischte sich mit dem Rockschoß das schweißnasse Gesicht ab und ging seinen Mantel holen.

Als er ihn angezogen hatte, seufzte er schwer und trat, nachdem er sich bei den Gastgebern bedankt und sich von ihnen verabschiedet hatte, aus der warmen, hellen Stube in die kalte dunkle Diele, wo man das Heulen des Windes hörte und durch die Ritzen der klappernden Tür Schnee hereingeweht war, und von dort auf den finsteren Hof.

Mitten auf dem Hof stand Petrucha, angetan mit einem Pelz, neben seinem Pferd und sagte lächelnd Verse aus dem Pulson her: »Schneesturm hat der Sterne Funkeln ganz in

Finsternis gehüllt, wimmert wie ein Kind im Dunkeln, heult gar wie ein Wolf und brüllt.«

Nikita nickte beifällig und machte sich daran, die Zügel zu ordnen.

Der greise Hausherr, der Wassilij Andrejitsch hinausbegleitete, brachte, um ihm zu leuchten, eine Laterne in die Diele, die jedoch sofort ausgeblasen wurde. Selbst innerhalb des Hofes war zu spüren, daß der Schneesturm jetzt noch heftiger wütete als vorhin.

Ist das aber ein Wetter, dachte Wassilij Andrejitsch. Am Ende kommen wir gar nicht hin, doch das hilft nun alles nichts, die Geschäfte gehen vor! Jetzt hab ich mich einmal fertiggemacht, und unser Gastgeber hat das Pferd anspannen lassen. So Gott will, werden wir's schon schaffen!

Der alte Hausherr war gleichfalls der Meinung, die Gäste sollten lieber nicht fahren; doch er hatte bereits versucht, sie zum Bleiben zu bewegen, und sie hatten nicht auf ihn gehört. Weiteres Zureden würde auch nichts fruchten. Vielleicht macht mich das Alter auch überängstlich, dachte er, und sie kommen doch hin. Wenigstens können wir nun rechtzeitig schlafen gehen und haben keine Ungelegenheiten.

Petrucha hingegen kam es gar nicht in den Sinn, daß ihr Vorhaben gefährlich sein könnte: Dazu kannte er den Weg und die ganze Gegend zu gut, überdies hatte ihm das Verschen vom »wimmernden und heulenden Schneesturm«, das genau das ausdrückte, was sich draußen gerade abspielte, Mut eingeflößt. Und Nikita hegte zwar überhaupt kein Verlangen zu fahren, war es aber seit langem gewohnt, keinen eigenen Willen zu haben und anderen zu gehorchen, so daß niemand die Abfahrenden zurückhielt.

5

Nachdem Wassilij Andrejitsch, der sich in der Dunkelheit nur mit Mühe zurechtfand, sich zum Schlitten hingetastet hatte, stieg er ein und nahm die Zügel.

»Fahr du voraus!« rief er Petruscha zu.

Petrucha, der in seinem geräumigen, doch sitzlosen Schlitten kniete, setzte das Pferd in Trab. Muchortyj, der schon lange gewiehert hatte, weil er vor sich die Stute spürte, zog mit jähem Ruck an und stürmte ihr nach – und schon waren sie auf der Straße. Wieder fuhren sie durchs Dorf und wieder auf demselben Weg, vorbei an dem Hof mit der auf der Leine hängenden, steifgefrorenen, in der Dunkelheit aber nicht mehr sichtbaren Wäsche, vorbei an jener Getreidedarre, die jetzt bis fast ans Dach, von dem unaufhörlich Schnee herabwehte, eingeschneit war, vorbei an den düster rauschenden, ächzenden und sich biegenden Weiden, und abermals tauchten sie in das von oben und unten wütende Schneemeer ein. Der Sturm tobte so heftig, daß er, wenn er von der Seite kam und sich die Insassen des Schlittens gegen ihn stemmten, diesen umzustürzen drohte und das Pferd zur Seite abdrängte. Petrucha fuhr mit seiner feurigen Stute in flottem Trab und ermunterte sie durch Zurufe. Muchortyj preschte hinter ihr her.

So mochten sie wohl zehn Minuten gefahren sein, als Petrucha sich umdrehte und ihnen etwas zurief. Was er rief, konnten bei dem Sturm weder Wassilij Andrejitsch noch Nikita verstehen, sie errieten aber, daß sie an der Wegkehre angelangt waren. Und wirklich, Petrucha bog nach rechts ab, und sie hatten den Wind, der bis dahin von der Seite gekommen war, nun wieder von vorn. Rechts von ihnen schimmerte etwas Schwarzes durch das Schneetreiben. Es war der an der Wegkehre stehende Strauch.

»Nun, so fahrt mit Gott!«

»Hab Dank, Petrucha!«

»Schneesturm hat die Funkelsterne ...«, rief Petruscha ihnen noch nach, und schon war er in der Dunkelheit verschwunden.

»Sieh mal an, was für ein Dichter er ist«, bemerkte Wassilij Andrejitsch und zog die Zügel an.

»Ja, ein Prachtkerl ist er, ein richtiger Bauer!« lobte Nikita.

Sie fuhren weiter.

Nikita, der den Kopf in die Schultern gezogen und sich so eingemummt hatte, daß ihm sein schütterer Bart am Hals anlag, saß schweigend da, bemüht, die in der Stube beim Tee aufgespeicherte Wärme nicht einzubüßen. Vor sich sah er die geraden Linien der Deichselgabeln, die ihm fortwährend einen glattgefahrenen Weg vorgaukelten, das auf und ab tanzende Hinterteil des Pferdes mit dem hochgebundenen, nach einer Seite gebogenen Schweif und weiter vorn das hohe Krummholz mit dem darunter hin und her pendelnden Kopf und Hals des Pferdes und der wehenden Mähne. Ab und zu kamen ihm auch Markierungspfähle zu Gesicht, was ihn in der Annahme bestärkte, daß sie bis jetzt noch den Weg entlang fuhren und es für ihn nichts zu tun gab.

Wassilij Andrejitsch kutschierte, überließ es aber weitgehend dem Pferd selbst, sich an den Weg zu halten. Doch obwohl Muchortyj im Dorf hatte verschnaufen können, lief er unwillig und schien immer wieder vom Weg abbiegen zu wollen, so daß Wassilij Andrejitsch ihn einige Male zur Ordnung rufen mußte.

Da rechts steht ein Markierungspfahl, hier kommt der zweite und dort der dritte, zählte Wassilij Andrejitsch im Geiste, und da vorn muß auch der Wald sein, dachte er bei sich, während er angestrengt auf die schwarze Masse starrte, die sich in der Ferne abzeichnete. Doch das, was er für den Wald gehalten hatte, entpuppte sich als bloßer Strauch. Sie fuhren an dem Strauch vorüber, legten noch etwa zwanzig Sashen zurück – und von einem vierten Markierungspfahl war nichts zu sehen und auch vom Wald weit und breit keine Spur. Jetzt muß er aber gleich kommen, dachte Wassilij Andrejitsch, und angeregt durch Branntwein und Tee hielt er nicht etwa an, sondern zog die Zügel straff, und das fügsame, gutmütige Tier gehorchte und lief, bald im Zeltergang, bald in leichtem Trab, dorthin, wohin es gelenkt wurde, wenn es auch wußte, daß man es in die ganz falsche Richtung trieb. Zehn Minuten mochten vergangen sein, doch vom Wald war immer noch nichts zu sehen.

»Wir sind ja wieder vom Weg abgekommen!« rief Wassilij Andrejitsch und hielt das Pferd an.

Ohne ein Wort zu sagen, stieg Nikita aus dem Schlitten und stapfte, seinen Mantel festhaltend, den ihm der Wind bald gegen den Leib klatschte, bald fortzureißen suchte, durch den Schnee davon; er ging erst in die eine, dann in die andere Richtung. Zwei-dreimal verschwand er völlig aus dem Blickfeld. Schließlich kehrte er zurück und nahm Wassilij Andrejitsch die Zügel aus den Händen.

»Nach rechts müssen wir fahren«, erklärte er in nachdrücklichem, entschlossenem Ton und wendete das Pferd.

Wassilij Andrejitsch steckte, als er die Zügel hergegeben hatte, die frostklammen Hände in die Ärmel. »Nun, wenn es nach rechts geht, dann nur zu, fahr nach rechts«, sagte er.

Nikita blieb ihm die Antwort schuldig.

»Na, Freundchen, gib dir ein bißchen Mühe!« rief er dem Pferd zu; doch obwohl er Muchortyj mit den Zügeln anspornte, trottete der nur im Schritt dahin.

Der Schnee reichte dem Hengst an manchen Stellen bis an die Knie, und bei jeder Bewegung, die Muchortyj machte, ging ein starker Ruck durch den Schlitten.

Nikita ergriff die Peitsche, die am Bock hing, und versetzte Muchortyj damit einen Hieb. Das gutmütige, nicht an die Peitsche gewöhnte Pferd bäumte sich auf und fiel in den Trab, doch nur, um schon im nächsten Moment wieder zum Zeltergang und Schritt überzugehen. So fuhren sie wohl fünf Minuten. Es war so dunkel, und von oben wie von unten wirbelte so dicht der Schnee, daß mitunter nicht einmal das Krummholz zu sehen war. Manchmal hatte es den Anschein, als stünde der Schlitten auf der Stelle, als wiche das Pferd zurück. Auf einmal blieb das Pferd abrupt stehen, offenbar witterte es Unheil. Nikita sprang wieder leichtfüßig aus dem Schlitten, warf die Zügel hin und ging vor das Pferd, um nachzusehen, wovor es scheute. Er hatte sich indessen kaum einen Schritt von Muchortyj entfernt, als er ausrutschte und einen steilen Abhang hinunterrollte.

»Prr, prr, prr . . .«, sagte er zu sich selbst, während er fiel und den Sturz zu stoppen suchte, doch er fand keinen Halt und kam erst zum Stehen, als er sich mit den Füßen in die dicke Schneeschicht, die auf dem Grunde der Schlucht lag, hineingebohrt hatte.

Eine über den Rand der Schlucht hängende Schneewehe, die durch Nikitas Sturz in Bewegung geraten war, überschüttete ihn von oben bis unten mit Schnee, der ihm sogar in den Kragen rieselte . . .

»Wie kannst du nur!« sprach Nikita, an Schneewehe und Schlucht gewandt, vorwurfsvoll und schüttelte sich den Schnee aus dem Kragen.

»Nikita! He, Nikita!« rief von oben Wassilij Andrejitsch.

Doch Nikita gab kein Lebenszeichen.

Er hatte keine Zeit dazu – er klopfte sich den Schnee ab und machte sich auf die Suche nach der Peitsche, die ihm aus der Hand gefallen war, als er den Steilhang hinunterrollte. Als er sie schließlich gefunden hatte, wollte er gerade an der Stelle, wo er hinuntergestürzt war, den Rückweg antreten, aber dort hinaufzuklettern erwies sich als schier unmöglich; er rutschte immer wieder zurück, so daß ihm nichts anderes übrigblieb, als auf dem Grunde der Schlucht weiterzugehen und nach einer Aufstiegsmöglichkeit zu suchen. Etwa drei Sashen von der Stelle, wo er hinuntergerollt war, entfernt, kroch er mühsam auf allen vieren nach oben und ging dann am Rande der Schlucht entlang dorthin, wo er das Pferd vermutete. Pferd und Schlitten konnte er zwar nicht sehen, doch da er gegen den Wind ging, hörte er schon lange, bevor er sie endlich wahrnahm, Muchortyj wiehern und Wassilij Andrejitsch rufen.

»Ich komme ja, komme ja schon, was brüllst du so!« brummelte er.

Erst als er schon am Schlitten angelangt war, gewahrte er das Pferd und den neben ihm stehenden Wassilij Andrejitsch, der ihm auf einmal riesengroß vorkam.

»Wo, zum Teufel, hast du gesteckt?« wurde er von seinem Herrn ärgerlich angeherrscht. »Wir müssen zurückfahren – von mir aus auch nach Grischkino.«

»Ich würd ja gern zurückfahren, Wassilij Andrejitsch, aber in welche Richtung denn? Gleich hier ist eine tiefe Schlucht; wenn wir in die reingeraten, gibt's überhaupt kein Rauskommen mehr. Bin dort selber so versackt, daß ich mich nur mit Mühe und Not wieder rausgearbeitet habe.«

»Sollen wir hier etwa stehenbleiben? Irgendwohin müssen wir doch fahren«, meinte Wassilij Andrejitsch.

Nikita blieb ihm die Antwort schuldig. Er setzte sich, mit dem Rücken zum Wind, auf den Rand des Schlittens, zog die Stiefel aus, schüttete den Schnee heraus, nahm ein Büschel Stroh und stopfte damit sorgfältig ein Loch im linken Stiefel von innen zu.

Wassilij Andrejitsch schwieg, und es hatte den Anschein, als habe er die Absicht, alles Weitere jetzt Nikita zu überlassen. Als der seine Stiefel wieder an den Füßen hatte, setzte er sich in den Schlitten und zog auch die Fausthandschuhe wieder an. Dann nahm er die Zügel, wendete das Pferd und lenkte es den Rand der Schlucht entlang. Doch sie waren noch keine hundert Schritt gefahren, als Muchortyj abermals bockte. Vor ihm lag schon wieder eine Schlucht.

Und wieder stieg Nikita aus, wieder stapfte er durch den Schnee davon. Ziemlich lange blieb er aus. Endlich tauchte er aus der entgegengesetzten Richtung auf.

»Bist du noch am Leben, Andrejitsch?« rief er schon aus einiger Entfernung.

»Ja! Hier bin ich!« rief Wassilij Andrejitsch zurück. »Nun, wie steht's?«

»Man kann sich einfach nicht zurechtfinden. Ist einmal zu dunkel. Überall nichts als Schluchten. Wir müssen wieder gegen den Wind fahren.«

Aufs neue fuhren sie los, und abermals stapfte Nikita durch den Schnee, stieg ein paarmal wieder ein und wieder aus, bis er endlich, völlig außer Atem, neben dem Schlitten stehenblieb.

»Na, wie steht's?« fragte Wassilij Andrejitsch.

»Wie schon, völlig von Kräften bin ich! Und dem Pferd geht's ebenso.«

»Was sollen wir denn nur machen?«

»Je nun, warte mal.«

Abermals ging Nikita fort, war jedoch bald zurück.

»Fahr los! Halt dich immer hinter mir!« befahl er, während er dem Pferd voranging.

Wassilij Andrejitsch gab keine Anordnungen mehr, sondern tat gehorsam alles, was Nikita ihn hieß.

»Hierher, mir nach!« rief Nikita. Muchortyj beim Zügel nehmend, bog er mit raschem Schritt nach rechts ab und lenkte den Hengst in eine mit Schnee gefüllte Senke hinein.

Das Pferd sträubte sich zunächst, zog dann, in der Hoffnung, die Senke überspringen zu können, jedoch mit einer jähen Bewegung an, sprang freilich zu kurz und versank bis zum Kummet im tiefen Schnee.

»Steig aus!« rief Nikita Wassilij Andrejitsch zu, der noch immer im Schlitten saß, und begann, eine der Deichselstangen ergreifend, den Schlitten auf das Pferd zuzuschieben. »Leicht ist das nicht, mein Lieber«, sagte er, an Muchortyj gewandt, »doch was soll man machen, leg dich nur ordentlich ins Zeug! Ja, ja, noch ein bißchen!« rief er.

Das Pferd zog einmal an, zog ein zweites Mal an, konnte sich aber trotzdem nicht herausarbeiten und sank wieder ein; und es hatte den Anschein, als denke es über irgend etwas nach.

»Was denn, Bruderherz, so geht's nicht«, redete Nikita Muchortyj ins Gewissen. »Na, noch mal!«

Und wieder stemmte sich Nikita gegen die Deichselstange auf seiner Seite; Wassilij Andrejitsch tat dasselbe auf der anderen Seite. Das Pferd bewegte den Kopf, dann zog es mit einem plötzlichen Ruck an.

»Nur zu! Wirst schon nicht versinken!« schrie Nikita.

Ein Satz, ein zweiter, ein dritter, und endlich hatte sich das Pferd aus der Schneesenke herausgearbeitet, blieb schwer atmend stehen und schüttelte den Schnee von sich ab. Nikita wollte den Hengst weiterführen, doch Wassilij Andrejitsch war in seinen zwei Pelzen so außer Atem gekommen, daß er keinen Schritt mehr gehen konnte und sich in den Schlitten fallen ließ.

»Laß mich ein bißchen verpusten«, sagte er und band das Tuch ab, das er sich im Dorf um den hochgeklappten Kragen des einen Pelzes geschlungen hatte.

»Macht nichts, bleib ruhig liegen«, sagte Nikita, »ich werd schon allein fertig.« Sprach's, nahm Muchortyj beim Zügel und führte ihn mit dem Schlitten samt dem darinliegenden Wassilij Andrejitsch an die zehn Schritt bergab, dann wieder ein Stückchen bergauf und blieb stehen.

Die Stelle, an der Nikita haltgemacht hatte, lag nicht in einer Senke, wo der von den Anhöhen herabwehende Schnee sie völlig unter sich hätte begraben können, war aber immerhin zum Teil durch den Rand eines Abhangs gegen den Wind geschützt. Hin und wieder schien es, als flaue der Wind etwas ab, doch das dauerte nicht lange, und wie um diese Ruhepause wieder einzuholen, brauste der Wind mit vervielfachter Stärke heran und zauste und wirbelte noch wütender umher als zuvor. Ein solcher Windstoß fegte just in dem Augenblick heran, als Wassilij Andrejitsch, nachdem er ein wenig verschnauft hatte, aus dem Schlitten stieg und zu Nikita ging, um mit ihm zu beratschlagen, was nun zu tun sei. Beide duckten sich unwillkürlich und warteten, bis der Windstoß nachlassen würde. Auch Muchortyj legte die Ohren an und schüttelte unzufrieden den Kopf. Kaum daß der Wind ein wenig abgeflaut war, zog Nikita seine Fäustlinge aus und steckte sie hinter den Gürtel, worauf er in die Hände hauchte und sich daranmachte, die Zügel vom Krummholz abzubinden.

»Was tust du denn da?« fragte Wassilij Andrejitsch.

»Ich spanne aus, was können wir sonst tun? Ich hab keine Kraft mehr«, gab Nikita, sich gleichsam entschuldigend, zur Antwort.

»Können wir denn nicht von hier wegfahren, irgendwohin?«

»Wir kommen nicht weg, würden bloß Muchortyj zu Tode quälen. Er ist ja völlig erschöpft, der Ärmste«, sagte Nikita und deutete auf das ergeben dastehende und zu allem bereite Pferd, das schwer atmete und dessen steile, nasse Flanken zuckten. »Wir müssen hier übernachten«, setzte er hinzu, so gleichmütig, als habe er vor, in einer Herberge zu übernachten. Dann löste er den Kummetriemen.

Die Kummethölzer sprangen auseinander.

»Werden wir hier auch nicht erfrieren?« fragte Wassilij Andrejitsch.

»Was soll man machen? Wenn wir erfrieren, können wir es auch nicht ändern«, meinte Nikita.

6

Wassilij Andrejitsch hatte es in seinen zwei Pelzen ganz warm, besonders nachdem er sich in der Schneesenke abgemüht hatte, trotzdem lief es ihm kalt über den Rücken, als er begriff, daß sie wirklich und wahrhaftig hier nächtigen mußten. Um sich zu beruhigen, setzte er sich in den Schlitten und holte Zigaretten und Zündhölzer heraus.

Nikita spannte unterdessen das Pferd aus. Er schnallte Bauch- und Sadulkariemen auf, löste die Zügel, nahm Kummetriemen und Krummholz ab und redete unaufhörlich auf das Pferd ein, um es zu ermutigen.

»Na, komm, komm schon«, sagte er und führte es aus den Deichselstangen heraus. »Und hier binden wir dich jetzt an. Stroh leg ich dir unter, und das Zaumzeug nehm ich dir auch ab«, sagte er und führte auch gleich aus, was er sagte. »Und wenn du was gefressen hast, wirst du dich gleich besser fühlen.«

Doch Muchortyj ließ sich durch Nikitas Worte offensichtlich nicht beruhigen, denn er war ganz aufgeregt: Er trat von einem Bein auf das andere, drängte sich, das Hinterteil dem Wind zukehrend, an den Schlitten und rieb sich den Kopf an Nikitas Ärmel.

Anscheinend nur, um Nikita, der ihm auf dem Schlittenrand Stroh vors Maul gelegt hatte, nicht zu betrüben, nahm Muchortyj mit einer heftigen Bewegung Stroh von dort herunter, doch schon im nächsten Moment ließ er es wieder fallen, wohl aus der Einsicht heraus, daß es jetzt Wichtigeres gebe als Stroh, und der Wind zerzauste dieses augenblicklich, trug es fort und überschüttete es mit Schnee.

»Und nun stellen wir noch ein Erkennungszeichen auf«, sagte Nikita. Darauf kehrte er den Schlitten mit der Vorderseite dem Wind zu, schnürte mit dem Sadulkariemen die Deichselstangen zusammen, richtete sie empor und band sie an der Vorderwand des Schlittens an. »Sollten wir einschneien, werden es gute Menschen an den Deichselstangen erkennen und uns ausgraben«, meinte Nikita, während er den Schnee von den Fäustlingen abklopfte und sie wieder anzog. »So haben die Alten es uns gelehrt.«

Wassilij Andrejitsch hatte unterdessen den Pelz geöffnet und rieb nun im Schutze des Pelzsaums ein Zündhölzchen nach dem anderen an seiner Stahlschachtel, aber ihm zitterten die Hände, und die aufflammenden Hölzchen wurden, bevor sie überhaupt richtig brannten, im selben Augenblick, in dem er sie an die Zigarette führte, eines nach dem anderen vom Wind wieder ausgelöscht. Endlich gelang es ihm, ein Hölzchen zu entzünden, und sekundenlang beleuchtete die Flamme das Fell seines Pelzes, seine Hand mit dem goldenen Ring an dem nach innen gebogenen Zeigefinger und das unter der Sackleinwand zum Vorschein kommende, schon ganz mit Schnee bedeckte Haferstroh – und die Zigarette brannte an. Gierig tat er zwei, drei Züge, wobei er den Rauch verschluckte und durch den Schnurrbart wieder ausstieß, doch als er noch einen tiefen Zug aus der Zigarette nehmen wollte, riß der Wind deren glühendes Ende ab und trug es fort, wie zuvor schon das Stroh.

Doch selbst diese wenigen Züge hatten genügt, um Wassilij Andrejitsch aufzumuntern.

»Wenn's sein muß, übernachten wir eben hier«, sagte er entschlossen. »Aber wart mal«, setzte er hinzu, »ich werde noch für eine Flagge sorgen.« Er hob das Tuch auf, das er vom Kragen abgenommen und in den Schlitten geworfen hatte, zog die Handschuhe aus, stellte sich im Vorderteil des Schlittens hin, reckte sich, um den Sadulkariemen am Ende der Deichselstangen zu erreichen, und band das Tuch mit einem festen Knoten daran an.

Das Tuch begann sogleich heftig zu flattern und blieb bald an den Deichselstangen hängen, bald blähte es sich plötzlich wieder auf, straffte sich und knatterte.

»Schau mal, wie gut ich das hinbekommen habe«, sagte Wassilij Andrejitsch, wohlgefällig sein Werk betrachtend, und ließ sich wieder im Schlitten nieder. »Zu zweit hätten wir es hier wärmer, aber beide passen wir nicht in den Schlitten hinein«, sagte er.

»Ich werd schon ein Plätzchen finden«, entgegnete Nikita, »ich muß bloß noch den Hengst zudecken, der Ärmste ist ja ganz naß vor Schweiß. Laß mich mal ran«, fügte er hinzu, trat an den Schlitten heran und zog unter Wassilij Andrejitschs Sitz das Sackleinen heraus.

Er befreite Muchortyj vom Hintergeschirr und vom Sattelzeug, nahm dann das Sackleinen, faltete es doppelt zusammen und bedeckte den Hengst damit.

»Jetzt wird dir gleich wärmer werden, du Närrchen«, sagte er und legte dem Pferd über der Sackleinwand wieder Sattelzeug und Hintergeschirr an. »Braucht Ihr die Matte? Wenn nicht, dann gebt sie mir doch, und auch ein bißchen Stroh«, bat Nikita Wassilij Andrejitsch, als er mit dieser Arbeit fertig war und sich wieder dem Schlitten näherte.

Nachdem Nikita das eine wie das andere unter Wassilij Andrejitschs Sitz hervorgeholt hatte, ging er hinter die Rükkenlehne des Schlittens, scharrte dort, im Schnee, für sich eine kleine Mulde und legte das Stroh hinein. Nun setzte er sich, die Mütze tief ins Gesicht gedrückt und in den Mantel eingemummt, auf das ausgebreitete Stroh, bedeckte sich von oben mit der Matte und lehnte sich an die Außenwand des Schlittens, die ihn gegen Wind und Schnee schützte.

Wassilij Andrejitsch schüttelte zu Nikitas Tun mißbilligend den Kopf, wie er überhaupt die mangelnde Bildung und Dummheit der Bauern mißbilligte, und bereitete sich dann sein Nachtlager.

Er verteilte das restliche Stroh im Schlitten, strich es glatt, legte sich ein paar besonders dicke Bündel unter die Seite, steckte die Hände in die Ärmel und bettete den Kopf in einer Ecke des Schlittens, gleich hinter der Vorwand, die ihn vor dem Wind schützte.

Schläfrig war er nicht. So lag er denn da und hing seinen Gedanken nach; er dachte immerzu an das eine, was das einzige Ziel, den Sinn, die Freude und den Stolz seines Lebens ausmachte – daran, wieviel Geld er bereits angehäuft hatte und wie er seinen Reichtum noch vermehren könnte, zu welchem Wohlstand es andere ihm bekannte Leute gebracht hatten und wie sie dazu gekommen waren und immer mehr Geld scheffelten und auf welche Weise er es ihnen nachtun und noch sehr viel Geld verdienen könnte. Der Kauf des Waldes von Gorjatschkino stellte für ihn ein Geschäft von allergrößter Wichtigkeit dar. Er hoffte, durch den Kauf dieses Waldes sein Schäfchen ins Trockene zu bringen und mit einem Schlag an die zehntausend Rubel zu verdienen. Und in Gedanken begann er den Wald zu taxieren, den er sich im Herbst angesehen hatte und in dem er auf zwei Desjatinen sämtliche Bäume gezählt hatte.

Die Eichen lassen sich zu Schlittenkufen verarbeiten, dachte er. Zu Balken natürlich auch. Und pro Desjatine werde ich an die dreißig Sashen Brennholz bekommen, sagte er sich. Das bringt mir von jeder Desjatine mindestens zweihundertfünfundzwanzig Rubel ein. Sechsundfünfzig Desjatinen, das macht sechsundfünfzigmal hundert und noch einmal sechsundfünfzigmal hundert, sechsundfünfzigmal zehn und noch einmal sechsundfünfzigmal zehn, und schließlich sechsundfünfzigmal fünf ... Er sah, daß über zwölftausend Rubel dabei herauskamen, konnte ohne Rechenbrett jedoch nicht sagen, wieviel es genau waren. Zehntausend werde ich trotzdem nicht geben, nahm er sich vor, höchstens achttausend, und auch das nur nach Abzug für das Rodeland. Der Landvermesser bekommt Schmiergeld – hundert, vielleicht auch hundertfünfzig Rubel, da wird er mir schon an die fünf Desjatinen Rodeland zusammenmessen. Dann wird mir der Besitzer den Wald bestimmt für achttausend überlassen. Dreitausend werfe ich ihm gleich in den Rachen, da wird er schon weich werden, dachte er und befühlte mit dem Unterarm die in der Tasche steckende Geldbörse. Weiß Gott, wie wir nach der Biegung so vom Weg abkommen konnten! Hier hätten doch der Wald und das Wächterhäuschen sein müssen. Aber dann würden wir die Hunde hören. Doch wenn man sie mal braucht, dann bellen sie nicht, die Verfluchten ... Er schob den Pelzkragen vom Ohr fort und lauschte angestrengt; zu hören war immer noch nur das Pfeifen des Windes, das Schlagen und Knattern des an den Deichselstangen befestigten Tuches und das Geräusch des fallenden Schnees, der gegen die Außenwand des Schlittens peitschte. Er klappte den Kragen wieder hoch.

Wenn wir das gewußt hätten, wären wir doch lieber über Nacht in Grischkino geblieben. Na, egal, kommen wir eben morgen an. Mehr als ein Tag ist nicht verloren. Bei so einem Wetter werden auch die anderen nicht losfahren ... Ihm fiel ein, daß er am Neunten vom Fleischer das Geld für die Ochsen zu bekommen hatte. Er wollte es mir persönlich übergeben, und nun trifft er mich nicht an – und meine Frau kennt sich mit Geld nicht aus, ungebildet wie sie ist. Und Manieren hat sie auch nicht, spann er seinen Gedankenfaden weiter und erinnerte sich dabei, wie ungeschickt sie sich dem Landpolizeihauptmann gegenüber benommen hatte, der gestern am Feiertag bei ihnen zu Besuch gewesen war. Man weiß ja – ein Frauenzimmer! Was hat sie schon von der Welt gesehen? Wie war es denn bei uns zu Hause, als meine Eltern noch lebten? Ein reicher Bauer war mein Vater, mehr nicht. Die Graupenmühle und die Herberge, das war alles, was er besaß. Und was hab ich in fünfzehn Jahren daraus gemacht? Einen Laden hab ich, zwei Schenken, eine Mühle, einen Getreidesilo, zwei Güter in Pacht, Haus und Speicher, beide mit Eisenblech gedeckt, rief er sich voller Stolz ins Gedächtnis. So was hatte mein Vater nicht aufzuweisen! Und wer spielt heute die erste Geige im Kreis? Brechunow.

Und warum ist das so? fragte er sich. Weil ich nur ans Geschäft denke, mich abmühe und nicht so wie andere auf der faulen Haut liege, oder mich mit Dummheiten abgebe. Nächtelang mach ich kein Auge zu. Ob es stürmt oder schneit, wenn ich fahren muß, dann fahre ich. Nun, das Geschäft blüht aber auch. Manche glauben, das Geld verdient sich so leicht. Nein, da heißt es, arbeiten, sich mühen und sich den Kopf zerbrechen. Und wenn's sein muß, auf freiem Feld übernachten und sich die Nacht um die Ohren schlagen. Wie Federn aus einem Kissen wirbelt es vom Denken in meinem Kopf herum, dachte er voller Stolz. Die Leute meinen, man müsse eine glückliche Hand haben, um es zu etwas zu bringen. Die Mironows zum Beispiel schwimmen jetzt im Geld, haben Millionen. Und warum? Arbeiten muß man, sich anstrengen, dann tut auch Gott das Seine. Wenn er einem nur Gesundheit schenkt ...

Und der Gedanke, auch so ein Millionär werden zu können wie Mironow, der mit nichts begonnen hatte, wühlte Wassilij Andrejitsch derart auf, daß er das Bedürfnis verspürte, mit jemandem zu reden. Doch da war niemand, mit dem er hätte reden können ... Wären sie nach Gorjatschkino gelangt, hätte er mit dem Gutsbesitzer gesprochen und dem sein Herz ausgeschüttet.

Nein, wie das stürmt! Wir werden so einschneien, daß wir morgen früh nicht von hier fortkommen! dachte er, während er auf einen Windstoß horchte, der von vorn in den Schlitten hineinfuhr, ihn rüttelte und schüttelte und seine Außenwand mit Schnee peitschte. Er richtete sich halb auf und sah sich um: In der von Weiß durchsetzten schwankenden Dunkelheit waren nur der sich schwarz abhebende Kopf Muchortyjs, sein mit dem wehenden Sackleinen bedeckter Rücken und sein hochgebundener Schweif zu erkennen; ringsum war überall – vorn, hinten, zur Linken und zur Rechten – ein und dasselbe einförmige schwankende Halbdunkel, das sich bald ein wenig aufzuhellen, bald noch dichter zu werden schien.

Ich hätte nicht auf Nikita hören sollen, dachte er. Wir hätten losfahren müssen, irgendwo wären wir schon angekommen. Wären wir wenigstens bis nach Grischkino gelangt, dann hätten wir bei Taras übernachten können. Nun heißt es die ganze Nacht hier sitzen. Ich hab doch gerade an etwas Schönes gedacht, was war es doch gleich? Ach ja, daß Gott denen gibt, die sich mühen und plagen, nicht aber Faulpelzen, Tagedieben oder Dummköpfen. Und rauchen wollte ich! Er setzte sich hin und holte das Zigarettenetui hervor. Dann legte er sich mit dem Bauch nach unten in den Schlitten und versuchte, die Flamme des Zündhölzchens mit dem Pelzsaum schützend, eine Zigarette anzubrennen, aber der Wind fand trotzdem einen Zugang und löschte ein Schwefelholz nach dem anderen aus. Schließlich glückte es ihm doch, ein Hölzchen zu entzünden, und er steckte sich eine Zigarette an. Daß er seine Absicht erreicht hatte, freute ihn über alle Maßen. Wenn auch der Zigarettenrauch mehr vom Wind verweht wurde, als er selbst ihn einatmen konnte, so gelang es ihm immerhin, zwei-drei tiefe Züge zu machen. Seine Stimmung besserte sich wieder. Er legte sich wieder hin, mummte sich ein und überließ sich aufs neue seinen Gedanken und Träumen, und ehe er sich's versah, war er auf einmal hinübergedämmert und eingeschlafen.

Doch plötzlich war ihm, als hätte ihm etwas einen Stoß versetzt und ihn so geweckt. Ob nun Muchortyj Stroh unter ihm hervorgezogen hatte oder ob irgend etwas in seinem Innern rumorte, jedenfalls wachte er auf, und sein Herz begann derart schnell und heftig zu klopfen, daß es ihm so vorkam, als werde der Schlitten unter ihm gerüttelt und geschüttelt. Er schlug die Augen auf. Rings um ihn her wirkte alles unverändert, nur ein wenig heller schien es geworden zu sein. Es dämmerte, dachte er, da kann auch der Morgen nicht mehr fern sein. Doch im selben Augenblick fiel ihm ein, daß der Mond aufgegangen und es nur deshalb heller geworden war. Er richtete sich halb auf und sah sich als erstes nach dem Pferd um. Muchortyj stand noch immer, das Hinterteil dem Wind zugekehrt, da und zitterte am ganzen Leib. Die mit einer Schneeschicht bedeckte Sackleinwand war auf einem Ende umgeschlagen, das Hintergeschirr zur Seite gerutscht und der Kopf des Pferdes mit dem wehenden Stirnhaar und der flatternden Mähne jetzt deutlicher zu erkennen. Wassilij Andrejitsch beugte sich über die Rückwand des Schlittens und hielt nach Nikita Ausschau. Der saß noch immer in derselben Haltung da, in der er sich zu Anfang hingesetzt hatte. Die Matte, mit der er sich zu schützen suchte, und seine Beine waren über und über mit Schnee bedeckt. Wenn mir der Bauer in dem dünnen Zeug bloß nicht erfriert. Am Ende zieht man mich seinetwegen zur Rechenschaft. Ein stumpfsinniges Volk ist das. Von Bildung keine Spur, dachte Wassilij Andrejitsch und wollte schon das Sackleinen vom Pferd herunternehmen und Nikita damit zudecken, doch dann war es ihm doch zu kalt, um aufzustehen und sein Vorhaben in die Tat umzusetzen. Überdies konnte, so fürchtete er, dann das Pferd erfrieren. Wozu hab ich ihn bloß mitgenommen? An allem ist nur ihre Dummheit schuld! dachte Wassilij Andrejitsch von seiner ungeliebten Frau und wälzte sich auf seinen früheren Platz im Vorderteil des Schlittens hinüber. Ein Onkel von mir hat auch mal eine ganze Nacht im Schnee verbracht, erinnerte er sich, und ist mit dem Leben davongekommen. Sewastjan allerdings, entsann er sich eines anderen Falls, war, als man ihn aus dem Schnee ausgrub, tot und ganz steif und starr, wie gefrorenes Schlachtvieh.

Wäre ich über Nacht in Grischkino geblieben, machte er sich Vorwürfe, hätte ich mir das alles erspart ... Als er sich sorgsam eingemummt hatte, so daß die im Pelz gespeicherte Wärme nirgends verlorengehen konnte, sondern ihn überall – am Hals, an den Knien und an den Füßen – erwärmte, schloß er die Augen und versuchte wieder einzuschlafen. Aber so sehr er sich jetzt auch bemühte, er konnte keinen Schlaf finden, sondern fühlte sich im Gegenteil ganz frisch und munter. Abermals begann er seine Gewinne und die Summen, die andere Leute ihm schuldeten, zu überschlagen, abermals vor sich selbst großzutun und sich darüber zu freuen, wie gut es ihm ging und wie weit er es gebracht hatte. Doch nun mischte sich in diese Überlegungen zunehmend ein Gefühl der Furcht, schlich sich Ärger ein, daß er nicht über Nacht in Grischkino geblieben war. Da hätte ich, dachte er, jetzt auf der Bank liegen können und es schön warm gehabt. Er drehte sich einige Male von einer Seite auf die andere, legte sich bald so, bald anders hin, bemüht, eine bessere und mehr gegen den Wind geschützte Lage zu finden, aber keine schien ihm zu behagen. Wieder richtete er sich auf und wechselte die Stellung, hüllte seine Beine ein, schloß die Augen und lag nun unbeweglich da. Doch ob ihn nun die in den schweren Filzstiefeln gekrümmten Beine schmerzten oder es irgendwo zog, jedenfalls mußte er, nachdem er ein Weilchen so dagelegen hatte, aufs neue daran denken, wie schön er jetzt in Grischkino in der warmen Stube liegen könnte, und war ärgerlich auf sich selbst. Und wieder richtete er sich auf, warf sich hin und her, mummte sich ein und legte sich wieder nieder.

Einmal kam es Wassilij Andrejitsch so vor, als hörte er in der Ferne Hähne krähen. Er freute sich, klappte den Pelzkragen herunter und lauschte aufmerksam, doch so sehr er sein Gehör auch anstrengte, er konnte nichts hören als das Heulen des Windes, der durch die Deichselstangen pfiff und das daran befestigte Tuch zauste, und das Klatschen des Schnees, der gegen die Außenwand der Schlittens peitschte.

Nikita saß die ganze Zeit über so da, wie er sich am Abend hingesetzt hatte, rührte und regte sich nicht, antwortete nicht einmal Wassilij Andrejitsch, der ihn zwei-dreimal anrief. Der läßt sich's nicht verdrießen, schläft vermutlich, dachte Wassilij Andrejitsch ärgerlich, als er über die Rückwand des Schlittens auf Nikita schaute, der über und über mit Schnee bedeckt war.

An die zwanzigmal schon war Wassilij Andrejitsch aufgefahren und hatte sich wieder hingelegt. Ihm schien diese Nacht kein Ende nehmen zu wollen. Jetzt muß es doch schon auf den Morgen zugehen, dachte er, als er sich wieder einmal aufrichtete und sich nach allen Seiten umsah. Ich werd mal auf die Uhr schauen. Mir wird zwar mächtig kalt werden, wenn ich den Pelz aufmache, aber wenn ich dafür erfahre, daß es bald Morgen ist, wird mir fröhlicher zumute sein. Dann können wir uns ja auch bald ans Anspannen machen ... Im tiefsten Innern wußte Wassilij Andrejitsch, daß es noch nicht Morgen sein konnte, aber er wurde immer verzagter, machte sich selbst etwas vor und wollte sich doch auch wieder überzeugen, wie spät es wirklich war. Vorsichtig hakte er seinen Halbpelz auf, steckte die Hand hinein und wühlte lange herum, bis er zur Weste vorgestoßen war. Endlich hatte er seine silberne Uhr mit den emaillierten Blumen hervorgezogen und starrte angestrengt darauf. Ohne Licht war nichts zu sehen. Er legte sich wieder hin, mit dem Gesicht nach unten, auf Ellbogen und Knie gestützt, so wie vorhin, als er sich die Zigarette angesteckt hatte, holte die Schwefelhölzer heraus und versuchte, eins zu entzünden. Jetzt ging er sorgfältiger zu Werke. Mit den Fingern betastete er die Zündhölzchen, um das mit dem dicksten Köpfchen zu finden, zog es heraus und setzte es schon beim ersten Anreißen in Brand. Nun hielt er das Zifferblatt der Uhr ans Licht, warf einen Blick darauf und traute seinen Augen nicht ... Es war erst zehn Minuten nach zwölf. Also hatten sie noch die ganze Nacht vor sich.

Ach, schrecklich lang ist so eine Nacht! dachte Wassilij Andrejitsch und fühlte, wie es ihm kalt über den Rücken lief. Er schloß die Haken an seinem Pelz, mummte sich wieder ein und drückte sich in die Schlittenecke; er nahm sich vor, geduldig zu warten, bis es Tag wurde. Auf einmal hörte er außer dem monotonen Brausen des Windes ganz deutlich einen neuen, lebendigen Ton. Der Ton wurde langsam, aber stetig lauter und ebenso langsam und stetig wieder leiser, sobald er seine volle Stärke erreicht hatte. Es war ein Wolf, der da heulte, darüber konnte kein Zweifel bestehen. Und dieser Wolf mußte ganz in der Nähe sein, denn es war ja durch den Wind deutlich zu hören, wie er, die Kiefer bewegend, die Töne seiner Stimme veränderte. Wassilij Andrejitsch schlug seinen Kragen zurück und horchte aufmerksam. Muchortyj spitzte die Ohren und lauschte ebenso angestrengt, trat, als der Wolf sein klagendes Geheul beendet hatte, von einem Fuß auf den anderen und schnaubte warnend. Danach konnte sich Wassilij Andrejitsch gar nicht mehr beruhigen, geschweige denn einschlafen. So sehr er sich auch bemühte, an seine Berechnungen und Geschäfte, an seinen Ruf, seine Würde und seinen Reichtum zu denken – er wurde mehr und mehr von Furcht ergriffen, und der Gedanke, warum er nicht über Nacht in Grischkino geblieben war, beherrschte ihn völlig und verdrängte alle anderen Überlegungen.

Zum Kuckuck mit ihm, dem Wald, Gott sei Dank mach ich auch ohne ihn Geschäfte genug, sagte er sich. Ach, hätten wir doch in Grischkino übernachtet! dachte er. Es heißt, Betrunkene erfrieren schnell. Und ich habe doch getrunken . . . Und als er so in sich hineinhorchte, spürte er, daß er zu zittern anfing, ohne selbst zu wissen, warum – ob vor Kälte oder vor Angst. Er hüllte sich ein und versuchte, wie vorhin einfach dazuliegen, doch war er dazu nicht mehr imstande. Er konnte nicht im Schlitten bleiben, am liebsten wäre er aufgestanden und hätte etwas unternommen, um die in ihm aufsteigende Furcht zu unterdrücken, gegen die er sich machtlos fühlte.

Wieder fingerte er Zigaretten und Schwefelhölzer hervor, doch es waren nur noch drei Hölzchen übriggeblieben, und keines davon taugte etwas. Alle drei brachen ab, ohne sich überhaupt entzündet zu haben.

»Ach, zum Teufel mit dir, Verfluchte, hol dich der Henker!« schimpfte er, ohne recht zu wissen, auf wen, und schleuderte die zerdrückte Zigarette fort. Er wollte auch die Zündholzschachtel wegwerfen, hielt dann jedoch lange inne und steckte sie in die Tasche. Ihn überkam eine solche Unruhe, daß es ihn nicht mehr an einer Stelle hielt. Er stieg aus dem Schlitten und begann, den Rücken dem Wind zukehrend, den Gürtel von neuem unterhalb der Taille straffzuziehen.

Was soll ich daliegen und auf den Tod warten! Ich setz mich aufs Pferd – und los geht's, schoß es ihm auf einmal durch den Kopf. Wenn ich reite, wird das Pferd nicht bocken. Ihm, dachte er bei einem Blick auf Nikita, ist es sowieso einerlei, ob er stirbt oder nicht! Was hat er schon zu verlieren! Auch um sein Leben tut's ihm nicht leid, ich hingegen hab Gott sei Dank genug zum Leben ...

So warf er denn Muchortyj, nachdem er ihn losgebunden hatte, die Zügel über den Kopf und wollte sich auf den Hengst schwingen, doch Pelze und Stiefel waren so schwer, daß er es nicht schaffte. Da stellte er sich auf den Schlitten und versuchte, von dort aus aufzusteigen. Aber der Schlitten kam unter seinem Gewicht ins Schwanken, und wieder rutschte er herunter. Beim dritten Anlauf schließlich führte er den Hengst ganz dicht an den Schlitten heran, stellte sich vorsichtig auf dessen Rand und erreichte jetzt immerhin, daß er sich mit dem Bauch quer über den Pferderücken legen konnte. Nachdem er eine Weile so dagelegen hatte, rückte er ein, zwei Mal ein Stückchen vor, schwang schließlich ein Bein über den Rücken des Pferdes und setzte sich, die Füße gegen die Längsriemen des Hintergeschirrs stemmend, gerade hin. Der Stoß des schwankenden Schlittens hatte Nikita geweckt, er richtete sich auf, und Wassilij Andrejitsch kam es so vor, als sagte er etwas.

»Wenn man schon auf euch Dummköpfe hört! Soll ich etwa für nichts und wieder nichts hier umkommen?« rief Wassilij Andrejitsch Nikita zu, stopfte sich die flatternden Schöße des Pelzes unter die Knie, wendete das Pferd und trieb es vom Schlitten fort in die Richtung, in der er den Wald und das Wächterhäuschen vermutete.

7

Seitdem sich Nikita hinter der Rückwand des Schlittens niedergesetzt und mit der Matte bedeckt hatte, hatte er die ganze Zeit regungslos dort gesessen. Wie alle Menschen, die mit der Natur verbunden sind und die Not kennen, war er geduldig und konnte völlig gelassen stunden-, ja tagelang warten, ohne Unruhe und Gereiztheit zu empfinden. Er hatte gehört, wie sein Herr ihn rief, aber nicht geantwortet, weil er sich nicht bewegen und keine Unterhaltung anfangen mochte. Wenn ihm auch noch von dem getrunkenen Tee und davon warm war, daß er sich vorhin in den Schneewehen abgemüht hatte, so wußte er doch, daß diese Wärme nicht lange vorhalten und er nicht mehr imstande sein würde, sich durch Bewegung von neuem zu erwärmen. Denn er fühlte sich ebenso erschöpft, wie ein Pferd sich fühlt, wenn es stehenbleibt und sich, allen Peitschenhieben zum Trotz, sträubt weiterzugehen, bis sein Herr einsieht, daß er es erst füttern muß, damit es wieder arbeiten kann. Sein Fuß in dem zerrissenen Stiefel war vor Kälte schon ganz erstarrt, und den großen Zeh spürte er überhaupt nicht mehr. Außerdem begann er am ganzen Leib immer mehr zu frieren. Ihm kam der Gedanke, er könne, ja müsse sogar aller Wahrscheinlichkeit nach in dieser Nacht sterben, doch dieser Gedanke schien ihm weder besonders unangenehm noch besonders furchteinflößend. Nicht besonders unangenehm schien ihm dieser Gedanke deshalb, weil sein ganzes Leben kein immerwährendes Fest, sondern im Gegenteil ein unaufhörliches Dienen gewesen war, dessen er nun langsam überdrüssig wurde. Und besonders furchteinflößend kam ihm dieser Gedanke deshalb nicht vor, weil er sich außer von seinen Herren, denen er, so wie jetzt Wassilij Andrejitsch, hier auf Erden diente, auch von dem obersten Herrn abhängig fühlte, von dem, der ihn in dieses Leben gesandt hatte, und weil er wußte, dieser Herr würde auch in der Stunde seines Todes schützend die Hand über ihn halten und ihn nicht kränken. Tut es mir denn nicht leid, alles aufzugeben, woran ich gewöhnt bin, was mein Leben ausmacht? dachte er. Nun ja, aber was hilft's, man muß sich auch an das Neue gewöhnen.

Und meine Sünden? grübelte er und erinnerte sich, wie er oft zu tief ins Glas geguckt und dabei sein ganzes Geld vertrunken, wie er seine Frau schlecht behandelt, wie er geflucht, die Fasten nicht eingehalten hatte und nicht in die Kirche gegangen war, und er entsann sich all dessen, weswegen ihm der Pope bei der Beichte Vorhaltungen gemacht hatte ... Natürlich hab ich gesündigt. Aber hab ich mir die Sünden denn selbst ausgesucht? Offenbar hat mich Gott so erschaffen. Freilich, gesündigt habe ich! Doch daran läßt sich jetzt sowieso nichts mehr ändern.

All das ging ihm durch den Kopf, als er daran dachte, was mit ihm in dieser Nacht geschehen könnte, doch kehrte er später nicht mehr zu diesen Gedanken zurück, sondern überließ sich den Erinnerungen, die ihm ganz von selbst in den Sinn kamen. Bald erinnerte er sich an Marfas Besuch, an die Sauferei der anderen Knechte und daran, daß er selbst dem Branntwein abgeschworen hatte, bald rief er sich die jetzige Fahrt ins Gedächtnis, den Aufenthalt in Taras' Haus und die Gespräche über die Teilung des Besitzes, bald dachte er an seinen Jungen und an Muchortyj, der sich jetzt unter dem Sackleinen erwärmen würde, bald beschäftigte er sich in Gedanken mit seinem Herrn, der sich so im Schlitten herumwälzte, daß der knarrte. Der Ärmste wird wohl selbst nicht glücklich darüber sein, daß er gefahren ist, sagte er sich. Wenn man so ein Leben hat wie der, dann möchte man nicht sterben. Das ist nicht so wie bei unsereinem ... Alle diese

Erinnerungen und Überlegungen begannen sich in seinem Kopf nach und nach miteinander zu verflechten und zu vermischen, und er schlief ein.

Als Wassilij Andrejitsch dann beim Versuch, das Pferd zu besteigen, den Schlitten ins Schwanken brachte, und die Rückwand, an die sich Nikita lehnte, wegrutschte, wodurch er mit dem Rücken auf die Kufen schlug, wachte er auf und mußte wohl oder übel seine Stellung verändern. Mit Mühe und Not bog er die Beine gerade und schüttelte den Schnee davon ab, dann richtete er sich auf, und sogleich durchdrang eisige Kälte qualvoll seinen ganzen Körper. Als er begriff, was Wassilij Andrejitsch vorhatte, hätte er gern die für das Pferd jetzt nicht mehr benötigte Sackleinwand gehabt, um sich damit zuzudecken, und er rief seinem Herrn zu, sie ihm doch dazulassen.

Aber Wassilij Andrejitsch hielt nicht an, und schon war er im dichten Schneegestöber verschwunden.

Allein geblieben, dachte Nikita einen Augenblick darüber nach, was er nun beginnen sollte. Loszugehen und sich auf die Suche nach einer menschlichen Behausung zu machen, dazu fühlte er sich zu schwach. Auf seinen früheren Platz konnte er sich auch nicht mehr setzen – dieser war über und über mit Schnee bedeckt. Und im Schlitten, das ahnte er, würde er nicht warm werden, weil er nichts hatte, womit er sich zudecken konnte, sein Rock und sein Pelz aber wärmten ihn jetzt überhaupt nicht mehr. Ihm war so kalt, als hätte er nichts an als sein Hemd. Angst und bange wurde ihm zumute. »O du mein Gott, himmlischer Vater!« stammelte er, und das Bewußtsein, daß er nicht allein war, sondern ihn jemand hörte, der ihn nicht verlassen würde, beruhigte ihn. Er stieß einen tiefen Seufzer aus. Dann stieg er, ohne die Matte vom Kopf zu nehmen, in den Schlitten und legte sich auf den Platz seines Herrn.

Doch auch im Schlitten konnte und konnte er nicht warm werden. Anfangs zitterte er am ganzen Leib, später hörte der Schüttelfrost auf, und allmählich schwanden ihm die Sinne.

Ob er starb oder einschlief – er wußte es nicht, doch fühlte er sich gleichermaßen auf das eine und auf das andere vorbereitet.

8

Unterdessen trieb Wassilij Andrejitsch, den Hengst mit den Füßen und den Enden der Zügel traktierend, Muchortyj dorthin, wo er, wer weiß warum, den Wald und das Wächterhäuschen vermutete. Der Schnee verklebte ihm die Augen, und der Wind schien ihn mit aller Macht aufhalten zu wollen, doch er beugte sich weit nach vorn und trieb, sich beständig fester in seinen Pelz hüllend und ihn zwischen sich und das beim Sitzen hinderliche kalte Sattelzeug stopfend, das Pferd unaufhörlich an. Wenn Muchortyj auch nur mühsam vorwärts kam, so trottete er doch, im Zeltergang, gehorsam dorthin, wohin sein Herr ihn lenkte.

Wohl fünf Minuten ritt Wassilij Andrejitsch – so schien es ihm wenigstens – immer geradeaus, ohne etwas anderes zu sehen als den Kopf des Pferdes und die weiße Schneewüste und ohne etwas anderes zu hören als das Pfeifen des Windes, der um die Ohren des Pferdes und um den Kragen seines Pelzes fuhr.

Plötzlich zeichneten sich vor ihm in einiger Entfernung die Umrisse von etwas Schwarzem ab. Vor Freude begann sein Herz höher zu schlagen, und er ritt auf dieses Schwarze zu, vermeinte gar schon, die Mauern von Häusern eines Dorfes darin zu erkennen. Doch dieses Schwarze bewegte sich unablässig, und es war auch kein Dorf, sondern ein an einem Feldrain stehendes hohes Beifußgebüsch, das unter dem Schnee hervorragte und unter dem Ansturm des Windes, der darin pfiff und es immerzu zur Seite bog, heftig hin- und herschwankte. Aus irgendeinem Grund ließ der Anblick dieses vom unbarmherzigen Wind gezausten Beifußstrauchs Wassilij Andrejitsch zusammenzucken. Schleunigst trieb er das Pferd weiter, ohne dabei zu merken, daß er beim Heranreiten an das Gebüsch völlig die Richtung geändert hatte, und so trieb er das Pferd jetzt in eine ganz andere Richtung, immer noch in dem Glauben, dorthin zu reiten, wo das Wächterhäuschen stehen mußte. Doch das Pferd versuchte fortwährend, nach rechts abzubiegen, worauf er es stets wieder nach links drängte.

Abermals zeigte sich in einiger Entfernung etwas Schwarzes. Er freute sich und war ganz sicher, nun bestimmt ein Dorf vor sich zu haben. Doch es war wieder nur ein mit Beifuß bewachsener Feldrain. Und auch dieses dürre Gestrüpp wurde gnadenlos vom Wind gezaust und flößte Wassilij Andrejitsch dadurch aus unerfindlichen Gründen Furcht ein. Doch nicht genug damit, daß sich das vermeintliche Dorf wiederum als Beifußgewächs entpuppt hatte, fand sich dort auch eine vom Wind schon halb verwehte Pferdespur. Wassilij Andrejitsch hielt Muchortyj an, bückte sich und nahm die Spur näher in Augenschein: Ja, sie rührte von einem Pferd her und konnte von keinem anderen stammen als seinem eigenen. Offenbar war er im Kreis geritten, noch dazu auf ganz engem Raum. So werde ich hier umkommen! dachte er. Um nicht der Furcht zu erliegen, trieb er das Pferd noch stärker an und starrte angestrengt in den weißen Schneenebel, in dem er immer wieder leuchtende Punkte wahrzunehmen glaubte, die jedoch sofort verschwanden, sobald er näher hinsah. Einmal kam es ihm so vor, als hätte er Hundegebell oder Wolfsgeheul gehört, doch waren diese Laute so schwach und undeutlich, daß er sich nicht sicher war, ob er wirklich etwas gehört oder sich das nur eingebildet hatte. So hielt er denn das Pferd an und begann angestrengt zu lauschen.

Plötzlich ertönte ganz in seiner Nähe ein entsetzlicher Schrei, der ihm durch Mark und Bein ging, und unter ihm begann alles zu zittern und zu beben. Wassilij umklammerte den Pferdehals, doch auch dieser zitterte, und der entsetzliche Schrei klang jetzt noch grauenhafter. Sekundenlang war Wassilij Andrejitsch starr vor Schreck und konnte nicht begreifen, was geschehen war. Geschehen aber war nichts weiter, als daß Muchortyj, um sich Mut zu machen oder jemanden zu Hilfe zu rufen, mit seiner mißtönenden Stimme laut losgewiehert hatte. »Pfui Teufel, wie er mich erschreckt hat, der Verfluchte!« brummte Wassilij Andrejitsch vor sich hin. Doch auch nachdem er den wahren Grund für seine Furcht erkannt hatte, war er außerstande, sie zu unterdrücken.

Ich muß mich zusammenreißen, um einen kühlen Kopf zu behalten, sagte er sich, doch unfähig, sich zu beherrschen, trieb er das Pferd unablässig an, ohne zu merken, daß er nicht mehr gegen den Wind ritt, sondern ihn jetzt im Rücken hatte. Sein Körper war schon ganz starr vor Kälte und schmerzte, besonders im Schritt, wo er ungeschützt war und mit dem Sattelzeug in Berührung kam; Arme und Beine zitterten ihm, und sein Atem ging stoßweise. Er erkannte, daß er inmitten dieser entsetzlichen Schneewüste rettungslos verloren war, und sah keinen Ausweg.

Auf einmal brach der Hengst unter ihm zusammen; er war in einer Schneewehe steckengeblieben, versuchte, sich daraus zu befreien, fiel jedoch immer wieder auf die Seite. Wassilij Andrejitsch sprang vom Pferd, wobei er das Hintergeschirr, auf das sich sein Fuß gestützt hatte, halb mit herunterzog und das Sattelgeschirr, an dem er sich beim Absteigen festhielt, umbog. Kaum war Wassilij Andrejitsch abgesprungen, da hatte sich das Pferd auch schon aus der Schneewehe herausgearbeitet, bäumte sich auf und machte ein-zwei Sätze nach vorn. Dann wieherte es wieder und entschwand, das schiefhängende Sackleinen und Hintergeschirr hinter sich herschleifend, den Blicken, Wassilij Andrejitsch mutterseelenallein in der Schneewehe zurücklassend. Der wollte ihm nachstürzen, doch der Schnee war so hoch, und die Pelze lasteten so schwer auf ihm, daß er bis an die Knie im Schnee versank und nach wenig mehr als zwanzig Schritten völlig außer Atem war und stehenblieb. Der Wald, die Ochsen, die Güter, die ich in Pacht habe, der Laden, die Schenken, das mit Eisenblech gedeckte Haus und der Speicher, mein Erbprinz – was wird aus alledem, wenn ich nicht mehr bin, dachte er. Was soll bloß werden? Es kann doch nicht alles zugrunde gehen, schoß es ihm durch den Kopf. Und aus irgendeinem Grund mußte er plötzlich an das vom Wind arg gebeutelte Beifußgebüsch denken, an dem er zweimal vorübergeritten war, und er wurde von solchem Grauen ergriffen, daß er nicht glauben konnte, daß ihm all das in Wirklichkeit widerfuhr. Ob ich das nicht bloß träume? fragte er sich und wollte aufwachen, doch er war schon wach, er träumte nicht. Es war wirklicher Schnee, der ihm ins Gesicht schlug und ihn von oben bis unten bedeckte, wirkliche Kälte, die seine rechte Hand, deren Handschuh er verloren hatte, erstarren ließ, und es war eine wirkliche Einöde, in der er jetzt ebenso allein war wie jener Beifußstrauch, einen unausbleiblichen, baldigen und sinnlosen Tod vor Augen.

»Jungfrau Maria, heiliger Vater Nikolaus, Lehrer der Enthaltsamkeit ...«, murmelte er, sich die Gebete des gestrigen Gottesdienstes ins Gedächtnis rufend. Auch des Heiligenbilds mit dem schwarzen Antlitz und dem goldenen Meßgewand erinnerte er sich, ebenso der Kerzen, die er verkaufte, damit sie vor diesem Heiligenbild aufgestellt würden, und die man ihm zurückbrachte, kaum daß sie ein wenig abgebrannt waren, und von ihm sodann in einen Kasten gelegt wurden. Und er begann ebendiesen Nikolaus den Wundertäter zu bitten, er möge ihn erretten, und versprach ihm dafür einen Dankgottesdienst und Kerzen. Doch schon im nächsten Moment begriff er ganz klar und ohne jeden Zweifel, daß dieses Antlitz, das Meßgewand, die Kerzen, der Priester und die Bittgebete – daß das alles dort, in der Kirche, sehr wichtig und nötig sein mochte, ihm hier aber nichts nützen konnte, und daß zwischen diesen Kerzen und Bittgebeten und seiner jetzigen Notlage kein Zusammenhang bestand und auch gar nicht bestehen konnte. Ich darf nicht verzagen, dachte er. Ich muß den Spuren des Pferdes folgen, sonst werden sie noch ganz verweht, kam es ihm in den Sinn. Das Pferd wird mich herausführen, und vielleicht fange ich es sogar wieder ein.

Nur muß ich mir Zeit dabei lassen, wenn ich nicht völlig von Kräften kommen will und dann endgültig verloren bin ... Doch seinem Vorsatz, langsam zu gehen, zum Trotz, stürzte er los, alle Augenblicke hinfallend, wieder aufstehend und wieder hinfallend. An Stellen, wo der Schnee nicht sehr hoch lag, waren die Pferdespuren kaum noch zu erkennen. Ich bin verloren, dachte Wassilij Andrejitsch, denn sehe ich die Spur nicht mehr, kann ich auch das Pferd nicht einholen ... Doch im selben Augenblick gewahrte er, als er nach vorn schaute, etwas Schwarzes. Das war Muchortyj und nicht nur Muchortyj allein, sondern auch der Schlitten mit den emporgerichteten Deichselstangen und dem daran angebundenen Tuch. Muchortyj, mit dem zur Seite gerutschten Hintergeschirr und dem herabhängenden Sackleinen, stand jetzt nicht mehr an der früheren Stelle, sondern näher bei den Deichselstangen und schüttelte den Kopf, der ihm von den Zügeln, auf die er getreten war, nach unten gezogen wurde. Wie sich herausstellte, war Wassilij Andrejitsch in derselben Mulde versunken, in der Nikita und er schon einmal steckengeblieben waren. Auch erwies sich, daß Muchortyj ihn zum Schlitten zurückgeführt hatte und daß er kaum fünfzig Schritt von der Stelle entfernt, an der der Schlitten stand, vom Pferd gesprungen war.

9

Nachdem sich Wassilij Andrejitsch mit Mühe und Not bis zum Schlitten geschleppt hatte, hielt er sich daran fest und blieb, bemüht, sich zu beruhigen und zu verschnaufen, dort lange unbeweglich stehen. Auf seinem früheren Platz war Nikita nicht mehr, doch im Schlitten lag etwas, das schon über und über mit Schnee bedeckt war, und Wassilij Andrejitsch erriet, daß das Nikita war. Wassilij Andrejitschs Furcht war jetzt völlig verflogen, und wenn er etwas fürchtete, dann nur jenen schrecklichen Zustand der Angst, in dem er sich bei seinem Ritt und besonders dann befunden hatte, als er mutterseelenallein mitten in den Schneemassen zurückgeblieben war. Um keinen Preis durfte er sich von dieser Furcht überwältigen lassen, und damit das nicht geschah, mußte er etwas tun, sich mit irgend etwas beschäftigen. Das erste, was er tat, war daher auch, daß er dem Wind den Rücken zukehrte und seinen Pelz öffnete. Dann, sobald er sich ein wenig verschnauft hatte, schüttelte er den Schnee aus den Stiefeln und dem linken Handschuh – der rechte war unwiederbringlich verloren und lag vermutlich schon irgendwo zwei Tschetwert tief unter dem Schnee –, zog den Gürtel wieder unterhalb der Taille straff, wie er es zu machen pflegte, wenn er vor den Laden trat, um den Bauern ihr Korn abzukaufen, das sie auf Fuhrwerken herbeigeschafft hatten, und rüstete sich, etwas zu tun. Das erste, was er in Angriff nahm, war, daß er den Fuß des Pferdes befreite. Nachdem er das geschafft und auch die Zügel freibekommen hatte, band Wassilij Andrejitsch Muchortyj wieder an der früheren Stelle – an einem Eisenbügel an der Vorderwand des Schlittens – an und ging nun von hinten an das Pferd heran, um Hintergeschirr, Sattelzeug und Sackleinen in Ordnung zu bringen. Doch in diesem Augenblick bemerkte er, daß sich im Schlitten etwas bewegte und Nikitas Kopf aus dem Schnee, mit dem er völlig bedeckt war, auftauchte. Es kostete Nikita, der schon halb erfroren war, offensichtlich große Mühe, sich aufzurichten, und als er sich dann endlich hingesetzt hatte, schwenkte er irgendwie seltsam, so, als wolle er Fliegen verscheuchen, die Hand vor seinem Gesicht hin und her. Während er diese Handbewegung machte, sagte er etwas, rief, wie es Wassilij Andrejitsch vorkam, ihn zu sich. Wassilij Andrejitsch hörte auf, das Sackleinen zurechtzurücken, und trat an den Schlitten heran.

»Was willst du?« fragte er. »Was hast du mir zu sagen?«

»Ich ste-ster-be«, stieß Nikita mühsam, mit brechender Stimme hervor. »Was mir noch an Lohn zusteht, das gib meinem Jungen oder meiner Frau, wie's dir beliebt.«

»Bist du denn schon völlig erfroren?« fragte Wassilij Andrejitsch.

»Mein Tod ist nahe, ich fühle es ... Vergib mir um Christi willen ...«, bat Nikita mit weinerlicher Stimme und fuchtelte immer noch, als wolle er Fliegen verscheuchen, mit den Händen vor seinem Gesicht herum.

Sekundenlang stand Wassilij Andrejitsch stumm und regungslos da, dann trat er plötzlich, mit derselben Entschlossenheit, mit der er einen vorteilhaften Kauf durch Handschlag zu bekräftigen pflegte, einen Schritt zurück, krempelte die Ärmel seines Pelzes hoch und begann mit beiden Händen den Schnee von Nikita herunterzuscharren und aus dem Schlitten zu schaufeln. Als er das geschafft hatte, nahm er hastig seinen Gürtel ab, öffnete den Pelz und legte sich, nachdem er Nikita einen Stoß versetzt hatte, auf ihn, ihn so nicht nur mit dem Pelz, sondern mit seinem ganzen warmen, erhitzten Körper bedeckend. Die Schöße seines Pelzes stopfte er mit den Händen zwischen die Schlittenwand und Nikita, den Saum hielt er mit den Knien fest, und so lag er denn bäuchlings da, mit dem Kopf an die vordere Schlittenwand stoßend, und hörte jetzt weder die Bewegungen des Pferdes noch das Pfeifen des Sturms, sondern lauschte nur auf Nikitas Atemzüge. Nikita lag zunächst lange regungslos da, dann stieß er einen lauten Seufzer aus und rührte sich.

»Na also, und du redest vom Sterben. Lieg nur da, erwärm dich, so machen wir's ...«, begann Wassilij Andrejitsch.

Doch zu seiner größten Verwunderung konnte er nicht weitersprechen, weil ihm Tränen in die Augen traten und sein Unterkiefer zu zucken begann. Er verstummte und schluckte bloß den Kloß hinunter, den er plötzlich in der Kehle hatte. Bin, wie's scheint, rührselig geworden und schwach, dachte er von sich. Doch diese Schwäche ärgerte ihn nicht nur nicht, sondern bereitete ihm eine ganz besondere Freude, wie er sie noch nie zuvor empfunden hatte.

»Ja, so machen wir's«, wiederholte er und fühlte dabei eine eigentümliche feierliche Rührung. Eine ganze Weile lag er schweigend da, wischte sich nur immer wieder die Augen an der Innenseite seines Pelzes ab und stopfte sich den rechten

Schoß des Pelzes, der vom Wind ständig umgeschlagen wurde, unter die Knie.

Doch gar zu gern hätte er mit jemandem über seine freudige Gemütsverfassung gesprochen.

»Nikita!« rief er.

»Gut ist's, richtig warm«, kam es von unten, ihm zur Antwort, zurück.

»Ja, Bruderherz, um ein Haar wär ich umgekommen. Und auch du wärst erfroren, und ich ...«

Aber hier begann sein Unterkiefer von neuem zu zucken, seine Augen füllten sich wieder mit Tränen, und er konnte nicht weitersprechen.

Macht nichts, dachte er. Was ich von mir weiß, das weiß ich auch so.

Und er verstummte. Lange lag er so da.

Ihm war warm – von unten wärmte ihn Nikita, von oben sein Pelz; nur die Hände, mit denen er die Schöße seines Pelzes um Nikita herumhielt, und die Füße, von denen der Wind in einem fort den Pelz zurückschlug, begannen ihm zu frieren. Besonders fror seine rechte Hand, deren Handschuh er verloren hatte. Doch er dachte weder an seine Füße noch an seine Hände, sondern nur daran, wie er den unter ihm liegenden Knecht erwärmen könne.

Etliche Male schaute er zu Muchortyj hinüber und sah, daß der Rücken des Pferdes unbedeckt war und Sackleinen samt Hintergeschirr im Schnee lagen. Er hätte aufstehen und den Hengst zudecken müssen, aber er konnte sich nicht entschließen, Nikita auch nur einen Augenblick lang allein zu lassen und die freudige Stimmung zu zerstören, in der er sich befand. Seine Furcht war jetzt wie weggeblasen.

Er wird sich bestimmt wieder erholen, sagte sich Wassilij Andrejitsch, stolz darauf, den Knecht zu erwärmen, mit derselben Selbstgefälligkeit, mit der er von seinen Käufen und Verkäufen zu sprechen pflegte.

So lag er eine Stunde, eine zweite und eine dritte, ohne zu merken, wie die Zeit verging. Anfangs beschäftigte sich seine

Phantasie mit den Eindrücken vom Schneesturm, dann kreisten seine Gedanken um das Pferd, das da unter dem Krummholz stand, und um die vor seinen Augen hin und her schwankenden Deichselstangen, und auch Nikita, der unter ihm lag, kam ihm in den Sinn. Nun mischten sich in diese Erinnerungen andere – Erinnerungen an den Feiertag, an seine Frau und den Landpolizeihauptmann, an den Kerzenkasten und wieder an Nikita, der jetzt unter diesem Kasten lag. Alsdann zogen vor seinem geistigen Auge Bauern vorüber, die kauften und verkauften, weiße Wände und mit Eisenblech gedeckte Häuser, unter denen auch wieder Nikita lag. Hierauf vermengte sich das alles, eins ging ins andere über, und so, wie sich die Farben des Regenbogens zu einem einzigen weißen Licht vereinigen, verschmolzen all die verschiedenen Eindrücke und Vorstellungen zu einem einzigen Nichts, und er schlief ein. Lange und traumlos schlief er, doch gegen Morgen stellten sich wieder Träume ein. Ihm träumte, daß er vor dem Kerzenkasten stand und Tichons Frau ihn um eine Fünfkopekenkerze zum Feiertag bat, und er wollte diese Kerze auch herausnehmen und ihr geben, doch er konnte seine Hände, die, zu Fäusten geballt, in den Taschen steckten, nicht heben. Er wollte um den Kasten herumgehen, aber seine Füße bewegten sich nicht von der Stelle, und die blankgeputzten neuen Galoschen waren am Steinfußboden angewachsen, und er vermochte sie weder davon zu lösen noch die Füße aus ihnen herauszuziehen. Und auf einmal war der Kerzenkasten kein Kerzenkasten mehr, sondern ein Bett, und Wassilij Andrejitsch sah sich selbst bäuchlings auf dem Kerzenkasten, das heißt zu Hause in seinem Bett liegen. Er lag im Bett und konnte nicht aufstehen. Er mußte sich aber erheben, weil gleich Iwan Matwejitsch, der Landpolizeihauptmann, kommen würde, um ihn abzuholen, und er unbedingt mit ihm gehen mußte, entweder um den Wald zu kaufen oder um Muchortyjs Hintergeschirr in Ordnung zu bringen. Er erkundigte sich bei seiner Frau: »Na, sag mal, Nikolajewna, ist er noch nicht gekommen?« Und sie darauf: »Nein, er ist noch nicht da.« Dann hörte er jemanden vor der Außentreppe vorfahren. Das mußte er sein. Nein, der Wagen fuhr weiter. »Nikolajewna, he, Nikolajewna, ist er immer noch nicht da?« »Nein.« Und so lag er denn im Bett, konnte und konnte nicht aufstehen, wartete und wartete, und bei diesem Warten wurde ihm unheimlich und doch auch wieder wohl zumute. Und auf einmal geschah das Erfreuliche: Der, den er erwartet hatte, kam, war aber gar nicht Iwan Matwejitsch, der Landpolizeihauptmann, sondern ein anderer – der nämlich, auf den er wartete. Er kam und rief ihn, und dieser, der ihn da rief, war derselbe, der ihm geboten hatte, sich auf Nikita zu legen. Wassilij Andrejitsch freute sich, daß dieser Jemand nun da war, ihn zu holen. »Ich komme!« schrie er froh, und dieser Schrei war es auch, der ihn weckte. Er wachte auf, doch er erwachte als ein ganz anderer Mensch, war nicht mehr der, als der er eingeschlafen war. Er wollte aufstehen – und vermochte es nicht, wollte die Hand heben – und war nicht dazu imstande, und auch der Fuß ließ sich nicht bewegen. Dann wollte er den Kopf wenden – auch das konnte er nicht. Er wunderte sich, empfand indessen nicht den geringsten Verdruß darüber. Er begriff, daß sein Ende nahe war, aber selbst das machte ihn nicht im geringsten traurig oder ärgerlich. Nun erinnerte er sich, daß Nikita unter ihm lag, daß er sich erwärmt hatte und lebte, und ihm schien es, als sei er selbst Nikita, Nikita aber er, als sei sein eigenes Leben nicht mehr in ihm selbst, sondern auf Nikita übergegangen. Er strengte sein Gehör an und hörte die Atemzüge, ja sogar ein leichtes Schnarchen Nikitas. Nikita lebt, sagte er sich triumphierend, also lebe auch ich.

An sein Geld dachte er, an seinen Laden, sein Haus, seine Käufe und Verkäufe und an die Millionen der Mironows, und er konnte es kaum fassen, warum dieser Mensch mit Namen Wassilij Brechunow sich mit alledem beschäftigt und so großes Gewicht darauf gelegt hatte. Nun, er hat eben nicht gewußt, worauf es wirklich ankommt, dachte er über jenen Wassilij Brechunow. Hat nicht gewußt, was ich jetzt weiß.

Jetzt wirklich ganz gewiß weiß. Ja, jetzt weiß ich es. Und wieder hörte er den Ruf desjenigen, der ihn schon vorhin gerufen hatte. »Ich komme, ich komme!« gab, freudig und gerührt, sein ganzes Wesen zur Antwort. Und er fühlte, er war frei, und nichts hielt ihn mehr zurück.

In dieser Welt sollte Wassilij Andrejitsch nichts mehr sehen, hören oder fühlen.

Ringsum herrschte noch immer Schneetreiben. Immer noch tobte der Sturm, wirbelte Schnee auf und überschüttete damit den Pelz des toten Wassilij Andrejitsch, den am ganzen Leib zitternden Muchortyj und den kaum noch erkennbaren Schlitten mit dem darin liegenden Nikita, der sich unter seinem schon toten Herrn langsam erwärmte.

10

Gegen Morgen wachte Nikita auf. Geweckt hatte ihn die Kälte, die ihm allmählich wieder den Rücken hinaufkroch. Ihm hatte geträumt, daß er, von der Mühle kommend, mit einer Fuhre Mehl für seinen Herrn auf dem Heimweg war, beim Überqueren eines Baches die Brücke verfehlt hatte und mit dem Fuhrwerk steckengeblieben war. Im Traum sieht er sich unter das Fuhrwerk kriechen und versuchen, es mit dem Rücken hochzustemmen. Doch merkwürdig, die Fuhre bewegt sich nicht von der Stelle, sie bleibt ihm am Rücken kleben, und er kann sie darum weder anheben noch darunter hervorkommen. Es ist, als zermalme sie ihm das Kreuz. Und kalt ist sie, diese Fuhre! Er muß darunter hervorkriechen, koste es, was es wolle. Genug! ruft er dem zu, der ihm, wie er meint, mit der Fuhre den Rücken zerquetscht. Nimm die Säcke heraus! Doch die Fuhre lastet immer schwerer auf ihm und wird kälter und kälter, und auf einmal vernimmt er ein starkes Klopfen, wodurch er endgültig wach wird und sich plötzlich wieder an alles erinnern kann. Die kalte Fuhre – das ist sein erfrorener toter Herr, der auf ihm liegt. Und das Klopfen rührt daher, daß

Muchortyj mit den Hufen zweimal gegen die Schlittenwand geschlagen hat.

»Andrejitsch, he, Andrejitsch!« ruft Nikita, obschon er die traurige Wahrheit bereits ahnt, behutsam seinen Herrn an und versucht, sich von der Last auf seinem Rücken zu befreien.

Doch Andrejitsch gibt kein Lebenszeichen, und sein Bauch und seine kräftigen Beine ruhen, Gewichten gleich, kalt und schwer auf Nikita.

Er wird wohl gestorben sein. Gott hab ihn selig! denkt Nikita.

Er dreht den Kopf hin und her, schiebt den Schnee vor sich mit der Hand fort und schlägt die Augen auf. Inzwischen ist es hell geworden, doch noch immer pfeift der Wind um die Deichselstangen, und noch immer herrscht Schneetreiben, nur mit dem Unterschied, daß der Schnee nicht mehr gegen die Außenwand des Schlittens peitscht, sondern sich lautlos höher und höher auf Schlitten und Pferd legt, und weder Bewegungen noch Atemzüge des Hengstes sind zu hören. Muchortyj wird wohl auch erfroren sein, denkt Nikita. Und in der Tat, die Hufschläge gegen den Schlitten, die Nikita geweckt hatten, waren die letzten Anstrengungen des vor Kälte schon ganz erstarrten Hengstes, sich auf den Beinen zu halten, vor seinem Tode gewesen.

»Himmlischer Vater, nun rufst du also auch mich«, sagt Nikita. »Dein Wille geschehe. Aber bange ist mir doch. Nun, zweimal stirbt keiner, und um das eine Mal kommt man nicht herum. Wenn's nur schneller ginge ...« Und er steckt die Hand wieder unter den Rock und schließt die Augen, in der festen Überzeugung, jetzt ganz bestimmt und wahrhaftig zu sterben. Allmählich schwinden ihm die Sinne.

Schon um die Mittagszeit des nächsten Tages gruben Bauern mit Spaten Wassilij Andrejitsch und Nikita etwa dreißig Sashen von der Landstraße und eine halbe Werst vom Dorf entfernt aus dem Schnee.

Der Schnee hatte sich so hoch über dem Schlitten aufgetürmt, daß nur noch die Deichselstangen und das daran festgebundene Tuch zu sehen waren. Am ganzen Leib weiß, stand Muchortyj mit dem ihm vom Rücken gerutschten Hintergeschirr und Sackleinen bis an den Bauch im Schnee, den toten Kopf gegen den erstarrten Adamsapfel gepreßt; an den Nüstern hingen Eiszapfen, die Augen waren mit Reif bedeckt, und Tränen schienen darin gefroren zu sein. Er war in der einen Nacht so abgemagert, daß es den Anschein hatte, als bestehe er nur noch aus Haut und Knochen. Wassilij Andrejitsch wurde, steif und starr wie gefrorenes Schlachtvieh, so, wie er dalag, mit gespreizten Beinen, von Nikita heruntergewälzt. Seine vorstehenden Habichtsaugen waren von einer Eisschicht überzogen, sein weit geöffneter Mund unter dem gestutzten Schnurrbart war voller Schnee. Nikita hingegen, obschon auch völlig vereist, lebte noch. Als man ihn weckte, war er überzeugt, er sei schon tot, und alles, was mit ihm geschah, gehe nicht mehr in dieser Welt, sondern im Jenseits vor sich. Als er dann aber das Geschrei der Bauern hörte, die ihn ausgruben und den völlig erstarrten Wassilij Andrejitsch von ihm herunterwälzten, da wunderte er sich zunächst, daß die Bauern im Jenseits ebenso schrien und er einen ebensolchen Körper hatte wie auf Erden, doch als er begriff, daß er noch hier, in dieser Welt, weilte, empfand er darüber eher Verdruß als Freude, besonders als er spürte, daß ihm an beiden Füßen die Zehen erfroren waren.

Zwei Monate lag Nikita im Krankenhaus. Drei Zehen wurden ihm amputiert, die übrigen aber verheilten, so daß er wieder arbeiten konnte und noch zwanzig Jahre weiterlebte – zuerst als Knecht, später, auf seine alten Tage, dann als Wächter. Gestorben ist er erst in diesem Jahr, zu Hause, wie er es sich gewünscht hat, unter den Heiligenbildern mit einer brennenden Wachskerze in den Händen. Vor seinem Tod bat er seine alte Frau um Verzeihung und verzieh ihr ihrerseits, daß sie mit dem Böttcher zusammengelebt hatte. Dann nahm er Abschied von seinem Sohn und den Enkelkindern und starb, aufrichtig froh, daß er Sohn und Schwiegertochter durch seinen Tod von der Last eines unnützen Essers befreite und selbst nun wirklich und wahrhaftig aus dem irdischen Leben, dessen er schon lange überdrüssig geworden war, in jenes andere Leben übergehen sollte, das ihm mit jedem Jahr, ja mit jeder Stunde immer verständlicher und verlockender geworden war. Ob es ihm dort, wo er nach diesem nunmehr endgültigen Tod zu neuem Leben erwachte, besser oder schlechter ergeht, ob er enttäuscht wurde oder eben das vorfand, was er erwartet hatte – das werden wir alle bald erfahren.

Vater Sergius

1

In den vierziger Jahren kam es in Petersburg zu einer Begebenheit, die jedermann erstaunte. Ein blendend aussehender Mann, ein Fürst, Kommandeur der Leibschwadron eines Kürassierregiments, dem allgemein die baldige Ernennung zum Flügeladjutanten und damit eine glänzende Karriere unter Nikolaj I. vorausgesagt wurde, reichte einen Monat vor der Hochzeit mit einer schönen jungen Hofdame, die sich der besonderen Gunst der Zarin erfreute, seinen Abschied ein, löste das Verlöbnis mit seiner Braut, überließ sein kleines Gut der Schwester und reiste ab, in der Absicht, als Mönch in ein Kloster einzutreten. In den Augen all jener, die seine Beweggründe nicht kannten, erschien dieser Vorfall ungewöhnlich und unerklärlich; für den Fürsten Stepan Kassatskij selbst jedoch war all das so natürlich, daß er sich nicht einmal vorzustellen vermochte, wie er hätte anders handeln können.

Der Vater Stepan Kassatskijs, ein Gardeoberst a. D., starb, als der Sohn erst zwölf Jahre zählte. So sehr es die Mutter auch dauerte, den Sohn aus dem Haus geben zu müssen, sie brachte es doch nicht über sich, den Willen ihres verstorbenen Mannes zu mißachten, der für den Fall seines Todes verfügt hatte, den Sohn nicht zu Hause zu erziehen, sondern ihn in ein Kadettenkorps zu geben, und das tat sie denn auch. Die Witwe selbst aber übersiedelte mit ihrer Tochter Warwara nach Petersburg, um doch wenigstens dort zu wohnen, wo der Sohn lebte, und ihn an Feiertagen zu sich zu nehmen.

Der Knabe zeichnete sich durch glänzende Fähigkeiten und großen Ehrgeiz aus; infolgedessen überflügelte er alle anderen sowohl in den Wissenschaften, namentlich in der Mathematik, für die er eine besondere Vorliebe hegte, als auch im Exerzieren und im Reiten. Unerachtet seiner ungewöhnlichen Körpergröße war er ein hübscher, gewandter Jüngling. Darüber hinaus hätte er auch, was sein Benehmen anbetraf, ein mustergültiger Kadett sein können, wäre da nicht seine Neigung zum Jähzorn gewesen. Er trank nicht, hielt sich von Ausschweifungen aller Art fern und war bemerkenswert wahrheitsliebend. Das einzige, was ihn hinderte, den anderen zum Vorbild zu dienen, waren die Zornesausbrüche, die ihn von Zeit zu Zeit befielen und während deren er jegliche Selbstbeherrschung verlor und gleichsam zum wilden Tier wurde. Einmal hätte er einen anderen Kadetten, der sich über seine Mineraliensammlung lustig machte, um ein Haar aus dem Fenster geworfen. Ein andermal hätte er sich fast unglücklich gemacht: Er hatte dem Ökonomen eine ganze Schüssel mit Koteletts an den Kopf geschleudert, sich anschließend auf einen Offizier gestürzt und ihm, wie man sich erzählte, einen Schlag versetzt, weil der seine eigenen Worte in Abrede stellte und ihm dreist ins Gesicht log. Dafür wäre er vermutlich zum Gemeinen degradiert worden, wenn der Direktor der Kadettenanstalt die ganze Angelegenheit nicht vertuscht und den Ökonomen zum Teufel gejagt hätte.

Mit achtzehn Jahren wurde er im Range eines Offiziers aus dem Kadettenkorps entlassen und zu einem Garderegiment versetzt, dessen Offizierskorps sich durchweg aus Aristokraten rekrutierte. Zar Nikolaj Pawlowitsch kannte ihn schon vom Kadettenkorps her und zeichnete ihn danach auch im Regiment aus, so daß man ihm bereits seine baldige Ernennung zum Flügeladjutanten prophezeite. Auch Kassatskij selbst wünschte sich das sehnlichst, nicht nur aus Ehrgeiz, sondern vor allem, weil er den Zaren seit seiner Kadettenzeit leidenschaftlich liebte, ja geradezu vergötterte. Jedesmal, wenn der Zar das Kadettenkorps mit seinem Besuch beehrte – und das geschah oft genug –, wenn sich seine hohe Gestalt mit der gewölbten Brust, der gebogenen Nase über dem Schnurrbart und dem kurzgestutzten Backenbart im Uniformrock zeigte, wenn er mit forschem Schritt eintrat und die Kadetten mit donnernder Stimme begrüßte, hatte Kassatskij eine Begeisterung empfunden, wie sie ein Verliebter empfindet, wenn er dem Gegenstand seiner Liebe begegnet. Doch Kassatskijs schwärmerische Begeisterung für den Zaren war noch stärker. Ihn verlangte danach, diesem seine grenzenlose Ergebenheit zu beweisen und ihm alles zu opfern, und sei es sein Leben. Der Zar wußte, daß er solche Begeisterung hervorrief, und schürte sie bewußt. Er spielte mit den Kadetten, scharte sie um sich und sprach mit ihnen bald in kindlich einfachem, bald in freundschaftlichem, bald in feierlich-erhabenem Ton. Nach jener letzten Affäre, die Kassatskij mit dem Offizier gehabt hatte, machte der Zar Kassatskij keinerlei Vorhaltungen, doch als dieser nahe an ihn herangetreten war, schob er ihn theatralisch ein Stück von sich fort, runzelte die Stirn, drohte mit dem Finger und sagte später, als er schon im Abfahren begriffen war:

»Seien Sie stets eingedenk, daß mir alles bekannt ist, aber bestimmte Dinge will ich gar nicht wissen. Aber sie sind hier.«

Und er deutete auf sein Herz.

Als sich die entlassenen Kadetten dann beim Zaren meldeten, erwähnte er nichts mehr von jenem Zwischenfall, sondern sagte nur, wie er das immer zu tun pflegte, sie alle könnten sich jederzeit unmittelbar an ihn wenden, sie sollten ihm und dem Vaterland allewege treu dienen, er aber werde stets ihr bester Freund bleiben. Wie immer waren alle gerührt, und Kassatskij brach, als er sich das Gewesene ins Gedächtnis rief, in Tränen aus und gelobte, dem geliebten Zaren mit allen seinen Kräften zu dienen.

Nachdem Kassatskij ins Regiment eingetreten war, übersiedelten Mutter und Schwester zunächst nach Moskau, später aufs Land. Kassatskij trat der Schwester die Hälfte seines Vermögens ab. Das, was ihm verblieb, reichte gerade aus, um in dem feudalen Regiment, in dem er diente, seinen Lebensunterhalt bestreiten zu können.

Rein äußerlich schien Kassatskij ein keineswegs außergewöhnlicher junger Gardeoffizier zu sein, der allerdings im Begriff stand, eine glänzende Karriere zu machen, in seinem Inneren aber ging ständig eine komplizierte, angestrengte

Arbeit vor sich. Diese scheinbar höchst mannigfaltige, im Grunde genommen jedoch immer gleiche Arbeit nahm ihn schon seit seiner Kindheit in Anspruch und bestand darin, alle Aufgaben, mit denen er auf seinem Weg konfrontiert wurde, bravourös zu meistern und dabei einen Erfolg zu erringen, der bei anderen Lob und Bewunderung hervorrief. Als es, noch während seiner Kadettenzeit, darum ging, sich wissenschaftliche Kenntnisse anzueignen, hatte er sich auf den Hosenboden gesetzt und so lange gearbeitet, bis man ihn lobte und den anderen zum Vorbild hinstellte. Hatte er ein Ziel erreicht, strebte er sogleich ein neues an. So hatte er den ersten Platz bei der Meisterung der wissenschaftlichen Fächer errungen, so hatte er, als er, noch im Kadettenkorps, bemerkte, daß seine französische Konversation zu wünschen übrigließ, alles daran gesetzt, das Französische ebensogut zu beherrschen wie das Russische, und sein Ziel schließlich auch erreicht. Und als er sich dann dem Schachspiel zuwandte, hatte er, gleichfalls noch als Kadett, sich schon bald zu einem ausgezeichneten Spieler entwickelt.

Abgesehen von der allgemeinen Lebensaufgabe, die für ihn darin bestand, dem Zaren und dem Vaterland zu dienen, stellte er sich stets auch noch ein ganz besonderes Ziel, und so unbedeutend es auch sein mochte, er ruhte nicht eher, als bis er es erreicht hatte. Doch sobald er ein gestecktes Ziel erreicht hatte, tauchte in seinem Bewußtsein sogleich ein anderes auf und trat an die Stelle des bisherigen. Dieses Bestreben, sich auszuzeichnen und, damit das geschah, das jeweils gesteckte Ziel zu erreichen, füllte sein Leben aus. So hatte er sich nach Erlangung des Offiziersranges das Ziel gesetzt, sich das im Dienst benötigte Wissen so vollkommen wie nur möglich anzueignen, und war schon bald ein vorbildlicher Offizier geworden, wenn auch wieder mit dem Mangel einer nicht zu unterdrückenden Neigung zum Jähzorn behaftet, durch die er sich im Dienst auch zu Handlungen hinreißen ließ, die seinem Erfolg abträglich waren. Einmal, als ihm bei einer Unterhaltung während einer Gesellschaft seine mangelnde

Allgemeinbildung bewußt wurde, nahm er sich vor, diese Wissenslücken zu schließen, setzte sich hinter die Bücher und erreichte, was er gewollt hatte. Dann ließ ihn der Gedanke nicht ruhen, sich eine glänzende Stellung in der vornehmen Gesellschaft zu verschaffen; so nahm er denn Tanzunterricht, wurde ein ausgezeichneter Tänzer und erreichte sehr bald, daß man ihn zu allen Bällen und den meisten Abendgesellschaften der großen Welt einlud. Doch auch das befriedigte ihn noch nicht. Er war es gewöhnt, überall der erste zu sein, das aber war er hier bei weitem nicht.

Die höheren Gesellschaftskreise bestanden damals und bestehen, wie ich glaube, immer und überall aus vier Sorten von Menschen; erstens aus Leuten, die reich sind und zum Hofe gehören; zweitens aus Leuten, die zwar nicht reich, dafür aber in Hofkreisen geboren und aufgewachsen sind; drittens aus reichen Leuten, die sich durch Liebedienerei bei den Hofkreisen einzuschmeicheln suchen; und viertens aus Leuten, die weder reich sind noch zum Hof gehören, sich aber bei der ersten und der zweiten Personengruppe anbiedern. Kassatskij gehörte nicht zu den beiden ersten Kategorien, war jedoch in Kreisen, in denen die beiden letzten Personengruppen verkehrten, ein gern gesehener Gast. Selbst bei seinem Eintritt in die Gesellschaft hatte er sich ein Ziel gesetzt, und zwar mit einer Dame der Gesellschaft ein Verhältnis anzufangen, und es, überraschend für sich selbst, auch schnell erreicht. Doch sehr bald schon merkte er, daß es noch höhere Kreise gab als jene, in denen er verkehrte, und daß er in diesen allerhöchsten Hofkreisen zwar empfangen wurde, aber doch ein Fremder war; man war höflich zu ihm, ließ ihn aber doch durch die ganze Art, wie man ihn behandelte, fühlen, daß er nicht hierher gehöre. Kassatskij aber wünschte nichts sehnlicher, als zu diesen Kreisen zu gehören. Um das zu erreichen, hätte er entweder Flügeladjutant sein – was er auch zu werden hoffte – oder in diese Kreise einheiraten müssen. Er faßte den Entschluß, letzteres zu tun. Seine Wahl fiel dabei auf eine junge Hofdame, eine ausgesprochene Schönheit, die nicht nur jenen Gesellschaftskreisen angehörte, in die er aufgenommen werden wollte, sondern deren Gunst selbst höchstgestellte und angesehene Vertreter der obersten Gesellschaftsschicht zu erlangen suchten. Es war dies die Komtesse Korotkowa. Nicht allein um seiner Karriere willen begann Kassatskij der Komtesse den Hof zu machen, nein, er fand sie auch ungewöhnlich anziehend und verliebte sich bald in sie. Anfangs behandelte sie ihn besonders kühl, doch dann war sie plötzlich wie umgewandelt und fortan außerordentlich freundlich zu ihm, und ihre Mutter lud ihn besonders nachdrücklich immer wieder in ihr Haus ein.

Kassatskij hielt um die Hand der Komtesse an, und sein Antrag wurde angenommen. Er war erstaunt, wie leicht er dieses Glück erreicht hatte, wunderte sich zugleich aber auch über eine gewisse Zurückhaltung, die er bei Mutter wie Tochter im Umgang mit ihm wahrzunehmen meinte. Doch da er bis über beide Ohren verliebt, ja blind vor Liebe war, blieb ihm ein Geheimnis, was fast jeder in der Stadt wußte, daß nämlich seine Braut noch vor einem Jahr die Mätresse des Zaren gewesen war.

2

Zwei Wochen vor dem für die Hochzeit festgesetzten Tag war Kassatskij im Landhaus der Familie seiner Braut in Zarskoje Selo zu Gast. Es war ein heißer Maientag. Das Brautpaar erging sich ein Weilchen im Park und ließ sich dann auf einer der Bänke, die in der schattigen Lindenallee standen, nieder, Mary sah in ihrem weißen Mullkleid hinreißend schön aus. Sie schien die Personifizierung der Unschuld und Liebe zu sein. Während sie so dasaß, senkte sie bald den Kopf, bald blickte sie zu dem großen schönen Mann auf, der besonders zartfühlend und behutsam mit ihr sprach und ängstlich darauf bedacht war, mit keiner seiner Gebärden, keinem seiner Worte die engelgleiche Reinheit seiner Braut zu beleidigen und zu entweihen. Kassatskij gehörte zu jenen Männern der vierziger Jahre, die es heute nicht mehr gibt – zu jenen Männern, die für sich selbst bewußt das Recht auf ein ausschweifendes Leben in Anspruch nahmen und das auch in ihrem Inneren nicht verurteilten, von ihrer künftigen Frau jedoch eine ideale, himmlische Reinheit verlangten, eben diese himmlische Reinheit bei allen jungen Mädchen ihrer Kreise von vornherein voraussetzten und sie auch demgemäß behandelten. Im Hinblick auf die Unmoral, die sich die Männer erlaubten, war eine solche Meinung sicher falsch und schädlich, doch in bezug auf die Frauen scheint mir diese Einstellung, die sich so grundlegend von den Ansichten der heutigen jungen Männer unterscheidet, die in jedem jungen Mädchen allein das Weib sehen, das einen Gefährten sucht, dennoch von Nutzen gewesen zu sein. Angesichts einer solchen Vergötterung waren die jungen Mädchen damals denn auch bestrebt, mehr oder weniger Göttinnen zu gleichen. Eine solche Meinung über die Frauen vertrat auch Kassatskij, und von dieser Warte aus betrachtete er auch seine Braut. An jenem Tag nun war er besonders verliebt, und seine Gefühle für seine Braut waren frei von jeder Sinnlichkeit, er sah sie im Gegenteil mit einer gewissen Rührung an, als sei sie etwas Unerreichbares.

Er erhob sich, richtete sich zu seiner ganzen imposanten Größe auf und stellte sich, beide Hände auf den Säbelgriff gestützt, vor sie hin.

»Erst jetzt habe ich das volle Glück erkannt, das ein Mensch empfinden kann. Und Sie, du«, verbesserte er sich, schüchtern lächelnd, »hast mir dieses Glück gegeben!«

Er befand sich in jener Phase, da ihm das Du noch nicht so recht über die Lippen wollte und er, der zudem moralisch tief unter ihr zu stehen meinte, eine gewisse Scheu davor empfand, diesen Engel zu duzen.

»Ich habe mich selbst durch ... dich erkannt, habe erkannt, daß ich besser bin, als ich glaubte.«

»Das weiß ich schon lange. Eben deshalb habe ich Sie ja auch liebgewonnen.«

Ganz in der Nähe begann eine Nachtigall zu schlagen, und das frische Laub der Bäume bewegte sich, da ein leichtes Lüftchen aufgekommen war.

Er nahm ihre Hand und küßte sie, und Tränen traten ihm in die Augen. Sie begriff, er dankte ihr dafür, daß sie ihm ihre Liebe gestanden hatte. Schweigend ging er ein Weilchen auf und ab, trat dann wieder zu ihr und setzte sich.

»Sie, du mußt wissen, nun, es ist ja einerlei, ich habe nicht aus uneigennützigen Empfindungen heraus deine Liebe erstrebt, ich wollte durch dich Zugang zur großen Welt erhalten, doch später dann ... Wie nichtig ist das alles im Vergleich mit dir geworden, nun, da ich dich richtig kenne. Du zürnst mir deswegen doch nicht?«

Sie blieb ihm die Antwort schuldig, berührte nur mit ihrer Hand die seine.

Er begriff, das sollte bedeuten: Nein, ich zürne dir nicht!

»Ja, du sagtest gerade ...«, er stockte, allzu vermessen erschien ihm das, was er fragen wollte, »du sagtest, du habest mich liebgewonnen, und ich glaube dir, aber, verzeih, mir scheint, es gibt daneben noch etwas, das dich beunruhigt und bedrückt. Was ist das?«

Jetzt oder nie! dachte sie. Er wird es ohnehin erfahren. Aber jetzt wird er keinen Rückzieher mehr machen. Und wenn er es doch täte, ach, das wäre entsetzlich!

Sie umfaßte seine ganze hochgewachsene, edle und imposante Gestalt mit einem liebevollen Blick. Die Liebe, die sie für ihn empfand, war jetzt stärker als ihre Zuneigung zu dem Zaren, und hätte jenen nicht der Glorienschein des Imperators umgeben, sie hätte ihm nicht den Vorzug vor Kassatskij gegeben.

»Hören Sie mich an. Ich kann Ihnen die Wahrheit nicht länger verhehlen, ich muß Ihnen alles sagen. Sie fragen, was mich bedrückt? Es ist, nun, ich habe vor Ihnen schon jemanden geliebt.«

Sie legte ihre Hand mit flehentlicher Gebärde auf seinen Arm. Er schwieg.

»Sie wollen wissen, wen? Ja, ihn, den Zaren selbst.«

»Wir alle lieben ihn. Ich kann mir vorstellen, daß Sie im Institut ...«

»Nein, später. Im Institut war es nur schwärmerische Verehrung, die dann aber wieder verflogen ist. Doch ich muß Ihnen sagen ...«

»Nun, was denn?«

»Daß es später mehr war.«

Sie bedeckte das Gesicht mit den Händen.

»Wie? Sie haben sich ihm hingegeben?«

Sie schwieg.

»Als seine Mätresse?«

Sie blieb stumm.

Er sprang auf, und, bleich wie der Tod, mit bebenden Kinnladen, stand er vor ihr. Ihm fiel jetzt ein, wie freundlich ihm der Zar, als er ihm auf dem Newskij-Prospekt begegnete, zu seiner Verlobung gratuliert hatte.

»Mein Gott, was habe ich getan, Stiwa!« rief sie.

»Berühren Sie mich nicht! Fassen Sie mich nicht an! Oh, wie das schmerzt!«

Er drehte sich um und ging auf das Haus zu. Im Haus stieß er auf die Mutter.

»Wünschen Sie etwas, Fürst? Ich ...« Sie verstummte, als sie sein Gesicht sah. Ihm war plötzlich das Blut ins Gesicht geschossen.

»Sie haben es gewußt, und ich sollte als Deckmantel herhalten. Wenn Sie nicht Frauen wären!« schrie er auf, ballte seine gewaltige Faust gegen sie, machte auf dem Absatz kehrt und stürmte davon.

Wäre irgendein Privatmann der Geliebte seiner Braut gewesen, er hätte ihn getötet, doch es war der vergötterte Zar.

Schon anderntags reichte er seinen Abschied ein, ließ sich, unter dem Vorwand, krank zu sein, beurlauben und reiste aufs Land, um niemanden mehr sehen zu müssen.

Den Sommer verbrachte er auf seinem Gut und regelte seine Angelegenheiten. Als sich der Sommer dann aber seinem Ende zuneigte, kehrte er nicht nach Petersburg zurück, sondern begab sich zu einem Kloster, in das er als Mönch eintrat.

Seine Mutter hatte ihm geschrieben und von einem so entscheidenden Schritt abgeraten. Er hatte ihr geantwortet, die Berufung durch Gott gehe ihm über alle anderen Erwägungen, und er fühle sich berufen. Allein die Schwester, die ebenso stolz und ehrgeizig war wie ihr Bruder, verstand ihn.

Sie begriff, daß er Mönch wurde, um über jene erhaben zu sein, die ihm hatten zeigen wollen, daß sie über ihm standen. Und sie verstand ihn richtig. Dadurch, daß er Mönch wurde, bewies er, daß er all das verachtete, was in den Augen der anderen so wichtig und was auch ihm selbst während seiner Dienstzeit so bedeutsam erschienen war, und daß er sich dadurch auf eine ganz neue Höhe stellte, eine Höhe, von der er auf jene Leute herabsehen konnte, die er früher so beneidet hatte. Doch es war nicht, wie seine Schwester Warenka glaubte, dieses Gefühl allein, von dem er sich leiten ließ. Er wurde auch noch von einer anderen, wahrhaft religiösen Empfindung beherrscht, die Warenka nicht kannte und die, vermischt mit dem Gefühl des Stolzes und dem Wunsch, immer und überall der erste zu sein, ausschlaggebend für seinen Entschluß gewesen war. Die Enttäuschung und Kränkung durch Mary, seine Braut, die er für einen Engel gehalten hatte, war so groß, daß sie ihn in Verzweiflung stürzte, und wohin führte ihn diese Verzweiflung? – zu Gott, zu seinem Kinderglauben, der in ihm nie zerstört worden war.

3

Am Tag von Mariä Schutz und Fürbitte trat Kassatskij ins Kloster ein.

Der Abt des Klosters war ein Adliger und Verfasser wissenschaftlicher Schriften, ein Starez, der zu jener aus der Walachei kommenden Hierarchie von Mönchen gehörte, die sich ohne Murren ihrem erwählten Führer und Lehrer unterwarfen. Der Abt war ein Schüler des bekannten Starez Ambrosius, Schülers von Makarius, Schülers des Starez Leonidas, Schülers des Païsius Welitschkowskij. Diesem Abt als seinem Starez ordnete sich nun auch Kassatskij unter.

Abgesehen von dem Gefühl seiner Überlegenheit anderen gegenüber, das Kassatskij im Kloster empfand, bereitete es ihm ebenso wie bei allen Dingen, die er tat, auch im Kloster Freude, größtmögliche äußere wie innere Vollkommenheit zu erreichen. So, wie er im Regiment nicht nur ein untadeliger Offizier war, sondern darüber hinaus mehr vollbracht hatte, als von ihm verlangt wurde, und dadurch den Rahmen der Vollkommenheit erweitert hatte, so bemühte er sich nun auch, ein vollkommener Mönch zu sein: allzeit rastlos tätig, enthaltsam, demütig, sanft und rein nicht nur in seinen Taten, sondern auch in seinen Gedanken, und natürlich gehorsam. Namentlich die letzte Eigenschaft, die sich auch mit Vollkommenheit gleichsetzen ließ, erleichterte ihm das Leben. Wenn ihm manche der Vorschriften für das Leben der Mönche in dem nahe der Hauptstadt gelegenen Kloster auch nicht behagten, da sie ihn in Versuchung führten, so half ihm doch sein Gehorsam, sich darein zu schicken: Es steht mir nicht zu, sagte er sich dann, mir ein Urteil über dieses oder jenes anzumaßen, an mir ist es, gehorsam das zu tun, was man mich heißt, ob es nun gilt, bei den Reliquien Wache zu halten, auf der Chorestrade zu singen oder die Rechnungsführung für das Klosterhospiz zu besorgen. Jede Möglichkeit, zu zweifeln, woran auch immer, wurde von vornherein durch den Gehorsam, den er dem Abt schuldete, ausgeräumt. Wäre nicht das Gehorsamkeitsgebot gewesen, er würde sich durch die lange Dauer und Eintönigkeit der Gottesdienste, durch die Unruhe, die die Besucher verursachten, und durch die schlechten Eigenschaften mancher Brüder bedrückt gefühlt haben; jetzt aber wurde das alles nicht nur mit Freuden von ihm ertragen, sondern es bot ihm auch Trost und Halt im Leben. Ich weiß nicht, dachte er, wozu ich mir mehrmals am Tag ein und dieselben Gebete anhören muß, aber ich weiß, es ist nötig, und da ich weiß, daß es nötig ist, finde ich auch Gefallen daran. Der Abt hatte ihm erklärt, ebenso wie es leiblicher Nahrung zur Aufrechterhaltung des Lebens bedürfe, ebenso sei auch die geistige Nahrung – das kirchliche Gebet – zur Aufrechterhaltung des geistigen Lebens notwendig. Kassatskij glaubte daran, und der Gottesdienst, zu dem er, so früh am Morgen, zuweilen nur widerwillig aufstand, gab ihm auch wirklich unzweifelhafte Beruhigung und Freude. Freude bereitete ihm das Bewußtsein seiner Demut und der Unbestreitbarkeit aller vom Abt festgelegten Handlungen. Sein Lebensinteresse bestand jedoch nicht nur darin, seinen eigenen Willen mehr und mehr zu bezwingen und immer demütiger zu werden, sondern auch in der Erreichung aller christlichen Tugenden, die ihm in der ersten Zeit auch leicht erreichbar schienen. All sein Hab und Gut hatte er dem Kloster übereignet, und er bedauerte das auch nicht, neigte er doch nicht zur Faulheit. Demut gegenüber unter ihm Stehenden zu zeigen fiel ihm nicht nur leicht, sondern bereitete ihm sogar Vergnügen. Selbst der Sieg über die Sünde der Wollust – der Unersättlichkeit ebenso wie der Ausschweifung – kostete ihn keine Mühe. Namentlich vor dieser Sünde hatte ihn der Abt gewarnt, und Kassatskij freute sich, daß er frei davon war.

Einzig die Erinnerung an seine Braut quälte ihn, und nicht nur die Erinnerung, nein, auch die lebhafte Vorstellung, wie alles hätte kommen können, wäre es bei der Heirat geblieben. Unwillkürlich mußte er an eine weithin bekannte Favoritin des Zaren denken, die später geheiratet hatte und eine vortreffliche Ehefrau und Mutter geworden war. Ihr Mann aber bekleidete jetzt einen wichtigen Posten, besaß große Machtbefugnisse, hohes Ansehen und eine gute, reuige Gattin.

In guten Augenblicken fochten solche Gedanken Kassatskij nicht an. Wenn er sich dann das Gewesene ins Gedächtnis rief, freute er sich, solchen Versuchungen widerstanden zu haben. Aber es gab auch Augenblicke, in denen ihm all das, was den Inhalt seines Lebens ausmachte, auf einmal in trübem Licht erschien und er zwar nicht gerade aufhörte, an das zu glauben, was sein Leben erfüllte, aber nicht mehr sehen, sich nicht mehr vergegenwärtigen konnte, was ihn bewogen hatte, so zu leben, und dann wurde er von Erinnerungen und – schrecklich zu sagen! – von Reue über seine Wandlung ergriffen.

Rettung bot ihm in diesem Zustand der Gehorsam – die Arbeit und das Gebet, womit seine Tage ausgefüllt waren. Er betete wie gewöhnlich, verneigte sich vor den Ikonen und Reliquien, ja, er betete sogar noch mehr als sonst, doch nur mit den Lippen, nicht mit der Seele. Das währte einen, mitunter auch zwei Tage und verging dann wieder von allein, doch diese Tage waren schrecklich für ihn. Kassatskij hatte das Gefühl, sich nicht in seiner eigenen und nicht in der Gewalt Gottes zu befinden, sondern in der Hand irgendeiner fremden Macht. Alles, was er an solchen Tagen tun konnte und tat, war, wie der Abt es ihm geraten hatte – standhaft zu bleiben, nichts zu unternehmen und abzuwarten. Überhaupt lebte Kassatskij in dieser ganzen Zeit nicht nach seinem eigenen Willen, sondern nach dem des Abtes, und dieser Gehorsam seinem Starez gegenüber hatte etwas eigentümlich Beruhigendes für ihn.

Auf diese Weise verlebte Kassatskij in dem ersten Kloster, in das er eingetreten war, sieben Jahre. Am Ende des dritten Jahres wurde er zum Mönchpriester geweiht und trug fortan den Namen Sergius. Dieser feierliche Akt war für ihn ein bedeutsames inneres Erlebnis. Auch früher schon hatte er, wenn er das Abendmahl empfing, großen Trost und seelische Erbauung dabei empfunden; jetzt aber, da er selbst die Messe zelebrierte und anderen Absolution erteilte, geriet er in einen Zustand der Verzückung und Rührung. Doch nach und nach stumpfte diese Empfindung zunehmend ab, und als er einmal in der gedrückten Gemütsverfassung, in der er sich mitunter befand, den Gottesdienst abhielt, fühlte er, daß auch die verzückte Stimmung, in der er das sonst tat, vorübergehen würde. Und dieses Gefühl wurde auch wirklich immer schwächer, und er zelebrierte die Messe nur noch gewohnheitsgemäß.

Überhaupt empfand Sergius im siebten Jahr seines Klosterlebens mehr und mehr Langeweile. Alles, was er hatte lernen müssen, hatte er sich angeeignet, alles, was es zu erreichen galt, hatte er erreicht, und er sah nicht, was er noch hätte erstreben können.

So wurde er denn immer apathischer. Zu jener Zeit erfuhr er, daß seine Mutter gestorben war und Mary geheiratet hatte. Beide Nachrichten nahm er gleichgültig auf. Seine ganze Aufmerksamkeit, sein ganzes Interesse war jetzt auf sein Innenleben gerichtet.

Im vierten Jahr nach seiner Weihe zum Mönchpriester hatte der Metropolit ihm wiederholt Zeichen seiner besonderen Gunst gegeben, und der Abt sagte zu ihm, er dürfe sich nicht verweigern, falls man ihn mit einem höheren Amte betrauen sollte. Da regte sich in ihm der Ehrgeiz, ein Ehrgeiz, wie er einem Mönch nicht wohl anstand. Nicht lange, da wurde ihm ein Amt in einem nahe der Hauptstadt gelegenen Kloster angetragen. Er wollte ablehnen, doch der Abt gebot ihm, das Amt anzunehmen. Das tat er denn auch, verabschiedete sich vom Abt und übersiedelte in das andere Kloster.

Dieser Übertritt in das hauptstädtische Kloster war ein bedeutsames Ereignis in Sergius' Leben. An Versuchungen jeder Art fehlte es hier nicht, und Sergius mußte alle Kraft aufbieten, um ihnen zu widerstehen.

In seinem früheren Kloster war Sergius kaum durch weibliche Reize in Versuchung geführt worden, während er hier sehr unter solchen Anfechtungen zu leiden hatte, die sogar eine konkrete Form annahmen. Namentlich war es eine für ihren leichtsinnigen Lebenswandel bekannte Dame, die Sergius durch Schmeichelei für sich einzunehmen suchte. Sie knüpfte ein Gespräch mit ihm an und bat ihn, sie zu besuchen. Sergius lehnte dieses Ansinnen in strengem Ton ab, wurde sich jedoch mit Entsetzen bewußt, daß seine sinnliche Begierde durch die verführerische Erscheinung dieser Frau geweckt worden war. Darob erschrak er so sehr, daß er an jenen Starez, den Abt seines ersten Klosters, schrieb. Doch damit nicht genug, um sich im Zaum zu halten, rief er auch noch den ihm beigegebenen jungen Novizen, gestand ihm, seine Scham bezwingend, wie er beinahe schwach geworden sei, und bat ihn, auf ihn achtzugeben und ihn nirgendwohin zu lassen als zu Gottesdiensten und Bußübungen.

Eine große Versuchung bestand für Sergius darin, daß ihm der Abt dieses Klosters, ein gewandter Weltmann, der eine geistliche Karriere gemacht hatte, in höchstem Maße unsympathisch war. So sehr Sergius auch dagegen ankämpfte, er vermochte diese Antipathie dennoch nicht zu überwinden. Er bezwang sich, doch im Grunde seines Herzens blieb die Abneigung bestehen. Und eines Tages dann ging dieses tadelnswerte Gefühl mit ihm durch.

Er war schon das zweite Jahr im neuen Kloster, als es dazu kam. Und das geschah folgendermaßen. Am Tag von Mariä Schutz und Fürbitte wurde die Nachtmesse in der großen Kirche zelebriert. Viele Leute von auswärts hatten sich dazu eingefunden. Der Gottesdienst wurde vom Abt persönlich abgehalten. Vater Sergius stand auf seinem gewöhnlichen Platz und betete, das heißt, er befand sich in jener Kampfstimmung, in der er sich während der Gottesdienste, namentlich in der großen Kirche, stets befand, wenn er nicht selbst die Messe dort zelebrierte. Hervorgerufen wurde diese Kampfstimmung dadurch, daß ihn die Besucher reizten, all die feinen Herrschaften, besonders die Damen. Er bemühte sich, sie nicht zu sehen, nichts von alledem zu bemerken, was um ihn herum geschah: nicht zu sehen, wie ein Soldat sie geleitete und die Menge dabei auseinanderstieß, wie die Damen einander auf bestimmte Mönche hinwiesen – häufig sogar auf ihn selbst und einen weiteren gutaussehenden Mönch. Er war bestrebt, seiner Aufmerksamkeit gleichsam Scheuklappen anzulegen, um nichts anderes wahrzunehmen als den Glanz der Kerzen am Ikonostas, die Ikonen und die die Messe zelebrierenden Priester, um nichts anderes zu hören als die gesungenen oder gesprochenen Gebete und sich in dem Bewußtsein, seine Pflicht erfüllt zu haben, der Selbstvergessenheit zu überlassen, ein Gefühl, das er stets empfand, wenn er die so oft gehörten Gebete vernahm, die er schon im voraus hersagen konnte.

So stand er denn da, wobei er sich immer dann verneigte und bekreuzigte, wenn das geboten war, und innerlich einen Kampf mit sich ausfocht, indem er sich bald kalt verdammte, bald bewußt seine Gedanken und Empfindungen unterdrückte. In diesem Augenblick trat der Sakristan, Vater Nikodemus, gleichfalls eine große Versuchung für Vater Sergius – er warf Nikodemus insgeheim vor, daß jener vor dem Abt liebedienerte und sich bei ihm einzuschmeicheln suchte –, an ihn heran und sagte mit einer tiefen Verbeugung, der Abt lasse ihn zu sich in den Altarraum bitten. Vater Sergius zupfte seine Kutte zurecht, setzte die Mönchskappe auf und bahnte sich behutsam einen Weg durch die Menge.

»Lise, regardez à droite, c'est lui«, hörte er eine Frauenstimme sagen.

»Où, où? Il n'est pas tellement beau.«

Er wußte, daß man von ihm sprach. Und während er dies hörte, murmelte er, wie immer, wenn ihn die Versuchung ankam, die Worte »Und führe uns nicht in Versuchung« vor sich hin, um dann, den Kopf gesenkt, den Blick auf den Boden geheftet, am Lesepult vor dem Altar vorüberzugehen und, um die in Chorhemden steckenden Vorsänger herumschreitend, die in diesem Augenblick am Ikonostas vorbeikamen, durch die nördliche Tür in den Altarraum zu treten. Beim Eintreten bekreuzigte und verneigte er sich nach seiner Gewohnheit tief vor der Ikone, dann hob er den Kopf, und während er den Abt aus den Augenwinkeln ansah, ohne sich schon zu ihm umzuwenden, gewahrte er neben diesem die Gestalt eines anderen Mannes, an dessen Kleidung etwas aufglänzte.

In vollem Ornat stand der Abt, die kurzen rundlichen Ärmchen aus dem Meßgewand hervorstreckend, die Hände auf dem dicken Bauch gefaltet, an der Wand und sprach, während er die Tressen an seinem Ornat glattstrich, lächelnd mit einem Offizier in einer Uniform mit verschlungenem Monogramm und Achselschnüren auf den Schulterstücken, die Vater Sergius mit seinem während des Militärdienstes geschulten Auge als die eines Generals der Suite erkannte. Dieser General war kein anderer als sein ehemaliger Regimentskommandeur. Jetzt bekleidete er offenbar eine wichtige Stellung, und Vater Sergius merkte sofort, daß der Abt dies wußte und sich durch den Besuch des Generals geehrt fühlte, so sehr strahlte sein feistes rotes Gesicht unter der Glatze. Das verletzte und betrübte Vater Sergius, und dieses Gefühl verstärkte sich noch, als er vom Abt hörte, daß er, Vater Sergius, aus keinem anderen Grund herbeordert worden war, als die Neugier des Generals zu befriedigen, der seinen, wie er sich ausdrückte, früheren Regimentskameraden habe wiedersehen wollen.

»Sehr erfreut, Sie in Engelsgestalt zu erblicken«, sagte der General, indem er ihm die Hand reichte. »Hoffentlich haben Sie einen alten Kameraden nicht vergessen.«

Das von grauem Haar eingerahmte rote und lächelnde Gesicht des Abtes, dem deutlich anzusehen war, daß er alles billigte, was der General sagte, das gepflegte Gesicht des Generals mit dem selbstgefälligen Lächeln, der Geruch nach Branntwein, der seinem Mund entströmte, und der Duft nach Zigarren, der von seinem Backenbart ausging – all das empörte Vater Sergius. Er verneigte sich noch einmal vor dem Abt und erkundigte sich:

»Euer Hochwürden haben geruht, mich rufen zu lassen?« Er hielt inne, und mit seinem Gesichtsausdruck, seiner ganzen Haltung schien er zu fragen: Warum?

Der Abt sagte:

»Ja, damit Sie den Herrn General wiedersehen können.«

»Euer Hochwürden, ich habe mich von der Welt zurückgezogen, um ihren Versuchungen zu entfliehen«, entgegnete Vater Sergius erbleichend und mit bebenden Lippen. »Wozu setzen Sie mich dann ihnen hier aus? Während des Gottesdienstes und im Tempel des Herrn?«

»Geh, geh!« rief der Abt mit zornrotem, finsterem Gesicht.

Tags darauf bat Vater Sergius den Abt und seine Mitbrüder um Verzeihung für seinen Hochmut, doch nach der im Gebet verbrachten Nacht war in ihm zugleich der Entschluß gereift, daß er dieses Kloster verlassen müsse. So schrieb er denn seinem früheren Abt einen Brief, in dem er ihn anflehte, ihm die Rückkehr in das dortige Kloster zu gestatten. Er schrieb, er fühle sich zu schwach und unfähig, allein, ohne Hilfe des Abtes gegen die Versuchungen anzukämpfen. Und er zieh sich der Sünde der Hoffart. Mit der nächsten Post kam ein Brief von dem Abt, in dem jener ihm schrieb, schuld an allem sei sein Hochmut. Der Abt erklärte ihm, zu seinem Zornesausbruch sei es deshalb gekommen, weil er die Demut nur zur Schau trage, in Wirklichkeit aber nicht um Gottes willen, sondern aus Hochmut auf geistliche Ehrungen verzichtet habe. Seht her, habe er damit sagen wollen, ich bedarf all dessen nicht. Deshalb habe er auch das Verhalten seines jetzigen Abtes nicht ertragen können. Gott zuliebe habe ich allem entsagt, denke er, aber man führt mich vor wie ein wildes Tier. »Wenn Du dem Ruhm um Gottes willen entsagt hättest«, schrieb der Abt, »würdest Du das alles geduldig ertragen haben. Noch ist der weltliche Hochmut in Dir nicht erloschen. Oft habe ich über Dich nachgedacht, mein Sohn Sergius, und für Dich gebetet, und dies nun hat mir Gott, was Dich betrifft, eingegeben: Lebe weiter wie bisher und schicke Dich in alles! Vor kurzem ist mir zu Ohren gekommen, daß in der Einsiedelei beim Kloster von Tambino der Eremit Illarion das Zeitliche gesegnet hat. Achtzehn Jahre lang hat er dort gelebt. Der Abt jenes Klosters hat nun bei mir angefragt, ob ich nicht einen Mönch wüßte, der in dieser Einsiedelei leben möchte. Da kam Dein Brief gerade recht. Begib Dich zu Vater Païsius ins Kloster von Tambino – ich werde ihm unterdessen schreiben – und bitte ihn, Dich Illarions Klause beziehen zu lassen. Nicht, daß Du Illarion ersetzen könntest, aber Du bedarfst der Abgeschiedenheit, um Deinen Hochmut im Zaum zu halten. Möge Gott Dich segnen!«

Vater Sergius gehorchte seinem alten Lehrer; er zeigte dessen Brief dem Abt, und nachdem er seine Genehmigung zur Übersiedlung erhalten hatte, räumte er seine Zelle, übereignete all sein Hab und Gut dem Kloster und trat die Reise zur Einsiedelei von Tambino an.

Der Vorsteher des hiesigen Klosters, ein ausgezeichneter Hausvater aus dem Kaufmannsstand, empfing Vater Sergius einfach und ruhig und brachte ihn in Illarions früherer Klause unter, nachdem er ihm zuvor noch einen Novizen als Zellendiener beigegeben hatte; doch den zog er auf Wunsch Vater Sergius' wieder ab und ließ diesen allein in der Klause hausen. Jene war eigentlich eine in den Fels gehauene Grotte. In ihr war auch Illarion beigesetzt worden. Sein Grab befand sich im hinteren Teil der Klause, während der vordere eine Nische enthielt, die zum Schlafen diente und mit einer Strohmatratze, einem Tischchen und einem Regal mit Ikonen und Büchern ausgestattet war. Neben der Außentür, die sich abschließen ließ, war ein Wandbrett angebracht, und auf dieses Brett stellte einmal am Tag ein Mönch aus dem Kloster das Essen.

So wurde Vater Sergius zum Eremiten.

4

Schon das sechste Jahr lebte Vater Sergius nun als Einsiedler, als in der Butterwoche aus der benachbarten Stadt eine ausgelassene Gesellschaft reicher Leute – Herren wie Damen –, nachdem sie sich an Plinsen und Wein erlabt hatten, auf den Gedanken verfiel, eine Schlittenpartie in mehreren Troikas zu unternehmen. Die Gesellschaft bestand aus zwei Rechtsanwälten, einem reichen Gutsbesitzer, einem Offizier und vier Damen. Eine davon war die Gattin des Offiziers, eine andere die des Gutsbesitzers, die dritte eine noch unverheiratete Schwester des Gutsbesitzers und die vierte eine geschiedene

Frau, eine bildhübsche, reiche und etwas exzentrische Dame, die durch ihre Extravaganzen in der Stadt schon oft für Erstaunen und Verwirrung gesorgt hatte.

Das Wetter war wunderbar, die Straße glatt wie ein Parkettfußboden. An die zehn Werst mochte man so über Land gefahren sein, als haltgemacht und beratschlagt wurde, ob man weiterfahren oder doch lieber den Heimweg antreten solle.

»Wohin führt diese Straße?« erkundigte sich Madame Makowkina, jene besagte geschiedene und bildhübsche Frau.

»Nach Tambino. Von hier aus sind es noch zwölf Werst«, gab einer der Rechtsanwälte, der Frau Makowkina den Hof machte, Bescheid.

»Nun, und von dortaus?«

»Von dort führt der Weg nach L., über das Kloster.«

»Ist das dort, wo dieser Vater Sergius lebt?«

»Ja.«

»Kassatskij? Dieser schöne Eremit?«

»Ganz recht.«

»Mesdames! Messieurs! Lassen Sie uns zu Kassatskij fahren! In Tambino können wir uns ausruhen und eine Kleinigkeit zu uns nehmen.«

»Aber dann kommen wir bis zur Nacht nicht mehr nach Hause.«

»Halb so schlimm! Dann übernachten wir eben bei Kassatskij.«

»Soviel ich weiß, gibt es dort ein Klosterhospiz, wo man ganz gut essen und auch übernachten kann. Ich war schon einmal dort, als ich die Verteidigung von Machin übernommen hatte.«

»Nein, was mich betrifft, so werde ich bei Kassatskij übernachten.«

»Nun, das dürfte wohl selbst Ihnen unmöglich sein, so unwiderstehlich und allmächtig Sie sonst auch sind.«

»Unmöglich – mir? Wollen wir wetten, daß es mir gelingt?«

»Abgemacht! Sollten Sie es schaffen, bei ihm zu übernachten, können Sie sich von mir wünschen, was Sie wollen.«

»À discrétion.«

»Dasselbe erwarte ich auch von Ihnen!«

»Gewiß! So lassen Sie uns fahren!«

Die Kutscher wurden mit Branntwein bewirtet. Für sich selbst holte man die Proviantkiste mit Pastetchen, Wein und Konfekt hervor. Die Damen hüllten sich hierauf in ihre weißen Hundepelze ein. Die Kutscher stritten noch miteinander, wer an der Spitze fahren sollte, als einer von ihnen, ein verwegener junger Bursche, kurzerhand zur Seite abbog, mit der langen Peitsche fuchtelte, die Pferde durch Zuruf ermunterte – und schon begannen die Glöckchen zu läuten, die Kufen zu knirschen.

Leicht hin und her schwankend, setzte sich der Schlitten in Bewegung, und die Pferde, den Schwanz über dem mit Metallplättchen verzierten Hintergeschirr steil aufgebunden, liefen munter in gleichmäßigem Galopp. Der Kutscher ruckte von Zeit zu Zeit aufmunternd an den Zügeln, und die spiegelglatte Straße schien schnell hinter dem Schlitten zurückzugleiten. Der Rechtsanwalt und der Offizier, die in diesem Schlitten saßen, Frau Makowkina gegenüber, tischten ihrer Nachbarin erfundene Geschichten auf, während jene, fest in ihren Pelz eingehüllt, regungslos dasaß und ihren Gedanken nachhing. Alles ist immer ein und dasselbe, dachte sie, und alles ist abscheulich: die roten, glänzenden Gesichter, der Geruch nach Wein und Tabak, der von ihnen ausgeht, die immer gleichen Reden und Gedanken, und alles dreht sich um ein und dieselbe Niederträchtigkeit. Und alle sind sie zufrieden und überzeugt, daß es so sein müsse und sie auf diese Weise bis ans Ende ihrer Tage weiterleben könnten. Ich bringe das nicht fertig, ich komme um vor Langeweile. Ich möchte etwas erleben, das all dies aus den Fugen geraten läßt und um und um kehrt. Zum Beispiel so etwas wie jenen Unglücksfall, bei dem Leute aus Saratow, glaube ich, eine Schlittenpartie unternommen haben und dabei samt und sonders erfroren sind. Was wohl unsere Herren machen würden, wenn uns dergleichen widerführe? Wie sie sich wohl verhalten würden? Niederträchtig vermutlich. Jedem wäre es dann nur darum zu tun, seine eigene Haut zu retten. Und ich selbst würde auch nicht anders handeln. Doch ich bin wenigstens schön. Und das wissen sie auch. Wie aber steht es mit diesem Mönch? Sollte ihn meine Schönheit wirklich gleichgültig lassen? Das kann nicht sein. Für dieses eine sind sie alle zu haben. Wie auch jener Kadett, einst im Herbst. Was für ein Dummkopf er doch war ...

»Iwan Nikolajitsch!« sagte sie laut.

»Womit kann ich dienen?«

»Wie alt ist er eigentlich?«

»Wer?«

»Kassatskij doch.«

»Etwas über vierzig, glaube ich.«

»Und wie ist es, empfängt er alle Besucher?«

»Gewiß, aber nicht zu jeder beliebigen Tageszeit.«

»Decken Sie mir die Füße zu. Nicht so! Wie ungeschickt Sie doch sind! Weiter oben, noch weiter, so ist es recht. Aber meine Beine brauchen Sie mir dabei nicht zu zerquetschen.«

Unterdessen hatten sie den Wald erreicht, wo die Klause des Einsiedlers stand.

Sie stieg aus und hieß die anderen ruhig weiterfahren. Man suchte ihr dieses Vorhaben auszureden, aber sie wurde zornig und beharrte darauf, daß die anderen weiterfuhren. Daraufhin setzten die Schlitten ihre Fahrt fort, während sie in ihrem weißen Hundepelz in den Waldweg einbog. Der Rechtsanwalt war ausgestiegen und blieb, um zu sehen, was weiter geschehen würde.

5

Vater Sergius lebte nun schon das sechste Jahr in seiner Einsiedelei. Er zählte inzwischen neunundvierzig Jahre. Sein Leben war hart. Nicht weil ihm das Fasten und Beten schwergefallen wäre – das bereitete ihm keine Mühe –, sondern weil er so uneins mit sich selbst war, wie er es nicht erwartet hatte. Diese innere Zerrissenheit wurzelte zum einen in seinen Zweifeln an Gott, zum anderen in seiner sinnlichen Begierde. Und diese beiden feindlichen Anfechtungen überkamen ihn stets gemeinsam. Ihm schien allerdings, daß es sich dabei um zwei verschiedene feindliche Kräfte handelte, während es doch ein und dieselbe war. Sobald seine Zweifel besiegt waren, war auch die sinnliche Begierde besiegt. Er aber wähnte, er habe es mit zwei verschiedenen teuflischen Mächten zu tun, und so kämpfte er denn gegen jede von ihnen einzeln an.

Mein Gott! Mein Gott! dachte er. Warum gibst du mir nicht den Glauben. Die sinnliche Begierde? Nun, dagegen haben auch der heilige Antonius und andere angekämpft, doch sie hatten ihren Glauben. Bei mir hingegen gibt es Minuten, Stunden, ja Tage, da ich ihn nicht habe. Was soll mir die Welt mit all ihrer Herrlichkeit, wenn sie sündhaft ist und man ihr entsagen soll? Wozu hast du diese Versuchung geschaffen? Diese Versuchung? Führst du mich denn nicht in Versuchung, wenn ich den Freuden der Welt entsagen will, du mich aber zweifeln läßt, ob dies auch recht und ob es nicht müßig ist, sich auf ein Leben im Jenseits vorzubereiten, das es vielleicht gar nicht gibt? Und während er das dachte, wurde er von Entsetzen und Abscheu über sich selbst ergriffen. Niederträchtiger! Du Niederträchtiger! begann er sich selbst zu schelten. Und du willst ein Heiliger sein! Er kniete nieder zum Gebet. Doch er hatte kaum zu beten angefangen, da stellte er sich auf einmal lebhaft vor, wie er selbst im Kloster umhergewandelt war: in Mönchskappe und -kutte, mit erhabener Miene. Er schüttelte den Kopf. Nein, dachte er, das ist nicht recht. Das ist Täuschung. Anderen kann ich wohl etwas vormachen, aber nicht mir selbst und nicht Gott. Nicht ein erhabener Mensch bin ich, sondern ein erbärmlicher, lächerlicher. Und er schlug die Schöße seiner Kutte zurück, betrachtete seine erbarmungswürdig mageren Beine, die nur in Unterhosen steckten. Und lächelte.

Dann ließ er die Schöße wieder fallen und begann Gebete zu lesen, sich dabei unablässig bekreuzigend und verneigend. »Wird dieses Lager wirklich mein Grab werden?« las er, und ein Teufel schien ihm zuzuflüstern: »Ein einsames Lager ist ohnedies ein Grab. Und eine Lüge.« Vor seinem geistigen Auge sah er die Schultern der Witwe, mit der er früher einmal eine Liaison gehabt hatte. Er verabscheute dieses Bild seiner Phantasie und fuhr im Lesen fort. Er studierte die Statuten der Kirchenordnung, nahm dann das Evangelium zur Hand, schlug es auf und stieß auf eine Stelle, die er schon oft gelesen hatte und auswendig kannte: »Ich glaube, o Herr, hilf meinem Unglauben!« Er unterdrückte alle Zweifel, die ihn beschleichen wollten. So behutsam, wie man einen nicht sehr standfesten Gegenstand hinstellt, so behutsam richtete er seinen schwankenden Glauben wieder auf und trat vorsichtig zurück, um ihm keinen Stoß zu versetzen und ihn nicht umzuwerfen. Wieder schlossen sich seine Scheuklappen, und er beruhigte sich. Und als er nun die Worte eines Gebetes seiner Kindheit vor sich hin sprach: »O Herr, nimm, ach nimm mich in deine Hut«, da wurde ihm nicht nur leicht ums Herz, sondern freudige Rührung ergriff von ihm Besitz. Er bekreuzigte sich und legte sich auf die nur von einer dünnen Unterlage bedeckte schmale Bank und schob sich noch seine Sommerkutte unter den Kopf. Dann schlummerte er ein. Im Halbschlaf meinte er, Glöckchen läuten zu hören. Er wußte nicht, ob er nur geträumt oder wirklich Schellengeläut vernommen hatte. Doch nun wurde er durch ein Klopfen an seiner Tür vollends aus dem Schlaf gerissen. Er erhob sich, immer noch im Zweifel, ob er sich das nicht nur eingebildet habe. Doch da klopfte es erneut. Ja, es wurde ganz in der Nähe geklopft, an seine Tür, und die Stimme einer Frau erklang.

Oh, du mein Gott! dachte er. Sollte es denn wirklich wahr sein, was ich in den Lebensbeschreibungen der Heiligen gelesen habe, daß der Teufel zuweilen die Gestalt einer Frau annimmt? ... Ja, das ist eine weibliche Stimme. Und eine so zarte, schüchterne und liebliche dazu! »Pfui!« sagte er und spie aus. Nein, dachte er, ich habe mir das alles, glaube ich, nur eingebildet. Er ging zu der Ecke, wo ein kleines Gebetpult stand, und ließ sich auf die Knie nieder, in jener gewohnten vorgeschriebenen Haltung, die allein schon genügte, ihm Trost zu spenden und Freude zu bereiten. Während er so niederkniete, fiel ihm das Haar ins Gesicht, und er preßte die Stirn, an der sich das Haar schon merklich lichtete, gegen die kalte, feuchte Hanfmatte. (Am Fußboden zog es.)

... Nun las er einen Psalm, der, wie ihm der greise Vater Pimen einmal gesagt hatte, vor teuflischer Versuchung schützen sollte. Mühelos seinen ausgemergelten, mageren Leib vom Boden losreißend, stellte er sich auf seine kräftigen, nervös zitternden Beine und wollte im Lesen fortfahren, tat es dann aber doch nicht, weil er unwillkürlich sein Gehör anstrengte, damit ihm auch kein Geräusch entginge. Er wollte wissen, woran er war. Es herrschte völlige Stille. Nur von draußen war zu hören, wie noch immer Tropfen tauenden Schnees vom Dach in die Tonne fielen, die an einer Ecke der Klause aufgestellt war. Draußen stand dichter feuchter Nebel, der den Schnee verschlungen hatte. Still war es, ganz still. Plötzlich war vom Fenster her ein Rascheln zu vernehmen, und eine Stimme, jene zarte, schüchterne Stimme, die er vorhin schon gehört hatte und die nur einer anziehenden Frau gehören konnte, sagte deutlich:

»Lassen Sie mich ein. Um Christi willen ...«

Ihm war, als sei ihm alles Blut zum Herzen geschossen und dort erstarrt. Er rang nach Luft und stammelte:

»Und möge Gott der Herr auferstehen, mögen die Feinde sich zerstreuen ...«

»Aber ich bin kein Teufel ...« Der Ton, in dem die Frau dies sagte, deutete darauf hin, daß sie dabei lächelte. »Ich bin kein Teufel, ich bin nur eine sündhafte Frau, die sich verirrt hat – nicht im übertragenen, sondern im wahrsten Sinne des Wortes (und dabei brach sie in Lachen aus). Ich bin völlig durchgefroren und bitte um Obdach ...«

Er preßte das Gesicht an die Fensterscheibe. Der Schein des Öllämpchens spiegelte sich überall darin wider, so daß es ihm unmöglich war, draußen etwas zu erkennen. Da legte er die Handflächen an beide Seiten des Gesichts und starrte angestrengt ins Dunkel. Feuchter Nebel, ein Baum, doch weiter rechts. Da stand sie. Ja, sie, eine Frau in einem Mantel aus weißem langhaarigem Fell, eine Pelzmütze auf dem Kopf, mit einem ganz liebreizenden und gütigen, verschüchterten Gesicht, das sich draußen vor dem Fenster ihm ganz dicht entgegenbeugte. Ihre Blicke kreuzten sich und erkannten einander. Nicht, daß sie sich früher schon gesehen hätten: sie waren einander noch nie begegnet, doch an dem Blick, den sie wechselten, fühlten sie (namentlich er), daß sie sich kannten und einer den anderen verstand. Nach diesem Blick konnte es für Vater Sergius keinen Zweifel mehr geben, daß das der Teufel war und nicht eine natürliche, gütige, liebreizende, schüchterne Frau.

»Wer sind Sie? Was wünschen Sie?« fragte er.

»So öffnen Sie mir doch«, sagte sie ungeduldig, in launischem, befehlsgewohntem Ton. »Ich bin ganz durchgefroren. Ich sagte Ihnen doch schon, ich habe mich verirrt.«

»Gewiß, aber ich bin ein Mönch, ein Einsiedler.«

»Und wenn schon, öffnen Sie nur getrost. Oder wollen Sie, daß ich vor Ihrem Fenster erfriere, während Sie beten?«

»Ja, aber wie ...«

»Ich werde Sie schon nicht fressen. Lassen Sie mich um Gottes willen ein! Ich bin schon halb erfroren.«

Ihr war auf einmal selbst ganz unheimlich zumute, und sie sagte dies mit kläglicher Stimme.

Er wandte sich vom Fenster ab und warf einen Blick auf die Ikone, die Christus mit der Dornenkrone zeigte. »O Herr, hilf mir, o Herr, steh mir bei!« murmelte er, während er sich vor dem Jesusbild bekreuzigte und tief verneigte. Dann ging er zu der in die Diele führenden Tür und öffnete sie. In der dunklen Diele tastete er herum, bis er den Riegel an der Außentür gefunden hatte, und machte sich daran, ihn zurückzuschieben. Auf der anderen Seite der Tür vernahm er Schritte. Offenbar bewegte sich die Frau vom Fenster auf die Tür zu. »Ach, herrje!« schrie sie plötzlich auf. Er begriff, daß sie mit dem Fuß in die Pfütze geraten war, die sich vor der Türschwelle gebildet hatte. Seine Hände zitterten, und es wollte und wollte ihm nicht gelingen, die Verriegelung zu lösen.

»Was machen Sie denn, so lassen Sie mich doch herein! Ich bin völlig durchnäßt und halb erfroren.«

Er zog die Tür zu sich heran, schob mit aller Kraft den Riegel hoch und stieß die Tür dann so heftig nach außen auf, daß er der Frau dabei einen Stoß versetzte.

»Ach, verzeihen Sie!« sagte er, unversehens zu jenem Ton zurückfindend, den er früher einmal im Umgang mit Damen anzuschlagen pflegte.

Sie lächelte, als sie dieses »Verzeihen Sie!« hörte. Nun, er ist ja gar nicht so furchteinflößend, dachte sie.

»Ach, das ist halb so schlimm, Sie sind es, der mir zu verzeihen hat«, sagte sie, während sie an ihm vorbei in die Diele trat. »Ich würde es nie gewagt haben, Sie zu stören, wenn mich nicht besondere Umstände dazu zwingen würden.«

»Bitte!« sagte er und ließ ihr in der Tür zu seiner Zelle den Vortritt. Der starke Duft feinen Parfüms, wie er ihn seit langem nicht mehr gewöhnt war, machte ihn ganz benommen. Er schlug die Außentür zu, ohne den Riegel wieder vorzuschieben, und begab sich nun gleichfalls von der Diele in die Zelle.

»Herr Jesus Christus, Sohn Gottes, erbarme dich meiner, o Herr, hab Erbarmen mit mir Sünder«, betete er unablässig im stillen und bewegte dabei unwillkürlich auch die Lippen.

»Bitte, treten Sie näher«, sagte er.

Sie stand mitten im Raum – unter ihren Füßen hatte sich schon eine Wasserlache gebildet – und betrachtete ihn aufmerksam. Ihre Augen lachten.

»Verzeihen Sie mir, daß ich Sie in Ihrer Abgeschiedenheit gestört habe. Aber Sie sehen ja, in was für einer Verfassung ich mich befinde. Wir haben nämlich – das ist die ganze Erklärung – von der Stadt aus eine Schlittenfahrt gemacht, und ich habe mit jemandem gewettet, ich würde von Worobjowka aus allein zu Fuß bis zur Stadt zurückkommen. Aber dann bin ich vom Weg abgeirrt, und wäre ich nicht auf Ihre Klause gestoßen ...«, begann sie, doch auf einmal wollte ihr die Lüge nicht mehr über die Lippen. Der Ausdruck seines Gesichts verwirrte sie so, daß sie stockte und schließlich ganz verstummte. Sie hatte ihn sich völlig anders vorgestellt. Zwar war er in ihren Augen sehr schön, aber doch nicht so, wie sie es sich in ihrer Phantasie ausgemalt hatte. Das sich wellende, hier und da schon grau schimmernde Kopf- und Barthaar, die regelmäßige edle Nase und die Augen, die wie Kohlen glühten, wenn er vor sich hin blickte – all das machte einen starken Eindruck auf sie.

Er merkte wohl, daß sie log.

»Ja, so«, sagte er und schlug nach einem verstohlenen Blick auf sie wieder die Augen nieder. »Ich werde mich dorthin begeben, und Sie können es sich hier bequem machen.«

Er nahm das an der Wand hängende Lämpchen herunter, zündete eine Kerze an und zog sich, nachdem er sich tief vor ihr verneigt hatte, in die kleine Kammer zurück, die von der eigentlichen Zelle durch eine Zwischenwand aus Brettern abgetrennt war, und sie hörte, wie er dort irgend etwas hin und her rückte. Vermutlich verbarrikadiert er sich gegen mich, dachte sie und mußte lächeln. Dann legte sie den weißen Hundepelz ab und machte sich daran, die Pelzmütze von ihrem Haar loszunesteln, an dem diese hängengeblieben war, und das gehäkelte Tuch abzubinden, das sie darunter trug. Sie war vorhin, als sie unter dem Fenster stand, keineswegs durchnäßt gewesen und hatte das nur zum Vorwand genommen, damit er sie hereinließ. Vor der Tür jedoch war sie tatsächlich in die Pfütze geraten, ihr linker Fuß war naß bis zum Knöchel, und sowohl die Stiefelette als auch der Überschuh waren voller Wasser. Sie setzte sich auf seine Lagerstatt – nicht viel mehr als ein Brett, das nur mit einem kleinen Teppich bedeckt war – und schickte sich an, ihre

Schuhe auszuziehen. Die kleine Zelle fand sie ganz entzückend. Das enge, drei Arschin breite, vier Arschin lange Stübchen war blitzblank. Außer der Schlafbank, auf der sie saß, gab es in dem Raum nur noch ein Regal mit Büchern an der Wand über dem Bett und das Gebetpult in der Ecke. An der Tür hingen an Nägeln sein Pelz und die Kutte. Die Wand über dem Gebetpult zierte ein Bild, das Christus mit der Dornenkrone zeigte, und ein Öllämpchen. Ein eigentümlicher Geruch nach Öl, Schweiß und Erde erfüllte die Luft. Alles hier gefiel ihr. Sogar dieser Geruch.

Ihre nassen Füße, namentlich der eine, machten ihr Sorgen, und so suchte sie sich schleunigst des Schuhzeugs zu entledigen. Dabei lächelte sie unablässig – nicht so sehr aus Freude darüber, daß sie ihr Ziel erreicht hatte, als vielmehr, weil sie merkte, sie hatte ihn – diesen reizenden, faszinierenden, eigentümlichen, anziehenden Mann – ganz verwirrt gemacht. Nun, und daß er so wortkarg ist, was macht das schon, sagte sie sich.

»Vater Sergius! Vater Sergius! So heißen Sie doch?!«

»Was wünschen Sie?« ertönte seine leise Stimme zur Antwort.

»Verzeihen Sie mir, bitte, daß ich Sie in Ihrer Abgeschiedenheit gestört habe. Aber mir blieb wirklich nichts anderes übrig. Den Tod hätte ich mir holen können. Und auch jetzt weiß ich nicht, was ich machen soll. Ich bin völlig durchnäßt, und meine Füße sind kalt wie Eis.«

»Ich bitte um Vergebung«, entgegnete er wieder mit leiser Stimme, »aber ich kann Ihnen mit nichts dienen.«

»Unter anderen Umständen würde ich Sie um keinen Preis gestört haben. Ich bleibe auch nur bis Tagesanbruch.«

Er gab keine Antwort, aber sie hörte, daß er irgend etwas flüsterte, ganz offensichtlich betete.

»Sie werden doch nicht mehr hereinkommen?« fragte sie lächelnd. »Ich muß mich ja ausziehen, um meine Sachen zu trocknen.«

Wieder blieb er ihr die Antwort schuldig und fuhr fort, jenseits der Trennwand mit monotoner Stimme Gebete zu lesen.

Ja, das ist ein Mensch, dachte sie, während sie sich abmühte, den nassen Überschuh vom Fuß zu ziehen. Sie zerrte und zerrte und bekam ihn doch nicht herunter. Das schien ihr so komisch, daß sie ganz leise lachte. Da sie indessen wußte, daß er ihr Lachen hörte, und daß dieses auf ihn genauso wirkte, wie sie es wollte, begann sie lauter zu lachen, und dieses fröhliche, ungekünstelte und gutmütige Lachen hatte auf ihn auch tatsächlich die von ihr gewünschte Wirkung.

Ja, einen solchen Menschen kann man liebgewinnen, dachte sie. Diese Augen! Und dieses schlichte, edle und – so viele Gebete er auch murmeln mochte – dennoch leidenschaftliche Gesicht! Uns Frauen kann man nicht täuschen. Schon als er das Gesicht an die Fensterscheibe preßte und mich erblickte, hat er alles begriffen und erkannt. In seinen Augen blitzte es auf, und er war wie gebannt. Er verliebte sich in mich, begehrte mich. Ja, er begehrte mich, sagte sie sich, während sie sich, nachdem es ihr endlich gelungen war, sich der Überschuhe und Stiefeletten zu entledigen, nun den Strümpfen zuwandte. Um sie, diese langen, an Gummibändern befestigten Strümpfe, auszuziehen, mußte sie ihre Röcke hochheben. Da sie sich schämte, rief sie:

»Kommen Sie jetzt nicht herein!«

Doch von jenseits der Bretterwand erfolgte keine Antwort. Nur das monotone Murmeln war auch weiterhin zu hören und dann noch Geräusche, wie sie jemand verursacht, der sich hin und her bewegt. Wahrscheinlich verneigt er sich beim Beten bis zur Erde, dachte sie. Aber durch all sein Beten und Verneigen wird er nicht von mir loskommen, sagte sie sich. Er denkt an mich, denkt mit denselben Empfindungen an mich wie ich an ihn. Und mit den gleichen Gefühlen denkt er auch an diese Beine, sinnierte sie, als sie schließlich die nassen

Strümpfe ausgezogen hatte und nun mit nackten Füßen zu der Lagerstatt ging und sich, die Arme um die Knie geschlungen, die Beine untergeschlagen, darauf niederließ. So saß sie eine ganze Weile da und blickte nachdenklich vor sich hin. Ja, diese Einöde, diese Stille – niemand würde je etwas davon erfahren . . .

Sie stand auf, ging, die Strümpfe in der Hand, zum Ofen und hängte diese am Abzugsrohr auf. Irgendwie war das ein ganz eigentümliches Rohr. Sie drehte es hin und her, kehrte dann, mit den nackten Füßen behutsam auftretend, zur Schlafbank zurück und ließ sich, wieder mit untergeschlagenen Beinen, darauf nieder. Hinter der Trennwand war es ganz still geworden. Sie warf einen Blick auf die winzige Uhr, die sie an einer Kette um den Hals trug. Es war zwei Uhr. Die Unsrigen müssen gegen drei hierher kommen, überlegte sie. Also bleibt mir nur noch eine Stunde Zeit.

Soll ich hier etwa immerzu allein sitzen? fragte sie sich. Was für ein Unsinn! Ich denke nicht daran. Ich werde ihn jetzt herrufen.

»Vater Sergius! Vater Sergius! Sergej Dmitritsch! Fürst Kassatskij!«

Jenseits der Trennwand blieb es still.

»Hören Sie, das ist grausam! Ich würde Sie nicht rufen, aber ich habe keine andere Wahl. Ich bin krank, weiß nicht, was mir ist«, sagte sie mit leidender Stimme. »Oh, oh!« stöhnte sie auf und ließ sich auf die Lagerstatt fallen. Und merkwürdig, sie hatte nun wirklich das Gefühl, erschöpft, völlig erschöpft zu sein, am ganzen Leibe Schmerzen zu verspüren und vom Fieber geschüttelt zu werden.

»Hören Sie, helfen Sie mir doch! Ich weiß nicht, was mit mir ist. Oh! Oh!« Sie knöpfte ihr Kleid auf, machte die Brust frei und hob die bis zu den Ellbogen entblößten Arme. »Oh! Oh!«

Während dieser ganzen Zeit hatte Vater Sergius in seinem Kämmerchen gestanden und gebetet. Sämtliche Abendgebete hatte er schon gesprochen und stand nun regungslos da, starrte vor sich hin und wiederholte immerzu die Gebetsworte: »Herr Jesus Christus, Sohn Gottes, erbarme dich meiner!«

Aber ihm entging dabei kein Geräusch. Er hörte, wie ihr seidenes Kleid raschelte, als sie es auszog, wie sie barfuß über den Fußboden ging, wie sie sich mit den Händen die Füße rieb. Er fühlte, er war schwach und konnte jeden Augenblick ins Verderben stürzen, und daher betete er unablässig. Er empfand etwas Ähnliches wie jener Held aus dem Märchen, der, ohne sich umsehen zu dürfen, immer geradeaus gehen sollte. So war auch Sergius zumute, der instinktiv spürte, daß er von Gefahren umgeben war, ihm hier Verderben drohte und er sich nur retten konnte, wenn er sich nicht umschaute, auch nicht einen einzigen Augenblick lang. Doch auf einmal wurde der Wunsch, dennoch einen Blick in die Zelle zu werfen, in ihm übermächtig. Im selben Augenblick drang ihre Stimme an sein Ohr:

»Hören Sie, das ist unmenschlich! Ich kann doch sterben!«

Ja, ich werde hingehen, dachte er, es aber so machen wie jener Eremit, der eine Hand auf die Dirne legte und die andere in ein Becken mit glühenden Kohlen steckte. Nur, daß ich hier kein Kohlenbecken habe ... Suchend ließ er seine Blicke umherschweifen. Die Lampe! Er hielt einen Finger über die Lampe und biß, bereit, den Schmerz zu erdulden, die Zähne zusammen; ziemlich lange glaubte er nichts zu spüren, als er plötzlich – ehe er sich noch darüber klargeworden war, ob es weh tat und wie sehr – mit schmerzverzerrtem Gesicht die Hand zurückzog und sie hin und her schwenkte ... »Nein, das kann ich nicht!« stöhnte er auf.

»Um Gottes willen!« hörte er sie wieder rufen. »Oh, kommen Sie doch zu mir! Ich sterbe, oh!«

Soll ich denn wirklich dem Verderben anheimfallen? fragte er sich. Nein, das darf nicht geschehen!

»Ich komme gleich zu Ihnen«, entgegnete er, öffnete die Tür seines Kämmerchens, ging, ohne sie anzusehen, an ihr vorbei in die Diele, wo er Brennholz zu zerkleinern pflegte, ertastete im Dunkeln den Hauklotz und das an die Wand gelehnte Beil.

»Gleich«, sagte er, nahm das Beil in die rechte Hand, legte den linken Zeigefinger auf den Klotz, holte mit dem Beil aus und traf den Finger unterhalb des zweiten Gelenks. Das abgehauene Fingerglied – der Finger hatte sich leichter durchhauen lassen als ein Stück Holz von gleicher Stärke – flog hoch, drehte sich und klatschte auf den Rand des Hauklotzes und von dort auf den Boden.

Dieses Geräusch – das Aufklatschen des Fingers – hörte er, bevor er den Schmerz spürte. Doch ehe er sich noch darüber wundern konnte, daß ihm nichts weh tat, fühlte er auf einmal einen brennenden Schmerz und die Wärme des Blutes, das nur so aus der Wunde schoß. Rasch umwickelte er den verstümmelten Finger mit einem Zipfel seiner Kutte, preßte ihn gegen die Hüfte, ging in die Zelle zurück, blieb mit gesenktem Blick vor der Frau stehen und fragte leise:

»Was fehlt Ihnen?«

Sie blickte in sein bleich gewordenes Gesicht mit der heftig zuckenden linken Wange, und plötzlich schämte sie sich. Sie sprang auf, griff nach ihrem Pelz, warf ihn sich über und hüllte sich darin ein.

»Ja, mir tat etwas weh . . . ich muß mich erkältet haben . . . ich . . . Vater Sergius . . . ich . . .«

Er sah sie an, und sein Blick war von stiller Freude verklärt, als er sagte:

»Liebe Schwester, warum wolltest du deine unsterbliche Seele ins Verderben stürzen? Versuchungen müssen in die Welt kommen, doch wehe dem, von dem eine Versuchung ausgeht . . . Bete, daß Gott uns verzeihen möge.«

Sie hörte ihm zu und sah ihm dabei ins Gesicht. Auf einmal hörte sie etwas auf den Boden tropfen. Sie schaute hin und gewahrte, wie aus seiner Hand Blut strömte und die Kutte hinunterrann.

»Was haben Sie mit Ihrer Hand gemacht?« fragte sie, und im selben Moment erinnerte sie sich an das Geräusch, das sie vorhin aus der Diele gehört hatte. Sie ergriff das Öllämpchen, lief in die Diele und sah das blutige Fingerglied auf dem Boden liegen. Bleicher noch als er, kehrte sie zurück und wollte etwas zu ihm sagen, doch bevor sie dazu kam, war er schon still in sein Kämmerchen zurückgegangen und hatte die Tür hinter sich geschlossen.

»Verzeihen Sie mir!« rief sie ihm hinterher. »Womit kann ich meine Sünde sühnen?«

»Geh fort.«

»Lassen Sie mich Ihre Wunde verbinden!«

»Geh fort von hier.«

Ohne noch etwas zu sagen, kleidete sie sich hastig an und setzte sich, fertig angezogen und bereits im Pelz, nieder, um auf den Schlitten zu warten. Da hörte sie von draußen auch schon Schellengeläut.

»Vater Sergius, vergeben Sie mir!«

»Geh. Gott wird dir vergeben.«

»Vater Sergius, ich werde mein Leben ändern. Lassen Sie mich nicht so gehen.«

»Entferne dich.«

»Verzeihen Sie mir und geben Sie mir Ihren Segen.«

»Im Namen des Vaters, des Sohnes und des Heiligen Geistes«, drang es von jenseits der Trennwand an ihr Ohr. »Und nun geh.«

Sie fing an zu schluchzen und trat aus der Klause. Der Rechtsanwalt kam ihr entgegen.

»Na, die Wette habe ich verloren, da kann man nichts machen. Wohin möchten Sie sich setzen?«

»Das ist mir gleich.«

Sie stieg in den Schlitten und sprach auf der ganzen Heimfahrt kein einziges Wort.

Ein Jahr danach nahm sie den Schleier und führte in dem Kloster, in das sie eingetreten war, ein von strengen Vorschriften bestimmtes Leben, unter Anleitung des Einsiedlers Arsenius, der ihr hin und wieder schrieb.

6

In der Einsiedelei verbrachte Vater Sergius noch weitere sieben Jahre. Anfangs hatte er vieles von den Dingen, die die Einheimischen ihm brachten, angenommen: Tee und Zucker, Weißbrot und Milch, Kleidung und Brennholz. Doch je mehr Zeit verging, desto spartanischer wurde seine Lebensweise; er verzichtete auf alles Überflüssige und begnügte sich mit dem Notwendigsten, und schließlich nahm er nur noch einmal in der Woche ein Schwarzbrot an. Alles, was man ihm sonst noch brachte, verteilte er an die Armen, die zu ihm kamen.

Seine ganze Zeit brachte Vater Sergius in seiner Klause im Gebet oder im Gespräch mit Besuchern zu, deren Zahl immer größer wurde. In die Kirche ging Vater Sergius nur dreimal im Jahr und verließ die Klause ansonsten nur, wenn er Wasser holen oder sich Brennholz beschaffen mußte.

Nachdem Vater Sergius dergestalt fünf Jahre gelebt hatte, ereignete sich jener Vorfall mit Frau Makowkina; ihr nächtlicher Besuch bei ihm, die Wandlung, die danach mit ihr vor sich ging, und ihr Eintritt in ein Kloster wurden bald allgemein bekannt. Vater Sergius' Ruhm wurde seitdem ständig größer. Immer mehr Besucher fanden sich bei ihm ein, in der Nähe seiner Klause siedelten sich Mönche an; eine Kirche und ein Hospiz wurden gebaut. Vater Sergius' Ruhm war bald in aller Munde, wobei seine Taten, wie immer in solchen Fällen, noch übertrieben wurden. Selbst von weit her kam man zu ihm und brachte ihm Kranke, da ihm die Fähigkeit zugeschrieben wurde, solche heilen zu können.

Es war im achten Jahr seines Einsiedlerlebens, als durch ihn wirklich zum ersten Mal ein Kranker geheilt wurde, und zwar ein vierzehnjähriger Junge, den seine Mutter zu Vater Sergius brachte, mit der Bitte, ihn durch Handauflegen zu heilen. Vater Sergius war noch nie der Gedanke gekommen, er könne die Gabe besitzen, Kranke zu heilen. Er hätte einen derartigen Gedanken für eine große Sünde, für Hoffart gehalten.

Doch die Mutter des Jungen flehte ihn unablässig an, fiel ihm zu Füßen und bat ihn um Christi willen, ihrem Sohn zu helfen, fragte gar, warum er das nicht tun wolle, wo er doch andere heile. Auf Vater Sergius' Einwand hin, nur Gott sei es gegeben, Kranke zu heilen, entgegnete die Frau, sie bitte ja lediglich, dem Knaben die Hand aufzulegen und für dessen Genesung zu beten. Vater Sergius schlug ihr diese Bitte indessen ab und begab sich in seine Klause. Doch als er am anderen Morgen (es war im Herbst, und die Nächte waren schon kalt) vor die Tür trat, um Wasser zu holen, fiel sein Blick wieder auf jene Frau mit ihrem Sohn, einem vierzehnjährigen bleichen und abgezehrten Knaben, und gleich flehte sie ihn auch aufs neue an, dem Jungen zu helfen. Vater Sergius kam das Gleichnis von dem ungerechten Richter in den Sinn, und obwohl er zuvor der festen Überzeugung gewesen war, dieses Ansinnen ablehnen zu müssen, beschlichen ihn nun doch Zweifel, ob er ihr diese Bitte abschlagen dürfe. Noch unentschlossen, kniete er zum Gebet nieder und betete so lange, bis ihm sein Herz sagte, was er zu tun hatte. So entschloß er sich denn, das Verlangen der Frau zu erfüllen, weil – zu dieser Einsicht war er im Gebet gelangt – der Glaube der Mutter ihren Sohn zu retten vermöge, wobei er selbst, Vater Sergius, in diesem Fall nichts anderes sei als ein unbedeutendes, von Gott erwähltes Werkzeug.

Und als Vater Sergius nun zu der Mutter hinausging, da erfüllte er ihren Wunsch, legte dem Knaben die Hand auf den Kopf und betete für dessen Genesung.

Die Mutter kehrte mit ihrem Sohn nach Hause zurück, und binnen eines Monats wurde der Knabe gesund; im weiten Umkreis verbreitete sich daraufhin wie ein Lauffeuer die Kunde, der Starez Sergius, wie man ihn jetzt nannte, sei ein Wundertäter und Heiliger, der die Gabe besitze, Kranke zu heilen. Seitdem verging keine Woche, in der nicht, sei es zu Fuß, sei es mit Pferd und Wagen, Kranke zu Vater Sergius gekommen wären. Und nachdem er dem Verlangen der einen nachgegeben hatte, konnte er auch den anderen ihre Bitte nicht gut abschlagen, und so legte er denn seine Hand auf sie und betete für ihre Genesung; viele wurden geheilt, und der Ruhm des Vaters Sergius verbreitete sich immer mehr.

So hatte Vater Sergius nun neun Jahre in Klöstern zugebracht und weitere dreizehn Jahre als Eremit gelebt. Sein Aussehen war jetzt das eines Starez, sein Bart lang und schon ergraut, und nur sein Haar war, wenn auch stark gelichtet, noch schwarz und lockig.

7

Schon seit mehreren Wochen wurde Vater Sergius unablässig von einem Gedanken gequält: Tat er recht daran, sich in einen Zustand zu schicken, den nicht so sehr er selbst herbeigeführt hatte, als daß er vom Bischof und vom Abt hineingedrängt worden war. Eingesetzt hatten diese Zweifel bei ihm nach der Genesung jenes vierzehnjährigen Knaben, und seitdem fühlte er mit jedem Monat, jeder Woche, jedem Tag mehr, wie sein inneres Leben zerstört und durch ein äußeres ersetzt wurde. Ihm war, als hätte man sein Innerstes nach außen gekehrt.

Vater Sergius merkte wohl, daß er von der Obrigkeit des Klosters als Mittel benutzt wurde, um dem Kloster möglichst viele Besucher und spendenfreudige Gönner zu gewinnen, und daß sie ihm daher Bedingungen schuf, unter denen er größtmöglichen Nutzen bringen konnte. So wurde ihm beispielsweise keine Gelegenheit mehr geboten, sich körperlich zu betätigen. Man versorgte ihn mit allem, was er brauchte, und verlangte dafür von ihm lediglich, daß er den Besuchern, die zu ihm kamen, seinen Segen nicht versagte. Zu seiner Bequemlichkeit legte man Tage fest, an denen er Besucher empfing, richtete einen Empfangsraum für Männer ein sowie einen Platz, der von einem Geländer so umgeben war, daß er von den zu ihm stürzenden Besucherinnen nicht umgerissen wurde, wenn er seinen Segen erteilte. Sagte man ihm, daß die Menschen ihn brauchten, daß er, wenn er das Gebot christlicher Liebe erfüllen wolle, den Leuten, den Wunsch, ihn zu sehen, nicht abschlagen dürfe, daß es grausam wäre, sich von ihnen fernzuhalten, mußte er dem wohl oder übel beipflichten; doch je länger er sich diesem Leben ergab, um so mehr hatte er das Gefühl, daß sein Inneres sich zunehmend veräußerlichte, daß der Born, aus dem das Wasser des Lebens sprudelt, in ihm versiegte und daß alles, was er tat, mehr und mehr für die Menschen und nicht um Gottes willen geschah.

Ob er den Leuten Belehrungen erteilte oder sie einfach nur segnete, ob er für die Genesung Kranker betete, ob er den Menschen Ratschläge gab, wie sie ihr Leben einrichten sollten, oder sich die Dankesworte all jener anhörte, denen er dadurch, daß sie von ihm, wie sie selbst beteuerten, geheilt oder im Glauben unterwiesen worden waren, geholfen hatte, er konnte nicht umhin, sich über die heilsame Wirkung seiner Tätigkeit, über ihren Einfluß auf die Menschen zu freuen. Ihm schien es dann, als sei er so etwas wie ein brennendes Öllämpchen, und je länger er darüber nachdachte, desto deutlicher fühlte er, daß das göttliche Licht der Wahrheit, das in ihm leuchtete, immer schwächer wurde, ja zu erlöschen drohte. Inwieweit ist das, was ich tue, für Gott und inwieweit für die Menschen? – das war die Frage, die ihn beständig quälte, die er nicht nur nie beantworten konnte, sondern auf die er auch gar keine Antwort zu geben wagte. Im tiefsten Herzensgrunde spürte er, seine ganze Tätigkeit für Gott war vom Teufel durch eine solche für die Menschen ersetzt worden. Er erkannte dies daran, daß ihn seine Einsamkeit und Zurückgezogenheit jetzt bedrückte, während es ihm früher doch zuwider gewesen war, wenn man ihn seiner Abgeschiedenheit zu entreißen suchte. Die Besucher fielen ihm zwar mitunter lästig und ermüdeten ihn, aber im Grunde seiner Seele freute er sich über sie und über die Lobpreisungen, mit denen sie ihn bedachten.

Es hatte sogar eine Zeit gegeben, da er entschlossen war, fortzugehen und sich irgendwo zu verbergen. Er hatte sich auch schon Gedanken darüber gemacht, wie das zu bewerkstelligen sei. Zu diesem Zweck verschaffte er sich damals ein

Bauernhemd, entsprechende Hosen, einen Kaftan und eine Mütze. Diese Kleidungsstücke benötigte er, so erklärte er, um sie an Bedürftige zu verschenken. Er bewahrte diese Sachen bei sich auf und stellte schon Überlegungen an, wie er sich kleiden, sich die Haare schneiden und auf und davon gehen würde. Zuerst wollte er den Zug benutzen und auf diese Weise an die dreihundert Werst zurücklegen, dann aussteigen und auf Schusters Rappen durch die Dörfer ziehen. Er erkundigte sich bei einem herumvagabundierenden Alten, einem ausgedienten Soldaten, wie er sich auf seinen Wanderungen verhalte, wo man ihm am reichlichsten zu essen gebe und am bereitwilligsten ein Nachtlager gewähre. Der Veteran gab ihm denn auch Bescheid, und Vater Sergius gedachte alles ebenso zu machen. Eines Nachts hatte er sogar schon seine Verkleidung angelegt und wollte das Weite suchen, aber dann konnte er sich doch nicht schlüssig werden, was das Rechte sei: davonzulaufen oder zu bleiben. Schließlich wurde er seiner Zweifel Herr und gelangte zu der Überzeugung, daß sein Platz hier sei; so schickte er sich denn in seine Lage und unterwarf sich dem Teufel, und nur die Bauernkleidung erinnerte ihn noch an seine Fluchtgedanken und die Gefühle, die diesen Plan in ihm hatten reifen lassen.

Mit jedem Tag kamen immer mehr Menschen zu ihm, und immer weniger Zeit blieb ihm zur seelischen Stärkung und zum Gebet. Manchmal, in lichtvollen Augenblicken, glaubte er, einer Stelle zu gleichen, der früher eine Quelle entsprungen war. Es war einmal ein schwacher Born des lebendigen Wassers, der still aus meinem Innern entsprang und durch mich hindurchfloß, sinnierte er. Damals war es wahres Leben, als »sie« (er dachte immer noch voller Innigkeit an jene Nacht und sie, die jetzt Mutter Agnija war, zurück) mich zu verführen suchte. Sie hat von jenem reinen Wasser genossen. Doch seitdem sich all die Dürstenden hier befinden und sich, einander zurückstoßend, zusammendrängen, kann sich nicht mehr genügend Wasser ansammeln. Alles haben sie zerstampft, geblieben ist nichts als Schmutz ... Solche Gedanken kamen ihm in den seltenen lichtvollen Augenblicken, die ihm noch vergönnt waren, in den Sinn; doch für gewöhnlich war er erschöpft und gerührt wegen dieser seiner Erschöpfung.

Es war im Frühling, am Vorabend des Festes der Wasserweihe. Vater Sergius zelebrierte in seiner Grottenkapelle die Nachtmesse. Die Kapelle war zum Bersten voll, so viele Menschen hatten sich eingefunden. An die zwanzig Personen mochten es sein – ausnahmslos vornehme Herrschaften und reiche Kaufleute. Vater Sergius verwehrte zwar niemandem den Zutritt, doch der ihm beigeordnete Mönch und der Diensthabende, der täglich aus dem Kloster zu seiner Klause gesandt wurde, hatten diese Auswahl getroffen. Draußen drängte sich unterdessen eine etwa achtzigköpfige Menschenmenge, die vornehmlich aus Pilgern und Bauersfrauen bestand, und wartete, daß Vater Sergius herauskäme und ihnen allen den Segen erteilte. Vater Sergius las die Messe, und als er unter lobpreisendem Gesang heraustrat, um zur Gruft seines Vorgängers zu gehen, da taumelte er und wäre zu Boden gestürzt, hätten ein Kaufmann, der hinter ihm stand, und der Mönch, der die Obliegenheiten des Diakons versah, ihn nicht aufgefangen und gestützt.

»Was ist mit Ihnen? Väterchen! Vater Sergius! Unser Gebenedeiter! O Gott!« ertönten die Stimmen der Frauen um ihn her. »Sie sind ja weiß wie die Wand!«

Aber Vater Sergius kam schon wieder zu sich, und wenn er auch noch sehr blaß war, so schob er doch Kaufmann und Diakon beiseite und setzte seinen Lobgesang fort. Vater Serapion, der Diakon und die Kirchendiener, aber auch Sofja Iwanowna, eine Dame, die ständig in der Nähe der Einsiedelei lebte und Vater Sergius' Gunst zu erringen suchte, drangen in ihn, den Gottesdienst abzubrechen.

»Es geht schon wieder, halb so schlimm«, entgegnete, kaum merklich unter seinem Schnurrbart lächelnd, Vater Sergius, »brechen Sie den Gottesdienst nicht ab!«

Ja, so handeln Heilige, dachte er bei sich.

»Ein Heiliger! Ein Engel Gottes!« drangen von hinten die Stimmen Sofja Iwanownas und jenes Kaufmanns, der ihn gestützt hatte, an sein Ohr. Alles Zureden half nicht – Vater Sergius setzte den Gottesdienst fort. Wieder drängten sich alle durch die engen Gänge zurück zu der kleinen Kapelle, und dort zelebrierte Vater Sergius die Nachtmesse, wenn auch in etwas abgekürzter Form, zu Ende.

Unmittelbar nach dem Gottesdienst segnete er die hier Anwesenden, begab sich ins Freie und ließ sich auf der Bank nieder, die unter einer Ulme am Eingang der Grotte stand. Er wollte ausruhen und frische Luft atmen, spürte er doch, daß ihm das dringend not tat, aber kaum hatte er sich gezeigt, da kam die Menge auch schon, um seinen Segen bittend und Ratschläge und Hilfe von ihm erheischend, auf ihn zugestürzt. Darunter waren Pilgerinnen, die ständig von einem heiligen Ort zum anderen, von einem Starez zum anderen zogen und vor jedem Heiligtum, jedem greisen, ehrwürdigen Mönch von Rührung ergriffen wurden. Vater Sergius kannte diesen Menschenschlag nur zu gut, wußte, daß jene Scheinheiligen weit davon entfernt waren, wirklich fromm zu sein, der Religion kalt gegenüberstanden und nur die Gottesfürchtigen spielten. Ferner sah man hier Pilger, größtenteils ausgediente Soldaten, die ein seßhaftes Leben nicht mehr gewohnt waren, darbende und in der Mehrzahl dem Trunk ergebene alte Männer, die von Kloster zu Kloster wanderten, nur um so ihren Lebensunterhalt zu erbetteln. Unter der Menge waren aber auch unwissende Bauern und Bäuerinnen mit ihren selbstsüchtigen Anliegen, die von ihm geheilt werden wollten oder Rat in mancherlei praktischen Angelegenheiten erbaten, mochte das nun die Verheiratung einer Tochter, die Pachtung eines Krämerladens, der Kauf eines Stück Bodens oder die Lossprechung von der Sünde, unabsichtlich einen Säugling im Schlaf erdrückt oder ein uneheliches Kind gezeugt zu haben, sein. Alle diese Anliegen waren Vater Sergius seit langem vertraut und nicht mehr von sonderlichem

Interesse für ihn. Er wußte, er würde von diesen Menschen nichts Neues erfahren, sie riefen in ihm keinerlei religiöse Empfindungen wach, dennoch erfüllte es ihn mit einem Gefühl der Befriedigung, diese Menschenmenge zu sehen, die so sehr seiner selbst und seines Segens bedurfte und der sein Rat so viel bedeutete; so lästig ihm der Ansturm der Menge war, so freute er ihn doch auch wieder. Vater Serapion machte Anstalten, die Menschen zu vertreiben, und sagte, Vater Sergius sei erschöpft; dieser aber mußte dabei an die Worte aus dem Evangelium denken: »Lasset die Kindlein zu mir kommen«, und von Rührung ergriffen bei dieser Erinnerung, sagte er, man möge die Menschen nur kommen lassen.

Er erhob sich, trat an das Geländer heran, vor dem sich die Leute drängten, und schickte sich an, sie zu segnen und ihre Fragen zu beantworten, und dies alles mit so matter Stimme, daß er davon selbst ganz gerührt war. Doch es war ihm beim besten Willen nicht möglich, sie alle zu empfangen: Abermals wurde ihm schwarz vor Augen, er taumelte und mußte sich am Geländer festhalten. Wiederum spürte er, wie ihm das Blut zu Kopfe stieg, und er wurde zuerst totenbleich, dann plötzlich hochrot im Gesicht.

»Ja, es scheint, als müßtet ihr bis morgen warten. Heute kann ich nicht mehr«, sagte er und wankte, nachdem er alle auf einmal gesegnet hatte, zur Bank zurück. Der Kaufmann faßte ihn wieder unter, bot ihm seinen Arm, daß er sich darauf stütze, führte ihn zur Bank und setzte ihn darauf nieder.

»Vater!« erscholl es aus der Menge. »Vater! Väterchen! Verlaß uns nicht! Ohne dich sind wir verloren!«

Nachdem der Kaufmann Vater Sergius auf die Bank unter den Ulmen gesetzt hatte, übernahm er die Obliegenheiten eines Polizisten und machte sich sehr energisch daran, die Menge zu verjagen. Er sprach freilich leise, so daß Vater Sergius ihn nicht hören konnte, aber doch in resolutem und ärgerlichem Ton.

»Macht, daß ihr fortkommt, schert euch fort! Er hat euch gesegnet, also, was wollt ihr noch? Marsch! Sonst bring ich euch auf Trab. Los, los! Und du, Tantchen, mit den schwarzen Fußlappen, geh schon, geh! Wo willst du hin? Für heute ist Schluß, ihr habt's doch gehört. So Gott will, wird er euch morgen wieder segnen, aber jetzt kann er nicht mehr.«

»Väterchen, laß mich doch wenigstens einen Blick auf sein Angesicht werfen!« bettelte ein altes Mütterchen.

»Ich werd dir gleich! Halt, dageblieben!«

Vater Sergius war es doch nicht verborgen geblieben, daß der Kaufmann sehr barsch mit den Leuten umsprang, und so sagte er mit schwacher Stimme zum Zellendiener, er möge den Kaufmann bitten, die Menschen nicht davonzujagen. Er wußte zwar, der Kaufmann würde es trotzdem tun, und er wäre auch sehr gern endlich allein gewesen, um sich auszuruhen, schickte aber den Zellendiener dennoch zum Kaufmann, um einen guten Eindruck zu machen.

»Schon gut, schon gut«, entgegnete der Kaufmann. »Ich jage sie ja nicht fort, rede ihnen bloß ins Gewissen. Die bringen es doch fertig, einem Menschen den Rest zu geben. Mitleid kennen sie nicht, denken nur an sich selbst ... Heute ist Schluß, ihr habt's doch gehört«, sagte er wieder, an die Menge gewandt. »Geht schon! Kommt morgen!«

Und binnen kurzem hatte der Kaufmann alle verjagt.

Daß der Kaufmann solchen Eifer an den Tag legte, hatte zum einen den Grund, daß er auf Ordnung hielt und es ihm Spaß machte, andere Leute herumzujagen und nach seinem Belieben mit ihnen umzuspringen, und zum anderen – und das war die Hauptsache – rührte es daher, daß er selbst ein Anliegen an Vater Sergius hatte. Er war Witwer und nannte eine einzige Tochter sein eigen, die krank und noch unverheiratet war, und er hatte mit ihr eine tausendvierhundert Werst weite Reise gemacht, um sie von Vater Sergius heilen zu lassen. Er war mit seiner Tochter in den zwei Jahren, die sie schon krank war, bereits an mehreren Orten zur Behandlung gewesen. Zuerst war sie in der Universitätsklinik einer Gouvernementsstadt behandelt worden – ohne Erfolg; dann hatte der Vater sie ins Gouvernement Samara zu einem Bauern gebracht, der ihr ein wenig Linderung verschaffen konnte; und schließlich war er mit ihr zu einem Arzt nach Moskau gefahren, dem er viel Geld bezahlte, ohne daß es etwas geholfen hätte. Nun war ihm zu Ohren gekommen, daß Vater Sergius Kranke heile, und daraufhin hatte er seine Tochter hierhergebracht. Sobald der Kaufmann die Menge vertrieben hatte, trat er an Vater Sergius heran, kniete ohne weiteres vor ihm nieder und sagte mit lauter Stimme:

»Heiliger Vater, segne meine kranke Tochter, auf daß sie von ihrem schmerzvollen Leiden geheilt werde. Ich wage es, mich zu deinen heiligen Füßen niederzuwerfen und dich um Hilfe anzuflehen.« Und demütig faltete er die Hände. All das tat und sagte er mit solcher Selbstverständlichkeit, als sei es durch Gesetz und Herkommen klar und unverrückbar so festgelegt, als könne und müsse er auf eben diese und keine andere Weise um die Heilung seiner Tochter bitten. Er tat dies alles so selbstsicher, daß es selbst Vater Sergius scheinen wollte, dies alles müsse so sein. Dennoch gebot er dem Kaufmann, aufzustehen und zu erzählen, worum es sich bei dieser Krankheit handele. Der Kaufmann berichtete daraufhin, seine Tochter, eine Jungfrau von zweiundzwanzig Jahren, sei vor zwei Jahren, nach dem plötzlichen und unerwarteten Tod ihrer Mutter, erkrankt; sie habe damals aufgestöhnt, und seitdem sei sie nicht mehr bei Sinnen. Und nun habe er mit ihr eine tausendvierhundert Werst weite Reise hierher gemacht und sie im Klosterhospiz zurückgelassen, wo sie warte, bis Vater Sergius gebieten werde, sie zu ihm zu bringen. Tagsüber verlasse sie nie das Haus, weil sie das Licht fürchte, sie könne daher erst nach Sonnenuntergang ausgehen.

»Ist sie denn sehr schwach?« erkundigte sich Vater Sergius.

»Nein, sonderlich schwach ist sie nicht, sogar recht kräftig, bloß nerastenig, wie der Arzt gemeint hat. Wenn Vater Sergius befehlen würde, sie noch heute zu ihm zu bringen, könnte ich sie in Windeseile holen. Oh, heiliger Vater, erfüllen Sie das Herz eines Vaters mit Hoffnung, bewahren Sie sein Geschlecht davor, zu erlöschen, retten Sie durch Ihre Gebete seine kranke Tochter.«

Wiederum fiel der Kaufmann voller Ungestüm vor Vater Sergius auf die Knie, beugte den Kopf seitlich über seine gefalteten Hände und erstarrte gleichsam in dieser Haltung. Vater Sergius gebot ihm abermals, sich zu erheben, dachte dann, wie schwer seine Tätigkeit doch sei und wie er sie trotz allem demütig versehe, stieß daraufhin einen tiefen Seufzer aus und sagte nach einigen Sekunden des Schweigens:

»Nun gut, bringen Sie sie am Abend her. Ich werde für sie und ihre Genesung beten, doch jetzt bin ich müde!« Und er schloß die Augen. »Ich werde dann nach Ihnen senden.«

Der Kaufmann entfernte sich auf Zehenspitzen, wovon seine Stiefel auf dem sandigen Boden nur noch lauter knarrten, und Vater Sergius blieb allein.

Vater Sergius' ganzes Leben war dadurch ausgefüllt, daß er Gottesdienste abhielt oder Besucher empfing, doch heute hatte er einen besonders schweren Tag gehabt. Am Morgen war ein auf der Durchreise befindlicher hoher Würdenträger bei ihm gewesen, der sich lange mit ihm unterhalten hatte. Danach war eine Dame mit ihrem Sohn gekommen, einem jungen Professor, der nicht an Gott glaubte und den seine Mutter, eine sehr fromme und Vater Sergius ergebene Frau, hierher gebracht hatte, damit er mit ihm spreche. Das Gespräch war äußerst schwierig gewesen. Der junge Professor, der sich offenbar nicht mit einem Mönch auf einen Streit einlassen wollte, hatte diesem, auch in Anbetracht von dessen sichtlicher Schwäche, in allem beigepflichtet; doch Vater Sergius hatte trotzdem gemerkt, daß der junge Mann ungläubig war, sich aber dennoch sehr wohl und unbeschwert und in keiner Weise beunruhigt fühlte. Jetzt dachte Vater Sergius voller Unbehagen an diese Unterhaltung zurück.

»Sie müssen etwas zu sich nehmen, Väterchen«, sagte der Zellendiener zu ihm.

»Ja, bringen Sie mir irgend etwas zu essen.«

Der Zellendiener begab sich daraufhin in die kleine Kammer, die etwa zehn Schritt vom Grotteneingang entfernt errichtet worden war, und Vater Sergius war wieder allein.

Die Zeiten, da Vater Sergius mutterseelenallein gelebt, sich alles, was er benötigte, selbst verschafft und sich ausschließlich von Hostien und Brot ernährt hatte, gehörten längst der Vergangenheit an. Schon vor einer geraumen Weile war ihm erklärt worden, daß er nicht das Recht habe, Raubbau mit seiner Gesundheit zu treiben, und seitdem wurden für ihn Fastenspeisen zubereitet, die aber dennoch nahrhaft und gesund waren. Er machte wenig Gebrauch davon, aß aber immerhin weit mehr als früher und häufig sogar mit besonderem Genuß, während er einst Abscheu dabei empfunden und immer das Gefühl gehabt hatte, eine Sünde zu begehen. So war es auch diesmal. Er aß die Grütze, die ihm der Zellendiener gebracht hatte, auf, trank eine Tasse Tee und verzehrte ein halbes Weißbrot.

Der Zellendiener hatte sich entfernt, und so war Vater Sergius auf der Bank unter der Ulme wieder allein.

Es war ein wunderschöner Maienabend. An den Birken, Espen, Ulmen, Faulbäumen und Eichen begannen sich gerade erst die Blätter zu entfalten. Die Faulbeerbüsche hinter der Ulme standen in voller Blüte – und die Blütenblätter fielen noch nicht ab. Nachtigallen schlugen und ließen ihr Lied erschallen, eine ganz in seiner Nähe, zwei oder drei andere weiter unten im Gebüsch am Fluß. Aus der Ferne, vom Fluß her, drang der Gesang von Arbeitern an sein Ohr, die, nun sie ihr Tagewerk vollbracht hatten, wahrscheinlich auf dem Heimweg waren. Die Sonne ging hinter dem Wald unter, und ihre letzten Strahlen schimmerten durch das Grün der Bäume. Diese ganze Seite der Landschaft war hellgrün, während die andere, auch die Ulme, unter der Vater Sergius saß, schon in Dunkel getaucht war. Käfer flogen umher, prallten gegen irgendein Hindernis und fielen zu Boden.

Nach dem Abendessen betete Vater Sergius bei sich: »Herr Jesus Christus, Sohn Gottes, erbarme dich unser«, und dann begann er einen Psalm zu lesen. Doch plötzlich, mitten im Psalm, kam aus dem Gebüsch ein Spatz angeflogen und ließ sich auf dem Boden nieder, um dann zwitschernd auf ihn zuzuhüpfen und schließlich, offenbar vor etwas erschrocken, wieder davonzufliegen. Vater Sergius sprach nun ein Gebet, in dem er beteuerte, er habe der Welt entsagt, beeilte sich aber, damit fertig zu werden, um noch nach dem Kaufmann und dessen kranker Tochter – sie interessierte ihn – senden zu können. Sein Interesse an ihr rührte daher, daß sie für ihn doch wenigstens Abwechslung und ein neues Gesicht bedeutete und daß sie selbst und ihr Vater ihn für einen Knecht Gottes hielten, dessen Gebete in Erfüllung gingen. Er stellte dies zwar stets in Abrede, doch im Grunde seines Herzens hielt er sich auch selbst dafür.

Oft schon hatte er sich darüber verwundert, warum es ihm, Stepan Kassatskij, vergönnt gewesen sei, ein so außergewöhnlicher Knecht Gottes, ja geradezu ein Wundertäter zu werden, daß er aber einer war, daran bestand für ihn kein Zweifel: Er konnte nicht umhin, an die Wunder zu glauben, die er ja mit eigenen Augen sah, angefangen bei jenem kränklichen Knaben bis hin zu dem alten Mütterchen – seinem letzten Fall –, das infolge seines Gebets das Augenlicht zurückerhalten hatte.

So unbegreiflich das auch sein mochte, es war so. Die Tochter des Kaufmanns interessierte ihn daher nicht nur, weil sie ein neues Gesicht für ihn bedeutete und an ihn glaubte, sondern auch deshalb, weil er an ihr ein weiteres Mal seine Gabe, andere heilen zu können, und seinen Ruhm zu erhärten gedachte. Über tausend Werst weit kommt man zu mir, in den Zeitungen wird darüber berichtet, der Zar weiß davon, und selbst in Europa, dem ungläubigen Europa, kennt man meinen Namen, sinnierte er. Doch plötzlich schämte er sich seiner Eitelkeit und Ruhmsucht, und er begann wieder zu Gott zu beten. »O Herr, du himmlischer König, Tröster und Geist der Wahrheit, komm und halte Einzug in unsere Herzen, erlöse uns von allen Übeln und errette unsere Seelen.

Erlöse mich von dem Übel menschlicher Ruhmsucht, das von mir Besitz ergriffen hat«, fügte er hinzu, und dabei fiel ihm ein, wie oft er schon darum gebeten hatte und wie vergeblich seine Gebete in dieser Hinsicht bis jetzt stets gewesen waren; sein Gebet vollbrachte Wunder, doch für sich selbst vermochte er von Gott nicht zu erbitten, daß dieser ihn von jener niedrigen Leidenschaft befreite.

Er erinnerte sich an seine Gebete aus der ersten Zeit seines Eremitendaseins, als er Gott angefleht hatte, ihm Reinheit, Demut und Liebe zu schenken. Damals war es ihm so vorgekommen, als habe Gott seine Gebete erhört, er war reinen Herzens gewesen und hatte sich darum auch einen Finger abgehauen – bei dieser Erinnerung führte er den zusammengeschrumpften Stumpf an die Lippen und küßte ihn. Ihm schien, er sei damals noch von Demut und Liebe beseelt gewesen, denn er erinnerte sich, daß ihm seine Sündhaftigkeit stets tiefen Abscheu gegen sich selbst eingeflößt und daß er sich damals rührend eines alten ausgedienten Soldaten, der betrunken zu ihm gekommen war und ihn um Geld angegangen war, angenommen, und sich auch um jene Frau gekümmert hatte, die damals in der Nacht Einlaß begehrte. Wie aber verhielt es sich jetzt? Er fragte sich, ob er für irgend jemand ein Gefühl der Liebe empfinde, etwa für Sofja Iwanowna oder für Vater Serapion oder all die Menschen, die heute bei ihm gewesen waren, für jenen gelehrten Jüngling zum Beispiel, mit dem er in so belehrendem Ton gesprochen hatte, während es ihm doch nur darum gegangen war, jenem gegenüber mit seinem Verstand und hohem Wissensstand zu brillieren. Die Liebe, die andere Menschen ihm entgegenbrachten, tat ihm wohl, ja er bedurfte ihrer, erwidern aber konnte er diese Gefühle nicht. Liebe, Demut und Reinheit des Herzens – all das gab es jetzt nicht mehr für ihn.

Es war ihm angenehm gewesen, zu hören, daß die Tochter des Kaufmanns erst zweiundzwanzig Jahre zählte, und er hätte gar zu gern gewußt, ob sie schön war. Und als er sich erkundigte, ob sie schwach sei, da war es ihm nur darum zu tun gewesen, zu erfahren, ob sie weiblichen Liebreiz besitze oder nicht.

Bin ich wirklich so tief gesunken? dachte er. Und er faltete die Hände und betete: »O Herr, steh mir bei, richte mich wieder auf, du mein Herr und Gott!« Und um ihn her sangen klagend die Nachtigallen. Ein Käfer stieß in vollem Flug gegen seinen Hals und kroch ihm über den Nacken. Er schüttelte ihn ab. Gibt es Gott denn überhaupt? fragte er sich. Es ist, als klopfte ich an die verschlossene Tür eines Hauses ... Es hängt ein Schloß an der Tür, und ich müßte es eigentlich sehen. Dieses Schloß – das sind die Nachtigallen, die Käfer, die ganze Natur. Jener Jüngling hat vielleicht recht ... Und er begann laut zu beten und betete so lange, bis sich diese Gedanken verflüchtigt hatten und er sich wieder ruhig und selbstsicher fühlte. Er ergriff das Glöckchen und schellte: zu dem Zellendiener, der auf sein Läuten heraustrat, sagte er, dieser Kaufmann und dessen Tochter könnten jetzt kommen.

Der Kaufmann, der seine Tochter untergefaßt hatte, geleitete sie bis zur Klause und zog sich sofort zurück.

Die Tochter war ein blondes, außerordentlich blasses, voll erblühtes und überaus sanftes junges Mädchen mit einem erschrockenen Kindergesicht und sehr ausgeprägten weiblichen Formen. Vater Sergius war auf der Bank vor dem Eingang sitzen geblieben. Als das junge Mädchen an ihm vorüberkam und dann neben ihm stehenblieb, woraufhin er sie segnete, war er selbst darüber entsetzt, mit welchen Blicken er ihren Körper betrachtete. Nachdem sie an ihm vorüber in die Klause gegangen war, hatte er das Empfinden, von einer Natter gebissen worden zu sein. Ihr Gesichtsausdruck hatte ihm verraten, daß sie sinnlich und geistesschwach war. Er stand auf und folgte ihr in die Klause. Sie saß auf einem Schemel und wartete auf ihn.

Als er eintrat, erhob sie sich.

»Ich will zu Papachen«, sagte sie.

»Hab keine Angst«, beruhigte er sie. »Was tut dir weh?«

»Alles tut mir weh«, entgegnete sie, und plötzlich wurde ihr Gesicht von einem Lächeln erhellt.

»Du wirst gesund werden«, verhieß er ihr. »Bete zu Gott!«

»Wozu beten, gebetet habe ich schon oft, aber es hilft nichts«, gab sie, immer noch lächelnd, zur Antwort. »Beten Sie für mich und legen Sie Ihre Hände auf mich. Ich habe Sie im Traum gesehen.«

»Im Traum?«

»Ja, mir träumte, daß Sie mir die Hand auf die Brust legten.« Sie nahm seine rechte Hand und preßte sie an ihre Brust. »So – hierher!«

Er ließ sie gewähren.

»Wie heißt du?« fragte er, am ganzen Leibe zitternd, und fühlte dabei, daß er besiegt war, daß er seine sinnliche Begierde nicht mehr zu zügeln vermochte.

»Marja. Warum wollen Sie das wissen?«

Sie ergriff seine Hand und küßte sie, legte dann einen Arm um ihn und drückte ihn an sich.

»Was tust du?« sagte er, »Marja. Du bist der Teufel.«

»Mag sein.«

Und ihn immer noch umarmend, setzte sie sich mit ihm aufs Bett ...

Als der Morgen graute, trat er auf die Außentreppe hinaus.

Ist das alles wirklich geschehen? fragte er sich. Ihr Vater wird kommen, dachte er. Sie wird es ihm erzählen. Sie ist der Teufel. Was soll ich nur tun? Da liegt es, jenes Beil, mit dem ich mir den Finger abgehackt habe ... Er ergriff das Beil und begab sich in die Zelle.

Der Zellendiener kam ihm entgegen.

»Soll Holz zerkleinert werden?« fragte er. »Geben Sie mir das Beil, ich besorge das schon.«

Vater Sergius überließ ihm das Beil und trat in die Zelle. Das Mädchen lag da und schlief. Mit entsetztem Blick sah er sie an. Dann ging er in die an die Zelle anstoßende kleine Kammer, kramte die dort versteckte Bauernkleidung hervor und zog sie an. Hierauf nahm er eine Schere, schnitt sich das lange Haar ab und verließ die Klause; auf einem Fußpfad ging er zum Fluß hinunter, an dem er schon vier Jahre lang nicht mehr gewesen war.

Den Fluß entlang zog sich eine Landstraße; auf ihr wanderte er dahin, bis es Mittag wurde. Nun schritt er in ein Roggenfeld hinein und legte sich dort nieder. Gegen Abend kam er zu einem am Fluß liegenden Dorf. Doch statt ins Dorf zu gehen, stieg er die Uferböschung zum Fluß hinunter und nächtigte dort.

Als er erwachte, war es noch früh am Morgen, eine halbe Stunde vor Sonnenaufgang etwa. Alles um ihn herum war grau und düster, und vom Westen wehte ein kalter Morgenwind. Ja, ich muß Schluß machen, dachte er. Es gibt keinen Gott. Aber wie soll ich Schluß machen? Soll ich mich in den Fluß stürzen? Ich kann schwimmen, also würde ich nicht ertrinken. Oder mich erhängen? Das wäre möglich, mit meinem Gurt, an dem Ast dort ... Doch das erschien ihm so leicht ausführbar und so greifbar nahe zu sein, daß er in Angst und Schrecken geriet. Er wollte beten, wie er das in Augenblicken der Verzweiflung stets zu tun pflegte. Aber da war niemand, zu dem er hätte beten können. Gott gab es nicht. Den Kopf in die Hände gestützt, so lag er da. Doch auf einmal verspürte er ein solches Bedürfnis zu schlafen, daß er den Kopf nicht länger aufrecht halten konnte. So streckte er denn den Arm aus, legte den Kopf darauf, und schon war er eingeschlafen. Sein Schlaf währte jedoch nur ein paar Augenblicke; er wachte gleich wieder auf, und Erinnerungen zogen, halb wie im Traum, vor seinem inneren Auge vorüber.

Da sieht er sich, fast ein Kind noch, im Hause seiner Mutter auf dem Lande. Eine Kutsche fährt vor dem Haus vor, und ihr entsteigen sein Onkel Nikolaj Sergejewitsch mit einem gewaltigen schwarzen Vollbart und Paschenka, ein schmächtiges Mädelchen mit großen sanften Augen und kläglichem, schüchternem Gesicht. Und diese Paschenka wird nun zu ihnen, den Jungen, geführt. Mit ihr spielen sollen sie, doch das ist ihnen zu langweilig. Paschenka ist gar zu dumm. Es endet damit, daß sie Paschenka auslachen. Dann nötigen sie sie auch noch, zu zeigen, wie sie schwimmen kann. Paschenka legt sich auf den Fußboden und führt Trockenübungen vor. Alle wollen sich ausschütten vor Lachen und machen sich lustig über sie. Sie merkt das schließlich auch, und ihr Gesicht bedeckt sich mit roten Flecken und nimmt einen kläglichen Ausdruck an, so kläglich, daß die Jungen Gewissensbisse bekommen und dieses ihr schiefes, gutmütiges und ergebenes Lächeln niemals vergessen können ... Und Vater Sergius suchte sich zu erinnern, wann er sie später noch einmal gesehen hatte. Es war lange danach, kurz bevor er ins Kloster eintrat, um Mönch zu werden. Sie war zu diesem Zeitpunkt mit einem Gutsbesitzer verheiratet, der ihr ganzes Vermögen durchgebracht hatte und sie schlug. Sie hatte ihm zwei Kinder geboren: einen Jungen und ein Mädchen. Aber der Sohn war schon im zarten Kindesalter gestorben.

Vater Sergius erinnerte sich, wie unglücklich sie damals gewesen war. Geraume Zeit danach – er war längst im Kloster – hatte er sie dort als Witwe gesehen. Sie hatte sich nicht verändert, war immer noch zwar nicht ausgesprochen dumm, aber doch ohne jeden Geschmack, unbedeutend und kläglich. Ins Kloster war sie mit ihrer Tochter und deren Bräutigam gekommen. Zu jener Zeit waren sie schon sehr arm. Später hatte er einmal gehört, sie lebe in einer Kreisstadt in großer Not.

Warum muß ich gerade jetzt an sie denken? fragte er sich. Seine Gedanken kreisten unablässig um sie – er konnte nicht anders. Wo sie jetzt wohl ist? überlegte er. Wie mag es ihr gehen? Ob sie immer noch so unglücklich ist wie damals, als sie auf dem Fußboden vorführte, wie man schwimmt? Aber was habe ich überhaupt an sie zu denken? Was will ich? Schluß machen muß ich ...

Abermals wurde ihm angst und bange zumute, und um sich von diesem Gedanken zu befreien, begann er wieder an Paschenka zu denken.

Lange lag er so da und dachte an die Notwendigkeit, seinem Leben ein Ende zu machen, bald an Paschenka. Paschenka schien ihm seine Rettung zu sein. Schließlich schlief er ein. Im Traum sah er einen Engel, der zu ihm trat und zu ihm sagte: »Geh zu Paschenka und laß dir von ihr raten, was du tun sollst, erfahre, worin deine Sünde besteht und woher dir Rettung kommt.«

Er wachte auf und gelangte zu der Überzeugung, daß sein Traum eine Vision gewesen sei, ihm von Gott gesandt; da freute er sich und beschloß, das zu tun, was der Engel ihn in der Vision geheißen hatte. Er wußte, in welcher Stadt Paschenka wohnte – es war dreihundert Werst von hier –, und machte sich auf den Weg dorthin.

8

Paschenka war schon längst nicht mehr die kleine Paschenka von damals, sondern Praskowja Michajlowna, eine in die Jahre gekommene, ausgemergelte Frau, die Schwiegermutter des ständig vom Pech verfolgten und dem Alkohol verfallenen Beamten Mawrikjew. Sie wohnte in der Kreisstadt, in der ihr Schwiegersohn seine letzte Stelle gehabt hatte, und bestritt dort den Lebensunterhalt der gesamten Familie: den ihrer Tochter, des kränklichen, neurasthenischen Schwiegersohns und der fünf Enkelkinder. Das dazu benötigte Geld verdiente sie sich dadurch, daß sie Kaufmannstöchtern Musikunterricht erteilte, fünfzig Kopeken die Stunde. Sie gab gewöhnlich vier, manchmal auch fünf Stunden am Tag, so daß sich ihr monatlicher Verdienst auf annähernd sechzig Rubel belief. Davon fristeten sie denn einstweilen auch ihr Leben und warteten, daß Mawrikjew bald wieder eine Anstellung finden werde. Praskowja Michajlowna hatte in dieser Angelegenheit schon zahlreiche Bittbriefe an alle ihre Verwandten und Bekannten, darunter auch an Vater Sergius, geschickt. Doch dieser Brief hatte ihn nicht erreicht.

Es war Sonnabend, und Praskowja Michajlowna rührte in höchsteigener Person den Teig zu einem Kuchenbrot mit Rosinen an, wie es einst im Hause ihres Vaters der damals noch leibeigene Koch so gut zu backen verstand. Praskowja Michajlowna wollte am morgigen Feiertag ihre Enkelkinder damit bewirten.

Mascha, ihre Tochter, versorgte das jüngste Kind, die ältesten, ein Junge und ein Mädchen, waren in der Schule. Der Schwiegersohn, der in der Nacht nicht geschlafen hatte, war jetzt eingeschlummert. Auch Praskowja Michajlowna hatte gestern lange kein Auge zugetan, weil sie sich bemühte, die Tochter, die zornig auf ihren Mann war, zu besänftigen.

Praskowja Michajlowna sah, daß ihr Schwiegersohn ein willensschwacher Mensch war, außerstande, sein Leben noch zu ändern, und da sie erkannt hatte, daß die Vorwürfe seiner Frau nichts fruchten würden, setzte sie alles daran, Zank und Streit zwischen den beiden zu verhindern oder diese doch wenigstens zu beschwichtigen. Feindselige Beziehungen zwischen den Menschen bereiteten ihr von jeher fast körperliches Unbehagen. Für sie stand fest, daß durch Gehässigkeiten nichts besser, sondern alles nur noch schlimmer werden könne. Das dachte sie indessen nicht einmal, sie litt einfach unter jeder Form von Feindseligkeit, wie andere unter einem üblen Geruch, einem schrillen Geräusch oder Schlägen leiden.

Gerade hatte sie Lukerja selbstgefällig darüber belehrt, wie Sauerteig angerührt wird, als Mischa, ihr sechsjähriger Enkel, im kurzen Schürzchen auf seinen in gestopften Strümpfen steckenden krummen Beinchen mit erschrockenem Gesicht in die Küche gelaufen kam.

»Großmutter, ein schrecklicher alter Mann sucht dich.«

Lukerja warf einen Blick aus dem Fenster:

»Es stimmt, Herrin, draußen steht ein Pilger.«

Praskowja Michajlowna rieb ihre spitzen Ellenbogen trokken, einen am anderen, und wischte sich die Hände an der Schürze ab; sie wollte schon ins Zimmer gehen, um fünf

Kopeken aus der Geldbörse zu nehmen und sie dem Pilger zu geben, doch dann fiel ihr ein, daß sie keine kleineren Münzen hatte als Zehnkopekenstücke. Daher beschloß sie, ihm lieber etwas Brot zu geben, und ging zurück zum Küchenschrank, aber plötzlich errötete sie bei dem Gedanken, daß sie an einem Almosen hatte sparen wollen, und sie befahl Lukerja, eine Scheibe Brot abzuschneiden, während sie selbst fortging, um obendrein noch ein Zehnkopekenstück zu holen. Da hast du die Strafe für deinen Geiz, sagte sie sich, jetzt heißt es das Doppelte geben ...

Unter Entschuldigungen händigte sie dem Pilger das eine wie das andere aus, und als sie es ihm gab, da war sie nicht nur gar nicht stolz auf ihre Freigebigkeit, sie empfand vielmehr Scham, daß ihr Almosen derart gering war – ein so imposantes Aussehen hatte der Pilger.

Obwohl Vater Sergius dreihundert Werst zu Fuß zurückgelegt und sich allein von milden Gaben ernährt hatte, ganz zerlumpt, abgemagert und schwarz von Staub war, obwohl er kurzgeschorenes Haar hatte und eine Bauernmütze und ebensolche Stiefel trug, besaß er selbst jetzt noch das gleiche würdevolle Aussehen, das auf andere stets so anziehend gewirkt hatte. Praskowja Michajlowna aber erkannte ihn nicht. Das konnte sie auch gar nicht, hatte sie ihn doch fast dreißig Jahre nicht mehr gesehen.

»Nehmen Sie vorlieb, Väterchen. Möchten Sie vielleicht etwas Warmes essen?«

Er nahm das Brot und das Geldstück, machte zu Praskowja Michajlownas Verwunderung jedoch keine Miene fortzugehen, sondern sah sie unverwandt an.

»Paschenka! Ich bin zu dir gekommen. Nimm mich auf!«

In seinen schönen schwarzen Augen, die sie aufmerksam und flehend anschauten, glänzten Tränen, und seine Lippen unter dem ergrauenden Schnurrbart zuckten kläglich.

Praskowja Michajlowna griff sich an die welke Brust, öffnete den Mund und starrte dem Pilger fassungslos ins Gesicht.

»Das ist doch nicht möglich! Stjopa! Sergius! Vater Sergius.«

»Ja, der nämliche«, sagte Vater Sergius leise. »Aber ich bin nicht mehr Sergius oder Vater Sergius, sondern nur noch der große Sünder Stepan Kassatskij, der schwere Schuld auf sich geladen hat und hoffnungslos verloren ist. Nimm mich auf, hilf mir!«

»Wie ist das nur möglich? Warum haben Sie sich denn so gedemütigt? Treten Sie doch näher!«

Sie bot ihm den Arm, aber er nahm ihn nicht, sondern folgte ihr.

Doch wohin sollte sie ihn führen? Die Wohnung war sehr klein. Anfangs hatte sie ein winziges Zimmer, fast nur ein Kämmerchen, für sich gehabt, später aber auch dieses ihrer Tochter abgetreten. Und jetzt saß Mascha dort und wiegte den Säugling in den Schlaf.

»Nehmen Sie fürs erste hier Platz«, sagte Praskowja Michajlowna zu Vater Sergius und deutete auf die Bank, die in der Küche stand.

Vater Sergius ließ sich augenblicklich darauf nieder und nahm mit offensichtlich schon zur Gewohnheit gewordener Gebärde den Ranzen ab, erst von der einen, dann von der anderen Schulter.

»Mein Gott, mein Gott, wie sehr Sie sich gedemütigt haben, Väterchen! So berühmt waren Sie, und auf einmal ...«

Vater Sergius blieb ihr die Antwort schuldig, lächelte nur demütig, während er den Ranzen neben sich legte.

»Weißt du, wer das ist, Mascha?«

Und Praskowja Michajlowna erzählte ihrer Tochter im Flüsterton, wer Vater Sergius war. Gemeinsam schafften sie dann Bett und Wiege aus der Kammer, um sie für Vater Sergius freizumachen.

Hierauf führte Praskowja Michajlowna ihn in die Kammer.

»Hier können Sie ausruhen«, sagte sie. »Sie müssen schon vorliebnehmen. Ich aber muß jetzt gehen.«

»Wohin?«

»Ich gebe hier in der Stadt Stunden, ich schäme mich fast, es zu sagen, Musikunterricht.«

»Musikunterricht – das ist doch sehr schön. Nur noch eines, Praskowja Michajlowna, ich bin nicht ohne Grund zu Ihnen gekommen. Wann kann ich mit Ihnen sprechen?«

»Ich werde mich glücklich schätzen. Heute abend vielleicht?«

»Gut, nur noch eine Bitte: Zu niemandem ein Wort darüber, wer ich bin. Allein Ihnen habe ich mich zu erkennen gegeben. Niemand sonst weiß, wohin ich gegangen bin. So muß es auch bleiben.«

»Ach, und ich habe es schon meiner Tochter gesagt.«

»Nun, dann bitten Sie sie, es für sich zu behalten.«

Vater Sergius zog die Stiefel aus, legte sich nieder und schlief nach einer schlaflos verbrachten Nacht und einem Fußmarsch von vierzig Werst augenblicklich ein.

Als Praskowja Michajlowna nach Hause zurückkehrte, saß Vater Sergius in seiner Kammer und wartete auf sie. Zum Mittagessen war er nicht herausgekommen, sondern hatte die Suppe und die Grütze, die ihm Lukerja brachte, in der Kammer gegessen.

»Du bist ja früher zurückgekommen, als du geglaubt hattest«, stellte Vater Sergius fest. »Warum denn? Können wir uns jetzt unterhalten?«

»Ich habe eine meiner Stunden ausfallen lassen und auf einen anderen Tag verlegt ... Womit habe ich es verdient, daß mir ein solches Glück, ein solcher Besucher vergönnt ist? Immer habe ich davon geträumt, einmal zu Ihnen zu fahren, und es Ihnen auch geschrieben, und auf einmal nun dieses Glück!«

»Paschenka! Fasse, bitte, das, was ich dir jetzt sagen werde, als Beichte auf, als Worte, wie man sie in der Stunde des Todes vor Gott ausspricht. Paschenka! Ich bin kein Heiliger, nicht einmal ein gewöhnlicher, rechtschaffener Mensch, nein, ich bin ein Sünder, ein widerwärtiger, abscheulicher, verirrter, hoffärtiger Sünder, wie ich keinen schlimmeren weiß, schlimmer als die verruchtesten Menschen.«

Paschenka sah ihn zunächst mir großen Augen an – sie traute ihren Ohren nicht. Dann, als sie es schließlich glaubte, berührte sie mit ihrer Hand seinen Arm und fragte kläglich lächelnd:

»Übertreibst du auch nicht, Stiwa?«

»Nein, Paschenka. Ich bin ein Wüstling, ein Mörder, ein Gotteslästerer und Betrüger.«

»Mein Gott! Stimmt das denn auch?« stammelte Praskowja Michajlowna.

»Aber weiterleben muß ich dennoch. Und ich, der ich geglaubt habe, ich wüßte alles, der ich anderen Lehren erteilt habe, wie sie zu leben hätten – ich erkenne nun, daß ich nichts weiß, und bitte dich, mich zu belehren.«

»Was fällt dir ein, Stiwa! Du machst dich lustig über mich. Warum macht ihr alle euch immer lustig über mich?«

»Nun gut, ich mache mich lustig über dich. Aber erzähle mir trotzdem, wie dein Leben bisher verlaufen ist und wie du jetzt lebst.«

»Ich? Ich habe das abscheulichste, nichtswürdigste Leben geführt, jetzt straft mich Gott dafür, und recht geschieht mir, und ich lebe so schlecht, so schlecht ...«

»Wie kam es denn, daß du heiratetest? Und wie war das Zusammenleben mit deinem Mann?«

»Alles war schlecht. Geheiratet habe ich, nachdem ich mich auf die schändlichste Weise verliebt hatte. Papa war gegen diese Heirat. Aber ich habe nicht auf ihn gehört und trotzdem geheiratet. Und als Ehefrau dann habe ich, statt meinem Mann hilfreich zur Seite zu stehen, ihn mit meiner Eifersucht gequält, die ich nicht unterdrücken konnte.«

»Wie ich hörte, hat er getrunken?«

»Ja, aber ich habe es nicht verstanden, ihn richtig zu nehmen, sondern ihm ständig Vorwürfe gemacht. Und dabei ist Trunksucht doch eine Krankheit. Oft überkam ihn das unwiderstehliche Verlangen, etwas zu trinken, ich aber habe, wie ich mich jetzt noch erinnere, ihm nichts gegeben. Und dann kam es zu schrecklichen Szenen zwischen uns.«

Und sie sah, als sie das erzählte, Kassatskij mit ihren schönen, bei dieser Erinnerung mit Leid erfüllten Augen an.

Kassatskij fiel ein, daß man ihm berichtet hatte, Paschenka sei von ihrem Mann geschlagen worden. Und als er nun ihren mageren, welken Hals mit den hinter den Ohren stark hervortretenden Adern und dem dünnen Büschel ihres schon halb ergrauten blonden Haars im Nacken betrachtete, da konnte er sich ganz deutlich vorstellen, wie sich das abgespielt haben mußte.

»Und dann blieb ich allein zurück mit zwei Kindern und völlig mittellos.«

»Aber ihr besaßt ja doch ein Gut.«

»Das hatten wir schon zu Wassjas Lebzeiten verkauft und alles Geld, das wir dafür erhielten, für unseren Lebensunterhalt ausgegeben. Wir mußten ja leben, und wie alle jungen Mädchen von Adel war ich in praktischen Dingen völlig hilflos, ja besonders unbedarft und unbeholfen. So brauchten wir auch unser letztes Erspartes auf. Ich unterrichtete die Kinder und lernte dabei auch selbst noch einiges hinzu. Dann erkrankte Mitja – er war damals schon in der vierten Klasse –, und Gott nahm ihn zu sich. Mascha verliebte sich in Wanja – so heißt mein Schwiegersohn. Er ist ein guter, aber unglücklicher Mensch. Das macht alles seine Krankheit.«

»Mamachen«, rief die Tochter aus dem Nebenzimmer herüber. »Nehmen Sie doch Mischa, ich weiß schon nicht mehr, wo mir der Kopf steht.«

Praskowja Michajlowna zuckte zusammen, erhob sich und ging in ihren Schuhen mit den schiefgelaufenen Absätzen schnellen Schrittes nach nebenan. Gleich darauf kam sie mit einem zweijährigen Jungen auf dem Arm wieder, der sich zurückwarf und mit den Händchen nach ihrem Kopftuch griff.

»Ja, wo war ich doch stehengeblieben? Ach ja, bei meinem Schwiegersohn. Nun, er hatte hier eine gute Stellung, und sein Vorgesetzter war ein so reizender Mensch, aber Wanja fühlte sich überfordert und trat in den Ruhestand.«

»Was hat er denn für ein Leiden?«

»Neurasthenie – eine schreckliche Krankheit ist das. Wir haben schon miteinander beratschlagt, aber uns fehlen die Mittel, ihn in einen Kurort zu schicken. Doch ich habe immer noch die Hoffnung, daß sich sein Leiden auch so bessern wird. Nennenswerte Schmerzen hat er ja nicht, aber ...«

»Lukerja!« ertönte in diesem Augenblick die ärgerliche, wenn auch matte Stimme des Schwiegersohnes. »Immer hat man sie irgendwohin geschickt, wenn ich sie brauche, Mama!«

»Ich komme gleich!« rief Praskowja Michajlowna, abermals ihr Gespräch mit Vater Sergius unterbrechend. »Er hat noch nicht zu Mittag gegessen. Mit uns zusammen kann er es nicht.«

Sie ging hinaus, richtete im Nebenzimmer irgend etwas her und kam dann, die abgezehrten, sonnengebräunten Hände an der Schürze abwischend, zurück.

»Ja, so lebe ich jetzt. Ständig beklagen wir uns, ewig sind wir unzufrieden, und dabei sind doch meine Enkel, Gott sei Dank, alles prächtige, gesunde Kinder, und zum Leben reicht es auch noch. Ich kann mich also nicht beklagen.«

»Nun, aber wovon leben Sie?«

»Etwas verdiene ich ja durch den Musikunterricht. Früher hat mich das Klavierspielen immer gelangweilt, aber jetzt ist es mir so gut zustatten gekommen.«

Ihre kleine Hand lag auf der Kommode, neben der sie saß, und sie ließ ihre mageren Finger darüber gleiten, als übe sie ein Klavierstück ein.

»Was zahlt man Ihnen denn für die Stunde?«

»Die einen geben einen Rubel, andere fünfzig Kopeken, manche auch nur dreißig. Sie sind alle so gut zu mir.«

»Und wie steht es, machen Ihre Schülerinnen auch Fortschritte?« fragte Kassatskij mit kaum merklichem Lächeln.

Praskowja Michajlowna glaubte nicht gleich, daß er es ernst meinte, und sah ihn fragend an.

»Natürlich machen sie Fortschritte. Ein prächtiges Mädchen ist darunter, die Tochter eines Fleischers. Ein gutes, nettes Mädchen ... Ach ja, wäre ich eine tüchtige Frau, dann hätte ich es bei Papas guten Verbindungen gewiß auch geschafft, meinem Schwiegersohn zu einer neuen Stellung zu verhelfen. Aber dazu war ich nicht imstande, und so habe ich die Meinen in diese Armut gebracht.«

»Ja, ja«, murmelte Kassatskij und senkte den Kopf. »Nun, und wie ist es, Paschenka, nehmen Sie am kirchlichen Leben teil?« erkundigte er sich dann.

»Ach, fragen Sie nicht. Damit steht es ganz schlecht, darin bin ich sehr säumig. Manchmal gehe ich ja mit den Kindern zum Abendmahl, nachdem ich sie und mich durch Fasten darauf vorbereitet habe, aber sonst besuche ich monatelang nicht die Kirche. Die Kinder schicke ich freilich hin.«

»Und warum gehen Sie denn nicht auch selbst in die Kirche?«

»Ja, um die Wahrheit zu sagen«, gab sie errötend zur Antwort, »weil es mir meiner Tochter und den Enkelkindern gegenüber peinlich ist, in so schäbigen Sachen in die Kirche zu gehen, und neue Kleider habe ich nicht. Und dann bin ich auch einfach zu träge.«

»Nun, aber zu Hause beten Sie doch?«

»Gewiß, doch was ist das schon für ein Gebet, wenn man es so mechanisch hersagt! Ich weiß, so sollte es nicht sein, aber mir fehlt die nötige Andacht zum Beten. Man wird sich nur immer bewußt, wie abgrundtief schlecht man ist ...«

»Ja, ja, ganz recht«, pflichtete ihr Kassatskij bei.

»Ich komme ja schon«, gab Praskowja Michajlowna zur Antwort, als der Schwiegersohn abermals nach ihr rief, und verließ, nachdem sie ihr Kopftuch zurechtgerückt hatte, das Zimmer.

Diesmal kam sie nicht gleich wieder. Als sie schließlich zurückkehrte, saß Kassatskij immer noch in derselben Haltung da, die Ellenbogen auf die Knie gestützt, den Kopf gesenkt. Doch hatte er sich unterdessen den Ranzen wieder auf den Rücken geschnallt.

Als sie mit einer kleinen schirmlosen Blechlampe ins Zimmer trat, schaute er mit seinen schönen müden Augen zu ihr auf und stieß einen tiefen, tiefen Seufzer aus.

»Ich habe den anderen nicht gesagt, wer Sie sind«, begann sie zaghaft. »Ich habe nur erzählt, Sie seien ein Pilger von vornehmer Abkunft, den ich von früher kenne. Lassen Sie uns ins Speisezimmer gehen und den Tee nehmen.«

»Nein, ich möchte nicht ...«

»Nun, so bringe ich Ihnen den Tee hierher.«

»Nein, ich brauche nichts. Vergelte es dir Gott, Paschenka. Ich werde nun gehen. Wenn du Mitleid mit mir hast, dann sage niemandem, daß ich hier war. Beim lebendigen Gott beschwöre ich dich: Zu niemandem ein Wort. Ich danke dir. Ich würde mich bis zur Erde vor dir verneigen, aber ich weiß, es würde dich verlegen machen. Sei bedankt und verzeih mir um Christi willen.«

»Segnen Sie mich.«

»Gott wird dich segnen. Verzeih mir um Christi willen.«

Kassatskij wandte sich zum Gehen, doch sie ließ ihn nicht fort und brachte ihm noch Brot, Kringel und Butter. Er nahm alles und entfernte sich.

Draußen war es dunkel, und er war noch keine zwei Häuser weit gegangen, da hatte sie ihn schon aus den Augen verloren; daß er seinen Weg fortsetzte, konnte sie allein daraus schließen, daß der Hund des Oberpopen ihn anbellte.

Das also hatte mein Traum zu bedeuten! dachte Kassatskij. Paschenka ist haargenau so, wie ich hätte sein sollen und wie ich nicht gewesen bin. Ich habe nur für die Menschen gelebt, unter dem Vorwand, Gott zu dienen, sie aber lebt für Gott, obwohl sie glaubt, für die Menschen zu leben. Ja, ein einziges gutes Werk, ein Becher Wasser, der ohne den Gedanken an eine Belohnung gereicht wird, ist mehr wert als die vermeintlichen Wohltaten, die ich den Menschen erwiesen habe. Aber hatte ich denn nicht den aufrichtigen Wunsch, Gott zu dienen? fragte er sich und gab sich auch gleich selbst die Antwort: Ja, doch das alles war besudelt und überwuchert von der Sucht nach weltlichem Ruhm. Ja, für jemanden, der so wie ich nur um des weltlichen Ruhmes willen gelebt hat, gibt es keinen Gott. Ich werde Gott suchen gehen.

Und so, wie er sich bis zu Paschenka durchgeschlagen hatte, zog er auch nun wieder von Dorf zu Dorf, sich bald anderen Pilgern und Pilgerinnen zugesellend, bald sich wieder von ihnen trennend, und bat um Christi willen um Brot und ein Nachtlager. Hin und wieder wurde er von einer übellaunigen Hausfrau beschimpft oder von einem betrunkenen Bauern mit beleidigenden Ausdrücken bedacht, doch in den meisten Fällen gab man ihm zu essen und zu trinken und oft sogar noch etwas Wegzehrung. Manche nahm sein Aussehen, das Aussehen eines vornehmen Herrn, für ihn ein, andere hingegen schien es zu freuen, daß auch ein solcher Herr so tief gesunken, so bettelarm geworden war. Doch seine Sanftmut besiegte alle.

Oft, wenn er in einem Hause das Evangelium fand, las er daraus vor, und alle Leute lauschten dann immer und überall gerührt und gleichsam verwundert seinen Worten, als hörten sie etwas gänzlich Neues und zugleich längst Vertrautes.

Bot sich ihm eine Gelegenheit, anderen Menschen einen Dienst zu erweisen, sei es dadurch, daß er ihnen einen Rat erteilte, ein Schriftstück aufsetzte oder einen Streit zwischen ihnen schlichtete, verzichtete er von vornherein auf jeden Dank, weil er sich sofort entfernte. Und nach und nach hielt Gott in ihm Einkehr.

Einmal pilgerte er mit zwei alten Mütterchen und einem ausgedienten Soldaten über Land, als ihnen eine leichte, zweirädrige Equipage, bespannt mit einem Traberpferd, entgegenkam, in der ein Herr und eine Dame saßen, während ein anderer Herr und ein Fräulein, offenbar Vater und Tochter, nebenher ritten. In dem Wagen saß die Frau des Reiters mit einem Franzosen, bei dem es sich allem Anschein nach um einen Forschungsreisenden handelte.

Die Reiter hielten die Pilger an, um dem Franzosen *les pèlerins* zu zeigen, die, einem im russischen Volk weit verbreiteten Aberglauben zufolge, statt zu arbeiten, von Ort zu Ort ziehen, um, wie sie glauben, Gott zu dienen.

Sie unterhielten sich auf französisch, glaubten sie doch, von den Pilgern nicht verstanden zu werden.

»Demandez-leur«, sagte der Franzose, »s'ils sont bien sûrs de ce que leur pèlerinage est agréable à dieu.«

Man fragte sie. Die alten Mütterchen gaben darauf zur Antwort:

»Wie Gott es aufnehmen wird. Mit den Füßen waren wir gottgefällig, ob wir es auch mit dem Herzen waren, wer kann das wissen?«

Nun fragte man den Soldaten. Er sagte, er sei ganz allein auf der Welt und habe kein Dach über dem Kopf.

Dann wollte man von Kassatskij wissen, wer er sei.

»Ein Knecht Gottes.«

»Qu'est-ce qu'il dit? Il ne répond pas.«

»Il dit qu'il est un serviteur de dieu.«

»Cela doit être un fils de prêtre. Il a de la race. Avez-vous de la petite monnaie?«

In den Taschen des Franzosen fand sich etwas Kleingeld. Und er gab jedem der Pilger zwanzig Kopeken.

»Mais dites-leur que ce n'est pas pour des cierges que je leur donne, mais pour qu'ils se régalent de thé; für Tee, Tee, pour vous, mon vieux«, sagte er lächelnd zu Kassatskij und klopfte ihm mit seiner behandschuhten Rechten auf die Schulter.

»Vergelt's Gott«, gab Kassatskij zur Antwort und verneigte sich, ohne die Mütze wieder aufzusetzen, mit entblößtem kahlem Kopf vor dem Franzosen.

Kassatskij freute sich besonders über diese Begegnung, weil er die Meinung anderer Menschen über sich verachtete und hier Gelegenheit hatte, seinen Stolz zu unterdrücken, indem er demütig die zwanzig Kopeken nahm, um sie dann einem Weggenossen, einem blinden Bettler, zu geben. Je weniger Bedeutung er der Meinung der Menschen beimaß, desto näher fühlte er sich Gott.

Acht Monate lang zog Kassatskij so herum, im neunten wurde er in einer Gouvernementsstadt, in einem Obdachlosenasyl, wo er mit anderen Pilgern übernachtete, festgenommen und, da er keinen Paß bei sich trug, aufs Polizeirevier gebracht. Auf die Frage, wo denn sein Paß sei und wie er heiße, gab er zur Antwort, er besitze keinen Paß und sei ein Knecht Gottes. Daraufhin wurde er wegen Landstreicherei verurteilt und nach Sibirien verbannt.

In Sibirien kam er in einer kleinen Siedlung bei einem reichen Bauern unter, wo er seither lebt. Er arbeitet im Gemüsegarten seines Herrn, unterrichtet dessen Kinder und pflegt die Kranken.

Anhang

Anmerkungen

Sewastopol im Dezember

7,1 *die ›Kistentin‹:* das Schiff »Konstantin« [Anm. Tolstois].
20,19 *Sashen:* russisches Längenmaß (2,133 m).

Zwei Husaren

26,3 *Jomini:* Henri de J. (1779–1869), französischer und russischer General und Militärschriftsteller.
26,5 *Dawydow:* Denis D. (1784–1839), russischer Dichter, Verfasser von ›Husaren-Lyrik‹.
26,22 f. *Spermazetkerzen:* Aus Spermazet oder Walrat, einer fettartigen Masse aus den Stirnbeinhöhlen des Pottwals, wurden u. a. Kerzen hergestellt.
27,2 *Martinisten:* nach dem Marquis Louis Claude de Saint-Martin (1743–1803) benannte esoterische Gruppierung.
Tugendbundes: Der Tugendbund war eine 1808–09 in Preußen bestehende »sittlich-wissenschaftliche« Vereinigung, die sich volkstümliche Jugenderziehung und Vaterlandsliebe zur Aufgabe setzte.
27,3 *Miloradowitsch:* Michail M. (1771–1825), russischer General, bekannt für seine Tapferkeit und Verbundenheit mit den einfachen Soldaten.
31,11 *Lançaden:* Sprünge des aufgerichteten Pferdes nach vorn.
41,1 f. *einen roten oder blauen Geldschein:* einen Zehn- bzw. Fünfrubelschein.
45,7 *Dolman:* mit Schnüren versehene Husarenjacke.
49,9 *Arschin:* russisches Längenmaß (0,711 m).
63,27 *Phaëton:* leichter, offener Wagen.
69,16 *Gabelpferd:* in die Gabeldeichsel einer Troika eingespanntes Pferd; Mittelpferd.
91,12 *Ils feront des frais pour nous recevoir:* (frz.) Sie werden sich verausgaben, um uns zu empfangen.
91,17 *Je vous en prie, messieurs!:* (frz.) Bitte sehr, meine Herren!
94,14 *Miseren:* Misere: Spiel, bei dem absichtlich kein Stich gemacht wird.

Familienglück

121,16 *Petrifasten:* Fasten zum Fest der Apostel Petrus und Paulus am 29. Juni.
129,18 *Schulhoff:* Julius S. (1825–98), deutscher Klaviervirtuose und Komponist, der Konzertreisen durch ganz Europa unternahm.
147,11 *Ikonostas:* die mit Heiligenbildern verzierte Wand vor dem Altar in der russisch-orthodoxen Kirche.
175,13 *le mieux est l'ennemi du bien:* (frz.) das Bessere ist der Feind des Guten.
182,26 f. *Das Segel ... Ruhe wär!:* aus Michail Lermontows (1814–41) Gedicht »Parus« (»Das Segel«).
189,13 f. *Quasimodogeniti:* der erste Sonntag nach Ostern.
205,17 *Bonne chance, mon ami!:* (frz.) Viel Glück, mein Freund!
207,32 *Je vous aime:* (frz.) Ich liebe Sie.

Der Tod des Iwan Iljitsch

225,14 *»Wedomosti«:* (russ.) »Nachrichten«; Zeitungstitel.
238,6 *le phénix de la famille:* (frz.) etwa: der Stolz der Familie.
239,11 *Respice finem:* (lat.) Bedenke das Ende.
239,28 *Raskolniki:* die russischen Altgläubigen, eine auf Erhaltung der alten religiösen Grundsätze und der alten Lebensart gerichtete Glaubensbewegung, die gegen die Neuerungen in der orthodoxen Kirche Mitte des 17. Jahrhunderts entstand.
239,36 *bon enfant:* (frz.) guter Junge.
240,12 f. *Il faut que jeunesse se passe:* (frz.) etwa: Jugend muß sich austoben.
244,17 *de gaîté de cœur:* (frz.) aus einer Laune heraus.
264,2 *Schlemm:* Einheimsen aller Stiche beim Kartenspiel.
267,36 *Robber:* Doppelpartie im Whistspiel.
273,34 *Werst:* russisches Längenmaß (1,066 km).
274,30 f. *Logik Kiesewetters:* Der deutsche Philosoph Johann Gottfried Karl Kiesewetter (1766–1819) verfaßte 1796 einen *Grundriß einer allgemeinen Logik.*
278,3 *établissement:* (frz.) Einrichtung, Ausstattung.
292,25 f. *Capoul:* Joseph C. (1839–1924), französischer Sänger, der gefeierte Tourneen durch Europa unternahm.

Herr und Knecht

333,35 *Pulson:* Iossif Paulson (1825–98), russischer Pädagoge, Verfasser eines verbreiteten Lesebuchs.

340,36–341,2 *»Schneesturm ... und brüllt«:* Aus Alexander Puschkins (1799–1837) Gedicht »Simnij wetscher« (»Winterabend«).

350,17 *Sadulkariemen:* über den Mittelgurt des Pferdes verlaufender Riemen.

352,32 *Desjatinen:* russisches Flächenmaß (109 Ar).

Vater Sergius

287,29 *Mariä Schutz und Fürbitte:* Fest der russisch-orthodoxen Kirche am 1. Oktober.

388,1 *Starez:* in der russisch-orthodoxen Kirche ein besonders heiligmäßiger Mönch und Lehrer.

393,16 *regardez à droite, c'est lui:* (frz.) schauen Sie nach rechts, das ist er.

393,18 *Où, où? Il n'est pas tellement beau:* (frz.) Wo, wo? So schön ist er auch nicht.

396,26 *Butterwoche:* Fastenwoche vor dem Osterfest.

398,3 *À discrétion:* (frz.) Wie es beliebt.

416,1 *Kaftan:* altertümlicher, langschößiger russischer Rock.

417,5 f. *Wasserweihe:* Fest der russisch-orthodoxen Kirche am Mittwoch der vierten Woche nach Ostern.

441,3 f. *les pèlerins:* (frz.) die Pilger.

441,9 f. *Demandez-leur ... à dieu:* (frz.) Fragen Sie sie, ob sie überzeugt sind, daß ihre Pilgerreise gottgefällig ist.

441,20–23 *Qu'est-ce qu'il dit ... monnaie?:* (frz.) Was sagt er? Er antwortet nicht. – Er sagt, daß er ein Diener Gottes ist. – Das ist bestimmt der Sohn eines Geistlichen. Er hat Rasse. Haben Sie etwas Kleingeld dabei?

441,26 f. *Mais dites-leur ... de thé:* (frz.) Aber sagen Sie ihnen, daß ich ihnen das nicht für Kerzen gebe, sondern damit sie sich an Tee gütlich tun.

441,27 f. *pour vous, mon vieux:* (frz.) für Sie, mein Alter.

Literaturhinweise

Leo N. Tolstoi: Tagebücher 1847–1910. Übers. von G. Dalitz. Mit Anm., Zeittafel und Reg. von E. Dieckmann und U. Hirschberg. Nachw. von B. Zelinsky.

Sofja Andrejewna Tolstaja: Tagebücher 1862–1897. Tagebücher 1898–1910. Übers. von J. R. Döring-Smirnov und R. Tietze. Frankfurt a. M. 1986.

J. Bayley: Tolstoy and the Novel. London 1966.

R. C. Benson: Women in Tolstoy. The Ideal and the Erotic. Urbana/Chicago/London 1973.

J. Bonamour (Hrsg.): Tolstoï aujourd'hui. Colloque international Tolstoï tenu à Paris du 10 au 13 octobre 1978. A l'occasion du cent-cinquantième anniversaire de la naissance de Léon Tolstoï. Paris 1980.

F. M. Borras: Maxim Gorky and Lev Tolstoy. Leeds 1968.

A. F. Boyd: An Anatomy of Marriage. L. Tolstoy and »Anna Karenina«. In: Aspects of the Russian Novel. London 1972. S. 87–108.

M. Braun: Tolstoj. Eine literarische Biographie. Göttingen 1978.

J. S. Collis: Marriage and Genius. Strindberg and Tolstoy. Studies in Tragi-Comedy. London 1963.

R. F. Christian: Tolstoy's »War and Peace«. A Study. Oxford 1962.

– Tolstoy. A Critical Introduction. Cambridge 1969.

E. Crankshaw: Tolstoy. The Making of a Novelist. London 1974.

Y. J. Dayananda: »The Death of Ivan Ilych«: A Psychological Study on Death and Dying in Tolstoy's »The Death of Ivan Ilych«. In: Hartford Studies in Literature 7 (1975) S. 195–205.

E. Dieckmann: Erzählformen im Frühwerk L. N. Tolstojs. 1851–1857. Berlin 1969.

– »Der Tod des Iwan Iljitsch« und »Untergang eines Herzens«. Ein Vergleich zwischen Lev Tolstoj und Stefan Zweig. In: Begegnung und Bündnis. Berlin 1972. S. 418–426.

– Polemik um einen Klassiker. Lew Tolstoi im Urteil seiner russischen Zeitgenossen. Berlin/Weimar 1987.

M. Doerne: Tolstoj und Dostojewskij. Zwei christliche Utopien. Göttingen 1969.

G. Drohla: Tolstojs letzte Jahre: Frankfurt a. M. 1963.

A. Edwards: Die Tolstois. Krieg und Frieden in einer russischen Familie. Übers. von R. E. Heinz. Bern/München/Wien 1985.
H. Fausset: Tolstoy. The Inner Drama. New York 1968.
A. Fodor: Tolstoy and the Russians. Reflections on a Relationship. Ann Arbor 1984.
K. Gaede: Lev Nikolaevič Tolstoj. Schriftsteller und Bibelinterpret. Berlin 1980.
H. Gifford: Tolstoy. Oxford / New York 1983.
E. B. Greenwood: Tolstoy. The Comprehensive Vision. London 1975.
R. F. Gustafson: Leo Tolstoy. Resident and Stranger. Princeton 1986.
K. Hamburger: Tolstoi. Gestalt und Problem. Göttingen 1963.
R. Hayman: Tolstoy. London / New York 1970.
M. Jones (Hrsg.): New Essays on Tolstoy. Cambridge 1978.
W. Kasack: Die Wiederholung als Kunstmittel in L. N. Tolstojs Novellen »Der Schneesturm« und »Herr und Knecht«. In: Zeitschrift für Slavische Philologie 33 (1967) S. 229–258.
D. Kerlen: Lew N. Tolstoy. Salzburg 1981.
J. Lavrin: Lev Tolstoj. Übers. von R. D. Keil. Reinbek 1989.
A. Leitner: Leo Tolstois Novelle »Der Tod des Iwan Iljitsch«. In: Sprachkunst 10 (1979) S. 79–86.
W. Lettenbauer: Tolstoj. Eine Einführung. München/Zürich 1984.
R. E. Matlaw (Hrsg.), Tolstoy. A Collection of Critical Essays, Eaglewood Cliffs (N. J.) 1967.
L. Müller: Der Sinn der Liebe und des Lebens: Der ideologische Plan der »Anna Karenina«. In: Zeitschrift für Slavische Philologie 21 (1952) S. 22–39.
T. Pachmuss: The Theme of Love and Death in Tolstoy's »The Death of Ivan Ilych«. In: American Slavic and East European Review 20 (1961) S. 72–83.
L. Scheffler: Überlegungen zu Erzählziel und Erzählstil der Sevastopoler Erzählungen von L. N. Tolstoj. In: Zeitschrift für Slavische Philologie 37 (1974) S. 76–100.
M. Schmidt: Das Problem: Der Mensch und der Tod in der Dichtung Lev Nikolaevič Tolstojs. In: Die Welt der Slaven 14 (1969) S. 406–429.
E. J. Simmons: Introduction to Tolstoy's Writings. Chicago/London 1968.
– Tolstoy. London/Boston 1973.
L. Speirs: Tolstoy and Chekhov. Cambridge 1971.

G. Steiner: Tolstoj oder Dostojewski. Analyse des abendländischen Romans. Übers. von J. und T. Knust. München/Wien 1964.

F. A. Stepun: Dostojewskij und Tolstoj. Christentum und soziale Revolution. München 1961.

T. Suchotina-Tolstaja: Ein Leben mit meinem Vater. Erinnerungen an Leo Tolstoj. Übers. von A. Lallemand-Rietkötter. Köln 1978.

H. Troyat: Tolstoi. Widerspruch eines Lebens. Übers. von H. Wille und B. Klau. München 1977.

C. J. G. Turner: The Language of Fiction: Word Clusters in Tolstoy's »The Death of Ivan Ilych«. In: Modern Language Review 65 (1970) Nr. 1. S. 116–121.

B. Zelinsky: Dokument eines Außenseitertums. Die Tagebücher Lew Tolstois. In: Leo N. Tolstoi: Tagebücher 1847–1910. Übers. von G. Dalitz. Mit Anm., Zeittafel und Reg. von E. Dieckmann und U. Hirschberg. München 1979. S. V–XVII.

Nachwort

Die vorliegenden Erzählungen aus der frühen und späten Schaffensphase Tolstois stellen in bezug auf Themen und Darstellungsmittel eine charakteristische Auswahl dar.

Das Erscheinen der Sewastopoler Erzählungen 1855/56 markiert einen der radikalen Wendepunkte in Tolstois Leben. Im Oktober 1855 notiert der Offizier und aktive Teilnehmer am Krimkrieg in seinem Tagebuch: »Meine Laufbahn ist die Literatur – schreiben und nochmals schreiben! Ab morgen arbeite ich mein ganzes Leben lang oder werfe alles hin, Regeln, Religion, Anstand – alles«. Nach langem Selbstzweifel ist Tolstoi sich seiner Begabung nun sicher und bittet im September folgenden Jahres um seinen Abschied beim Militär. Eine überschwenglich positive Kritik aus vielen literarischen Lagern begleitet den Eintritt des Siebenundzwanzigjährigen in die neue Zunft und sieht – wie der führende Slawophile Kirejewskij – Tolstoi schon »größer werden als alle Turgenjews und Pissemskijs«.

Tolstoi selbst hatte sich mit dem Gedanken an ein besonderes Schicksal schon früher auseinandergesetzt: »Irgend etwas in meinem Innern läßt mich glauben, ich sei nicht dafür geboren, zu sein wie alle« (März 1852). Aber diese Ahnung meinte nicht künftigen Dichterruhm, sondern einen ungewöhnlichen Beitrag »zum Glück und zum Nutzen der Menschen«.

Die als Trilogie konzipierten Sewastopoler Erzählungen waren literarisch fesselnd und im Tolstoischen Sinne »nützlich«. Mehr noch als die zuvor erschienene Kriegserzählung aus dem Kaukasus frappierten sie durch ihre Sachkunde auf militärischem Gebiet und die vollkommen neuartige Darstellung des Phänomens Krieg: seine schonungslose Beschreibung. Was der sozialistisch orientierte Literaturkritiker Tschernyschewskij von aller Kunst verlangte, die Probleme der Wirklichkeit zu thematisieren, lösten die Sewastopoler

Erzählungen ein: Tolstoi war der erste Kriegsberichterstatter Rußlands.

Sewastopol im Dezember ist im Rahmen der Sewastopoler Trilogie gleichsam die Einführung ins Thema. Obwohl Zielsetzung, Konstruktion und Erzählhaltung der drei Teile im einzelnen differieren, zeigt die erste Erzählung charakteristische Merkmale der gesamten Trilogie: die Erfahrung der Grenzsituation des Todes, den Willen zur Wahrheit als ausschlaggebenden Impuls zur Kriegsdarstellung und das Prinzip der offenen Form.

Der Ich-Erzähler, ein patriotischer russischer Offizier, der hier mit dem Autor gleichzusetzen ist, nimmt, im Dezember 1854, mehrere Schauplätze der von englischen und französischen Truppen belagerten Stadt Sewastopol in Augenschein. Episodenhaft sind Bilder vom Alltag der Stadt aneinandergereiht, wobei die Reihe beliebig erweitert werden könnte. Diese offene Form hängt zunächst mit dem autobiographischen Charakter der Sewastopoler Erzählungen zusammen, die eigene Erlebnisse schildern. Sie ergibt sich aber auch aus Tolstois Wahrheitsanspruch: Unabhängig von der Betrachtung des Autors und seiner Kommentierung spielt sich das Leben Szene für Szene so vor seinen Augen ab: als authentische Wirklichkeit, nicht als eine zur Kunstform komponierte Phantasievorstellung.

Wie werden die Geschehnisse erzählt? Tolstoi galt von jeher – auch bei Dichterkollegen wie Gorkij oder Thomas Mann – als der große Gestalter alles Körperlichen und Sinnlich-Animalischen. Thomas Mann hat dem »Natursohn« Tolstoi nicht umsonst einen Essay gewidmet. In *Sewastopol im Dezember* wirkt die Tolstoische Sprachmächtigkeit insbesondere deshalb eindringlich, weil der Erzähler zu Beginn seines Rundgangs in einen Dialog mit dem Leser tritt und ihn gleichsam zu seinem Alter ego macht: »Sie nähern sich dem Hafen«, und dort »bieten Ihnen zwei oder drei abgemusterte Matrosen ihre Dienste an«. Der Erzähler bedrängt seinen imaginären Gesprächspartner mit einer Fülle von Sinneswahrnehmungen: dem Dunkelblau des Meeres und einem rotglühenden Horizont, klirrenden Gewehren und einem scharfen Morgenfrost, der das Gesicht packt. Nach einer ersten Bekanntschaft mit dem bunten Treiben der Stadt wertet er die Flut der Eindrücke in folgendem Resümee: »Vergebens werden Sie auch nur in einem einzigen Gesicht Anzeichen von Unruhe, Verwirrung oder gar Enthusiasmus, Todesbereitschaft und Entschlossenheit suchen – nichts von alledem werden Sie finden. Sie sehen ganz gewöhnliche Menschen, die in aller Ruhe ihrem Tagewerk nachgehen [...]«. Dies ist nicht einfach eine Ergänzung der bisherigen Beobachtungen. Der Autor schiebt Klischeevorstellungen vom Krieg beiseite und definiert Krieg bereits hier als Nebeneinander von Außerordentlichem und Alltäglichkeit. Man sieht blutbefleckte Leichen und den halbverfaulten Kadaver eines Pferdes, aber auch russische Bauern mit Samowaren, die heiße Getränke anpreisen. In solchem Nebeneinander liegt für Tolstoi die Wahrheit des Krieges, und es ist der eigentliche Sinn aller drei Sewastopoler Erzählungen, diese Wahrheit zu vermitteln. Zum Schluß von *Sewastopol im Mai* heißt es entsprechend: »Der Held meiner Erzählung, den ich mit allen Kräften meiner Seele liebe [...], ist die Wahrheit.«

Die Klischeevorstellung vom heroischen Krieg entlarvt Tolstoi mit einem in der russischen Literatur neuartigen drastischen Realismus. Er führt dem Leser beispielsweise Details einer Amputation im Operationssaal vor Augen: »Sie werden sehen, wie das scharfe gebogene Messer in den gesunden weißen Körper eindringt; [...] sehen, wie der Feldscher die abgetrennte Hand in eine Ecke wirft.« Tolstois Detailrealismus macht Leiden physisch spürbar. Er verwandelt handelnde Personen in Demonstrationsobjekte. Unbarmherzig protokolliert er das Sterben eines Menschen und zeigt dessen Ausgeliefertsein an den Tod: »Er liegt auf dem Rücken, hat den linken Arm zurückgeworfen [...], die blauen bleiernen Augen starren nach oben [...].« Aus der didaktischen Zielsetzung der Lazarettszene macht Tolstoi keinen Hehl: Man sieht »den Krieg nicht in seiner wohlgeordneten, schönen und glänzenden Form, mit Musik und Trommelwirbel [...], sondern in seiner wirklichen Gestalt – in Blut, Qualen und Tod.«

Das Aufzeigen der sichtbaren Folgen des Krieges erweitert Tolstoi um die Seelenanalyse von Menschen, die mit Gefahr und Tod konfrontiert sind. Auch diese Beobachtungen sind desillusionierend. Extreme seelische Erschütterungen bewirken keineswegs die Bekehrung des Menschen zum Guten und Erhabenen. Der Erzähler ist sich nach dem Besuch des Lazaretts mit »Wohlbehagen« der eigenen Gesundheit bewußt. Der »normale« Zustand des »Leichtsinns« ergreift bald wieder Besitz von ihm und verdrängt die eben gewonnenen Einsichten zum Wesen des Krieges. Schießen hört er als »kriegerische Klänge«, und ein Leichenzug erscheint ihm als »hehres militärisches Schauspiel«. Die permanente Anwesenheit von Gefahr führt bei allen zur Verdrängung als Überlebenstechnik. »Wenn man nicht denkt, ist alles nur halb so schlimm«, sagt der beinamputierte Soldat. Auf der berüchtigten vierten Bastion, in Reichweite feindlicher Kugeln, spielen Soldaten Karten, kauen Zwieback und rauchen. Der Blick des Erzählers aus einer Schießscharte banalisiert den Feind hier in irrealer Weise: »sehr erstaunt« werde man sein, »daß dieser weiße Steinwall, der so zum Greifen nahe scheint und auf dem weiße Rauchwölkchen aufsteigen, daß eben dieser weiße Wall der Feind ist – *er*, wie die Soldaten und Matrosen zu sagen pflegen.« Schon der Slawophile Konstantin Aksakow beobachtete in seiner ersten Tolstoi-Kritik dessen Neigung zum Mikroskopischen, die große Zusammenhänge außer acht lasse und den Gegenstand verzeichne. Viktor Schklowskij hat dieses Betrachten aus der Nähe statt aus der Ferne, die Vereinzelung, als den für Tolstoi typischen Kunstgriff der Verfremdung bezeichnet, der unter anderem in der Beschreibung aller Schlachten in *Krieg und Frieden* zu finden sei. Für *Sewastopol im Dezember* bedeutet dieser Kunstgriff: Im Zentrum der Gefahr funktioniert der Verdrängungsmechanismus am perfektesten. Alle laden »hurtig und gut aufgelegt« das Geschütz, man freut sich über die getöteten Gegner und zahlt gar mit einer gewissen Selbstverständlichkeit den obligaten Blutzoll. Auf der vierten Bastion entsteht der Eindruck eines frivolen Kriegsspiels. Die Quasi-Identität von Erzähler und Leser existiert nun nicht mehr. Der Leser sieht konsterniert, wie der Erzähler seine eigene Kriegsideologie verrät. An ihm zeigt sich, was bereits Tschernyschewskij » die Dialektik der Seele« nannte: Er empfindet »Genuß und zugleich Furcht« und gewinnt dem »Spiel« um Leben und Tod einen »besonderen Reiz« ab. Diese paradoxe Vereinigung gegensätzlicher Gefühlslagen, ein schizophrener Gemütszustand, führt zu selbstzerstörerischem Genuß. Der Erzähler wünscht sich, Kugeln und Granaten möchten »in noch größerer Nähe« neben ihm einschlagen. Die Zwiespältigkeit dieses Gefühls mündet in einen patriotischen Hymnus auf das Heldentum einfacher russischer Soldaten. Das heroische Finale der Erzählung übertönt die explizite Botschaft Tolstois, setzt sie allerdings nicht außer Kraft. Neben der Wahrheit über den Krieg vermittelt *Sewastopol im Dezember* unangekündigt eine zweite Wahrheit: vom komplexen Verhältnis zwischen menschlichem Denken und Fühlen.

In den *Zwei Husaren*, Tolstois erster historischer Erzählung, die 1856 erschien, wird die Aristokratie als Führungsschicht kritisiert. Die Auseinandersetzung mit dem Niedergang der eigenen Klasse steht im Zentrum der Entwicklung Tolstois. Dieser Niedergang wird vor allem in *Krieg und Frieden* zum ironisch dargestellten Befund. Nicht diesem Thema indes ist die besondere Stellung der *Zwei Husaren* in Tolstois Frühwerk zu verdanken. Wichtig sind die Kunstmittel, vor allem das Prinzip des Kontrasts, das Tolstoi hier einführt und in seinen großen Romanen der mittleren Schaffensperiode, *Krieg und Frieden* und *Anna Karenina*, zum Konstruktionsprinzip erhebt.

Tolstoi stellt zwei Generationen adliger Militärs einander gegenüber. Der alte Graf Turbin ist »der berüchtigte Turbin«

und ein »echter Husar«, d. h. »ein leidenschaftlicher Kartenspieler und Duellant, ein Verführer«. Diesen Ruf des alten Grafen illustriert Tolstoi innerhalb von acht Kapiteln der Erzählung, während weitere acht Kapitel der Charakterisierung des Sohnes gelten. Die beiden Erzählblöcke stehen unverknüpft nebeneinander. Zwischen ihnen liegt ein zeitlicher Abstand von zwanzig Jahren. Eine Verbindung wird nur dadurch gestiftet, daß Held und Anti-Held Vater und Sohn sind und daß beide als Husaren in derselben Stadt in der gleichen Situation gezeigt werden: beim Kartenspiel und in einem Liebesverhältnis.

Der alte Graf bringt seine Amüsiersucht offen zur Sprache: »Gibt es hübsche Mädchen? Wird viel gezecht? Und wie steht es mit dem Kartenspielen?« Die Provinzgesellschaft ihrerseits erwartet geradezu, daß der alte Turbin dem Klischee vom »echten Husaren« gerecht wird: Quartier und Geld werden ihm aufgedrängt, junge Damen träumen von Entführung, und der Polizeichef lockt mit Wein und einem Zigeunerchor. Der Graf braucht den Part des skrupellosen Genießers nur anzunehmen: Er küßt alle Zigeunerinnen auf den Mund, erobert die junge Witwe Anna Fjodorowna im Handstreich und ist die betörend schöne Verkörperung einer allgemein akzeptierten Amoral. Tolstoi zeichnet den alten Turbin mit Sympathie, weil er hier sein eigenes Leben beschreibt: Kartenspiel, Zigeunermädchen und alle Arten von »troglodytischen Exzessen«, wie Turgenjew sagte. Er gibt seinen Helden auch nicht nur an zweifelhafte Pointen preis, sondern läßt ihn mit einem seiner Abenteuer eine veritable Wohltat begehen: Der Graf raubt dem Falschspieler Luchnow in Robin-Hood-Manier das erschwindelte Geld und rettet so einen jungen Regimentskameraden vor dem Ruin. Die leichtlebige Grandezza des alten Turbin wird mit seinem Abgang zudem romantisch überhöht. Mit Schellengeklingel und Zigeunergesang verläßt er »für immer« die Szene, ohne sich an Luchnow und die junge Witwe auch nur zu erinnern – im Innersten ungerührt, wie die Einzelgänger Puschkins oder Lermontows.

Die radikalen Egoismen des Sohnes Turbin sind ganz anderer Art. Buchhalterisch genau treibt der junge Graf bei der inzwischen ergrauten Anna Fjodorowna, die sich übervorteilt fühlt, seinen Spielgewinn ein: »Zehn Rubel kommen mir immer zupaß.« Anna Fjodorownas Tochter Lisa läuft den plumpen Annäherungsversuchen des Grafen mit einem »Schrei« davon. Tradierte Ehrbegriffe und der Duelltod des Vaters kontrastieren mit der subalternen Schäbigkeit des Sohnes, dem sein Freund Polosow ungestraft sagen darf: »Graf Turbin! Sie sind ein Schuft!«

Die Degeneriertheit der eigenen Klasse konstatiert Tolstoi ohne Wehmut. Da sein ironischer Ton sich auf beide Turbins bezieht (der alte Turbin ist in seinem Liebeswerben beispielsweise bereit, »sich augenblicklich auf den Kopf zu stellen« oder wie ein Hahn zu krähen), interessiert ihn weniger der Vater-Sohn-Vergleich als solcher, sondern die Art seiner Darstellung. Die antithetische Gegenüberstellung von zwei Welten ist eine Fingerübung für die Kontrastierung von Privatsphäre und geschichtlichem Leben in *Krieg und Frieden.* Sie ist das Kompositionsmuster für *Anna Karenina*, wo Ehebruch und die Zerstörung von Beziehungen zur Ehegründung und zum Aufbau einer Familie in Bezug gesetzt werden. In den *Zwei Husaren* werden aber noch weitere Kunstmittel Tolstois eingeführt und virtuos gehandhabt: so – nach den Sewastopoler Erzählungen zum ersten Mal in der russischen Literatur – der innere Monolog, der Gedächtnisfetzen Iljins neben reale Eindrücke des Straßenlebens setzt und damit die Besessenheit und Verzweiflung des jungen Spielers offenbart: »Vor der Tür eines Ladens stand ein Händler im Fuchspelz und lud ihn ein näherzutreten. Wenn ich nicht die Acht abgehoben hätte, hätte ich das Verlorene zurückgewinnen können.« Die *Zwei Husaren* sind darüber hinaus Experimentierfeld für Tolstois später berühmte Technik des Leitmotivs. Das gewinnende Äußere beider Turbins wird leitmotivisch als Ursache ihrer gesellschaftlichen Attraktivität gekennzeichnet. Lisa fallen die »langen, gepflegten Fingernägel« des

Grafen auf, die im Zusammenhang mit seinem berechnenden Kartenspiel ein negatives Etikett sind. Diese Art von körperlichem Leitmotiv kehrt in *Anna Karenina* unter anderem in den großen knorpligen Ohren Karenins wieder. Neu ist auch Tolstois Technik der kurzen, situationsgebundenen Charakterisierung: Wenn Polosow dem jungen Grafen unter dem Tisch Fußtritte versetzt und beim Ausspielen absichtlich grobe Fehler macht, so ist das Verhältnis der beiden Freunde zu diesem Kartenspiel ohne auktorialen Kommentar durch bloßen Vollzug der Handlung deutlich gemacht.

Wo der böse Blick des Autors die Gesellschaft karikiert, zeigt sich bereits ein Hang zur Schematisierung und Verdinglichung, die Ausdruck von Verachtung ist. Der ältere Turbin tanzt mit einer großen, einer mittelgroßen und einer kleinen Dame. Er vergleicht die junge Witwe mit einer Rose und »noch einer anderen Blume«. In *Krieg und Frieden* wird die vornehme Gesellschaft mit einer »Gesprächsmaschine« verglichen, und Fürst Kuragin redet wie eine »aufgezogene Uhr«. Auch ein für Tolstoi typisches Frauenbild macht sich in den *Zwei Husaren* bereits bemerkbar – morphologisch durch Diminutivformen wie »Hälschen«, »Äuglein« und »Kleidchen«, aber auch durch Tolstois Definition eines positiven Ideals: Lisa besitzt ein »durch den Verstand unverdorbenes, gutes, reines Herz«.

Dieses Frauenbild bleibt in *Familienglück* erhalten. Zum ersten Mal stellt Tolstoi hier das Thema Liebe und Ehe dar. Ihn interessiert, was aus einer anfänglich beglückenden Liebe wird, ob Glück in der Ehe möglich ist. Bereits 1851 konstatiert er in seinem Tagebuch: »Alle Regungen der Seele sind in ihrem Entstehen rein und erhaben. Die Wirklichkeit macht die Unschuld und den Reiz aller Regungen zunichte.« Acht Jahre später gestaltet Tolstoi diese Position in Form einer Erzählung. *Familienglück* ist die Geschichte einer roman-tischen Liebe, die sich als Irrtum erweist. ›Romantisch‹ ist hier gleichbedeutend mit ›realitätsfern‹. Tolstoi baut sein Weltbild auf Ausnahmesituationen, die durch metaphorische Naturschilderungen in ihrer Aussagekraft gestützt werden.

Die Erzählung setzt im Winter ein, das Leben ist unter Eis und Schnee erstarrt. Diesem Zustand der Natur entspricht das Befinden der siebzehnjährigen Heldin Mascha: Sie lebt nach dem Tod ihrer Mutter in vollkommener Abgeschiedenheit auf dem Land und ist sich bewußt, Jugend und Schönheit »unnütz« in der Einsamkeit zu vertrauern. Diese Ausgangssituation ist auf Veränderung angelegt. Also wendet sich Mascha, die »wie ein Schatten, ohne Beschäftigung, ohne Gedanken, ohne Wünsche« dahinlebt, gleichsam zwingend dem einzigen Mann zu, der im Haus erscheint. Der sechsunddreißigjährige Sergej Michajlowitsch seinerseits, der als Vormund der Familie nach dem Rechten sieht, wird zum Ideal des vertrauenswürdigen, lebenserfahrenen Mannes stilisiert: »der offene, ehrliche Ausdruck seines Gesichts mit den markanten Zügen, die klugen glänzenden Augen und das freundliche, gleichsam kindliche Lächeln«. Mascha ist von Kindheit an »gewohnt, ihn gern zu haben und zu verehren«, ja, Sergej Michajlowitsch ist ihr von der verstorbenen Mutter quasi testamentarisch zugedacht: »einen solchen Mann« hätte sie sich für die Tochter gewünscht.

So dezidiert sich Sergej Michajlowitsch an Maschas Erziehung begibt, so willenlos läßt Mascha sich führen, zumal sie ihre Wünsche nur ungenau zu definieren weiß. Sie ist – mit dem frühlingshaften Erwachen der Natur – voll »unklarer Hoffnungen und Träume« und schlendert in »Gott weiß was für Gedanken« durch die Alleen. Mascha ist nicht das individuelle Porträt eines jungen Mädchens, sondern stellt eher den schemenhaften Umriß eines unfertigen Menschen dar, den Sergej Michajlowitsch nach seinem Willen formt. Mit »ungewöhnlicher Intuition« paßt sich Mascha der Lebensphilosophie ihres Vormunds an. Sie liest, musiziert und kleidet sich seinen Wünschen entsprechend und hat schließlich »seine Gedanken und Gefühle«. Nachtigallenschlag, grüne Alleen und bunt blühende Blumen sind der Hintergrund dieser Entwicklung. Im Fluidum des Erotischen wirkt die neue Weltanschauung indes nicht prägend, sondern manifestiert sich als »Koketterie« der Einfachheit, der Nächstenliebe und der religiösen Gefühle. Wie die winterliche Einsamkeit, treibt Tolstoi auch Maschas neuen Zustand ins Extrem. Sie, die außengelenkt lebt und noch zu keinem Bewußtsein ihrer selbst gefunden hat, übernimmt Sergej Michajlowitschs These, daß es im Leben nur ein einziges »unzweifelhaftes Glück« gebe – für einen anderen zu leben. In ekstatischen Gemütszuständen stellt sich Mascha ihr zukünftiges Familienglück als dauernde Selbstaufopferung vor, wobei ihr der Gedanke an den Tod als »Traum vom Glück« erscheint. Tolstoi erzeugt eine Realitätsferne, in der der Umschlag in die Ernüchterung schon angelegt ist.

Wiederum deutet eine Naturbeschreibung auf diesen voraus. Maschas Hochzeitstag ist gleichzeitig der erste Herbsttag und in das düstere Kolorit des Vergehens und der absterbenden Natur getaucht. Die Farben Schwarz und Braun dominieren. Auch die Hochzeitszeremonie ist eher beklemmend: Die Kirche ist fast leer. Maschas Gebete finden keinen Widerhall in ihrem Herzen. Stumpf schaut sie auf Ikonen und Kerzen. Zur endgültigen Desillusionierung kommt es, als Mascha sich im Sog des korrumpierenden gesellschaftlichen Lebens in Petersburg von ihrer soeben erworbenen Lebensphilosophie als »Kinderei« lossagt und den Talmiglanz der Bälle zum »wirklichen Leben« erklärt. Ein dauerhaft inniges Verhältnis zum Partner gibt es nicht, und die Existenz einer Familie ist Trost für die unausweichliche Einsamkeit in der Ehe. Dies ist Tolstois pessimistische Prognose, bevor er in *Krieg und Frieden* und *Anna Karenina* andere Theorien aufstellt und bevor er in seiner eigenen Ehe diese frühe Prognose bestätigt findet.

Es ist stets Mascha, die das Geschehen vorantreibt und dabei als destruktive Kraft gekennzeichnet wird. In Analogie zur Verführungsszene im Paradies fühlt Mascha im Kirschgarten das »unwiderstehliche Verlangen«, über Sergej Michajlowitsch »ihre Macht« zu erproben. Ihre innere Ruhelosigkeit rebelliert gegen den gleichmäßigen glücklichen Verlauf der Zeit und verlangt nach einem »Abgrund«, vor dem ihr erbleichender Mann sie retten soll. In ihren Gefühlsausbrüchen spricht gleichsam ein »böser Geist« aus ihr. Jugend und Schönheit bei einer Frau sind gleichbedeutend mit Eitelkeit und Frivolität: Auf dieser Ideologie basiert *Familienglück*. Tolstoi ist insofern um Objektivität bemüht, als er das Geschehen aus der Perspektive der Frau erzählen läßt – zum ersten und einzigen Mal in seinem Werk. Darüber hinaus setzt er Mascha in eins mit dem weißen »Segel« aus Lermontows gleichnamigem Gedicht von 1832 und zitiert (nicht ganz wörtlich) dessen letzte Zeilen. In Lermontows Gedicht ist das Segel Metapher für Freiheit und aufrührerisches Wesen, Ausdruck von Opposition. Wenn Sergej Michajlowitsch mit diesen Zeilen argumentiert, so spricht er als reifer Mensch mit einem unerfahrenen, törichten, will aber so konzedieren, daß die Ablehnung von Realem und Zugänglichem sowie das Streben nach Unerreichbarem in der menschlichen Natur liegen, hier in der weiblichen Natur.

Es ist wohl so, wie Gorkij in seinen *Erinnerungen an Tolstoi* bemerkt: »Frauen gegenüber ist er meiner Meinung nach unversöhnlich [. . .]. Ist das die Feindschaft eines Mannes, der sein Glück nicht restlos ausgekostet hat, oder ist es die Feindschaft des Geistes gegen die ›erniedrigenden Triebe des Fleisches‹?«

Im *Tod des Iwan Iljitsch* sind Ehe und Familie nur ein Nebenthema, das allerdings das zentrale Anliegen stützt. Der Gedanke an den Tod gehört zu Tolstois lebenslangen Obsessionen. Erschütternde Todeserlebnisse waren für ihn eine öffentliche Hinrichtung in Paris im Jahr 1857 und der Tod seines Bruders Nikolaj 1860. Der Tod gewinnt nach diesen Erlebnissen insofern eine besondere Bedeutung, als Tolstoi sich seiner Alltäglichkeit bewußt wird. Diese Alltäglichkeit und den Tod als Vernichter von Leben gestaltet er in der Erzählung *Drei Tode* und in den großen Sterbeszenen von *Krieg und Frieden* und *Anna Karenina*. Mit dem *Tod des*

Iwan Iljitsch (erschienen 1886) stößt Tolstoi zur existenzphilosophischen Sicht des Problems vor, auf die Heidegger später in *Sein und Zeit* hinweisen sollte. Tolstoi stellt den Tod hier nicht aus der Sicht irgendeiner Religion oder Jenseitsphilosophie dar, sondern als das, was er ist: Schmerz und Verfall des Leibes. Er zeigt Phänomene wie Todesfurcht und Grauen, über die eine gesättigte Welt hinweggeht. Der Tod ist auch kein Erlebnis mehr an anderen, sondern Iwan Iljitsch selbst realisiert sein Sterben. Inmitten einer Gesellschaft, die Krankheit und Tod verdrängt, macht sich Iwan Iljitsch den Syllogismus »Cajus ist ein Mensch, alle Menschen sind sterblich, folglich ist Cajus sterblich« für sein eigenes Sterbenmüssen klar. Dies ist einzigartig in der Literatur.

Tolstoi operiert wiederum mit Extremen. Einerseits stellt er Iwan Iljitsch in bösartigem Erzählton als Karikatur eines Beamten hin: ehrgeizig, eitel, erstarrt in Regeln und Gewohnheiten, die vom Wesentlichen des Lebens ablenken. Seine ganze berufliche und private Existenz gestaltet sich gemäß den Erwartungen der Gesellschaft und »höhergestellter Personen«, sie ist »comme il faut« und fremdbestimmt. Als die Fassadenhaftigkeit dieses Lebens infolge der Krankheit zusammenbricht, läßt Tolstoi seinen Helden nach wochenlangem Todeskampf und dreitägigem ununterbrochenen Schreien sterben. Dies ist das andere Extrem.

Was bedeutet der Schrei? Mit dem Beginn der Krankheit konzentriert sich Iwan Iljitsch erstmals in seinem Leben auf Fundamentales wie Schmerz und Angst. Er fühlt sich von Gott und seiner Familie verlassen, »ganz allein« am Rand eines Abgrunds. Aus Einsamkeit und enttäuschter Sehnsucht nach Liebe haßt Iwan Iljitsch seine Frau »mit allen Fasern seines Herzens«. Aber er haßt nicht nur sie. Die Gewissenserforschung, der er sich in der Nacht vor seinem dreitägigen Sterben unterzieht, zerstört alle bisherigen Werte seines Lebens. »Seine Amtstätigkeit, die Art, wie er sein Leben gestaltet hatte, seine Familie« – Iwan Iljitsch findet nichts, was der Verteidigung wert wäre. Das Grauen absoluter Sinnlosigkeit quält ihn »noch furchtbarer als seine körperlichen Qualen«. Tolstoi stellt dieses Leiden am Ende als eigentliche Todesursache dar, während die Krankheit des Leibes undefiniert bleibt. Das Grauen konkretisiert sich in dem Bild vom schwarzen Sack, in den eine »unsichtbare, unüberwindliche Kraft« Iwan Iljitsch hineinzwängt, und in dem dreitägigen Schreien. Iwan Iljitsch reagiert mit dem Schrei auf die endgültige Einsicht, sein Leben vertan und alles »zugrunde gerichtet« zu haben, was ihm »gegeben« war. Der Sinn des Todeskampfes liegt für ihn in der Erkenntnis, nicht richtig gelebt zu haben, dem »Respice finem« auf seinem Medaillon keine Beachtung geschenkt zu haben.

Die dreitägige Agonie des Iwan Iljitsch endet indes nicht in absolutem Nihilismus. Zwei Stunden vor seinem Tod, als er immer noch schreit und um sich schlägt, wird der Sterbende plötzlich gewahr, daß sein Sohn ihm weinend die Hand küßt und seine Frau ihn mit Tränen im Gesicht verzweifelt anblickt. Zum ersten Mal empfindet Iwan Iljitsch für seine Familie keinen Haß mehr, sondern Mitleid. Er beschließt, seine Frau und den Sohn durch einen schnellen Tod von ihrem Leid zu erlösen. »Wie schön wird das sein und wie einfach«, denkt er. Dies ist der Wendepunkt in seinem Todeskampf, der sich wiederum in einem Bild ausdrückt. Iwan Iljitsch sieht am Ende des schwarzen Lochs ein helles Licht. Abgesehen davon, daß die Vorstellung von Dunkel und Licht durch die moderne Sterbeforschung als übereinstimmend mit jahrtausendealten Todesbeschreibungen bestätigt wurde, hat sie bei Tolstoi eine besondere Funktion. Am Ende seines Lebens tut Iwan Iljitsch aus tief empfundenem Mitleid etwas Gutes und findet so seinen Frieden. Der Wunsch, schnell zu sterben, ist keine Flucht vor dem Grauen, sondern ein Akt bewußter Nächstenliebe. Für den Leser postuliert Tolstoi: Nur die Liebe kann von Todesangst befreien. Im Rahmen der Erzählung bleibt die letztlich positive Todeserfahrung des Iwan Iljitsch sein persönliches Erlebnis, wird von keinem

Außenstehenden wahrgenommen und erfährt keine höhere Sinngebung.

Schon 1886/87, fast parallel zur Beschäftigung mit dem *Tod des Iwan Iljitsch* hatte Tolstoi in dem Traktat *Über das Leben* seine Weltanschauung in der These konzentriert, Liebe sei die einzige vernünftige Tätigkeit des Menschen. Wer die Tagebücher seiner Frau liest, erfährt, daß in dieser These die ganze Problematik von Tolstois persönlichem Lebensgefühl steckt. Sofja Andrejewna spricht immer wieder von seiner Lieblosigkeit: »Er vermag nicht zu lieben – hat es von Jugend auf nie gelernt« (Tagebuch 1890). Wiederholt klagt sie darüber, daß Tolstois predigtartige Verkündigung von Liebe zur Vernachlässigung der eigenen Familie führe. Tolstoi versteigt sich gar zu der Behauptung, wirkliche Liebe sei nur die Nächstenliebe, eine »gleiche, unterschiedslose Liebe für alle« (Tagebuch 1902). Im Spätwerk, das von dem Roman *Auferstehung* dominiert wird, ist die Nächstenliebe permanente Botschaft. Neben zahlreichen kleinen didaktischen Erzählungen steht *Herr und Knecht* (1895) als dichterisch bedeutsames Werk. Der reiche Kaufmann Wassilij Andrejitsch Brechunow opfert sein Leben für Nikita, seinen Knecht. So wie Iwan Iljitsch von Todesfurcht befreit ist, als er für seine Familie stirbt, verliert Brechunow seine Todesfurcht, indem er sein Wohl im Wohl Nikitas sieht. Die Sympathie Tolstois ist wie immer auf der Seite des Schwachen, sein beißender Spott gilt dem Reichen. Dennoch verblaßt dieses ideologische Stereotyp im Verlauf der spannenden Erzählung.

Wassilij Andrejitsch begibt sich in Gefahr und kommt darin um. Er fordert das Schicksal gegen sich heraus, als er bei Schneetreiben und Wind die Ruhe eines Feiertags stört, um eilig und habgierig einen Waldkauf zu tätigen. So stellt sich das Ereignis von außen dar. Die Dramatik entfesselter Naturgewalten wird dann nicht nur durch den Überlebenskampf zweier Menschen potenziert, sondern durch das Bewußtsein Brechunows und Nikitas, sterben zu müssen. Nikita trifft zwar umsichtige Vorsorge für das Pferd, seinen Herrn und sich selbst, fügt sich aber voll Gottvertrauen in sein Schicksal. Er hat nie einen eigenen Willen besessen und hat keine materiellen Werte zu verlieren. »O du mein Gott, himmlischer Vater«, betet er und ist getröstet bei dem Gedanken, daß jemand ihn hört und ihn nicht verläßt. Ganz anders Brechunow. Seine dickköpfige Habgier hat ihn alle Warnungen vor der Schlittenfahrt überhören und alle Vorausdeutungen eines bösen Endes übersehen lassen: so die steifgefrorene, den Erfrierungstod vorab symbolisierende Wäsche, »schauerlich« und »düster« ächzende Weiden. Im Augenblick der Gefahr fehlt Brechunow jedoch der innere Halt. In Todesangst verläßt er Nikita. Der Irrweg durch die »Schneewüste« führt ihn in äußerste existentielle Bedrohung und Vereinsamung. Jeder vermeintliche Hort der Zuflucht erweist sich als Sinnestäuschung. In panischem Entsetzen versucht auch Brechunow zu beten. Doch seine floskelhaften Gebetsworte sind sinnlos: »Jungfrau Maria, heiliger Vater Nikolaus, Lehrer der Enthaltsamkeit«. Brechunow spürt, daß dieses Gebet ihm nicht hilft, sowenig wie der Gedanke an Ikonen und Kerzen. Tolstoi stellt damit fest: Die institutionalisierte Kirche (die er stets attackiert und die ihn später exkommuniziert) bietet angesichts des Todes keine Hilfe. Mit dem Schlüsselerlebnis der existentiellen Angst wird Brechunow erst fertig, als er wieder vor Nikita steht und sich an die lebensrettende Arbeit begibt. Die Idee, Nikita mit dem eigenen Körper vor dem Erfrieren zu retten, rührt ihn zu Tränen und läßt ihn eine »ganz besondere Freude, wie er sie noch nie zuvor empfunden hatte«, verspüren. Der Gedanke an »Geld, an seinen Laden, sein Haus« hat kein Gewicht mehr. Brechunow empfindet auch ein neuartiges Gefühl der Geborgenheit, weil er seine Nächstenliebe als eine Art Gottesdienst begreift und nur tut, was ihn »jener« wissen läßt, »der ihn rief« und »ihm geboten hatte, sich auf Nikita zu legen«. Während er erfriert, wendet er sich »freudig und gerührt« an diesen Gott der Nächstenliebe: »Ich komme, ich komme«.

Die Nächstenliebe wird in *Herr und Knecht* also mit einer großen Last an Bedeutung befrachtet. Sie soll Gottesbeweis sein und Brechunow vor einem akuten Problem der eigenen Existenz, der Angst, befreien. Im Grunde wird – wie schon im *Tod des Iwan Iljitsch* – dem Phänomen der Liebe Gewalt angetan, um dem Phänomen der Todesangst zu entkommen. Tolstoi, der nicht nur mit der Liebe, sondern auch mit der Praxis des christlichen Glaubens nicht zurechtkam, schafft sich so eine neue Lehre. Schon 1852 notiert er in seinem Tagebuch: »Zugegeben, ein Hauptziel meines Lebens war, an irgend etwas zu glauben – fest und unabänderlich.«

Die Erzählung *Vater Sergius* entsteht, wie *Herr und Knecht*, aus einer persönlichen existentiellen Verstrickung Tolstois. Der unglückliche Komplex »Liebe« wird hier unter einem anderen Gesichtspunkt abgehandelt: als vehemente Kampfansage gegen sinnliche Begierde. Mehr als acht Jahre hat Tolstoi sich mit dieser Erzählung beschäftigt, von 1890 bis 1898, vor dem Hintergrund eines tiefen Zerwürfnisses mit der Familie. Wie in der berühmten *Kreutzersonate* und im *Teufel* kämpft er in *Vater Sergius* gegen die Menschennatur, vor allem gegen seine eigene hypersexuelle Natur. Schon 1852 heißt es in seinem Tagebuch: »Es gibt keine Liebe. Es gibt nur fleischliches Begehren und das Bedürfnis der Vernunft nach einer Freundin fürs Leben.« Da Tolstoi sinnliche Liebe aber als sündhaft betrachtete und gleichzeitig nie gegen sie gefeit war, flüchtete er sich nach außen hin in rigide moralische Ansprüche und einen Askesekomplex. Er dämonisiert die Frau. »Marja, du bist der Teufel«, sagt Vater Sergius zu seiner Verführerin.

Im Unterschied zur *Kreutzersonate*, die Keuschheit in der Ehe will, verlegt Tolstoi seine Forderung nach Askese in *Vater Sergius* in das adäquate Milieu von Kloster und Einsiedelei. Trotzdem haftet auch dieser Erzählung etwas Exzentrisches und Polemisches an. Aus dem reichen, schönen Fürsten Kassatskij, der in den besten Kreisen verkehrt und vor seiner Hochzeit mit einer Hofdame steht, wird ein nach Sibirien verbannter anonymer Vagabund. Ein Mann, dessen Lebensinhalt Ehrgeiz und Erfolg waren, übt sich in demütiger Nächstenliebe. Kassatskij geht ins Kloster, weil seine Braut ihn durch ein Liebesverhältnis zum Zaren in seinem Stolz verletzt hat. Mit dem spektakulären Schritt ins geistliche Leben möchte er aber auch alle diejenigen verachten können, die er zuvor als gesellschaftlich Überlegene beneidet hat. Eitelkeit und sinnliche Begierde stellen dann in seinem mönchischen Leben als Vater Sergius stets wiederkehrende Versuchungen dar, bis er sich in Sibirien in den Dienst an Kindern und Kranken flüchtet.

Unter der Last von Ideologie bleibt kein Raum für packende Handlung oder überzeugende Charaktergestaltung. Auf den ersten Blick scheinen die künstlerischen Mängel von *Vater Sergius* so eklatant, daß sich die Frage aufdrängt, ob die Erzählung nicht doppelbödig ist, ob sie – bis auf den Schluß – nicht als Parodie auf eine Heiligenvita gemeint ist, auf alles, was Vater Sergius in altrussischen Heiligenlegenden gelesen hat und nachlebt: den Kampf gegen die Fleischeslust in der ersten Verführungsszene, Wunderheilungen und die stumpfe Verehrung der Massen. Man betrachte beispielsweise die Vita des heiligen Feodossij von Kiew, die wesentliche Handlungsmomente von *Vater Sergius* enthält: Wundertätigkeit, Teufel und Engel, den Kampf gegen Sinnlichkeit, Demut und Gehorsam. Vater Sergius selbst liefert zu Beginn der ersten Verführungsszene das Stichwort für eine solche Lesart: »Sollte es denn wirklich wahr sein, was ich in den Lebensbeschreibungen der Heiligen gelesen habe, daß der Teufel zuweilen die Gestalt einer Frau annimmt?« Das würde bedeuten: Für den institutionalisierten Klosterbetrieb und die Praxis der Einsiedeleien hätte Tolstoi nur Spott übrig. Sie wären für ihn keine Lösung der aufgeworfenen Probleme. Bis zu seinem Aufenthalt in Sibirien bleibt Vater Sergius nämlich ein Mönch, dessen Askese und demütiges Gebaren als bloße Pose gesehen werden können und der dem platten Anschlag der schwachsinnigen Marja auf seine Sinnlichkeit deshalb ohne weiteres erliegt. Sollte Vater Sergius von Tolstoi als dubioser Heiliger intendiert sein, wäre schon die erste Verführungsszene pure Ironie: Angesichts theatralisch inszenierter weiblicher Raffinesse stilisiert Vater Sergius sich mit dem Blick zur Dornenkrone als Schmerzensmann. Getreu dem fünften Kapitel im Matthäusevangelium »Wenn deine rechte Hand dir zum Ärgernis wird ...« hackt er sich einen Finger ab. Der Ruf des Engels, dem Vater Sergius folgt, oder seine Selbstanklage als »Mörder, Gotteslästerer und Betrüger« wären Teil eines Melodramas, das den koketten Heiligen entlarven soll. Auch der selige Feodossij bezeichnet sich im Gespräch mit einer armen Witwe ja als sündigen Menschen. Während Vater Sergius nur noch aus Ruhmsucht Kranke heilt, verleiht Tolstoi ihm gleichzeitig das ikonengleiche »Aussehen eines Starez« mit »langem, ergrautem Bart« und schwarzen Locken. Im Kontrast zur üblichen Tolstoischen Auffassung wird das Volk, das seinen Part in dieser Persiflage spielt, als areligiöse, vulgäre Masse dargestellt.

Es gibt indessen keinerlei Hinweis darauf, daß der letzte Absatz der Erzählung nicht ernst genommen werden soll. Dies bedeutet, daß Kassatskij sein Ziel, demütig und asketisch den Menschen zu dienen, erst erreicht, nachdem er sich von Institutionen wie Klöstern und Einsiedeleien sowie den spezifischen Eitelkeiten und Machtritualen dieser Institutionen gelöst hat.

Gewisse Konstanten des Tolstoischen Werks finden sich in *Vater Sergius* noch einmal in extremer Zuspitzung: die paradoxe Stimmungslage, der Widerspruch als Merkmal einer Persönlichkeit, Skepsis gegenüber Institutionen und Kritik an oberflächlichen Vertretern der großen Gesellschaft, insbesondere an Frauen. Was *Vater Sergius* letztlich propagiert, die Abwendung von Ehe und Familie und die Konzentration auf eine sittliche Vervollkommnung der eigenen Person, ist gewiß problematisch. Tolstoi selbst hat diesen Schritt mit seiner Flucht von Jasnaja Poljana im Alter von zweiundachtzig Jahren versucht und damit sein Scheitern im persönlichen

Leben öffentlich kundgetan. Die Geschichte des Vater Sergius erinnert an eine Bemerkung Tolstois, die Gorkij in seinen *Erinnerungen* festhält. Tolstoi sagt hier von allen Schriftstellern, sie seien »schreckliche Erfinder« und fügt hinzu: »Darum sage ich ja, daß die Kunst Lüge, Betrug und Willkür ist und den Menschen schadet. Man schreibt nicht über das wirkliche Leben, wie es ist, sondern darüber, was man selbst vom Leben denkt.«

Christine Müller-Scholle

Inhalt